证券业从业人员一般从业资格考试辅导教材（2020—2021）

《金融市场基础知识》冲刺题库

证券从业资格考试辅导教材编写组　编

中国财经出版传媒集团
中国财政经济出版社

图书在版编目（CIP）数据

《金融市场基础知识》冲刺题库 / 证券从业资格考试辅导教材编写组编. --北京：中国财政经济出版社，2020.10

证券业从业人员一般从业资格考试辅导教材.2020-2021

ISBN 978-7-5223-0061-0

Ⅰ.①金… Ⅱ.①证… Ⅲ.①金融市场-资格考试-习题集 Ⅳ.①F830.9-44

中国版本图书馆 CIP 数据核字（2020）第 182434 号

责任编辑：翁晓红　　　　　　　　责任校对：李　丽
封面设计：中通世奥

中国财政经济出版社 出版

URL：http：//www.cfeph.cn

E-mail：cfeph@cfeph.cn

社址：北京市海淀区阜成路甲 28 号　邮政编码：100142

营销中心电话：010-88191537

北京时捷印刷有限公司印刷　各地新华书店经销

787×1092 毫米　16 开　28.25 印张　515 000 字

2020 年 10 月第 1 版　2021 年　3 月北京第 5 次印刷

定价：50.00 元

ISBN 978-7-5223-0061-0

（图书出现印装问题，本社负责调换）

本社质量投诉电话：010-88190744

打击盗版举报热线：010-88191661　QQ：2242791300

编写说明

“证券业从业人员一般从业资格考试辅导教材（2020—2021）”一套四种，对应“金融市场基础知识”和“证券市场基本法律法规”两门考试科目，分“冲刺题库”和“模拟试卷”两类，旨在帮助读者梳理、掌握应对证券资格考试和从事证券业务应知应会的金融市场基础知识和法律法规，为参加资格考试和证券行业执业的考生和读者提供重要参考。

“冲刺题库”一套两种，辅导各章节内容与教材章节一一对应，以教材、大纲为蓝本，以考试重点、难点、考点为主线，就每章知识点、考点和难点设计了近上千道试题，涵盖教材绝大部分知识点。试题量大，题型全面，内容的系统性、难易度与实际考试接近。另外，对于易错、易混的题，都给出了详细的答案与解题思路。

“模拟试卷”一套两种，以实际考试为参考，题型、题量、题分及难易程度等与实际考试基本类似，希望考生能在规定的时间内完成，以熟悉考试进程，合理安排时间，并可对自身弱点进行针对性学习。

本套辅导教材，可以帮助考生理解和把握考试大纲所要求的需要掌握和熟悉的内容，加深知识点的记忆，引导考生准确理解教材的相关内容，对于全社会各界参加证券业从业资格考试的考生，对于参加其他相关专业人员来说，本套辅导书具有较高的参考价值。

“中财培训”：为帮助考生梳理易错易混的知识点，巩固知识点，讲解考点和难点，突破考试瓶颈，本套辅导教材配套了线上“中财培训”学习平台，就“金融市场基础知识”和“证券市场基本法律法规”两个考试科目往年试题分析和教材疑难解析进行线上培训，读者可以扫描封底“中财培训”二维码，进入相关学习界面，选择学习章节解读等更多升值、增值视频资料。

“全国大模考”：为方便考生熟悉考试场景，提升应试和实操能力，本套辅导教材配套了“全国大模考”学习平台。内容实时更新、云端同步，“教、学、练、考”有机结合，达到事半功倍的备考效果。读者可扫描封面卡贴上的“全国大模考”二维码访问、注册，并根据网页提示激活相关权限。

由于编写时间紧迫，书中难免有不足、疏漏和错误之处，恳请广大读者海涵并指正。有关本套辅导教材的校订，也可扫描“全国大模考”二维码访问，以了解最新改正情况。

再次感谢广大读者的支持与理解。

证券从业资格考试辅导教材编写组

2020 年 10 月

目　录

第一章　金融市场体系

1. 金融市场是要素市场的一种，是以（　　）为对象而形成的供求关系和交易机制的总和。

A. 金融资产　　B. 金融负债

C. 股票　　D. 债券

答案：A

考点：本题主要考查金融市场的基本概念。金融市场是要素市场的一种，是以金融资产为对象而形成的供求关系和交易机制的总和。

2. 金融市场的首要功能是（　　）。

A. 价格发现　　B. 风险管理

C. 资金融通　　D. 提供流动性

答案：C

考点：本题主要考查金融市场的功能。金融市场的首要功能是资金融通。

3. 金融市场当中供求双方的相互作用决定了交易资产的价格，价格反过来又为潜在的市场参与者提供了信号，引导资金在不同的金融资产之间进行配置，达成供需平衡。这是金融市场的（　　）功能。

A. 资金融通　　B. 价格发现

C. 风险管理　　D. 提供流动性

答案：B

考点：本题主要考查金融市场的功能之一：价格发现功能。

4. 金融市场通过金融资产交易实现货币资金在供给者和需求者之间的转移，促进有形资本形成，这是金融市场的（　　）功能。

A. 资金融通　　B. 价格发现

C. 风险管理　　D. 提供流动性

答案：A

考点：本题主要考查金融市场的功能之一：资金融通功能。

5. 为投资者提供一种出售金融资产的机制的功能是金融市场的（　　）功能。

A. 资金融通　　B. 价格发现

C. 风险管理　　D. 提供流动性

答案：D

考点：本题主要考查金融市场的功能之一：提供流动性功能。

6. 将有形资产产生的风险在资金供求双方之间重新配置，反映了金融市场的（　　）功能。

A. 资金融通　　B. 价格发现
C. 风险管理　　D. 提供流动性

答案：C

考点：本题主要考查金融市场的功能之一：风险管理功能。

7. 在一个有效的市场当中，价格能够反映所有市场参与者所搜集到的信息总和，这反映了金融市场的（　　）功能。

A. 资金融通　　B. 价格发现
C. 风险管理　　D. 降低搜寻成本和信息成本

答案：D

考点：本题主要考查金融市场的功能之一：降低搜寻成本和信息成本。

8. 资金盈余单位通过直接与资金需求单位协议，或在金融市场上购买资金需求单位所发行的股票、债券等有价证券，将货币资金提供给需求单位使用。这是融资方式中的（　　）。

A. 银行信用融资　　B. 股票市场融资
C. 直接融资　　D. 间接融资

答案：C

考点：本题主要考查直接融资的概念。

9. 资金盈余单位和资金需求单位直接进行资金融通，并在两者之间建立直接的债权债务关系，这反映了融资的（　　）。

A. 不可逆性　　B. 差异性
C. 直接性　　D. 分散性

答案：C

考点：本题主要考查直接融资的特点。直接融资的特点包括直接性、分散性、融资的信誉有较大的差异性、部分融资方式具有不可逆性、融资者有相对较强的自主性。

10. 直接融资的特点有（　　）。

①直接性　　②分散性
③融资信誉有较大的差异性　　④可逆性

A. ①②③　　B. ①②④
C. ②③④　　D. ①③④

答案：A

考点：本题考查直接融资与间接融资特点的区分。直接融资的特点包括直接性、分散性、融资的信誉有较大的差异性、部分融资方式具有不可逆性、融资者有相对较强的自主性。间接融资的特点包括资金获得的间接性、融资的相对集中性、融资信誉的差异性相对较小、全部具有可逆性（即可返还性）、融资的主动权主要掌握在金融中介机构手中。

11. 间接融资的特点有（　　）。

①间接性　　②融资的相对集中性

③融资信誉有较大的差异性　　④可逆性

A. ①②③　　B. ①②④

C. ②③④　　D. ①③④

答案：B

考点：本题主要考查直接融资与间接融资特点的区分。直接融资的特点包括直接性、分散性、融资的信誉有较大的差异性、部分融资方式具有不可逆性、融资者有相对较强的自主性。间接融资的特点包括资金获得的间接性、融资的相对集中性、融资信誉的差异性相对较小、全部具有可逆性（即可返还性）、融资的主动权主要掌握在金融中介机构手中。

12. 常见的直接融资方式有（　　）。

①银行信用融资　　②商业信用融资

③股票市场融资　　④风险投资融资

A. ①②③　　B. ①②④

C. ②③④　　D. ①③④

答案：C

考点：本题主要考查直接融资方式，主要包括股票市场融资、债券市场融资、风险投资融资、商业信用融资、民间借贷等。

13. 股份制企业以让渡一定的企业经营控制权、收益分配权和剩余索取权而获得企业经营资金的一种方式是（　　）。

A. 股票市场融资　　B. 债券市场融资

C. 风险投资融资　　D. 民间借贷

答案：A

考点：本题主要考查股票市场融资的概念。股票市场融资是股份制企业以让渡一定的企业经营控制权、收益分配权和剩余索取权而获得企业经营资金的一种方式。

14. 股票市场融资的特点有（　　）。

①无须退还本金　　②只能转让

③可以退股　　④保证收益

A. ①②　　B. ①④

C. ③④　　D. ①③

答案：A

考点：本题主要考查股票市场融资的特点。股票市场融资无须退还本金，售出的股票只能转让，不能退股，也不保证收益，但如果企业盈利，股票持有人享受企业盈余的分配权。

15. 政府、金融机构或企业通过发行债权债务凭证来获得资金融通的一种方式是（　　）。

A. 股票市场融资　　B. 债券市场融资

C. 风险投资融资　　D. 民间借贷

答案：B

考点：本题主要考查债券市场融资的概念。

16. 风险投资企业以让渡企业的部分股权换取企业经营资金的资金融通方式是（　　）。

A. 股票市场融资　　B. 债券市场融资

C. 风险投资融资　　D. 商业信用融资

答案：C

考点：本题主要考查风险投资融资的概念。

17. 大多数高新技术领域的中小企业，无法提供有效的担保和抵押，在创业初期或市场扩张期往往会选择（　　）方式进行融资。

A. 股票市场融资　　B. 债券市场融资

C. 风险投资融资　　D. 民间借贷

答案：C

考点：本题主要考查风险投资融资的适用情形。大多数高新技术领域的中小企业无法提供有效的担保和抵押，在创业初期或市场扩张期往往会选择风险投资融资方式进行融资。

18. 企业与企业之间相互提供的，和商品交易直接相联系的资金融通形式是（　　）。

A. 股票市场融资　　B. 债券市场融资

C. 风险投资融资　　D. 商业信用融资

答案：D

考点：本题主要考查商业信用融资的概念。商业信用融资是企业与企业之间相互提供的，和商品交易直接相联系的资金融通形式。

19. 一般企业间的商品赊销、预付定金、预付货款等属于融资方式中的（ ）。

A. 股票市场融资　　B. 债券市场融资

C. 风险投资融资　　D. 商业信用融资

答案：D

考点：本题主要考查商业信用融资的外延。一般企业间的商品赊销、预付定金、预付货款等属于融资方式中的商业信用融资。

20. 资金盈余者通过存款等形式，或者购买银行、信托和保险等金融机构发行的有价证券，将其暂时闲置资金先行提供给金融机构，再由这些金融机构以贷款、贴现或购买有价证券的方式把资金提供给短缺者，从而实现资金融通的过程，是融资方式中的（ ）。

A. 直接融资　　B. 间接融资

C. 股票市场融资　　D. 债券市场融资

答案：B

考点：本题主要考查间接融资的概念。

21. 资金需求者与资金初始供应者之间不发生直接信贷关系，而是由金融中介机构起桥梁作用，二者只与金融机构发生债权债务关系。这反映了间接融资的（ ）特点。

A. 资金获得的间接性　　B. 融资的相对集中性

C. 融资信誉的较大差异性　　D. 可逆性

答案：A

考点：本题主要考查间接融资的特点。间接融资的特点包括资金获得的间接性、融资的相对集中性、融资信誉的差异性相对较小、全部具有可逆性（即可返还性）、融资的主动权主要掌握在金融机构手中。

22. 间接融资通过金融机构进行。在多数情况下，这种中介不是对某一资金供应者与某一资金需求者之间一对一的对应性中介，而是一方面面对资金供应者群体，另一方面面对资金需求者群体的综合性中介。这反映了间接融资的（ ）特点。

A. 资金获得的间接性　　B. 融资的相对集中性

C. 融资信誉的较大差异性　　D. 可逆性

答案：B

考点：本题主要考查间接融资的特点。间接融资的特点包括资金获得的间接性、融资的相对集中性、融资信誉的差异性相对较小、全部具有可逆性（即可返还性）、融资的主动权主要掌握在金融机构手中。

23. 间接融资相对集中于银行或非银行金融机构，国家对金融机构的管理一般都较为严格，银行自身的经营也多采取稳健方针，一些国家还实行了存款保险制度，这反映出间接融资具有（　　）的特点。

A. 资金获得的间接性　　B. 融资的相对集中性

C. 融资信誉的差异性相对较小　　D. 可逆性

答案：C

考点：本题主要考查间接融资的特点。间接融资的特点包括资金获得的间接性、融资的相对集中性、融资信誉的差异性相对较小、全部具有可逆性（即可返还性）、融资的主动权主要掌握在金融机构手中。

24. 在间接融资方式下，融资的主动权主要掌握在（　　）手中。

A. 资金需求者　　B. 资金供应者

C. 金融中介机构　　D. 政府

答案：C

考点：本题主要考查间接融资的特点。间接融资的特点包括资金获得的间接性、融资的相对集中性、融资信誉的差异性相对较小、全部具有可逆性（即可返还性）、融资的主动权主要掌握在金融机构手中。

25. 常见的间接融资方式有（　　）。

①银行信用融资　　②消费信用融资

③租赁融资　　④商业信用融资

A. ①②③　　B. ①②④

C. ②③④　　D. ①③④

答案：A

考点：本题主要考查间接融资方式。间接融资方式包括银行信用融资、消费信用融资、租赁融资等。

26. 银行以及其他金融机构以货币形式向客户提供资金融通的融资方式是间接融资中的（　　）。

A. 银行信用融资　　B. 消费信用融资

C. 租赁融资　　D. 商业信用融资

答案：A

考点：本题主要考查间接融资中银行信用融资的概念。

27. 个人利用企业或金融机构提供的资金垫付，以少量资金提前获得高额消费为目的而进行的资金融通，是融资方式中的（　　）。

A. 银行信用融资　　B. 消费信用融资

C. 租赁融资　　D. 商业信用融资

答案：B

考点：本题主要考查间接融资中消费信用融资的概念。

28. 企业利用设备提供商或金融机构提供的资金垫付，以支付租金的方式取得贵重机器设备的使用权，以减少设备购置资金占用的一种资金融通方式是（　　）。

A. 银行信用融资　　B. 消费信用融资

C. 租赁融资　　D. 商业信用融资

答案：C

考点：本题主要考查间接融资中租赁融资的概念。

29. 直接融资与间接融资的区别主要在于（　　）。

A. 融资信誉差异性的不同

B. 融资者自主性的不同

C. 资金需求者与供给者是否直接形成债权债务关系

D. 是否具有可逆性

答案：C

考点：本题主要考查直接融资与间接融资的区别。直接融资与间接融资的区别主要在于资金需求者与供给者是否直接形成债权债务关系。直接融资的特点包括直接性、分散性、融资的信誉有较大的差异性、部分融资方式具有不可逆性、融资者有相对较强的自主性。间接融资的特点包括资金获得的间接性、融资的相对集中性、融资信誉的差异性相对较小、全部具有可逆性（即可返还性）、融资的主动权主要掌握在金融机构手中。

30. 金融市场的重要性主要体现在（　　）。

①促进储蓄－投资转化　　②优化资源配置

③风险管理　　④宏观调控

A. ①②③　　B. ①②④

C. ②③④　　D. ①③④

答案：B

考点：本题主要考查金融市场的重要性。金融市场的重要性主要体现在：促进储蓄－投资转化、优化资源配置、反映经济状态和宏观调控。

31. 金融市场通过竞争性的价格决定（利率），将货币资金配置到生产效率最高的经济主体或部门，使这些部门能够获得更多的生产要素，从而提高全社会的产出，使资源的利用效率得到提高。这反映了金融市场重要性的（　　）。

A. 促进储蓄－投资转化　　B. 优化资源配置

C. 反映经济状态　　D. 宏观调控

答案：B

考点：本题主要考查金融市场的重要性。

32. 金融市场是经济运行状态的“晴雨表”，繁荣的金融市场往往对应着实体经济的兴旺发达，而金融市场的萧条通常也意味着真实经济部门的不景气。这反映了金融市场重要性的（　　）。

A. 促进储蓄－投资转化　　B. 优化资源配置

C. 反映经济状态　　D. 宏观调控

答案：C

考点：本题主要考查金融市场的重要性。

33. 政府通过对金融市场直接或间接的干预，影响金融市场变量，调控社会信贷可得性，进而影响公众的储蓄、消费、投资行为，调整本国与外国的经济往来，影响商业周期，最终实现对产出、就业、物价以及国际收支的有效控制，并对社会财富分配、社会公平和社会福利施加影响。这反映了金融市场重要性的（　　）。

A. 促进储蓄－投资转化　　B. 优化资源配置

C. 反映经济状态　　D. 宏观调控

答案：D

考点：本题主要考查金融市场的重要性。

34. 按照金融资产到期期限，可以将金融市场划分为（　　）和（　　）。

A. 债权市场　权益市场　　B. 一级市场　二级市场

C. 货币市场　资本市场　　D. 证券市场　非证券金融市场

答案：C

考点：本题主要考查金融市场的分类，不同的划分标准，划分结果不同。

35. 按照交易工具，可以将金融市场划分为（　　）和（　　）。

A. 债权市场　权益市场　　B. 一级市场　二级市场

C. 货币市场　资本市场　　D. 证券市场　非证券金融市场

答案：A

考点：本题主要考查金融市场的分类，不同的划分标准，划分结果不同。

36. 按照发行流通性质，可以将金融市场划分为（　　）和（　　）。

A. 债权市场　权益市场　　B. 一级市场　二级市场

C. 货币市场　资本市场　　　　　　D. 证券市场　非证券金融市场

答案：B

考点：本题主要考查金融市场的分类，不同的划分标准，划分结果不同。

37. 按照组织方式，可以将金融市场划分为（　　）和（　　）。

A. 债权市场　权益市场　　　　　　B. 一级市场　二级市场

C. 货币市场　资本市场　　　　　　D. 交易所市场　场外交易市场

答案：D

考点：本题主要考查金融市场的分类，不同的划分标准，划分结果不同。

38. 按照交割方式，可以将金融市场划分为（　　）和（　　）。

A. 债权市场　权益市场　　　　　　B. 现货市场　衍生品市场

C. 货币市场　资本市场　　　　　　D. 证券市场　非证券金融市场

答案：B

考点：本题主要考查金融市场的分类，不同的划分标准，划分结果不同。

39. 按照金融资产的种类，可以将金融市场划分为（　　）和（　　）。

A. 债权市场　权益市场　　　　　　B. 一级市场　二级市场

C. 货币市场　资本市场　　　　　　D. 证券市场　非证券金融市场

答案：D

考点：本题主要考查金融市场的分类。不同的划分标准，划分结果不同。

40. 按照辐射地域，可以将金融市场划分为（　　）和（　　）。

A. 债权市场　权益市场　　　　　　B. 一级市场　二级市场

C. 国际金融市场　国内金融市场　D. 证券市场　非证券金融市场

答案：C

考点：本题主要考查金融市场的分类，不同的划分标准，划分结果不同。

41. 将金融市场划分为货币市场和资本市场的标准是（　　）。

A. 交易工具　　　　　　　　　　B. 金融资产到期期限

C. 交割方式　　　　　　　　　　D. 金融资产的种类

答案：B

考点：本题主要考查金融市场的分类，不同的划分标准，划分结果不同。

42. 将金融市场划分为债权市场和权益市场的标准是（　　）。

A. 交易工具　　　　　　　　　　B. 发行流通性质

C. 交割方式　　　　　　　　　　D. 金融资产的种类

答案：A

考点：本题主要考查金融市场的分类，不同的划分标准，划分结果不同。

43. 将金融市场划分为一级市场和二级市场的标准是（　　）。

A. 交易工具　　B. 发行流通性质

C. 交割方式　　D. 金融资产的种类

答案：B

考点：本题主要考查金融市场的分类，不同的划分标准，划分结果不同。

44. 将金融市场划分为交易所市场和场外交易市场的标准是（　　）。

A. 交易工具　　B. 组织方式

C. 交割方式　　D. 辐射地域

答案：B

考点：本题主要考查金融市场的分类，不同的划分标准，划分结果不同。

45. 将金融市场划分为现货市场和衍生品市场的标准是（　　）。

A. 交易工具　　B. 发行流通性质

C. 交割方式　　D. 金融资产的种类

答案：C

考点：本题主要考查金融市场的分类，不同的划分标准，划分结果不同。

46. 将金融市场划分为证券市场和非证券金融市场的标准是（　　）。

A. 交易工具　　B. 发行流通性质

C. 交割方式　　D. 金融资产的种类

答案：D

考点：本题主要考查金融市场的分类，不同的划分标准，划分结果不同。

47. 将金融市场划分为国际金融市场和国内金融市场的标准是（　　）。

A. 交易工具　　B. 组织方式

C. 交割方式　　D. 辐射地域

答案：D

考点：本题主要考查金融市场的分类，不同的划分标准，划分结果不同。

48. 所交易金融资产到期期限在 1 年以内的金融市场，是（　　）。

A. 资本市场　　B. 货币市场

C. 债务市场　　D. 权益市场

答案：B

考点：本题主要考查货币市场的概念。

49. 下列属于货币市场的有（　　）。

①股票市场　　②银行间同业拆借市场

③商业票据市场　　④大额可转让存单市场

A. ①②③　　B. ①②④
C. ②③④　　D. ①③④
答案：C
考点：本题主要考查货币市场的包括范围。货币市场包括银行间同业拆借市场、商业票据市场、短期国库券市场、大额可转让存单市场等。
50. 所交易金融资产到期期限在 1 年以上或者没有到期期限的金融市场，是（　　）。
A. 资本市场　　B. 货币市场
C. 债务市场　　D. 权益市场
答案：A
考点：本题主要考查资本市场的概念。
51. 下列属于资本市场的有（　　）。
①股票市场　　②银行间同业拆借市场
③中长期国债市场　　④大额可转让存单市场
A. ①②　　B. ①④
C. ②③　　D. ①③
答案：D
考点：本题主要考查资本市场的分类。资本市场包括股票市场、中长期国债市场、中长期银行贷款市场等。
52. 交易债务工具和优先股的市场被统称为（　　）。
A. 股票市场　　B. 固定收益市场
C. 普通股市场　　D. 债务市场
答案：B
考点：本题主要考查金融市场的分类。
53. 新金融资产的发行市场是（　　）。
A. 股票市场　　B. 债券市场
C. 一级市场　　D. 二级市场
答案：C
考点：本题主要考查一级市场的内容。
54. 已发行金融资产的流通市场是（　　）。
A. 股票市场　　B. 债券市场
C. 一级市场　　D. 二级市场
答案：D

考点：本题主要考查二级市场的内容。

55. 二级市场的重要功能有（　　）。

①筹资　　②为已发行的金融资产提供流动性

③发现资产价格　　④降低风险

A. ①②　　B. ②④

C. ②③　　D. ①③

答案：C

考点：本题主要考查二级市场的功能，主要有为已发行的金融资产提供流动性、通过二级市场发现资产价格。

56. 下列属于交易所市场的有（　　）。

①拆借市场　　②期货交易所

③外汇市场　　④证券交易所

A. ①②　　B. ②④

C. ②③　　D. ①③

答案：B

考点：本题主要考查交易所市场的范围。

57. 下列属于场外交易市场的有（　　）。

①拆借市场　　②期货交易所

③黄金市场　　④证券交易所

A. ①②　　B. ②④

C. ②③　　D. ①③

答案：D

考点：本题主要考查场外交易市场。银行信贷市场、拆借市场、外汇市场、黄金市场等市场传统上比较松散，通常没有固定的交易场所，也不一定有统一的交易时间。

58. 会员制交易所的最高权力机构是（　　）。

A. 股东大会　　B. 董事会

C. 监事会　　D. 会员大会

答案：D

考点：本题考查会员制交易所的最高权力机构。

59. 即期交易的市场是（　　）。

A. 衍生品市场　　B. 现货市场

C. 证券市场　　D. 交易所市场

答案：B

考点：本题主要考查现货市场的概念。

60. 衍生工具的特点有（　　）。

①以相应的现货资产作为标的物　②成交时需要立即交割

③价格由基础资产决定　④一般表现为合约

A. ①②③　B. ①②④

C. ②③④　D. ①③④

答案：D

考点：本题主要考查衍生工具的特点，一般是表现为一些合约，以相应的现货资产作为标的物，其价格由其基础资产的价格决定，成交时不需要立即交割，而可在未来时点交割。

61. 常见的衍生工具包括（　　）。

①期权　②远期

③互换　④债券

A. ①②③　B. ①②④

C. ②③④　D. ①③④

答案：A

考点：本题主要考查衍生工具的内容，常见的衍生工具包括远期、期货、期权、互换等。

62. 由姜洋在中国金融衍生品论坛上提出的（　　）路径的形成，本质上是因为当商品经济发展到一定阶段，随着总量的扩大，不确定性和风险因素都在增多，必然产生衍生品的客观需求。

A. “商品”到“商品衍生品”

B. “商品衍生品”到“商品”

C. “商品”到“商品衍生品”再到“金融衍生品”

D. “商品”到“金融衍生品”再到“商品衍生品”

答案：C

考点：本题考查对“商品”“商品衍生品”及“金融衍生品”的形成理解。“商品”到“商品衍生品”再到“金融衍生品”路径的形成，本质上是因为当商品经济发展到一定阶段，随着总量的扩大，不确定性和风险因素都在增多，必然产生衍生品的客观需求。

63. 有价证券有广义和狭义两种概念。狭义的有价证券是指（　　）。

A. 商品证券　B. 货币证券

C. 资本证券　　D. 商业证券

答案：C

考点：本题主要考查有价证券狭义概念。

64. 以股票、债券、证券投资基金等有价证券为对象的发行和交易关系的总和是（　　）。

A. 国际金融市场　　B. 国内金融市场

C. 证券市场　　D. 非证券金融市场

答案：C

考点：本题主要考查证券市场的概念。

65. （　　）是证明持有人拥有商品所有权或使用权的凭证，取得这种证券就等于取得这种商品的所有权。

A. 商品证券　　B. 货币证券

C. 资本证券　　D. 商业证券

答案：A

考点：本题主要考查商品证券的概念。

66. （　　）是指本身能使持有人或第三者取得货币索取权的有价证券。

A. 商品证券　　B. 货币证券

C. 资本证券　　D. 商业证券

答案：B

考点：本题主要考查货币证券的概念。

67. 商业汇票、银行汇票等属于（　　）。

A. 商品证券　　B. 货币证券

C. 资本证券　　D. 商业证券

答案：B

考点：本题主要考查货币证券的分类。

68. （　　）是指由金融投资或与金融投资有直接联系的活动而产生的证券。

A. 商品证券　　B. 货币证券

C. 资本证券　　D. 商业证券

答案：C

考点：本题主要考查资本证券的概念。

69. 股票、债券等属于（　　）。

A. 商品证券　　B. 货币证券

C. 资本证券　　D. 商业证券

答案：C

考点：本题主要考查资本证券的分类。

70. 金融期货、可转换证券等属于（ ）。

A. 商品证券 B. 货币证券

C. 资本证券 D. 商业证券

答案：C

考点：本题主要考查资本证券的分类。

71. 以有价证券以外的金融资产为对象的发行和交易关系的总和是（ ）。

A. 证券市场 B. 非证券金融市场

C. 国际金融市场 D. 国内金融市场

答案：B

考点：本题主要考查非证券金融市场的概念。

72. 非证券金融市场包括（ ）。

①信托市场 ②股权投资市场

③保险市场 ④债券市场

A. ①②③ B. ①②④

C. ②③④ D. ①③④

答案：A

考点：本题主要考查非证券金融市场的外延。

73. 涉及多个司法辖域的居民直接进行各种国际金融业务活动的市场是（ ）。

A. 交易所市场 B. 场外交易市场

C. 国际金融市场 D. 国内金融市场

答案：C

考点：本题主要考查国际金融市场的概念。

74. 单一司法辖域内的金融市场是（ ）。

A. 交易所市场 B. 场外交易市场

C. 国际金融市场 D. 国内金融市场

答案：D

考点：本题主要考查国内金融市场的概念。

75. 世界上最早的证券交易所是（ ）。

A. 纽约证券交易所 B. 费城证券交易所

C. 阿姆斯特丹证券交易所 D. 伦敦证券交易所

答案：C

考点：本题主要考查金融市场的形成历史。1602 年，荷兰东印度在阿姆斯特丹创建了世界上最早的证券交易所——阿姆斯特丹证券交易所。

76. 1944 年布雷顿森林会议后，（　　）成为世界金融中心。

A. 伦敦　　B. 纽约

C. 东京　　D. 华盛顿

答案：B

考点：本题主要考查金融市场的形成历史。

77. 按照国际货币基金组织《金融稳健指标编制指南》，全球金融体系的主要参与者包括（　　）。

①金融公司　　②非金融公司

③住户及为住户服务的非营利机构　　④广义政府、公共部门

A. ①②③　　B. ①②④

C. ①②③④　　D. ①③④

答案：C

考点：本题主要考查全球金融体系的主要参与者。

78. 下列全球金融体系的参与者中属于金融公司的是（　　）。

①存款吸收机构　　②为住户服务的非营利机构

③中央银行　　④其他金融公司

A. ①②③　　B. ①②④

C. ②③④　　D. ①③④

答案：D

考点：本题主要考查全球金融体系的主要参与者。

79. 下列全球金融体系参与者中属于存款吸收机构的是（　　）。

①储蓄银行　　②开发银行

③中央银行　　④商业银行

A. ①②③　　B. ①②④

C. ②③④　　D. ①③④

答案：B

考点：本题主要考查全球金融体系的主要参与者。存款吸收机构包括商业银行和其他存款吸收机构。其他存款吸收机构包括储蓄银行、信用合作社、投资银行、抵押贷款银行以及建房互助协会、吸收存款的小额贷款机构。中央银行是国家金融机构，控制金融体系的关键方面。

80. 下列全球金融体系参与者中属于其他金融公司的是（　　）。

①保险公司　　②为住户服务的非营利机构

③养老基金　　④证券交易商

A. ①②③　　B. ①②④

C. ②③④　　D. ①③④

答案：D

考点：本题主要考查全球金融体系的主要参与者。

81. 从事金融中介或者与金融中介关系紧密的辅助性金融业务，但没有被列入存款吸收机构的公司，是全球金融体系主要参与者中的（　　）。

A. 中央银行　　B. 其他金融公司

C. 非金融公司　　D. 公共部门

答案：B

考点：本题主要考查全球金融体系的主要参与者。

82. 主要业务是按有经济意义的价格提供产品或非金融服务的一类机构实体，是全球金融体系主要参与者中的（　　）。

A. 中央银行　　B. 其他金融公司

C. 非金融公司　　D. 公共部门

答案：C

考点：本题主要考查全球金融体系的主要参与者。

83. 期限在 1 年以上的资金的跨国流动是（　　）。

A. 贸易资金的流动　　B. 套利性资金的流动

C. 国际长期资金流动　　D. 保值性资金的流动

答案：C

考点：本题主要考查国际长期资金流动方式，主要包括国际直接投资、国际间接投资和国际信贷三种形式。

84. 以获得国外企业的实际控制权为目的的国际资本流动是（　　）。

A. 贸易资金的流动　　B. 套利性资金的流动

C. 国际直接投资　　D. 国际间接投资

答案：C

考点：本题主要考查国际资金流动方式。

85. 国际长期资金流动主要包括（　　）。

①国际信贷　　②国际直接投资

③国际间接投资　　④贸易资金的流动

A. ①②③ B. ①②④

C. ②③④ D. ①③④

答案：A

考点：本题主要考查国际长期资金流动的内容。

86. 国际直接投资主要进行的形式有（　　）。

①采取独资企业、合资企业和合作企业等方式在国外建立一个新企业

②收购国外企业的股权达到拥有实际控制权的比例

③利润再投资

④利用国际上金融资产的价格波动高抛低吸

A. ①②③ B. ①②④

C. ①②③④ D. ①③④

答案：A

考点：本题主要考查国际直接投资的形式。

87. 在国际证券市场上发行和交易中长期有价证券所形成的国际资本流动是（　　）。

A. 国际直接投资 B. 国际间接投资

C. 投机性资金流动 D. 保值性资金流动

答案：B

考点：本题主要考查国际间接投资的内容。

88. 国际信贷主要包括（　　）。

①政府信贷 ②国际金融机构贷款

③政府债券 ④出口信贷

A. ①②③ B. ①②④

C. ②③④ D. ①③④

答案：B

考点：本题主要考查国际信贷的内容。

89. 期限为1年或1年以下的资金的跨国流动是（　　）。

A. 国际直接投资 B. 国际间接投资

C. 国际长期资金流动 D. 国际短期资金流动

答案：D

考点：本题主要考查国际短期资金流动的概念。

90. 国际短期资金流动的类型包括（　　）。

①国际直接投资 ②国际间接投资

③贸易资金流动　　④保值性资金流动

A. ①②　　B. ①④

C. ①③　　D. ③④

答案：D

考点：本题主要考查国际短期资金流动的类型。

91. 利用各国金融市场上利率差异与汇率差异进行套利活动而引起的短期资本流动是（　　）。

A. 贸易资金的流动　　B. 套利性资金的流动

C. 保值性资金的流动　　D. 投机性资金的流动

答案：B

考点：本题主要考查套利性资金的流动。

92. 避险性资金流动或资本外逃又被称为（　　）。

A. 贸易资金的流动　　B. 套利性资金的流动

C. 保值性资金的流动　　D. 投机性资金的流动

答案：C

考点：本题主要考查保值性资金的流动。

93. 金融资产的持有者为了资金安全而进行资金调拨所形成的短期资金流动是（　　）。

A. 贸易资金的流动　　B. 套利性资金的流动

C. 保值性资金的流动　　D. 投机性资金的流动

答案：C

考点：本题主要考查保值性资金的流动。

94. 资本外逃可能在（　　）情况下发生。

①政治形势动荡　　②经济形势恶化

③国际收支平衡　　④实施外汇管制

A. ①②③　　B. ①③④

C. ①②④　　D. ②③④

答案：C

考点：本题主要考查资本外逃可能发生的情形。

95. 投资者利用国际市场上金融资产或商品价格的波动，进行高抛低吸而形成的资金流动是（　　）。

A. 贸易资金的流动　　B. 套利性资金的流动

C. 保值性资金的流动　　D. 投机性资金的流动

答案：D

考点：本题主要考查投机性资金的流动。

96. 目前，构成短期资本流动主体的是（　　）。

A. 贸易资金的流动　　B. 套利性资金的流动

C. 保值性资金的流动　　D. 投机性资金的流动

答案：D

考点：本题主要考查投机性资金的流动。

97. 中国证监会于（　　）年成为 IOSCO 的正式成员。

A. 1994　　B. 1995

C. 1996　　D. 1997

答案：B

考点：本题考查关于中国证监会成为国际证监会组织一员的相关知识。

98. 伦敦外汇市场是全球最大的外汇批发市场，它主要具有的特点是（　　）。

①以外币交易为主　　②以居民交易为主

③以金融机构批发性交易为主　　④交易时段桥接美洲和亚太市场

A. ①②③　　B. ①③④

C. ①②④　　D. ②③④

答案：B

考点：本题主要考查伦敦外汇市场的特点。

99. 全球最大的人民币离岸交易中心是（　　）。

A. 纽约外汇市场　　B. 东京外汇市场

C. 伦敦外汇市场　　D. 上海外汇市场

答案：C

考点：本题主要考查伦敦外汇市场的特点。

100. 金融业区域内短期资金市场的重要基准指标包括（　　）。

①SHIBOR　　②HIBOR

③EURIBOR　　④TIBOR

A. ①②③④　　B. ①③④

C. ①②④　　D. ②③④

答案：A

考点：本题主要考查银行间同业拆借利率。

101.（　　）成为全球金融业最重要的短期资金成本基准。

A. 香港银行间同业拆借利率（HIBOR）
B. 欧元区同业拆借利率（EURIBOR）
C. 伦敦银行间同业拆借利率（LIBOR）
D. 东京银行间同业拆借利率（TIBOR）
答案：C
考点：考查伦敦银行间同业拆借利率。
102. 从 LIBOR 的取样和计算方式来看，它具有的特点是（　　）。
①主观性　　②客观性
③反映交易意愿的利率　　④是实际发生的利率
A. ①②　　B. ①③
C. ②④　　D. ②③
答案：B
考点：本题主要考查伦敦银行间同业拆借利率的特点。
103. 伦敦证券交易所按照层次的不同，可以分为（　　）。
①主板市场　　②另类投资市场
③专业证券市场　　④金边债券市场
A. ①②③　　B. ①③④
C. ①②④　　D. ②③④
答案：A
考点：本题主要考查伦敦证券交易所的市场划分。
104. 伦敦证券交易所主板上市按照板块不同，可以划分为（　　）。
①高级上市　　②标准上市
③普通上市　　④高成长板块上市
A. ①②③　　B. ①③④
C. ①②④　　D. ②③④
答案：C
考点：本题主要考查伦敦证券交易所的主板市场。
105. 伦敦证券交易所适合规模较小的成长型公司上市融资的板块是（　　）。
A. 主板市场　　B. 另类投资市场
C. 专业证券市场　　D. 专业基金市场
答案：B
考点：本题主要考查另类投资市场。

106. 存托凭证进入专业证券市场，需同时向（　　）提交上市公告书，并向交易所申请在专业证券市场交易。

A. 英国金融服务局（FSA）　　B. 英国金融行为局（FCA）

C. 美国洲际交易所（ICE）　　D. 英国上市监管署（UKLA）

答案：D

考点：本题主要考查存托凭证进入市场的条件。

107. 为各类封闭式投资基金提供上市渠道的市场是（　　）。

A. 主板市场　　B. 另类投资市场

C. 专业证券市场　　D. 专业基金市场

答案：D

考点：本题主要考查专业基金市场的内容。

108. SETS 系统（证券交易所电子化交易系统）的特点有（　　）。

①指令驱动　　②报价驱动

③不支持匿名报单　　④支持做市商报价

A. ①②③　　B. ①③④

C. ①②④　　D. ②③④

答案：C

考点：本题主要考查证券交易所电子化交易系统的特点。

109. 在 SETS 系统交易的证券必须符合的条件是（　　）。

①至少拥有 1 个做市商

②至少拥有 5 个做市商

③做市商需要提供至少 1 个 EMS 的双边报价

④做市商需要提供至少 5 个 EMS 的双边报价

A. ①③　　B. ①④

C. ②④　　D. ②③

答案：A

考点：本题主要考查 SETS 系统。

110. 为流动性相对差一些的证券提供交易服务的系统是（　　）。

A. SETS 系统　　B. SETSqx 系统

C. IOB 系统　　D. SEAQ 系统

答案：B

考点：考查 SETSqx 系统的概念。

111. SEAQ 系统的特点有（　　）。

①每只股票至少需要 1 个做市商　②每只股票至少需要 2 个做市商
③新上市证券可以进入该系统交易　④新上市证券不可以进入该系统交易

A. ①③　B. ①④
C. ②③　D. ②④

答案：D

考点：本题主要考查 SEAQ 系统的特点。

112. IOB 系统的特点有（　　）。

①做市商必须在 90% 以上的交易时段提供至少一个交易市场规模的双边报价

②做市场必须在 90% 以上的交易时段提供至少三个交易市场规模的双边报价

③可以不参与收盘集合竞价阶段报价

④必须参与收盘集合竞价阶段报价

A. ①③　B. ①④
C. ②③　D. ②④

答案：A

考点：本题主要考查 IOB 系统的特点。

113. 以下分类属于伦敦债券市场的是（　　）。

①金边债券市场　②英国中央政府债券
③国际债券市场　④公司债券市场

A. ①②③　B. ①③④
C. ②③④　D. ①②③④

答案：B

考点：考查伦敦债券市场分类。

114. （　　）市场是全球最大的黄金现货市场。

A. 上海黄金市场　B. 香港黄金市场
C. 伦敦黄金市场　D. 美国黄金市场

答案：C

考点：考查伦敦黄金市场。

115. 美国上市公司股票交易场所主要分为（　　）。

①全国性股票交易所　②另类交易系统
③经纪商 - 交易商内部撮合　④专业证券市场

A. ①②③　B. ①③④

C. ①②④　　D. ②③④

答案：A

考点：本题主要考查美国上市公司股票交易场所的分类。

116. 自 2006 年之后，纳斯达克的分层制度将市场分为（　　）三个板块。

①纳斯达克全球精选市场　　②纳斯达克货币市场

③纳斯达克资本市场　　④纳斯达克全球市场

A. ①②③　　B. ①③④

C. ①②④　　D. ②③④

答案：B

考点：本题主要考查美国纳斯达克股票市场的分层。

117. 纽约证券交易所交易制度模式的特征包括（　　）。

①指定做市商制度　　②场内经纪商制度

③场外经纪商制度　　④补充流动性提供商制度

A. ①②③　　B. ①③④

C. ①②④　　D. ②③④

答案：C

考点：本题主要考查美国纽约证券交易所交易制度模式的特征。

118. 2008 年之前，做市商在纽交所被称为专家，专家的职能具体包括（　　）。

①竞价的组织者　　②经纪人职能

③稳定市场职能　　④做市商职能

A. ①②③　　B. ①③④

C. ①②④　　D. ①②③④

答案：D

考点：本题主要考查做市商职能

119. 美国国债是由（　　）发行的债券。

A. 美国联邦政府　　B. 政府支持企业

C. 州及州所属地方政府　　D. 美国公司

答案：A

考点：本题主要考查美国国债发行方的内容。

120. 为多种多样的市政工程筹集资金、提供现金流以及满足其他方面的政府需求的债券是（　　）。

A. 美国联邦政府债券　　B. 市政债券

C. 公司债券　　D. 美国联邦机构债券

答案：B

考点：本题主要考查美国市政债券的具体用途。

121. 市政债券的类别不包括（　　）。

A. 美国联邦政府债券　　B. 普通责任债券

C. 收益债券　　D. 通道收益债券

答案：A

考点：本题主要考查市政债券的类别。

122. 在美国银行业的监管机构中，（　　）作为监管机构的协调机构，负责制定统一的监管准则和报告格式等。

A. 货币监理署　　B. 联邦储备体系

C. 储蓄机构监管署　　D. 联邦金融机构检查委员会

答案：D

考点：本题主要考查美国银行业的监管机构。美国实行的是“双层多头”金融监管体制。联邦金融机构检查委员会在美国银行业的监管机构中作为监管机构的协调机构，负责制定统一的监管准则和报告格式。

123. 主要负责美国保险监管职责的是（　　）。

A. 联邦储备体系　　B. 联邦金融机构检查委员会

C. 各州的保险监管局　　D. 各州政府

答案：C

考点：本题主要考查美国保险业的监管机构。美国实行的是“双层多头”金融监管体制。各州的保险监管局承担市场准入以及监测检查等日常监管职责。

124. 1929—1933 年大危机以来，美国实行的是“双层多头”金融监管机制。其中“双层”是指（　　），“多头”是指（　　）。

①联邦和州两个层级都有金融监管部门

②联邦和州只有一个层级设有金融监管部门

③设立了多家监管机构，分别行使不同的监管职责

④设立了多家监管机构，分别行使相同的监管职责

A. ①④　　B. ①③

C. ②③　　D. ②④

答案：B

考点：本题考查关于美国的金融市场监督体系相关知识。1929—1933 年大危机以来，美国实行的是“双层多头”金融监管机制。其中“双层”是指联邦和州两个层级都有金融监管部门，“多头”是指设立了多家监管机构，分别行使不同的监管职责。

125. 按照中国香港法律的规定，港币大部分由（　　）几家发钞银行发行。

①中国银行（香港）　②花旗银行

③汇丰银行　④渣打银行

A. ①②③　B. ①③④

C. ①②④　D. ②③④

答案：B

考点：本题主要考查中国香港的货币制度中关于货币发行机构的内容。

126. 中国香港债务工具的发债主体包括（　　）。

①中国香港外汇基金　②中国香港政府持有公司

③私营企业　④授权机构

A. ①②③　B. ①③④

C. ①②④　D. ①②③④

答案：D

考点：本题主要考查中国香港债务工具，其主要发债主体包括中国香港外汇基金，中国香港政府持有公司、法定组织、私营企业和授权机构等。

127. 在中国香港，基础货币的组成部分不包括（　　）。

A. 已发行负债证明书和由政府发行的纸币及硬币

B. 挂牌银行在香港金融管理局的结算账户结余总额

C. 未偿还外汇基金票据和债权总额

D. 已偿还外汇基金票据和债权总额

答案：D

考点：本题主要考查中国香港金融市场相关知识。在中国香港，基础货币的组成部分包括：已发行负债证明书和由政府发行的纸币及硬币、挂牌银行在香港金融管理局的结算账户结余总额、未偿还外汇基金票据和债权总额。

128. 中国香港的金融监管机构包括（　　）。

①中国香港金融管理局　②中国香港政府

③证券及期货事务监察委员会　④保险业监理处

A. ①②③　B. ①③④

C. ①②④　D. ②③④

答案：B

考点：本题主要考查中国香港金融监管机构。

129. 在中国香港，银行业、证券业和保险业的行业自律机构分别是（　）。

①中国香港银行公会　②中国香港政府

③中国香港交易所　④中国香港保险业联会

A. ①②③　B. ①③④

C. ①②④　D. ②③④

答案：B

考点：本题主要考查中国香港金融监管机构内容。

第二章　中国的金融体系与多层次资本市场

1. 下列对现代金融市场的描述中，正确的是（　　）。

①“大一统”的单一银行体系　　②不断完善的金融监管框架和基础设置

③多层次性　　④多元性

A. ①②④　　B. ①②③

C. ②③　　D. ②③④

答案：D

考点：经过多次改革，我国现代化市场金融体系是金融机构多元化，金融市场多层次以及金融监管框架和金融基础设施不断完善的现代化金融体系。“大一统”是改革前的我国金融市场特征。

2. 未来中国金融体系改革的重点方向不包括（　　）。

A. 增强金融服务实体经济能力　　B. 促进直接融资和间接融资比重更合理

C. 增强间接融资对直接融资的替代　　D. 完善多层次的资本市场

答案：C

考点：未来中国金融体系改革的重点是增强金融服务实体经济能力，提高直接融资比重，促进多层次资本市场健康发展。

3. 1949—1978 年，为适应高度集中统一的计划经济体制，我国建立起“大一统”模式的金融体系，此时，建立新中国金融体系的首要任务包括（　　）。

①成立非银行金融机构

②建立统一的人民币制度

③成立新中国的金融机构体系

④建立以中央银行为中心的多金融主体分工协作的金融体系

A. ①③　　B. ①②

C. ②③　　D. ③④

答案：C

考点：1949—1978 年，为适应高度集中统一的计划经济体制，我国建立起“大一统”模式的金融体系，建立新中国金融体制的两个首要任务是：建立统一的人民币制度和成立新中国的金融机构体系。选项①属于 1979—1983 年建立多元混合型金融体系的内容，选项④属于 1984—1993 年的金融体系特征。

4. 下列选项中，标志着股票市场正式运作开始的事件是（　　）。

A. 1922 年，国务院证券委员会和中国监督管理委员会的成立

B. 资本市场的初步建立

C. 2004 年，中国银行业监督委员会的成立

D. 上海证券交易所和深圳证券交易所的开业

答案：D

考点：1990 年 12 月，上海证券交易所和深圳证券交易所先后开业，标志着股票市场正式运作的开始。

5. 我国政策性银行不包括（　　）。

A. 国家开发银行　　B. 中国进出口银行

C. 中国农业发展银行　　D. 中国人民银行

答案：D

考点：中国人民银行不属于政策性银行，是“银行的银行”。

6. 标志着中国资本市场开始逐步纳入全国统一监管框架，全国性市场由此形成并初步发展的是（　　）。

A. 国务院证券管理委员会和中国监督管理委员会成立

B. 中国银行监督委员会成立

C. 银行业与信托业、证券业分离

D. 沪深两市的形成

答案：A

考点：1992 年 10 月，国务院证券管理委员会和中国监督管理委员会成立标志着中国资本市场开始逐步纳入全国统一监管框架，全国性市场由此形成并初步发展。选项 B 标志着我国“分业经营，分业监管”的金融体系得以确立。选项 C 时间不符，选项 D 标志着股票市场正式运作的开始。

7. 进一步明确了金融业分业经营原则的是（　　）。

A. 1993 年，全面整顿金融秩序

B. 2003 年，中国银行业监管委员会成立

C. 1998 年颁布《证券法》

D.“分业经营、分业监管”的金融体系的确立

答案：C

考点：1998 年颁布了《证券法》，进一步明确了金融业分业经营原则。选项 B 的时间标志着选项 D，两者在进一步明确了金融业分业经营原则之后，所以不选。

8. 党的十八大以来，我国金融体系不断完善，改革开放的进一步深化提高了金融体系的整体水平，表现在（　　）。

①基本金融制度逐步健全

②“四梁八柱”开始搭建

③人民币国际化和金融业双向开放促进了金融体系不断完善

④金融机构和市场结构优化

A. ①② B. ②③

C. ②③④ D. ①③④

答案：D

考点：改革开放的进一步深化提高了金融体系的整体水平。一是基本金融制度逐步完善，股市、债券、衍生品和各类金融市场基础设施等“四梁八柱”搭建完成，市场容量位列世界前茅。二是人民币国际化和金融业双向开放促进了金融体系不断完善，此外，改革开放还促进了金融机构和市场的结构优化。②“四梁八柱”开始搭建表述不对。

9. 新中国成立 70 年以来，我国建成了（ ）金融市场体系。

A. 与中国特色社会主义相适应的现代金融市场体系

B. 以服务实体经济为目标、便民利民的金融市场体系

C. 有效维护金融稳定的金融市场体系

D. 面向全球、平等竞争的金融市场体系

答案：A

考点：本题考查我国金融市场的发展历史相关知识。新中国成立 70 年以来，我国一是基本建成了与中国特色社会主义相适应的现代金融市场体系；二是基本建成了以服务实体经济为目标、便民利民的金融服务体系；三是基本建成了有效维护金融稳定的金融监管体系；四是基本建成了一套有效的金融调控体系；五是基本建成了面向全球、平等竞争的对外开放体系。

10. 我国金融市场体系包括（ ）。

①货币市场 ②债券市场

③商品市场 ④金融衍生品市场

A. ①②④ B. ①②③

C. ②③④ D. ①③④

答案：A

考点：我国已经逐步形成了一个由货币市场、债券市场、股票市场、外汇市场、黄金市场、商品期货市场和金融衍生品市场等构成的金融市场体系。商品市场是和金融市场并列的市场。

11. 货币市场作为中央银行执行货币政策的重要载体，也是各类金融机构调节资金头寸、管理流动性和进行投资的主要场所，其中，在货币市场中发挥主导

作用的是（　　）。

A. 银行间同业拆借市场　　B. 票据贴现市场

C. 银行间债券市场　　D. 债券市场

答案：C

考点：我国目前已形成了包括银行间同业拆借市场、短期债券市场、债券回购市场和票据贴现市场在内的统一的货币市场，其中，银行间债券市场在货币市场中发挥了主导作用。债券市场和货币市场同属于我国金融市场体系。

12. 下列关于 SHIBOR 的说法，不正确的是（　　）。

A. 由中国人民银行于 2007 年开始试运行

B. 属于货币市场格局之一

C. 目前已成为认可度高、应用广泛的货币市场基准利率之一

D. 不具有广泛性，不能帮助金融结构提高自主定价能力

答案：D

考点：为推进利率市场化改革，提高金融机构自主定价能力，健全货币政策传导机制，培育货币市场基准利率，中国人民银行于 2007 年开始运行上海银行间同业拆借利率，目前它已成为认可度高、应用广泛的货币市场基准利率之一。选项 D 不正确，其余符合。

13. 我国债券交易市场分为场外市场和场内市场，其中市场参与者限定为机构的是（　　）。

A. 银行间市场　　B. 银行间柜台市场

C. 场内市场　　D. 场外债券零售市场

答案：A

考点：我国债券交易市场分为场外市场和场内市场。场外市场包括银行间市场和银行柜台市场，前者的市场参与者限于机构，属于场外债券批发市场；后者参与者限于个人，属于场外债券零售市场。场内市场包括上交所和深交所。因此选择 A。

14. 对于债券市场来说，不同市场的债券分别由不同机构负责托管和结算，关于债券的托管，以下说法正确的是（　　）。

A. 银行间市场对应中央国债登记公司

B. 上海证券交易所对应中央国债登记公司

C. 深圳交易所对应中央国债登记公司

D. 银行间市场对应中国证券登记结算总公司

答案：A

考点：银行间市场对应中央国债登记公司，上海（深圳）证券交易所对应于中国证券登记结算上海（深圳）分公司，选项A正确，选项B、C、D说法不正确。

15. 我国债券市场发行债券包括利率债和信用债，下面关于利率债和信用债的说法，正确的是（　　）。

①利率债以政府信用为基础或以政府提供偿债支持为基础而发行

②利率债风险小于信用债

③铁路总公司发行的债券为信用债

④信用债是以企业的商业信用为基础而发行的债券

A. ①②③　　　　B. ①②④

C. ②③④　　　　D. ①③④

答案：B

考点：铁路总公司属于政府支持机构，其发行的债券属于利率债，是广义的利率债。其余三项表述正确。

16. 构成我国信用债市场主体的有（　　）。

①中期票据　　　　②短期融资券

③企业债　　　　④公司债

A. ①②③④　　　　B. ①②③

C. ②③④　　　　D. ①②③

答案：A

考点：中期票据、短期融资券、企业债、公司债四个主要品种构成我国信用债市场主体。

17. 2019年，我国债券市场运行特点包括（　　）。

①债券市场制度建设推进

②债券市场产品创新提速

③信用风险高位趋稳

④信用风险事件有所增加

A. ①②③　　　　B. ①②④

C. ①③④　　　　D. ②③④

答案：A

考点：本题考查我国债券市场运行特点。

18. 我国多层次股票市场体系初步形成。分为场内市场和场外市场，其中，场内市场包括（　　）。

①沪深主板市场　　②创业板市场

③全国中小企业股份转让系统　　④中小板市场

⑤区域性股权交易市场

A. ①②③④　　B. ①②④⑤

C. ②③④⑤　　D. ①③④⑤

答案：A

考点：考点为股票市场的构成，我国股票市场分为场内市场和场外市场，场内市场包括沪深主板市场、中小板、科创板、创业板市场、全国中小企业股份转让系统（新三板），场外市场包括区域性股权交易市场和交易柜台市场。区域性股权交易市场属于场外市场。

19. 我国股票市场参与主体日益成熟，投资者群体包括个人投资者、证券投资基金以及其他机构投资者。其中，对股票市场形成长期价值投资的理念具有重要引导作用的是（　　）。

A. 个人投资者　　B. 证券投资基金

C. 其他机构投资者　　D. 证券基金和其他机构投资者

答案：B

考点：证券投资基金对股票市场形成长期价值投资的理念具有重要引导作用，其他选项不符合题意。

20. 外汇市场发展与汇率市场化改革、资本开放进程、人民币国际化齐头并进，相辅相成，以下关于外汇市场表述正确的是（　　）。

①人民币外汇市场包括在岸市场和离岸市场

②银行间外汇市场交易方式分为竞价和询价两种，其中竞价交易占主导地位

③我国银行间外汇市场完整形成了具备价格发现、风险管理和配置资源功能的场所

④我国的外汇市场交易工具包括即期、远期和掉期等类型

A. ①②　　B. ②③

C. ①④　　D. ③④

答案：C

考点：银行间外汇市场交易方式分为竞价和询价两种，其中询价交易占主导地位，②的说法有问题；我国银行间外汇市场初步形成了具备价格发现、风险管理和配置资源功能的场所，③表述不正确。

21. 我国黄金市场具有的特点是（　　）。

①市场架构不完整　　②参与主体类型多样

③与实体经济和黄金产业密切关联 ④投资与风险分散功能进一步得到发挥

A. ①②③　　B. ①②

C. ②③④　　D. ②③

答案：C

考点：我国黄金市场具有四大特点：市场架构比较完整，参与主体类型多样，与实体经济和黄金产业密切关联，投资与风险分散功能进一步得到发挥。

22. 目前，我国的商品期货交易所包括（　）。

①深圳期货交易所　　②上海期货交易所

③大连商品交易所　　④郑州商品交易所

A. ①②③　　B. ①②④

C. ②③④　　D. ①③④

答案：C

考点：目前，我国成立了上海期货交易所、大连商品交易所和郑州商品交易所三大商品期货交易所。

23. 截至 2018 年末，全球第一大黑色金属期货市场和第二大有色金属期货市场是（　）。

A. 纽约期货交易所　　B. 上海期货交易所

C. 大连商品交易所　　D. 郑州商品交易所

答案：B

考点：截至 2017 年末，上海期货交易所成为全球第一大黑色金属期货市场和第二大有色金属期货市场。

24. 在期货市场监管方面，我国形成了中国证监会、地方证监局、（　）、期货市场监控中心和中国期货业协会“五位一体”的期货监管协调工作机制与较为完善的期货监管法律体系。

A. 原中国银监会　　B. 期货交易所

C. 原中国保监会　　D. 中央银行

答案：B

考点：本题属于基本记忆类考题，“五位一体”的体系还包括期货交易所。

25. 我国金融衍生品市场按资产类别划分主要包括利率类衍生品、（　）、货币类衍生品、信用类衍生品。

A. 期权类衍生品　　B. 票据类衍生品

C. 债务类衍生品　　D. 权益类衍生品

答案：D

考点：我国金融衍生品市场按资产类别划分主要包括利率类衍生品、权益类衍生品、货币类衍生品、信用类衍生品。其中，货币类衍生品包括期权组合。

26. 权益类衍生品主要包括股票期权、股指期货和（　　）。

A. 外汇远期　　B. 货币掉期

C. 认股权证　　D. 期权组合

答案：C

考点：权益类衍生品主要包括股票期货、股指期货和认股权证。A、B、D均为货币类衍生品。

27. 权益类衍生品股票期权品种包括（　　）。

A. 中证500指数、沪深300ETF期权

B. 上证50ETF期权、中证500指数

C. 上证50ETF期权、沪深300ETF期权

D. 中证500ETF期权、沪深300ETF期权

答案：C

考点：本题考查股票期权品种分类。

28. 信用类衍生品包含信用风险缓释合约，信用风险缓释凭证，信用联结票据和（　　）。

A. 外汇掉期　　B. 场内国债期货

C. 信用违约互换　　D. 利率互换产品

答案：C

考点：信用类衍生品包含信用风险缓释合约，信用风险缓释凭证，信用联结票据和信用违约互换。

29. 影响我国金融市场的因素来自诸多方面，包括经济、法律、市场等七个方面，其中，关于经济因素说法正确的是（　　）。

①经济因素是影响我国金融市场运行的最重要因素

②除宏观经济因素外，其他经济因素仅能改变金融市场中期和短期走势

③与财政政策、货币政策相比，收入政策具有更高一层次的调节功能

④经济增长和财政金融行为属于纯粹的经济因素

A. ①②③　　B. ①②④

C. ②③④　　D. ①③④

答案：A

考点：影响我国金融市场的因素来自诸多方面，包括经济、法律、市场等七个方面，经济因素是最重要的因素，经济因素既包括经济增长和经济周期波动这

种纯粹的经济因素，也包括政府宏观经济政策及特定财政金融行为等混合因素，还包括国际经济环境因素。宏观经济因素是影响金融市场长期走、短期走势的最重要因素，其他因素可以暂时改变金融市场的中、短期走势，但改变不了金融市场长期走势，宏观经济政策包括货币、财政和收入政策，与财政政策、货币政策相比，收入政策具有更高一层次的调节功能。因此选项 A 正确，④中，前者为纯粹因素，后者为混合因素。

30. 影响金融市场运行的主要宏观经济变量包括（　　）。

①国内生产总值　　②经济周期

③通货膨胀与利率　　④汇率和国际资本流动

A. ①②③　　B. ①②④

C. ②③④　　D. ①②③④

答案：D

考点：影响金融市场运行的主要宏观经济变量包括国内生产总值，经济周期，通货膨胀与利率，汇率和国际资本流动。

31.（　　）对金融市场有着直接、主要的影响。

A. 财政政策　　B. 收入政策

C. 货币政策　　D. 经济周期

答案：C

考点：宏观经济政策包括货币、财政和收入政策，货币政策对金融市场有着直接、主要的影响。收入政策具有更高一层次的调节功能，财政政策主要通过税收政策、公共支出政策以及国债发行等发挥作用。

32. 收入政策目标包括（　　）。

①收入总量目标　　②收入功能目标

③收入效率目标　　④收入结构目标

A. ①②　　B. ②③

C. ③④　　D. ①④

答案：D

考点：收入政策目标包括收入总量目标和收入结构目标。

33. 影响货币政策作用发挥的因素不包括（　　）。

A. 货币供给量　　B. 支出

C. 利率　　D. 信贷政策机制

答案：B

考点：货币政策主要通过货币供给量、利率和信贷政策机制发挥作用，支出属于财政政策。

34. 影响财政政策作用发挥的因素不包括（　　）。

A. 税收政策　　B. 信贷政策机制

C. 公共支出政策　　D. 国债发行

答案：B

考点：信贷政策机制属于货币政策。

35. 2018年7月，小王手头有一笔闲钱，正考虑将这笔钱投资于金融市场，在其进行基本面分析时，应考虑主要宏观经济变量包括（　　）。

①国内生产总值　　②经济周期

③财政政策　　④国际资本流动

A. ①②③　　B. ①②④

C. ②③④　　D. ①③④

答案：B

考点：影响我国金融市场运行的主要因素包括经济因素。经济因素包括宏观经济环境、宏观经济政策和国际经济因素。宏观经济变量包括国内生产总值、经济周期、通货膨胀与利率、汇率和国际资本流动。财政政策属于宏观经济政策，选择不包括③的选项。

36. 下列关于影响我国金融市场运行的主要因素说法正确的是（　　）。

①预期的通货膨胀率与债券和股票价格是反方向变动关系

②货币政策主要通过货币供给量、利率和信贷政策机制发生作用，其中货币供给量和金融资产的需求是同方向变动

③市场交易机制的核心是价格发现机制

④利率对金融市场的影响是局部的、非系统的

A. ①②③　　B. ①②④

C. ②③④　　D. ①③④

答案：A

考点：通货膨胀对金融市场投融资产生重要影响，一般而言，低于预期的通货膨胀率会降低利率，促进债券和股票价格的上升，①正确，货币政策主要通过货币供给量、利率和信贷政策机制发生作用，其中货币供给量增加，会增生产性投资、消费，也会使投资者对金融资产需求增加。利率对金融市场的影响是全局的系统性的，④说法相反。

37. 市场因素是影响我国金融市场的主要因素之一，市场因素是金融市场本身的内部条件，包括但不限于国内、国际统一的市场组织、丰富的市场交易品

种、（　　）等因素。

A. 利率水平　　B. 金融体制或管理

C. 通货膨胀　　D. 市场交易机制或市场模式

答案：D

考点：利率与通货膨胀属于经济因素，金融体制或管理属于影响我国金融市场运行的因素的七个方面之一。选项 D 属于市场因素。

38. 国际经济环境因素作为影响我国金融市场运行的主要因素，内容不包括（　　）。

A. 经济全球化

B. 世界货币制度影响

C. 放松监管和加强监管两种经济哲学的交替

D. 汇率和国际资本流动

答案：D

考点：国际经济环境因素包括经济全球化、世界货币制度影响、放松监管和加强监管两种经济哲学的交替。汇率和国际资本流动属于宏观经济运行对金融市场的影响。

39. 科技发展对金融市场运行有重大意义，下面关于影响我国金融市场运行的技术因素的说法正确的是（　　）。

①信息技术为金融创新提供了活力

②金融机构透明性和监管方式的增强有赖于信息技术在信息披露方面的运用

③信息技术是金融市场发展的最根本原因

④信息技术的广泛应用促使全球统一金融市场的形成，国际金融市场和国内金融市场界限日益清晰

A. ①②　　B. ②③

C. ③④　　D. ①④

答案：A

考点：技术因素对我国金融市场运行的影响包括以下三个方面：第一，信息技术有力地刺激了金融创新；第二，信息技术使披露更加及时，增强了金融机构透明性，改变了金融监管的方式；第三，信息技术的广泛应用促使全球统一金融市场的形成，国际金融市场和国内金融市场界限日益模糊，技术只是辅助性因素并不是决定因素。所以③④说法不正确，予以排除。

40. 行为金融学认为，有一项因素是影响投资决策和资产定价不可或缺的重要因素，主要通过投资者对资产价格走势的预期来体现，该因素为（　　）。

A. 文化因素　　B. 人口因素
C. 体制或管理因素　　D. 心理因素

答案：D

考点：行为金融学认为心理因素是影响投资决策和资产定价不可或缺的重要因素，主要通过投资者对资产价格走势的预期来体现。

41. 据调查，当能延迟消费的人少时，债券、股票等资产价格就会下跌，从而对金融市场产生巨大的冲击，上诉案例说明了（　　）因素影响我国金融市场运行的。

A. 文化因素　　B. 心理因素
C. 人口因素　　D. 市场因素

答案：C

考点：案例属于其他因素的中人口因素对我国金融市场运行的影响。

42. 目前，中国已基本形成了由（　　）调控和监督、国家银行为主体、政策性金融与商业性金融机构相分离，多种金融机构分工合作、功能互补的现代化金融中介机构体系。

A. 财政部　　B. 中国证监会
C. 原中国银监会　　D. 中央银行

答案：D

考点：本题属于记忆类知识点，中央银行负责调控和监督。

43. 金融中介机构包括商业银行和非银行金融机构，按所从事业务的性质及其在金融活动中所起的作用，可分为（　　）。

①融资类金融中介机构　　②投资类金融中介机构
③保障类金融中介机构　　④商业性金融中介机构

A. ①②③　　B. ①②④
C. ②③④　　D. ①③④

答案：A

考点：金融中介机构按不同的标准，可划分为不同的种类。按业务特征及货币创造、交换媒介和支付手段的功能划分，可分为银行金融中介机构和非银行金融中介机构；按是否能够承担国家政策性金融业务，可划分为商业性金融机构和政策性金融机构；按所从事业务的性质及其在金融活动中所起的作用，可分为融资类金融中介机构、投资类金融中介机构、保障类金融中介机构和服务类金融中介结构。商业性金融中介机构属于按是否能够承担国家政策性金融业务做的分类。

44. 诚信租行是一家金融租赁公司，拟今年上市，因此聘请A投资银行进行IPO材料的编写，按照行业分类，在联合国统计署按经济活动类型分类中，A投资银行属于金融中介的（　　）子类。

A. 不包含保险和养老基金的金融中介活动

B. 保险和养老基金

C. 非银行金融中介结构

D. 辅助金融中介的活动

答案：D

考点：投资银行属于辅助金融中介的活动，选项C是按照业务特征及货币创造、交换媒介和支付手段的功能划分。

45. 以证券公司、期货公司和证券投资基金管理公司为主，以各类投资咨询中介、信托机构为辅的多元化体系指的是（　　）。

A. 保险中介体系　　B. 银行机构体系

C. 投资中介体系　　D. 银行中介机构体系

答案：C

考点：我国目前已拥有以证券公司、期货公司和证券投资基金为主，以各类投资咨询中介、信托机构为辅的多元化投资中介体系。

46.（　　）是商业银行业务活动的总括性反应。

A. 现金流量表　　B. 资产负债表

C. 利润表　　D. 所有者权益变动表

答案：B

考点：考查考生对财务报表在商业银行中作用的理解，其中资产负债表是商业银行业务活动的总括性反应。

47. 商业银行的主要业务包括（　　）。

①资产业务　　②负债业务

③担保承诺类业务　　④表外业务

A. ①②　　B. ②③

C. ①②④　　D. ①②③④

答案：D

考点：以上四项均属于商业银行的主要业务，其中担保承诺类业务属于表外业务。考生在做题时注意宏观和微观的整合考点。

48.（　　）是商业银行组织资金来源的业务活动，是商业银行资产业务和其他业务营运的起点和基础。

A. 负债业务　　B. 资产业务

C. 表外业务　　D. 中间业务

答案：A

考点：负债业务是商业银行组织资金来源的业务活动，是商业银行资产业务和其他业务营运的起点和基础。

49. W 银行的财务总监在审核 W 银行的年末财务报表时，全部负债业务总额为 30 亿元，以下（　　）情况应引起他的特别注意。

A. 资产负债表显示，年末股本金、储备资金和未分配利润总和为 15 亿元

B. 资产负债表显示，年末股本金、储备资金和未分配利润总和为 4 亿元

C. 资产负债表显示，存款负债为 21 亿元

D. 资产负债表显示，存款负债为 23 亿元

答案：A

考点：负债业务是商业银行组织资金来源的业务，是商业银行资产业务和其他业务营运的起点和基础，包括自有资金、存款负债和借款负债。一般自有资金（包括股本金、储备资金和未分配利润）所占比重很小，为全部负债业务总额的 10% 左右，存款是银行负债最重要的业务，一般占到负债总额对的 70% 以上。题目中 A 选项自有资金占到 50%，属于应引起注意的情况。

50. 借款负债的渠道主要包括（　　）。

①向中央银行借款　　②同业借款

③存款负债　　④回购协议

A. ①②③　　B. ①②④

C. ②③④　　D. ①③④

答案：B

考点：借款负债的渠道主要包括向中央银行借款、同业借款、回购协议以及国外市场借款等。商业银行负债业务包括自有资金、存款负债、借款复制。

51. 根据 2017 年原中国银监会发布的《商业银行表外业务风险管理指引》，（　　）是指商业银行从事的，按照现行的会计准则不计入资产负债表内，不形成现实资产负债，但能够引起当期损益变动的业务。

A. 负债业务　　B. 利润表

C. 表外业务　　D. 资产业务

答案：C

考点：根据 2017 年原中国银监会发布的《商业银行表外业务风险管理指引》，表外业务是指商业银行从事的，按照现行的会计准则不计入资产负债表内，

不形成现实资产负债，但能够引起当期损益变动的业务。负债业务、资产业务属于表内业务。

52. 表外业务是指商业银行从事的，按照现行的会计准则不计入资产负债表内，不形成现实资产负债，但能够引起当期损益变动的业务，表外业务包括但不限于（　　）。

①担保承诺类业务　　②代理投资融资服务类业务

③中介服务类业务　　④财务顾问类业务

A. ①②　　B. ②③

C. ①②④　　D. ①②③

答案：D

考点：表外业务包括但不限于担保承诺类业务、代理投资融资服务类业务、中介服务类业务、其他类。财务顾问类业务属于中介服务类业务。

53. 以下关于担保承诺类业务和代理投融资服务类业务的关系说法正确的是（　　）。

A. 两者均需承担偿还责任

B. 两者均需承担投资回报责任

C. 担保承诺类业务不需要承担偿还责任，代理投融资服务类业务需要

D. 担保承诺类业务需要承担偿还责任，代理投融资服务类业务不需要

答案：D

考点：担保承诺类业务包括担保类、承诺类等按照约定承担偿还责任的业务，代理投融资服务类业务指商业银行根据客户委托，为客户提供投融资服务但不承担代偿责任、不承诺投资回报的表外业务，前者要承担偿还责任，因此风险更高，C 说法正好相反。

54. 根据 2001 年中国人民银行颁布的《商业银行中间业务暂行规定》，不构成商业银行表内资产、表内负债，形成银行非利息收入的业务的是（　　）。

A. 表外业务　　B. 中间业务

C. 其他业务　　D. 以上三者都不是

答案：B

考点：考查基础知识，题干是中间业务的概念。

55. 商业银行利用自身在机构网点、技术手段和信息处理等方面的优势，代理客户承办收付和委托事项，并收取手续费的业务是（　　）。

A. 中间业务　　B. 表外业务

C. 表内业务　　D. 其他业务

答案：A

考点：中间业务是银行利用自身在机构网点、技术手段和信息处理等方面的优势，代理客户承办收付和委托事项，并收取手续费的业务。中间业务包括两类，一般意义上的金融服务业务类业务和一般意义上的表外业务。中间业务不需要动用银行自己的资金，且具有收入稳定、风险程度低的特点，集中体现了商业银行的服务功能。

56. 目前通行的观点，以下关于银行的中间业务和表外业务的说法正确的是（　　）。

A. 中间业务包括表外业务

B. 中间业务是源于会计准则而生成的类别

C. 表外业务是源于业务类型而生成的类别

D. 相比于表外业务，中间业务更强调业务的风险特征

答案：A

考点：中间业务包括两类，一般意义上的金融服务业务类业务和一般意义上的表外业务。中间业务不需要动用银行自己的资金，且具有收入稳定、风险程度低的特点，集中体现了商业银行的服务功能。中间业务是源于业务类型而生成的类别，表外业务是源于会计准则而生成的类别。表外业务更强调业务的风险特征。目前通行的是从广义角度来理解的中间业务和从狭义角度来理解的表外业务，即认为中间业务是包括表外业务的。

57. 下列关于证券公司的表述，说法不准确的是（　　）。

①证券公司是证券市场的主要参与者

②作为中介机构，在证券市场运行中发挥着重要作用

③证券公司是证券市场投融资服务的买方

④本身不是证券市场重要的机构投资者

A. ①②　　B. ②③

C. ②④　　D. ③④

答案：D

考点：证券公司是证券市场的主要中介机构，在证券市场运行中发挥着重要作用。一方面，证券公司是证券市场投融资服务的提供者，为证券发行人和投资者提供专业化的中介服务；另一方面，证券公司本身也是证券市场重要的机构投资者。

58. 证券公司的业务包括证券经纪业务、证券投资咨询业务、与证券交易、证券投资活动有关的财务顾问业务、（　　）、证券资产管理业务等。

A. 委托投资业务　　B. 资产托管业务
C. 证券承销与保荐业务　　D. 委托贷款业务
答案：C
考点：A、B、D 属于商业银行业务。
59. 根据保险业务属性和风险特征，保险公司业务范围分为基础类业务和扩展类业务，以下属于财产保险公司的基础类业务的是（　　）。
A. 责任保险　　B. 农业保险
C. 信用证保险　　D. 分红型保险
答案：A
考点：本题考查保险的分类，要同时满足属于财产保险和基础类业务两个条件，选项 A 满足，选项 B 和选项 C 属于财产保险公司的扩展类业务，选项 D 属于人身保险公司的基础类业务。
60. 根据保险业务属性和风险特征，保险公司业务范围分为基础类业务和扩展类业务，以下属于人身保险公司的扩展类业务的是（　　）。
A. 普通型保险　　B. 健康保险
C. 分红型保险　　D. 投资连结型保险
答案：D
考点：人身保险公司基础类业务包括普通型保险（人寿保险和年金保险）、健康保险、意外伤害保险、分红型保险、万能型保险；扩展类业务包括投资连结型保险和变额年金。
61. 截至 2020 年第一季度，我国（　　）在资产规模、资金来源和网点布局上占据主导地位，业务遍布全国各地，网点众多且分散，各项业务均衡发展。
A. 股份制银行　　B. 大型商业银行
C. 农村信用社　　D. 农村合作银行
答案：B
考点：本题考查我国金融业主要行业的基本情况。
62. 下列关于我国金融市场监管体制的演变，表述正确的是（　　）。
A. 第一阶段的特征为中国人民银行集中统一监管
B. 第二阶段最大的特征是“一行三会”体制成型
C. 第三阶段分业监管起步
D. 第四阶段开始于 2008 年的国际金融危机
答案：A
考点：我国金融市场监管体制的演变经历了四个阶段：第一阶段为 1992 年

以前的中国人民银行集中统一监管；第二阶段为1992—1997年，这一阶段分业监管起步；第三阶为1998—2008年，该阶段“一行三会”体制成型，分业监管体制不断专业化、精细化；第四阶段为2009—2016年，金融监管体制开始了金融监管的协调性和有效性；第五阶段为2017年以来，金融监管体制进入“一委一行两会”的新阶段。

63. 以下关于我国金融业主要行业的基本情况，不正确的是（　　）。

A. 大型商业银行在资产规模、资金来源和网点布局上占有主导地位

B. 证券业传统业务面临激烈的同质化竞争

C. 在分业监管体系下，相较于银行业和证券业，信托业务的融资活动灵活性不具有优势

D. 股份制银行资产规模增长较快

答案：C

考点：在分业监管体系下，相较于银行业和证券业，信托业务的融资活动更具灵活性优势。

64. 中国当前的金融监管体制已经从“一行三会”过渡到“一委一行两会”，其中“一委一行两会”包括（　　）。

①国务院金融稳定发展委员会　　②中国人民银行

③原中国银监会　　④中国银保监会

A. ①②③　　B. ①②④

C. ②③④　　D. ①③④

答案：B

考点：“一委一行两会”指国务院金融稳定发展委员会、中国人民银行、中国证券监督管理委员会以及中国银行保险监督管理委员会，不包括原中国银监会。

65. 我国金融监管体制经历了一系列的变革，形成了“一委一行两会”的金融监管体制，我国金融监管进入“一委一行两会”阶段的时间是（　　）。

A. 2008年　　B. 2009年

C. 2012年　　D. 2017年

答案：D

考点：第五阶段为2017年以来，金融监管体制进入“一委一行两会”的新阶段，2017年以前金融监管体制为“一行三会”。

66. 2018年3月17日第十三届全国人民代表大会第一次会议通过《关于国务院机构改革方案的决定》，下面关于其表述正确的是（　　）。

①决定组建中国银行保险监督管理委员会

②重新规划原中国银监会、原中国保监会的职责范围

③中国人民银行的监管职责减少

④使中国银保监会微观职能更为明确

A. ①②③　　B. ①②④

C. ②③④　　D. ①③④

答案：B

考点：2018 年 3 月 17 日第十三届全国人民代表大会第一次会议通过《关于国务院机构改革方案的决定》，决定组建中国银行保险监督管理委员会，原中国银监会、原中国保监会拟定银行业、保险业重要法律法规草案和审慎监管基本制度的职责划分入中国人民银行，中国银保监会作为微观审慎监管和行为监管主体，监督金融机构行为稳定、合规经营的职责更为明确。

67. 定位为“作为国务院统筹协调金融稳定和改革发展重大问题的议事协调机构”的是（　　）。

A. 国务院金融稳定发展委员会　　B. 中国人民银行

C. 中国人民银行保险监督委员会　　D. 国务院

答案：A

考点：国务院金融稳定发展委员会定位为“作为国务院统筹协调金融稳定和改革发展重大问题的议事协调机构”。

68. 国务院金融稳定发展委员会的职责有（　　）。

①落实党中央、国务院关于金融工作的决策部署

②审议金融业改革发展重大规划

③统筹金融改革和发展

④指导中央金融改革发展与监管

A. ①②③　　B. ①②④

C. ②③④　　D. ①③④

答案：A

考点：国务院金融稳定发展委员会的职责包括五个方面，其中包括指导地方金融改革发展与监督，对金融管理部门和地方政府进行业务监督和履行问责。④的表述有问题。

69. 国务院金融稳定发展委员会目前关注的四个方面包括下面的（　　）。

①影子银行　　②负债管理行业

③互联网金融　　④金融控股公司

A. ①②③　　B. ①②④

C. ②③④　　D. ①③④

答案：D

考点：国务院金融稳定发展委员会目前关注的四个方面包括：影子银行、资产管理行业、互联网金融、金融控股公司。②负债管理行业不属于四个方面之一。

70. 中国人民银行是我国的中央银行，也是国务院组成部分，中国人民银行的职责包括（　　）。

①拟定金融业改革、开放和发展计划，承担综合研究并协调解决金融运行中的重大问题、促进金融业协调健康发展的责任

②牵头建立宏观审慎管理框架，拟订金融业重大法律法规和其他有关法律法规草案

③监督管理银行间债券市场、货币市场、外汇市场、票据市场、黄金市场及上述市场相关场外衍生产品

④依法制定和执行金融业相关财政政策

A. ①②③　　B. ①②④

C. ①③④　　D. ②③④

答案：A

考点：本题考查中国人民银行的职责。

71. 中国银行保险监督管理委员会成立时间是（　　）年。

A. 2015　　B. 2016

C. 2017　　D. 2018

答案：D

考点：2018 年 3 月 17 日十三届全国人大一次会议通过了《国务院机构改革方案》决定了组建中国银行保险监督管理委员会。

72. 中国银行保险监督管理委员会的职责不包括（　　）。

A. 依法依规对全国银行业和保险业实行统一监督管理，维护银行业和保险业合法、稳健运行

B. 对银行业和保险业改革开放和监管有效性开展系统性研究

C. 依法依规对银行业和保险业机构及其业务范围实行准入管理，审查高级管理人员任职资格

D. 牵头建立宏观审慎管理框架，拟订金融业重大法律法规和其他有关法律法规草案

答案：D

考点：本题考查中国银保监会职责。答案 D 属于中国人民银行职责。

73. 下列关于中国证券监督管理委员会的职责说法正确的是（　）。

①研究和拟定证券期货市场的方针政策、发展规划

②监管证券投资活动

③监管上市国债和企业间债券的交易活动

④监管境外企业直接或间接到境内发行股票、上市

A. ①②③　　B. ①②④

C. ②③④　　D. ①③④

答案：A

考点：中国证券监督管理委员会的职责包括：研究和拟定证券期货市场的方针政策、发展规划；监管证券投资活动；监管上市国债和企业间债券的交易活动；监管境内企业直接或间接到境外发行股票、上市，监管境内机构到境外设立证券机构，监管境外机构到境内设立证券机构、从事证券业务等。④表述不准确。

74. 金融的本质要求是（　）。

A. 服务于互联网经济　　B. 更好地发展金融行业

C. 服务于实体经济　　D. 服务于知识经济

答案：C

考点：作为实体经济的镜像，更好地服务于实体经济是金融的本质要求。

75. 经济出现波动时，商业银行资本充足率通过影响信贷扩张从而影响实体经济的投资和产出，体现了金融与实体经济关系理论的（　）。

A. 实体经济影响金融市场

B. 金融活动本身是经济衰退和萧条的重要诱因

C. 金融的作用

D. 金融与实体经济内在的相互影响

答案：D

考点：金融活动本身是经济衰退和萧条的重要诱因，以商业银行为例，资本充足率是影响信贷扩张的重要决定因素，当经济衰退时，银行的存量信贷质量降低，威胁到其资产负债表和资本充足率，此时银行将提高信贷准则，紧缩信贷，进而影响实体经济商务投资和产出。A 和 B 选项只说明了一个方面，不完整。

76. 提出金融加速器理论的是（　）。

A. 凯恩斯　　B. 约翰·格利

C. 伯南克　　　　　　　　　　　　D. 爱德华·肖

答案：C

考点：20 世纪 90 年代，伯南克和格特勒提出了金融加速器理论，揭示了经济周期和金融周期两者间的反馈循环的微观机制。凯恩斯提出了不确定性是货币经济的主要特征，约翰·格利和爱德华·肖在 20 世纪 50 年代提出了金融中介在储蓄－投资转化机制中的重要作用。

77. 约翰·格利和爱德华·肖在 20 世纪 50 年代提出了（　　），揭示了金融与实体经济之间相互关联、彼此渗透的关系。

A. 储蓄－投资转化机制　　　　　　B. 利率－投资互动机制

C. 储蓄－利率互动机制　　　　　　D. 收入－投资转化机制

答案：A

考点：约翰·格利和爱德华·肖在 20 世纪 50 年代提出了金融中介在储蓄－投资转化机制中的重要作用，揭示了金融与实体经济之间相互关联、彼此渗透的关系。

78. 以下对实体经济与金融之间的相互关系的表述中，不完全合理的是（　　）。

A. 实体经济发展水平和质量从根本上决定着金融发展水平和质量，实体经济发展不好，风险最后会集中反映在金融体系中

B. 金融的健康发展可以促进经济增长

C. 金融产品的创新和复杂化，使得实体经济和金融的界限日益分明

D. 金融监管可以避免金融与实体经济发展的过分脱节

答案：C

考点：实体经济和金融之间相辅相成、相互渗透，实体经济是根，金融是滋养实体经济的水分。实体经济发展水平和质量从根本上决定着金融发展水平和质量，实体经济发展不好，风险最后会集中反映在金融体系中，金融的健康发展可以促进经济增长；反之则不利于经济增长，金融产品的创新和复杂化，使得实体经济和金融的界限日益模糊，所以 A、B 正确，C 不正确，为保证经济的平稳运行和可持续发展，需要处理好金融发展和金融监管的关系，金融监管可以避免金融与实体经济发展的过分脱节。

79. 全球金融危机严重损害了金融稳定，并殃及实体经济，使世界各国央行意识到传统微观审慎监管无法解决系统性风险，于是宏观审慎监管受到了高度关注。关于宏观审慎监管的研究，下面说法正确的是（　　）。

A. 从资本充足率的顺周期调整方面展开的

B. 处于信贷周期、金融加速器的研究框架

C. 仅对银行的杠杆率进行监管

D. 影子银行的兴起对宏观审慎监管的范围和重点没有影响

答案：B

考点：宏观审慎监管的研究主要从资本充足率的逆周期调整方面展开的，是在信贷周期、金融加速器的研究框架下进行的。随着影子银行的兴起，宏观审慎监管不仅要对银行的杠杆率进行监管，还要对金融市场尤其是银行间市场进行监管。A、C、D 表述不正确。

80. 宏观审慎监管与货币政策的关系是（　　）。

①二者联系紧密，目标中均包含稳定宏观经济

②二者的监管途径中均包含资产负债表

③宏观审慎监管难以有效维护金融稳定，需要货币政策的补充

④宏观审慎监管的使用，可以有效帮助货币政策集中注意力于投入和产出上

A. ①②　　B. ②③

C. ③④　　D. ①④

答案：A

考点：宏观审慎监管与货币政策联系紧密，目标中均包含稳定宏观经济；宏观审慎监管是控制过度资产负债表收缩导致的社会成本的监管努力，而资产负债表的传导渠道正是货币政策传导的重要渠道，①②正确。二者在功能和目标上也存在区别，表现在：货币政策难以有效维护金融稳定，需要宏观审慎监管的补充，宏观审慎监管的使用，可以有效帮助货币政策集中注意力于价格和产出上。因此，③④表述不正确。

81. 我国增强金融服务实体经济能力的障碍与挑战包括（　　）。

①未完全市场化的基准价格体系

②以银行业为主导的间接融资导致风险过度集中在企业，企业融资渠道与方式相对单一

③资产行业存在刚性兑付现象，预算软约束部门更易获得正规金融信贷支持，挤出了有效率的民营企业融资

④资本市场的投融资关系始终没有得到理顺

A. ①②③　　B. ①②④

C. ②③④　　D. ①③④

答案：D

考点：我国增强金融服务实体经济能力的障碍与挑战包括：中国金融体系虽

已初具现代格局，但是引导市场得以有效配置资源的基准价格体系——利率、收益率曲线和汇率等，尚未完全市场化；以银行业为主导的间接融资导致风险过度集中在银行，企业融资渠道与方式相对单一，②表述不正确；国有企业与地方政府融资平台等预算软约束部门在一定程度上都受政府隐形担保，使得金融机构对其债务有刚性兑付预期。大型企业、基础设施建设。房地产行业和地方政府平台更易获得正规金融信贷支持，挤出了有效率的民营企业融资；金融监管与行业发展的关系始终没有得到理顺，监管始终倾向于本行业的发展；资本市场的投融资关系始终没有得到理顺。

82. 银行业及银行信贷的特征不包括（　　）。

A. 以抵押为主的融资模式　　B. 能有效为新经济提供融资

C. 典型的顺周期行业　　D. 具有“放大镜”作用

答案：B

考点：银行业及银行信贷的特征包括：以抵押为主的融资模式，它难以为新经济提供融资，银行业是典型的顺周期行业，当经济处于增长周期时，银行信贷会放大经济增长；反之则会放大收缩态势。因此 B 不正确。

83. 我国增强金融服务实体经济能力的障碍与挑战中始终没有理顺的两个关系是（　　）。

①金融监管和行业发展　　②银行与企业

③预算软约束部门和硬约束部门　　④资本市场的投融资关系

A. ①②　　B. ②③

C. ③④　　D. ①④

答案：D

考点：我国增强金融服务实体经济能力的障碍与挑战中始终没有理顺的两个关系是：金融监管和行业发展；资本市场的投融资关系。

84. 经济高质量发展阶段如何增强金融服务实体经济的能力（　　）。

①守住不发生非系统性金融风险的底线，宏观和微观管控结合

②健全多层次资本市场体系，补齐各类金融市场的短板

③深化金融监管体制改革

④管控好金融的高杠杆率和流动性风险

A. ①②③　　B. ①②④

C. ②③④　　D. ①③④

答案：C

考点：经济高质量发展阶段如何增强金融服务实体经济的能力，可从如下几

个方面进行：守住不发生系统性金融风险的底线，管控好宏观层面的金融的高杠杆率和流动性风险、微观层面的金融机构信用风险以及跨市场、跨业态、跨区域的影子银行和违法犯罪风险，因此①表述不正确；健全多层次资本市场体系，补齐各类金融市场的短板；深化金融监管体制改革，加强监管协同，补齐监管空白。

85. 20 世纪 80 年代以来，中央银行职能的变化突出表现在（　　）。

A. 货币职能与金融监管相分离，突出货币政策调控职能

B. 货币职能与金融监管相分离，突出金融监管职能

C. 货币职能与金融监管日益紧密，相辅相成

D. 货币职能与金融监管日益紧密，更加强调金融监管职能

答案：A

考点：20 世纪 80 年代以来中央银行职能的变化突出表现在包括：货币职能与金融监管相分离，突出货币政策调控职能；强调金融稳定职能，维护金融体系安全。

86. 20 世纪 80 年代以来中央银行职能的变化突出表现在（　　）。

①货币职能与金融监管相分离，突出货币政策调控职能

②货币职能与金融监管日益紧密，相辅相成

③强调金融稳定职能，维护金融体系安全

④金融政策的制定

A. ①②　　B. ②③

C. ③④　　D. ①③

答案：D

考点：20 世纪 80 年代以来中央银行职能的变化突出表现在包括：货币职能与金融监管相分离，突出货币政策调控职能；强调金融稳定职能，维护金融体系安全。

87. 一般来说，中央银行的主要职能可概括为（　　）。

① “发行的银行”　　② “银行的银行”

③ “监管的银行”　　④ “政府的银行”

A. ①②③　　B. ①②④

C. ②③④　　D. ①③④

答案：B

考点：一般来说，中央银行的主要职能可概括为“发行的银行”“银行的银行”“政府的银行”。

88. 中央银行垄断货币发行权，是全国唯一有权发行货币的机构，调节货币供应量、保证货币流通的正常与稳定，指的是中央银行的（　　）职能。

A. 银行的银行　　　　B. 发行的银行

C. 政府的银行　　　　D. 货币的银行

答案：B

考点：“发行的银行”指中央银行垄断货币发行权，是全国唯一有权发行货币的机构，调节货币供应量、保证货币流通的正常与稳定责任负有责任。

89. 中央银行作为“银行的银行”，其面向金融机构提供的服务包括（　　）。

①集中保管商业银行的存款准备金

②作为商业银行的最后贷款人

③组织全国商业银行之间的清算

④管理各银行的黄金储备

A. ①②③　　　　B. ①②④

C. ②③④　　　　D. ①③④

答案：A

考点：中央银行作为“银行的银行”，其面向金融机构提供的服务包括集中保管商业银行的存款准备金、作为商业银行的最后贷款人、组织全国商业银行之间的清算。④管理各银行的黄金储备是对“政府的银行”的嫁接，不正确。

90. 对政府提供信贷、代表政府管理金融活动属于中央银行的（　　）职能。

A. 银行的银行　　　　B. 发行的银行

C. 政府的银行　　　　D. 管理的银行

答案：C

考点：“政府的银行”指中央银行代表国家制定和执行货币政策，处理对外金融关系，为国家提供各种金融服务，包括代理国库收支、对政府提供信贷、代表在政府管理金融活动等。

91. 中央银行在履行三大基本职能时，其业务集中反映在（　　）。

A. 资产负债表　　　　B. 损益表

C. 所有者权益变动表　　　　D. 现金流量表

答案：A

考点：中央银行在履行三大基本职能时，其业务集中反映在某一时点上的资产负债表这一综合会计记录上。

92. 作为“发行的银行”，流通中的通货是中央银行资产负债表的（　）项目。

A. 资产类　　B. 负债类

C. 权益类　　D. 综合类

答案：B

考点：作为“发行的银行”，流通中的通货是中央银行资产负债表的负债的一个主要项目；作为“银行的银行”，中央银行与商业银行等金融机构间的业务关系主要体现在负债方；作为“政府的银行”，中央银行与政府的关系主要体现在列于负债方的接受政府等机构的存款和列于资产方的通过持有政府债券融资给政府和为国家外汇储备、黄金等项目。

93. 中央银行与政府的关系主要体现在列于负债方的接受政府等机构的存款，列于资产方的通过持有政府债券融资给政府和为国家外汇储备、黄金等项目，主要描述的是中央银行的（　）职能。

A. 银行的银行　　B. 发行的银行

C. 政府的银行　　D. 管理的银行

答案：C

考点：作为“政府的银行”，中央银行与政府的关系主要体现在列于负债方的接受政府等机构的存款和列于资产方的通过持有政府债券融资给政府和为国家外汇储备、黄金等项目。

94. 财务公司、信托公司、金融租赁公司的准备金存款计入中央银行资产负债表（　）项目。

A. 储备货币

B. 其他存款性公司存款

C. 不计入储备货币的金融性公司存款

D. 法定存款准备金

答案：C

考点：财务公司、信托公司、金融租赁公司的准备金存款计入中央银行资产负债表的不计入储备货币的金融公司存款项目。

95. 以下不属于中央银行负债业务的是（　）。

A. 储备货币　　B. 发行债券

C. 自有资金　　D. 对政府债券

答案：D

考点：中央银行负债业务包括储备货币、不计入储备货币的金融公司存款、发行债券、政府存款、国外存款、自有资金和其他负债。D属于中央银行资产类业务。

96. 以下属于中央银行负债类业务的是（　　）。

①储备货币

②对其他金融性公司债权

③不计入储备货币的金融公司存款

④政府存款

A. ①②③　　B. ①②④

C. ②③④　　D. ①③④

答案：D

考点：中央银行负债业务包括储备货币、不计入储备货币的金融公司存款、发行债券、政府存款、国外存款、自有资金和其他负债。对其他金融性公司债权属于中央银行资产类业务。

97. 以下属于中央银行资产类业务的是（　　）。

①外汇　　②特别国债

③政府存款　　④再贷款余额

A. ①②③　　B. ①②④

C. ②③④　　D. ①③④

答案：B

考点：中央银行的资产业务包括国外资产（外汇、货币黄金、其他国外资产）、对政府债券（主要是特别国债）、对其他存款性公司债券（再贷款余额、再贴现余额、常备贷款便利、中期贷款便利等）、对其他金融性公司债权、对非金融性部门债券。

98. 中央银行控制货币供应量的最重要手段是（　　）。

A. 存款准备金　　B. 法定存款准备金

C. 超额存款准备金　　D. 货币发行量

答案：B

考点：法定存款准备金率是以法律形式确定的商业银行缴存中央银行的存款占吸收存款的比例，它是中央银行控制货币供应量的最重要手段。

99. 以法律形式确定的商业银行缴存中央银行的存款占吸收存款的比例，同时是中央银行控制货币供应量的最重要手段的是（　　）。

A. 存款准备金　　B. 法定存款准备金

C. 超额存款准备金　　D. 准备金

答案：B

考点：法定存款准备金率是以法律形式确定的商业银行缴存中央银行的存款占吸收存款的比例，它是中央银行控制货币供应量的最重要手段。超额准备金是商业银行准备金中超过法定的部分。

100. 以下关于存款准备金制度说法正确的是（　　）。

①存款准备金制度是银行创造信用货币的基本前提条件

②准备金比例与银行可用贷款资金是正向相关关系

③存款派生能力与存款准备金比例是负向变动关系

④存款准备金的高低影响货币的供应量

A. ①②③　　B. ①②④

C. ②③④　　D. ①③④

答案：D

考点：存款准备金制度是银行创造信用货币的基本前提条件，对于一定数量的存款来说，准备金的比例越高，银行可用于贷款的资金就越少，存款派生能力就越弱，因此②说法错误，③正确。如果银行实行零准备金制度，则商业银行可将存款以贷款形式全额放出，如此循环，在理论上可以无限扩大货币供应量。

101. 货币乘数指（　　）。

A. 基础货币和货币供给之间的倍数　　B. 贷款数和货币供给之间的倍数

C. 存款数和货币供给之间的倍数　　D. 准备金数与货币供给之间的倍数

答案：A

考点：货币乘数的公式。货币乘数指基础货币和货币供给之间的倍数。

102. 完整的货币乘数公式与理论上的货币乘数公式之间的差别不在于（　　）。

A. 公众手中是否保留部分存款

B. 提取现金与活期存款总额的比率是否为零

C. 是否考虑超额准备金影响

D. 是否考虑法定存款准备金影响

答案：D

考点：理论上的货币乘数简单表示为法定存款准备金的倒数，但是在存款货币创造过程中存在一系列漏出因素，A、B、C 均为需要考虑的漏出因素，经过漏出因素的调整，才是完整的货币乘数。

103. 下列属于货币政策工具的是（　　）。

①利率　　②汇率

③收入　　④借贷

A. ①②③　　B. ①②④

C. ②③④　　D. ①③④

答案：B

考点：货币政策是中央银行利用其掌握的利率、汇率、借贷、货币发行、外汇管理及金融法规等工具，采用的各种控制、调节和货币供应量或信贷规模的方针、政策和措施的总称。收入属于财政政策。

104. 一个完整货币政策体系应该包括货币政策目标体系、货币政策工具体系和（　　）。

A. 货币政策传导体系　　B. 货币政策监督体系

C. 货币政策操作程序　　D. 货币政策调控体系

答案：C

考点：一个完整货币政策体系应该包括货币政策目标体系、货币政策工具体系和货币政策操作程序。

105. 按照中央银行对货币政策的影响力、影响速度及施加影响的方式，货币政策目标可划分为（　　）。

①最终目标　　②底层目标

③中介目标　　④操作目标

A. ①②③　　B. ①②④

C. ②③④　　D. ①③④

答案：D

考点：按照中央银行对货币政策的影响力、影响速度及施加影响的方式，货币政策目标可划分为最终目标、中介目标和操作目标。

106. 下列关于货币最终目标的表述错误的是（　　）。

A. 最终目标具有稳定性，基本上与一个国家的宏观经济目标相一致

B. 货币政策的最终目标包括稳定物价、充分就业、经济增长等

C. 经济增长是中央银行货币政策的首要目标

D. 货币政策要对最终目标发生作用只能借助于货币政策工具

答案：C

考点：货币政策的最终目标包括稳定物价、充分就业、经济增长、国际收支平衡和金融稳定。其中，稳定物价是中央银行货币政策的首要目标。

107. 可以作为判断货币政策力度和效果的重要指示变量的货币政策目标是（　　）。

A. 最终目标　　　　B. 中介目标

C. 操作目标　　　　D. 货币供应量

答案：B

考点：中介目标是货币政策作用过程中一个十分重要的中间环节，也是判断货币政策力度和效果的重要指示变量。

108. 货币中介目标的选取必须符合的标准包括（　　）。

①可测性　　　　②可控性

③独立性　　　　④原子性

A. ①②　　　　B. ②③

C. ③④　　　　D. ①③

答案：A

考点：货币中介目标的选取必须符合以下标准：可测性、可控性、相关性、抗干扰性和适应性。

109. 经常采用的货币政策中介目标不包括（　　）。

A. 银行信贷规模　　　　B. 货币供应量

C. 长期利率　　　　D. 银行准备金

答案：D

考点：经常采用的货币政策中介目标包括银行信贷规模、货币供应量、长期利率。银行准备金是操作目标。

110. 以下不属于操作目标的是（　　）。

A. 短期货币市场利率　　　　B. 长期利率

C. 银行准备金　　　　D. 基础货币

答案：B

考点：经常被选做操作目标的主要有短期货币市场利率、银行准备金、基础货币等。长期利率是中介目标。

111. 距离中央银行的货币工具最近，是中央银行货币政策工具的直接调节对象，可控性极强的货币政策目标是（　　）。

A. 最终目标　　　　B. 中介目标

C. 操作目标　　　　D. 货币供应量

答案：C

考点：本题属于基本理解记忆类。

112. 下列关于货币政策的目标说法正确的是（　　）。

①货币政策作为总需求管理工具，在维护金融稳定方面具有一定局限性

②货币中介目标选取的标准不同于操作目标

③货币政策中介目标在是选取利率还是货币供应量上存在争议

④操作目标的选择在很大程度上取决于中介目标的选择

A. ①②③　　B. ①②④

C. ②③④　　D. ①③④

答案：D

考点：货币中介目标和操作目标的选取必须符合以下标准：可测性、可控性、相关性、抗干扰性和适应性，且操作目标的选择在很大程度上取决于中介目标的选择。②不符合题意。

113. 下列关于货币政策中介目标在是选取利率还是货币供应量上存在争议的表述中，错误的是（　）。

A. 利率作为中介目标的优点，其可测性和相关性强

B. 利率容易受心理预期的影响

C. 利率作为中介目标，其可控性强、抗干扰能力强

D. 随着金融创新和金融监管的放松，货币供应量日益成为模糊的、难以控制的指标

答案：C

考点：利率作为中介目标的优点，其可控性、可测性和相关性强，缺点是抗干扰性差等。

114. 根据各种货币政策工具的基本性质以及它们在货币政策实践中的运用情况，货币政策工具可分为一般性货币政策工具、（　）及其他货币政策工具等。

A. 操作性货币政策工具　　B. 中介性货币政策工具

C. 选择性货币政策工具　　D. 具体货币政策工具

答案：C

考点：根据各种货币政策工具的基本性质以及它们在货币政策实践中的运用情况，货币政策工具可分为一般性货币政策工具、选择性货币政策工具及其他货币政策工具，此外，近年来我国还推出了创新型货币政策工具。

115. 下列不属于创新型货币政策工具的是（　）。

A. 短期流动性调节工具　　B. 常备借贷便利

C. 抵押补充贷款　　D. 消费者信用控制

答案：D

考点：创新型货币政策工具主要包括短期流动性调节工具，常备借贷便利，抵押补充贷款，中期借贷便利，临时流动性便利、临时准备金动用安排和定向中

期借贷便利。

116. 下列关于一般性货币政策工具表述正确的是（　　）。

①它是中央银行普遍或常规运用的货币政策工具

②实施对象是局部的经济和某一领域的金融活动

③可供选择的工具包括三大工具

④侧重于对某些具体用途的信贷数量产生影响

A. ①②　　B. ②③

C. ③④　　D. ①③

答案：D

考点：一般性货币政策工具是中央银行普遍或常规运用的货币政策工具，其实施的对象是整体经济和金融活动，主要包括存款准备金制度、再贴现政策和公开市场业务三大工具。一般性货币政策工具侧重于货币总量的调节，选择性货币政策工具侧重于对某些具体用途的信贷数量产生影响。因此，②④说法相反，予以排除。

117. 一般性货币政策工具是中央银行普遍或常规运用的货币政策工具，其实施的对象是整体经济和金融活动，以下不属于一般性货币政策工具的是（　　）。

A 消费者信用控制　　B. 存款准备金制度

C. 再贴现政策　　D. 公开市场业务

答案：A

考点：一般性货币政策工具是中央银行普遍或常规运用的货币政策工具，其实施的对象是整体经济和金融活动，主要包括存款准备金制度、再贴现政策和公开市场业务三大工具。消费者信用控制属于选择性货币政策工具。

118. 下列关于存款准备金制度的说法正确的是（　　）。

A. 它通过法定存款准备金率来达到目的，信贷规模是其传导路径中的变量

B. 具有直接性

C. 是一种威力有限的货币政策工具，不会导致货币供应量巨大波动

D. 即使频繁变动，也不影响商业银行的流动性管理

答案：A

考点：存款准备金制度是通过法定存款准备金率来影响商业银行信贷规模，从而间接地对社会货币供应量进行控制的政策措施。B说法错误。它是一种威力强大的货币政策工具，即使很小的波动也会导致货币供应量巨大波动，C错误，它的缺点是中央银行难以确定调整法定存款准备金率的时机和幅度，频繁调整会影响商业银行的流动性管理。

119. 使中央银行处于被动地位的一般性货币政策是（　　）。

A. 证券市场信用控制
B. 存款准备金制度
C. 再贴现政策
D. 公开市场业务

答案：C

考点：利用再贴现政策时，中央银行处于被动地位，即再贴现政策的效果取决于商业银行或其他金融机构对该措施的反应。

120. 中国人民银行公开市场业务，（　　）。

①主要包括回购交易、债券交易和发行中央银行票据

②逆回购和正回购到期是央行向市场投放流动性的行为

③缺点是不具有很强的可逆转性

④优点包括主动权完全在中央银行

A. ①②③
B. ①②④
C. ②③④
D. ①③④

答案：B

考点：中国人民银行公开市场业务主要包括回购交易、债券交易和发行中央银行票据，逆回购和正回购到期是央行向市场投放流动性的行为。优点包括主动权完全在中央银行和具有很强的可逆转性。因此③不正确。

121. 选择性货币政策工具包括消费者信用控制、证券市场信用控制、（　　）等。

A. 不动产信用控制
B. 再贴现政策
C. 常用借款便利
D. 回购交易

答案：A

考点：选择性货币政策工具是指中央银行采取的旨在影响银行系统的资金运用方向和信贷资金利率结构的各种措施，包括消费者信用控制、证券市场信用控制、不动产信用控制，除此之外还有直接信用控制和间接信用控制等。B、D 属于一般货币政策工具，C 属于创新性货币政策工具。

122. 中央银行采取的旨在影响银行系统的资金运用方向和信贷资金利率结构的各种措施是指（　　）。

A. 一般性货币政策工具
B. 选择性货币政策工具
C. 创新性货币政策工具
D. 其他货币工具

答案：B

考点：选择性货币政策工具是指中央银行采取的旨在影响银行系统的资金运用方向和信贷资金利率结构的各种措施，包括消费者信用控制、证券市场信用控制、不动产信用控制，除此之外还有直接信用控制和间接信用控制等。

123. 关于消费者信用控制的主要内容，下列说法错误的是（ ）。

A. 主要针对各种耐用消费品的销售融资

B. 规定了分期付款的最长期限

C. 规定了分期付款第一次付款的最低金额

D. 以不动产最为明显

答案：D

考点：消费者信用控制指中央银行对不动产以外的各种耐用消费品的销售融资予以控制。D 选项错误。

124. 关于直接信用控制和间接信用控制的说法，正确的是（ ）。

①直接信用控制以行政命令或其他方式作出

②直接信用控制涉及总量和流量两个方面

③道义劝告和窗口指导属于间接信用控制

④流动性比率不是直接信用控制

A. ①②③　　B. ①②④

C. ②③④　　D. ①③④

答案：A

考点：直接信用控制的手段包括利率最高限额、信用分配、流动性比率、直接干预及开办特种存款等。④流动性比率不是直接信用控制说法不正确。

125. 能提高适应新常态下经济运行的特点，使货币政策调控的前瞻性、灵活性和有效性增强的是（ ）。

A. 一般性货币政策工具　　B. 选择性货币政策工具

C. 创新性货币政策工具　　D. 其他货币工具

答案：C

考点：随着我国经济发展进入新常态，人民银行货币政策调控主动作出调整，创新推出了一系列货币政策工具。这些政策工具较好地适应了新常态下经济运行的特点，使货币政策调控的前瞻性、灵活性和有效性增强。

126. 以下不属于创新型货币政策工具的是（ ）。

A. 短期流动性调节工具　　B. 常用借贷便利

C. 抵押补充贷款　　D. 利率最高配额

答案：D

考点：创新型货币政策工具包括短期流动性调节工具、常用借贷便利、抵押补充贷款、中期借款便利以及临时性流动性便利等。选项 D 利率最高配额属于选择性货币政策工具。

127. 以下关于货币政策传导机制的一般过程，说法正确的是（　　）。

A. 货币政策工具→中介目标→操作目标→最终目标

B. 货币政策工具→操作目标→中介目标→最终目标

C. 最终目标→货币政策工具→中介目标→操作目标

D. 最终目标→操作目标→中介目标→货币政策工具

答案：B

考点：货币政策传导机制的一般过程是：货币政策工具→操作目标→中介目标→最终目标。

128. 各种经济理论对货币政策的传导机制有不同的看法，归纳起来主要有（　　）。

①利率传导机制　　②信用传导机制

③投资传导机制　　④流动性传导机制

A. ①②　　B. ②③

C. ③④　　D. ①③

答案：A

考点：各种经济理论对货币政策的传导机制有不同的看法，归纳起来主要有利率传导机制、信用传导机制、资产价格传导机制和汇率传导机制。

129. 下列关于利率传导机制说法正确的是（　　）。

①利率为核心变量

②基础货币和货币乘数决定了对货币供应量的影响

③利率对收入的影响是直接的

④基本思路的头和尾分别为货币供应量和总产出，是同方向变动

A. ①②③　　B. ①②④

C. ②③④　　D. ①③④

答案：B

考点：利率的传导机制，利率为核心变量。货币政策对收入水平的大小取决于：货币政策对货币供应量的影响、利率对投资水平的影响、投资水平对收入的影响。利率对收入的影响是间接的。③表述错误。

130. 认为货币政策传递过程中即使利率没有发生变化也会通过信用途径来影响国民经济总量的是（　　）。

A. 伯南克　　B. 凯恩斯

C. 莫迪利安尼　　D. 托宾

答案：A

考点：伯南克提出了银行借贷渠道和资产负债表渠道两种信用传导机制，并得出货币政策传递过程中即使利率没有发生变化，也会通过信用途径来影响国民经济总量。

131. 信用传导机制涉及的变量不包括（　　）。

A. 股价　　B. 净值

C. 贷款　　D. 汇率

答案：D

考点：汇率属于汇率传导机制的变量。

132. 属于信用传导机制和资产价格传导机制共同变量的是（　　）。

①净值　　②托宾 q

③股价　　④投资

A. ①②　　B. ②③

C. ③④　　D. ①③

答案：C

考点：净值属于信用传导机制，托宾 q 属于资产价格传导机制。③④是两者都包括。

133. 资产价格传导机制的 q 值定义为（　　）。

A. 企业的账面价值和资产重置成本之比

B. 企业的市场价值和资产重置成本之比

C. 企业的市场价值和企业的账面价值之比

D. 企业的账面价值和企业股权价值之比

答案：B

考点：资产价格传导机制的 q 值定义为企业的市场价值和资产重置成本之比。

134. 当托宾 q 的值大于 1 时，下列说法正确的是（　　）。

①企业的市场价值小于重置成本

②企业的市场价值大于重置成本

③此时企业很容易以相对较高的价格来发行较少的股票

④此时企业难以相对较高的价格来发行较少的股票

A. ①②　　B. ②③

C. ③④　　D. ①③

答案：B

考点：当托宾 q 的值大于 1 时，企业的市场价值大于重置成本，此时企业很容易以相对较高的价格来发行较少的股票，并买到较多的新的投资品，这会导致投资增加，最终会提高社会总需求和总产出。

135. 以下货币政策的传导机制中，着重考虑到开放经济条件的是（　　）。

A. 利率传导机制　　B. 信用传导机制

C. 资产价格传导机制　　D. 汇率传导机制

答案：D

考点：汇率传导机制认为在开放经济条件下，汇率是外汇资产的价格，同时也是货币政策传导的重要渠道之一。

136. 汇率传导机制中涉及的利率指（　　）。

A. 实际利率　　B. 名义利率

C. 国际利率　　D. 国内利率

答案：A

考点：汇率传导机制中由于引入了汇率，利率指的是实际利率。

137. 信用传导机制的企业资产负债表渠道产生的原因在于（　　）。

A. 金融市场信息不对称　　B. 利率的影响

C. 托宾 q 值　　D. 汇率的影响

答案：A

考点：由于金融市场信息不对称，引起利率上升和实际经济下滑的货币紧缩政策会导致企业资产负债表恶化，引起包括代理成本在内的企业融资成本的上升，造成企业投资减少。

138. 2018 年 4 月 11 日在博鳌亚洲论坛分论坛上提出的推进金融业对外开放“三大原则”包括（　　）。

①准入前国民待遇和负债清单原则

②金融业对外开放将与汇率形成机制改革和资本项目可兑换进程相互配合，共同推进

③不允许外国银行在我国境内同时设立分行和子行

④在开放的同时要重视防范金融风险，要使金融监管能力与金融开放度相匹配

A. ①②③　　B. ①②④

C. ①③④　　D. ②③④

答案：B

考点：本题考查 2018 年博鳌亚洲论坛公布的金融业开放政策。

139. 资本市场是指（　　）。

A. 短期金融市场

B. 长期金融市场或长期资金市场

C. 是为短期融资产品提供交易服务的市场

D. 仅包括无形市场

答案：B

考点：资本市场是长期金融市场或长期资金市场，是为一年以上资本性或准资本性融资产品提供发行和交易服务的有形或无形的市场总和。

140. 资本市场的种类不包括（　　）。

A. 股票市场　　B. 衍生品市场

C. 短中期资金借贷品市场　　D. 债券市场

答案：C

考点：资本市场包括股票及衍生品市场、债券及衍生品市场、中长期资金借贷市场，广义的还包括期货市场。

141. 资本市场根据企业在不同发展阶段的融资需求和融资特点，针对各种不同市场主体不同的、特定的需求，提供的具有不同内在逻辑层次、不同服务对象和不同内在特点的市场形式。上述描述的是资本市场的（　　）。

A. 特殊性　　B. 多层次性

C. 多样性　　D. 多元性

答案：B

考点：多层次性是指资本市场根据企业在不同发展阶段的融资需求和融资特点，针对各种不同市场主体不同的、特定的需求，提供的具有不同内在逻辑层次、不同服务对象和不同内在特点的市场形式。

142. 中国人民银行行长博鳌亚洲论坛分论坛上提出了一整套的金融领域的开放举措和明确的时间表，概括来说，主要有"三大原则"和"十二大措施"。其中，"三大原则"不包括（　　）。

A. 准入前国民待遇和负面清单原则

B. 进一步完善内地和香港两地股票市场互联互通机制

C. 金融业对外开放将与汇率形成机制改革和资本项目可兑换进程相互配合，共同推进

D. 在开放的同时，要重点防范金融风险，要使金融监管能力与金融开放度相匹配

答案：B

考点：考查中国金融业开放将继续遵循的三条原则。

143. 下列属于资本市场对外开放新实践的是（　　）。

①资本市场互联互通机制逐步建立健全

②境外机构投资者持续增加对中国资本市场的配置

③以人民币计价的资产越来越多被纳入国际指数

④不断放开征信、评级、支付等资本市场基础设施领域的准入限制

A. ①②③　　B. ①③④

C. ①②③④　　D. ②③

答案：C

考点：考查资本市场对外开放的新实践。

144. 资本市场的多层次性体现在（　　）。

①投资者结构的多层次性　　②中介机构和监管体系的多层次性

③交易定价的多样性　　④交割清算方式的多样性

A. ①②③　　B. ①②④

C. ②③④　　D. ①②③④

答案：D

考点：以上四个选项均体现了资本市场的多层次性。

145. 按照交易品种的不同，可以将资本市场划分为（　　）。

①股票市场　　②发行市场

③基金市场　　④场外市场

A. ①②　　B. ②③

C. ③④　　D. ①③

答案：D

考点：按照交易品种的不同，可以将资本市场划分为股票市场、债券市场、衍生品证券市场和基金市场。发行市场是按照市场功能的不同作出的划分，场外市场是按照组织形式和交易活动是否集中划分。

146. 资本市场划分为场内市场和场外市场，是按照（　　）作出的划分。

A. 交易品种的不同　　B. 市场功能的不同

C. 组织形式和交易活动是否集中　　D. 是否规范化

答案：C

考点：资本市场按照组织形式和交易活动是否集中划分为场内市场和场外市场。

147. 按照市场功能的不同，资本市场可分为（　　）。

A. 股票市场和发行市场　　B. 发行市场和交易市场

C. 基金市场和交易市场 D. 场外市场和发行市场

答案：B

考点：资本市场按照市场功能的不同可划分为发行市场和交易市场。

148. 作为证券买卖双方公开交易的场所，具有高度组织化、集中化的市场，是整个证券市场的核心的是（ ）。

A. 场外市场 B. 证券交易所市场

C. 全国性市场 D. 股票市场

答案：B

考点：场内市场即证券交易所市场是证券买卖双方公开交易的场所，具有高度组织化、集中化的市场，是整个证券市场的核心。

149. 相对于创业板市场，资本市场最重要的组成部分是（ ）。

A. 主板市场 B. 中小板市场

C. 全国中小企业股份转让系统 D. 券商柜台市场

答案：A

考点：相对于创业板市场，主板市场是资本市场最重要的组成部分。中小板市场属于主板市场。券商柜台市场属于场外市场。

150. 以下关于主板市场的说法，正确的是（ ）。

①主板市场是独立于中小板市场之外的市场

②主板市场对发行人具有高标准要求

③主板市场是主要的场外市场

④在主板市场上市的企业多为成熟企业

A. ①② B. ②④

C. ③④ D. ①③

答案：B

考点：主板市场是一个国家或地区证券发行、上市交易的主要场所。对发行人的营业期限、股本大小、盈利水平等方面的要求标准较高，上市的企业多为成熟企业。主板市场属于场内市场，它包括中小板市场。因此，①③不正确。

151. 有宏观经济“晴雨表”之称的是（ ）。

A. 主板市场 B. 中小板市场

C. 全国中小企业股份转让系统 D. 券商柜台市场

答案：A

考点：主板市场是资本市场中最重要的组成部分，很大程度上能够反映经济发展状况，有宏观经济“晴雨表”之称。

152. 中小企业板块的总体设计原则可以概括为“两个不变”和“四个独立”，其中，“两个不变”指（　　）。

①中小企业板块运行所遵循的法律、法规和部门规章与主板相同

②中小企业板块必须符合主板市场发行上市条件

③中小企业板块必须符合主板市场信息披露要求

④中小企业板块上市的企业必须是成熟企业

A. ①②③　　B. ②③④

C. ③④　　D. ①③

答案：A

考点：中小企业板块的总体设计原则可以概括为“两个不变”和“四个独立”，其中，“两个不变”指中小企业板块运行所遵循的法律、法规和部门规章与主板相同；中小企业板块必须符合主板市场发行上市条件和信息披露要求。

153. 中小企业板块的总体设计原则可以概括为“两个不变”和“四个独立”，其中，“四个独立”包括（　　）。

①运行独立　　②检查独立

③代码独立　　④指数独立

A. ①②③　　B. ①②④

C. ②③④　　D. ①③④

答案：D

考点：中小企业板块的总体设计原则可以概括为“两个不变”和“四个独立”，其中，“四个独立”指运行独立、监察独立、代码独立和指数独立。②检查独立表述错误，应改为“监察独立”。

154. 为具有高成长性的中小企业和高科技企业融资服务的资本市场被称为（　　）。

A. 主板市场　　B. 中小板市场

C. 全国中小企业股份转让系统　　D. 创业板市场

答案：D

考点：创业板市场又被称为二板市场，是为具有高成长性的中小企业和高科技企业融资服务的资本市场。

155. 下列关于主板市场和创业板市场说法，正确的是（　　）。

A. 创业板市场具有前瞻性、高风险、监管严格的特点

B. 由于具有高风险性，在创业板市场上市条件更为严格

C. 高科技企业更易于在主板上市

D. 主板市场上市条件比较低

答案：A

考点：创业板市场又被称为二板市场，是为具有高成长性的中小企业和高科技企业融资服务的资本市场，相比于主板市场，创业板市场具有前瞻性、高风险、监管严格以及明显的高科技产业导向，在创业板市场上市的企业规模较小，上市条件相对较低。主板市场是一个国家或地区证券发行、上市交易的主要场所。对发行人的营业期限、股本大小、盈利水平等方面的要求标准较高，上市的企业多为成熟企业。

156. 创业板市场的功能包括（　　）。

①承担风险资本的退出窗口作用　②优化资源配置

③促进产业升级　④投机活动

A. ①②③　B. ①②④

C. ②③④　D. ①③④

答案：A

考点：创业板市场的功能主要体现在两个方面：一是在风险投资机制中的作用，即承担风险资本的退出窗口作用；二是作为资本市场所固有的功能，包括优化资源配置、促进产业升级等作用。

157. 我国创业板市场是在（　　）正式启动。

A. 上交所　B. 深交所

C. 同时上交所和深交所　D. 港交所

答案：B

考点：我国创业板市场于 2009 年 10 月 23 日在深圳证券交易所正式启动。

158. 下面关于全国中小企业股份转让系统说法正确的是（　　）。

①主要为创新型、创业型、成长型中小微企业发展服务

②设立伊始，分设创新层和基础层两个层次

③属于场外交易市场

④可以采用无纸化的公开转让形式

A. ①②③　B. ①②④

C. ②③④　D. ①③④

答案：B

考点：2015 年 7 月，中国证监会发布的《场外证券业务备案管理方法》中明确指出，全国中小企业股份转让系统不属于场外交易市场。③错误。

159. 在全国中小企业股份转让系统中股票转让可采用（　　）。

①协议方式　　②做市方式

③竞价方式　　④合同方式

A. ①②③　　B. ①②④

C. ②③④　　D. ①③④

答案：A

考点：在全国中小企业股份转让系统中股票转让可采用协议方式、做市方式、竞价方式和其他中国证监会批准的转让方式。

160. 挂牌股票采取做市转让方式的，须有（　　）家以上从事做市业务的主板券商为其提供做市服务。

A. 1　　B. 2

C. 3　　D. 5

答案：B

考点：挂牌股票采取做市转让方式的，须有 2 家以上从事做市业务的主板券商为其提供做市服务。

161. 下列关于场外市场的定义，说法正确的是（　　）。

A. 主要为一对一的交易　　B. 以标准化的、私募类型产品为主

C. 不可以采取电子交易的方式　　D. 柜台市场与场外市场是不同的市场

答案：A

考点：场外市场主要是一对一交易，以非标准化的、私募类型产品为主，场内市场和场外市场可以采取电子交易的方式。

162. 场外市场的特征具有（　　）。

①挂牌标准较低，通常不对企业规模和盈利能力等情况作要求

②信息披露要求较低，监管较为宽松

③交易制度通常采用竞价交易制度

④交易制度通常采用做市商制度

A. ①②③　　B. ①②④

C. ②③④　　D. ①③④

答案：B

考点：场外市场的特征包括挂牌标准较低，通常不对企业规模和盈利能力等情况作要求；信息披露要求较低，监管较为宽松；交易制度通常采用做市商制度。竞价交易制度是交易所市场采用的。

163. 做市商向市场提供双向报价，投资者根据报价选择是否与做市商交易的制度是（　　）。

A. 协议交易制度　　　　B. 竞价交易制度

C. 合同交易制度　　　　D. 做市商交易制度

答案：D

考点：做市商交易制度是指做市商向市场提供双向报价，投资者根据报价选择是否与做市商交易的制度。

164. 计算机和互联网通信等电子技术的应用对场外交易市场的影响不包括（　　）。

A. 场外交易市场和交易所市场在交易方式上日益趋同

B. 场外交易市场不具备计算机自动撮合的条件

C. 场外市场不再是单纯的集中报价、分散成交的做市商模式

D. 掺杂自动竞价撮合，形成混合交易模式

答案：B

考点：计算机和互联网通信等电子技术的应用对场外交易市场的影响包括场外交易市场具备计算机自动撮合的条件。

165. 场外交易市场的功能不包括（　　）。

A. 拓展融资渠道，改善中小企业融资环境

B. 为不能在证券交易所上市的证券提供流通转让的场所

C. 逐步向场内市场功能靠拢

D. 提供风险分层的金融资产管理渠道

答案：C

考点：A、B、D 均是场外市场的功能，场外市场不是对场内市场的替代，C 说法错误。

166. 为其所在省级行政区域内中小微企业证券非公开发行、转让及相关活动提供基础设施与服务的场所指的是（　　）。

A. 区域性股权市场　　　　B. 券商柜台市场

C. 机构间私募产品报价与服务系统　　D. 私募基金市场

答案：A

考点：区域性股权市场是为其所在省级行政区域内中小微企业证券非公开发行、转让及相关活动提供基础设施与服务的场所。

167. 根据有关规定，区域性股票市场具有限制条件，投资者买入后卖出或者卖出后买入统一证券的时间间隔不得少于（　　）个交易日。

A. 3　　　　B. 4

C. 5　　　　D. 10

答案：C

考点：区域性股票市场具有限制条件，投资者买入后卖出或者卖出后买入统一证券的时间间隔不得少于5个交易日。

168. 根据有关规定，区域性股票市场具有限制条件，除法律、行政法规另有规定外，单只证券持有人累计不得超过（　　）人。

A. 100　　B. 150

C. 185　　D. 200

答案：D

考点：根据有关规定，区域性股票市场具有限制条件，除法律、行政法规另有规定外，单只证券持有人累计不得超过200人。

169. 区域性股票市场的监管实施者是（　　）。

A. 省级人民政府　　B. 地方人民代表大会

C. 中央银行各地支行　　D. 原中国银监会

答案：A

考点：区域性股票市场由所在地省级人民政府按规定实施监管并承担相应风险处置责任。

170. 区域性股票市场实行的制度是（　　）。

A. 投资者制度　　B. 准入制度

C. 核定制度　　D. 合格投资者制度

答案：D

考点：区域性股票市场实行合格投资者制度。

171. 证券公司为与特定交易对手在集中交易场所之外进行交易或为投资者在集中交易场所之外进行交易提供服务的场所或平台的是（　　）。

A. 区域性股权市场　　B. 券商柜台市场

C. 机构间私募产品报价与服务系统　　D. 私募基金市场

答案：B

考点：券商柜台市场是证券公司为与特定交易对手在集中交易场所之外进行交易或为投资者在集中交易场所之外进行交易提供服务的场所或平台。

172. 以下关于券商柜台市场说法正确的是（　　）。

①证券公司可以采取协议、报价等方式发行、销售与转让私募产品

②证券公司可以采用集中竞价方式发行、销售与转让私募产品

③投资者可以自己独立开立产品账户

④证券公司开展托管业务应有相应的风险应对措施

A. ①②　　B. ②④

C. ③④　　D. ①④

答案：D

考点：证券公司可以采取协议、报价等方式发行、销售与转让私募产品，除法律法规另有规定外，证券公司不可以采用集中竞价方式发行、销售与转让私募产品，②错误；投资者在柜台市场交易私募产品，证券公司应当为其开立产品账户，③表述错误；证券公司开展托管业务应有相应的风险应对措施。

173. 机构间私募产品报价与服务系统的管理机构是（　　）。

A. 原中国银监会　　B. 中央银行

C. 中国证券业协会　　D. 原中国保监会

答案：C

考点：基本记忆类题。中国证券业协会是机构间私募产品报价与服务系统的管理机构。

174. 报价系统的理念是（　　）。

①多元　　②公平

③开放　　④竞争

A. ①②③　　B. ①②④

C. ②③④　　D. ①③④

答案：D

考点：报价系统秉承“多元、开放、竞争、包容”的理念。

175. 报价系统的核心功能包括（　　）。

①私募产品发行　　②所有产品的报价

③信息服务　　④登记结算

A. ①②③　　B. ①②④

C. ②③④　　D. ①③④

答案：D

考点：报价系统的核心功能包括提供为私募产品报价、发行、转让及互联互通、登记结算、信息服务等，而不是为所有产品，②表述错误。

176. 报价系统的主要特点包括（　　）。

①参与人制度　　②一体化市场

③移动互联市场　　④市场中的市场

A. ①③　　B. ①②④

C. ②③④　　D. ①②③④

答案：D

考点：以上四点均是报价系统的主要特点。

177. 在中华人民共和国境内，以非公开方式向投资者募集资金设立的投资基金指（　　）。

A. 区域性股权市场　　B. 券商柜台市场

C. 机构间私募产品报价与服务系统　　D. 私募基金市场

答案：D

考点：题干是私募基金市场的概念，考生应基本理解各类市场的概念。

178. 根据私募基金的分类，主要投资于公开交易的股份有限公司股票、债券、期货、期权等产品的私募基金是（　　）。

A. 私募证券基金　　B. 创业投资基金

C. 私募股权基金　　D. 其他类别私募基金

答案：A

考点：私募证券基金是主要投资于公开交易的股份有限公司股票、债券、期货、期权等产品的私募基金。

179. 私募基金不能进行公开的发售和宣传推广，投资金额要求高，投资者的资格和人数常常受到严格的限制，以下关于私募基金合格投资者的说法正确的是（　　）。

A. 合格投资者需要具备相应的风险识别和风险承担能力，投资于单只资产管理产品的金额不能低于 50 万元

B. 最近一年末净资产不低于 1 000 万元的法人单位

C. 家庭金融资产不低于 200 万元的个人

D. 最近两年年均收入不低于 50 万元的个人

答案：B

考点：私募资金的合格投资者，是指具备相应风险识别能力和风险承担能力，投资于单只资产管理产品不低于一定金额且符合下列条件的自然人和法人或者其他组织：①具有 2 年以上投资经历，且满足以下条件之一：家庭金融净资产不低于 300 万元，家庭金融资产不低于 500 万元，或者近 3 年本人年均收入不低于 40 万元；②最近 1 年末净资产不低于 1 000 万元的法人单位；③金融管理部门视为合格投资者的其他情形。

180. 多层次资本市场的意义包括（　　）。

①有利于调动民间资本的积极性，转储蓄为投资

②有利于创新宏观调控机制，提高间接融资比重，防范和化解经济风险

③有利于促进科技创新，促进新兴产业发展和经济转型

④有利于促进产业整合，缓解产能过剩

A. ①②③　　B. ①②④

C. ②③④　　D. ①③④

答案：D

考点：多层次资本市场的意义包括：有利于调动民间资本的积极性，转储蓄为投资；有利于创新宏观调控机制，提高直接融资比重，防范和化解经济风险；有利于促进科技创新，促进新兴产业发展和经济转型；有利于促进产业整合，缓解产能过剩；有利于满足日益增长的社会财富管理需求，改善民生，促进社会和谐；有利于提高我国经济金融的国际竞争力。②提高间接融资比重表述不正确。

181. 国际经验表明，增强经济金融结构弹性的重要举措之一是保持一个平衡，这个平衡是（　　）。

①直接融资　　②间接融资

③银行贷款　　④民间融资

A. ①②　　B. ②④

C. ③④　　D. ①④

答案：A

考点：国际经验表明，直接融资和间接融资平衡发展是增强经济金融结构弹性的重要举措。

182. 我国首个实行注册制的场内市场是（　　）。

A. 科创板市场　　B. 创业板市场

C. 主板市场　　D. 全国中小企业股份转让系统

答案：A

考点：科创板市场是我国首个实行注册制的场内市场。

183. 科创板制度设计的创新点包括（　　）。

①上市标准多元化　　②发行审核注册制

③发行定价市场化　　④交易机制差异化

⑤持续监管更具针对性

A. ①②③　　B. ②③④⑤

C. ①②④⑤　　D. ①②③④⑤

答案：D

考点：考查科创板制度设计的创新点。

184. 根据《上海证券交易所科创板股票上市规则》，发行人申请在上交所科

创板上市，应当符合下列（　　）条件。

①发行后股本总额不低于人民币 3 000 万元

②发行后股本总额不低于人民币 2 000 万元

③首次公开发行的股份达到公司股份总数的 25% 以上，公司股本总额超过人民币 3 亿元的，首次公开发行股份的比例为 5% 以上

④首次公开发行的股份达到公司股份总数的 25% 以上，公司股本总额超过人民币 4 亿元的，首次公开发行股份的比例为 10% 以上

A. ①②③　　B. ①②④

C. ①④　　D. ②④

答案：C

考点：根据《上海证券交易所科创板股票上市规则》，发行人申请在上交所科创板上市，应当符合下列条件：发行后股本总额不低于人民币 3 000 万元；首次公开发行的股份达到公司股份总数的 25% 以上，公司股本总额超过人民币 4 亿元的，首次公开发行股份的比例为 10% 以上。

185. 科创板《上市规则》围绕企业预计市值、营收两大核心设置了 5 套上市标准，下述关于第一套“市值 + 净利润 + 收入”标准正确的是（　　）。

A. 预计市值不低于人民币 10 亿元，最近两年净利润均为正且累计净利润不低于 5 000 万元，或者预计市值不低于人民币 10 亿元，最近一年净利润为正且营业收入不低于 1 亿元

B. 预计市值不低于人民币 10 亿元，最近两年净利润均为正且累计净利润不低于 5 000 万元，或者预计市值不低于人民币 8 亿元，最近一年净利润为正且营业收入不低于 1 亿元

C. 预计市值不低于人民币 10 亿元，最近两年净利润均为正且累计净利润不低于 5 000 万元，或者预计市值不低于人民币 8 亿元，最近一年净利润为正且营业收入不低于 5 000 万元

D. 预计市值不低于人民币 10 亿元，最近两年净利润均为正且累计净利润不低于 5 000 万元，或者预计市值不低于人民币 10 亿元，最近一年净利润为正且营业收入不低于 5 000 万元

答案：A

考点：本题考查科创板上市指标知识。第一套“市值 + 净利润 + 收入”标准：预计市值不低于人民币 10 亿元，最近两年净利润均为正且累计净利润不低于 5 000 万元，或者预计市值不低于人民币 10 亿元，最近一年净利润为正且营业收入不低于 1 亿元。

186. 科创板《上市规则》相对于现有的股票上市规则，着重设计了（　　）制度。

①更有针对性的信息披露制度

②更加合理的股份减持制度

③更加规范的差异化表决制度

④更加宽松的保荐机构持续督导职责

A. ①②③　　B. ①②④

C. ①③④　　D. ②③④

答案：A

考点：本题考查科创板《上市规则》相关知识。科创板《上市规则》相对于现有的股票上市规则，着重设计了5个方面的制度：更有针对性的信息披露制度，更加合理的股份减持制度，更加规范的差异化表决制度，更加严格的保荐机构持续督导职责，更加灵活的股权激励制度。

187.《创业板上市公司证券发行注册管理办法（试行）》明确了发行上市审核和注册程序，规定深交所审核期限为（　　），中国证监会注册期限为（　　）。

A. 2个月，半个月

B. 2个月，15个工作日

C. 1个月，15个工作日

D. 1个月，半个月

答案：B

考点：本题考查了《创业板上市公司证券发行注册管理办法（试行）》的相关规定。

188. 2020年4月27日，中央全面深化改革委员会第十三次会议审议通过了《创业板改革并试点注册制总体实施方案》，此次改革后创业板全面向科创板靠拢，创业板的股票涨跌幅限制比例（　　）。

A. 由20%降低至10%

B. 由10%提高至20%

C. 由15%降低至10%

D. 由10%提高至15%

答案：B

考点：本题考查关于2020年创业板改革试行相关知识。

第三章　证券市场主体

1. 证券市场融资活动的方式主要包括（ ）。

①股票融资　②债券融资　③投资基金融资

A. ①②　B. ①③

C. ②③　D. ①②③

答案：D

考点：考查证券市场融资活动的方式。一般说来，证券市场融资活动的方式主要包括股票融资和债券融资。另外，今年来，国内外兴起的投资基金融资也是证券融资的一种方式。

2. 证券市场融资活动是指（ ）之间以有价证券为媒介，实现资金融通的金融活动。

A. 公司（企业）和个人投资者

B. 资金盈余单位和赤字单位

C. 证券发行单位和证券投资单位

D. 证券公司和普通投资者

答案：B

考点：考查证券市场融资活动的定义。证券市场融资活动是指资金盈余单位和赤字单位之间以有价证券为媒介，实现资金融通的金融活动。

3. 下面对于证券市场融资活动特征的描述正确的有（ ）。

①是一种强市场性的融资活动

②是一种间接融资活动

③是在由各种证券中介机构组成的证券服务体系的支持下完成的

④促成证券发行买卖的中介机构自身可以充当权利义务主体

A. ①②　B. ①③

C. ②③　D. ③④

答案：B

考点：考查证券市场融资活动的特征。资金赤字单位和盈余单位直接接触，形成直接的权利和义务关系，而没有另外的权利义务主体介入其中。促成证券发行买卖的中介机构，如证券公司等自身不充当权利义务主体，是连接赤字单位和盈余单位的服务性媒介，证券市场融资是一种直接融资。

4. 下列对证券市场融资活动特征描述正确的是（ ）。

A. 除资金赤字单位和盈余单位外，没有其他的权利义务主体介入

B. 证券公司可以充当权利义务主体

C. 真实的资金交易需要促成证券发行买卖的中介机构作为权利义务主体来

实现

D. 证券市场融资是一种间接融资

答案：A

考点：考查证券市场融资活动的特征。资金赤字单位和盈余单位直接接触，形成直接的权利和义务关系，而没有另外的权利义务主体介入其中。促成证券发行买卖的中介机构，如证券公司等自身不充当权利义务主体，是连接赤字单位和盈余单位的服务性媒介，证券市场融资是一种直接融资。

5. 下列对证券市场融资描述错误的是（　　）。

A. 证券市场融资是一种直接融资

B. 投资者与发行人的股权或债券关系凝结在最初的投资者和发行人之间

C. 单个融资主体很难凭借自身力量完成证券发行、交易、清算等事宜

D. 证券市场融资由众多资金交易者通过对有价证券的公开自由竞价买卖来实现

答案：B

考点：考查证券市场融资活动的特征。证券市场融资是一种强市场性的融资活动。投资者与发行人的股权和债券关系并不是凝结在最初的投资者和发行人之间的，而是可以随时转移的，投资者通过在市场上出售股票或债券，就可以将原来持有的股权或债权转让给他人。

6. 证券市场融资活动的特点主要有（　　）。

①证券市场融资是一种直接融资

②证券市场融资是一种强市场性的融资活动

③证券市场融资是在由各种证券中介机构组成的证券中介服务体系的支持下完成的

④证券公司可以作为证券市场融资活动的权利义务主体

A. ①②③　　B. ②③④

C. ①②④　　D. ①③④

答案：A

考点：证券市场融资活动的特点主要有：证券市场融资是一种直接融资，资金赤字单位和资金盈余单位直接接触，形成直接的权利和义务关系，没有另外的权利义务主体；证券市场融资是一种强市场性的融资活动；证券市场融资是在由各种证券中介机构组成的证券中介服务体系的支持下完成的。

7. 下面关于证券市场融资活动的特点的表述中正确的是（　　）。

①证券市场融资是一种间接融资

②证券市场融资是一种强市场性的融资活动

③证券市场融资是在由各种证券中介机构组成的证券中介服务体系的支持下完成的

④证券市场融资活动的权利义务主体有资金赤字单位、资金盈余单位和证券交易机构

A. ①②③④　　B. ①②③

C. ②③　　D. ③④

答案：C

考点：证券市场融资活动的特点主要有：证券市场融资是一种直接融资，资金赤字单位和资金盈余单位直接接触，形成直接的权利和义务关系，没有另外的权利义务主体；证券市场融资是一种强市场性的融资活动；证券市场融资是在由各种证券中介机构组成的证券中介服务体系的支持下完成的。

8. 证券发行人主要包括（　　）。

①政府及其机构　　②企业（公司）

③金融机构　　④个别自然人

A. ①②③　　B. ②③④

C. ①③④　　D. ①②③④

答案：A

考点：考查证券的发行人。证券发行人主要包括政府及其机构、企业（公司）和金融机构。

9. 政府作为债券发行的重要主体之一，所筹集的资金可以用来（　　）。

①协调财政资金短期周转，弥补财政赤字

②兴建大型基础设施项目

③实施某项特殊政策

④弥补战争费用

A. ①③④　　B. ①②③

C. ②③④　　D. ①②③④

答案：D

考点：考查政府和政府机构发行债券的作用。以上选项均正确。

10. 中央政府发行债券被视为（　　）。

A. 高风险债券　　B. 低风险债券

C. 无风险债券　　D. 一般风险债券

答案：C

考点：考查政府和政府机构发行债券特点。通常情况下，中央政府债券不存在违约风险，因此，被视为无风险债券。

11. 通常情况下，（　　）发行的债券被视为无风险债券，其收益率被称为无风险收益率，是金融市场上最重要的价格指标。

A. 中央政府　　B. 地方政府

C. 大型企业　　D. 金融机构

答案：A

考点：考查政府和政府机构发行债券特点。通常情况下，中央政府债券不存在违约风险，因此，被视为无风险债券，相应的，其收益率被称为无风险收益率，是金融市场上最重要的价格指标。

12. 下面关于中央银行表述错误的是（　　）。

A. 中央银行是代表一国政府发行法偿货币、制定和执行货币政策、实施金融监管的重要机构

B. 中央银行作为证券发行主体，主要涉及两类证券：中央银行股票；中央银行出于调控货币供给量目的而发行的特殊债券

C. 在美国，中央银行采取了股份制组织结构，通过发行股票募集资金，股东享有决定中央银行政策的权利

D. 中国人民银行从 2003 年起开始发行中央银行票据，对冲金融体系中过多的流动性

答案：C

考点：考查中央银行相关知识。在一些国家（如美国），中央银行采取了股份制组织结构，通过发行股票募集资金，但是，中央银行的股东并不享有决定中央银行政策的权利，只能按期收取固定的红利，其股票类似于优先股。

13. 小何想要建立一家企业充分发挥自身才能，但是由于资金不足，想要通过发行股票的方式筹集资金，那么小何可以选择建立的企业的组织形式为（　　）。

A. 个人独资企业　　B. 合伙企业

C. 有限责任公司　　D. 股份有限公司

答案：D

考点：考查证券的发行主体。只有股份有限公司才能发行股票。

14. 根据《中华人民共和国公司法》，上市公司是指其股票在证券交易所上市交易的（　　）。

A. 个人独资企业　　B. 合伙企业

C. 有限责任公司　　　　　　　　D. 股份有限公司

答案：D

考点：考查证券的发行主体。只有股份有限公司才能发行股票。

15. 下列关于企业（公司）融资表述错误的是（　　）。

A. 企业（公司）直接融资活动主要有股票融资和债券融资两种形式

B. 发行股票是企业（公司）补充流动资金的重要手段

C. 上市公司是指其股票在证券交易所上市交易的股份有限公司

D. 首次公开发行，是指拟上市公司首次面向不特定的社会公众投资者公开发行股票募集资金并上市的行为

答案：B

考点：发行股票和长期债券是企业（公司）筹措长期资本的主要途径，发行短期债券是补充流动资金的重要手段。

16. 首次公开发行是指拟上市公司首次面向（　　）募集资金并上市的行为。

①不特定的社会公众投资者　　　　②特定的社会公众投资者

③公开发行债券　　　　④公开发行股票

A. ①③　　　　B. ②③

C. ①④　　　　D. ②④

答案：C

考点：考查首次公开发行股票。首次公开发行是指拟上市公司首次面向不特定的社会公众投资者公开发行股票募集资金并上市的行为。

17. 按照我国《上市公司证券发行管理办法》规定，上市公司再融资的方式有（　　）。

①向原股东配售股份　　　　②向特定对象公开募集股份

③发行可转换公司债券　　　　④非公开发行股票

A. ①②③　　　　B. ②③④

C. ①③④　　　　D. ①②③④

答案：C

考点：考查上市公司再融资的途径。按照我国《上市公司证券发行管理办法》规定，上市公司再融资的方式有向原股东配售股份、向不特定对象公开募集股份、发行可转换公司债券、非公开发行股票。

18. 直接影响公司原股东利益，需要经过股东大会特别批准的增资方式是（　　）。

A. 向原股东配售股份　　B. 向不特定对象公开募集股份

C. 发行可转换公司债券　　D. 非公开发行股票

答案：D

考点：考查上市公司再融资的途径。非公开发行股票，也被称为定向增发，是股份公司向特定对象发行股票的增资方式。这种增资方式会直接影响公司原股东利益，需要经过股东大会特别批准。

19. 下面对上市公司再融资描述错误的是（　　）。

A. 上市公司再融资是指上市公司为达到增加资本和募集资金的目的而再发行股票或可转换债券的行为

B. 增发会扩大股东人数，分散股权，避免股份过度集中

C. 定向增发不会直接影响公司原股东利益

D. 可转换债券能以较低的成本筹集到所需要的资金，能使公司将筹集到的期限有限的资金转化为长期稳定的股本，扩大了股本规模

答案：C

考点：考查上市公司再融资的途径。非公开发行股票，也被称为定向增发，是股份公司向特定对象发行股票的增资方式。这种增资方式会直接影响公司原股东利益，需要经过股东大会特别批准。

20. 非公开发行股票，也被称为定向增发，是股份公司向特定对象发行股票的增资方式。特定对象包括（　　）。

①公司控股股东　　②与公司业务有关的企业

③公司的员工　　④证券公司

A. ①②③　　B. ①②④

C. ①③④　　D. ①②③④

答案：D

考点：考查定向增发。非公开发行股票，也被称为定向增发，是股份公司向特定对象发行股票的增资方式。特定对象包括公司控股股东、实际控制人及其控制的企业；与公司业务有关的企业、往来银行；证券投资基金、证券公司等金融机构；公司董事、员工等。

21. 金融债券作为一种特殊类型的债券，它具有以下（　　）特点。

①金融债券表示的是银行等金融机构与金融债券持有者之间的债权债务关系

②金融债券一般不记名、不挂失，不可以抵押和转让

③我国金融债券的发行对象主要是个人

④金融债券的利息不记复利，不能提前支取，延期兑付亦不计逾期利息

A. ①②③　　B. ①②④
C. ①③④　　D. ①②③④

答案：C

考点：考查金融债券的特点。金融债券一般不记名、不挂失，但可以抵押和转让。

22. 证券市场投资者，是指（　　）的主体。
①以取得利息、股息或资本收益为目的
②购买并持有有价证券
③承担证券投资风险
④行使证券权利

A. ①②③　　B. ①②④
C. ①③④　　D. ①②③④

答案：D

考点：考查证券市场投资者的概念和特点。证券市场投资者是指以取得利息、股息或资本收益为目的，购买并持有有价证券，承担证券投资风险并行使证券权利的主体。

23. 以下关于证券投资者的描述错误的是（　　）。

A. 从交易金额来看，在我国证券交易市场上，专业机构投资者占比重超过 50%

B. 众多的证券投资者保证了证券发行和交易的连续性，是推动证券市场价格形成和流动性的根本动力

C. 证券市场的投资者种类较多，按投资者身份，可以分为机构投资者和个人投资者

D. 个人投资者是证券市场最广泛的投资者

答案：A

考点：考查证券市场投资者。个人投资者是证券市场最广泛的投资者。2018 年以来，机构交易呈现上升态势，但是，从总量上看，专业机构投资者力量仍然较为匮乏。从交易金额占比来看，近几年，自然人投资者交易额占比均在 80% 以上。

24. 证券市场最广泛的投资者是指（　　）。

A. 金融机构类投资者　　B. 个人投资者
C. 企业和事业法人类机构投资者　　D. 基金类投资者

答案：B

考点：考查证券市场投资者的分类。

25. 根据投资者的心理因素，可以将证券市场投资者分为（　　）。

①投机型　　②稳健型

③冒险型　　④中庸型

A. ①②③　　B. ②③④

C. ①②④　　D. ①③④

答案：B

考点：考查证券市场投资者的分类。根据投资者的心理因素，可以将证券市场投资者分为稳健型、冒险型和中庸型三类。

26. 2004 年，国务院在《国务院关于推进资本市场改革开放和稳定发展的若干意见》中指出，“要培养一批诚信、守法、专业的机构投资者，使（　　）为主的机构投资者成为资本市场的主导力量”。

①基金管理公司　　②保险公司

③QFII　　④信托基金公司

A. ①②　　B. ①③

C. ②③　　D. ②④

答案：A

考点：考查我国证券市场投资者结构及演化。

27. 相比个人投资者，机构投资者具有以下特点（　　）。

①投资资金规模化　　②投资管理专业化

③投资结构组合化　　④投资行为规范化

A. ①②③　　B. ①②④

C. ①③④　　D. ①②③④

答案：D

考点：考查机构投资者的特点。

28. 下面关于机构投资者描述错误的是（　　）。

A. 在成熟资本市场，机构投资者往往在证券市场中居于主导地位，他们在证券市场上的交易活动往往对整体市场的运行态势产生影响

B. 一般来说，机构投资者的投资行为相对理性化，投资成功率及收益水平通常高于个人投资者

C. 机构投资者由于不具有独立的法律地位，必须建立严格的法律法规对其进行约束

D. 机构投资者可以通过合理有效的投资组合分散投资风险

答案：C

考点：考查机构投资者的特点。机构投资者是具有独立法人地位的经济实体。一方面他们要受到一系列法律法规的约束和政府监管部门、行业自律组织的监督；另一方面，其内部通常设有董事会、监事会等组织形式，进行相应的管理和风险控制。

29. 按照中国证监会颁布的《法人配售方式指引》规定，战略投资者的家数原则上不超过（　　）家，特大型公司发行时，可以适当增加战略投资者的家数。

A. 2　　B. 3

C. 4　　D. 5

答案：A

考点：考查战略机构投资者的内容，见《法人配售发行方式指引》第五条。

30. 下面对机构投资者描述错误的是（　　）。

A. 按机构投资者业务与资本市场的关系，可分为金融机构投资者和非金融机构投资者

B. 一般机构投资者相比较战略投资者的定义，条件更为宽松

C. 战略机构投资者是因机构投资者与股票二级市场的配售关系演化而来的

D. 机构投资者限定为可以开设股票账户的法人

答案：C

考点：考查机构投资者的内容。战略机构投资者是因机构投资者与股票一级市场的配售关系演化而来的。

31. 按照《证券法》和相关规定，可以参加股票交易但操作受到限制的“三类企业”不包括（　　）。

A. 国有企业　　B. 私营企业

C. 国有控股公司　　D. 上市公司

答案：B

考点：考查机构投资者的分类，基础记忆题。

32. 在能否参与股票交易及参与股票交易的方式上缺乏明确法律规定或权利义务不具体的法人是（　　）。

A. 证券公司　　B. 国有企业

C.“三资”企业　　D. 国有控股公司

答案：C

考点：考查机构投资者的分类。

33. 机构投资者作为金融市场的主要参与者，其规范、自律经营对防范金融风险、维护金融稳定有着重要意义。机构投资者在金融市场中的作用主要包括（　　）。

①有利于改善储蓄转化为投资的机制与效率，促进间接融资

②有利于促进不同金融市场之间的有机结合与协调发展，健全金融市场运行机制

③有助于分散金融风险，促进金融体系的稳定运行

④有助于实现社会保障体系与宏观经济的良性互动发展

A. ①②　　B. ①③④

C. ②③④　　D. ①②③④

答案：C

考点：考查机构投资者的作用。发展机构投资者有助于促进直接融资。

34. 下面关于机构投资者的描述，正确的有（　　）。

①机构投资者是推动直接融资市场发展、扩大直接融资比重的主要力量

②机构投资者可以通过事前的定价机制和事后的监督机制两个方面，促进金融资源的配置和公司治理的完善

③机构投资者的需求和选择有助于提高货币政策调控金融市场的灵敏度，改善货币市场传导机制，促进利率市场化进程

④通过发展机构投资者，可以把国家、企业和个人积累的养老金投资于各种金融产品，实现社会资本的平均边际收益水平

A. ①②　　B. ①③④

C. ②③④　　D. ①②③④

答案：D

考点：考查机构投资者的作用。

35. 在我国，政府机构类投资者参与证券投资的主要目的通常不包括（　　）。

A. 调剂资金余缺　　B. 实施宏观调控

C. 谋求高盈利　　D. 实行特定的产业政策

答案：C

考点：考查政府机构类投资者。政府机构类投资者的特点是，通常很少考虑盈利，参与证券投资的目的主要是为了调剂资金余缺、实施宏观调控、实行特定产业政策等要求。

36. 为有效进行宏观调控，当市场过热时中央银行应该采取怎样的公开市场

操作（ ）。

①买进政府债券或金融债券 ②卖出政府债券或金融债券

③增加货币供应量 ④减少货币供应量

A. ①③ B. ①④

C. ②③ D. ②④

答案：D

考点：考查中央银行的公开市场操作。

37. 在机构投资者中，（ ）是证券市场上最活跃的投资者。

A. 证券经营机构 B. 银行业金融机构

C. 保险经营机构 D. 其他金融机构

答案：A

考点：考查金融机构类投资者。

38. 按照《中华人民共和国证券法》的规定，证券公司可以从事的业务有（ ）。

①证券自营业务 ②证券资产管理业务

③以自己的名义进行证券投资 ④代其客户进行证券投资

A. ①②③ B. ②③④

C. ①②④ D. ①②③④

答案：D

考点：考查证券公司的法定业务。参看《中华人民共和国证券法》的规定。

39. 按照《中华人民共和国商业银行法》的规定，除国家另有规定外，商业银行等银行业金融机构在中国境内不得从事的业务有（ ）。

①从事信托投资业务 ②从事证券经营业务

③向非自用不动产投资 ④向非银行金融机构和企业投资

⑤利用自有资金买卖债券

A. ①②③④ B. ②③④⑤

C. ①②③⑤ D. ①②③④⑤

答案：A

考点：考查银行业金融机构。按照《中华人民共和国商业银行法》的规定，银行业金融机构可用资金买卖政府债券和金融债券，除国家另有规定外，在中国境内不得从事信托投资和证券经营业务，不得向非自用不动产投资或者向非银行金融机构和企业投资。

40. 按照《商业银行个人理财业务管理暂行办法》的规定，商业银行可以提供的业务有（　　）。

①向个人客户提供综合理财服务

②向所有客户销售理财计划

③接受客户的委托与授权

④按照自己的投资计划与方式进行投资和资产管理

A. ①②　　B. ①③

C. ①②③　　D. ①③④

答案：B

考点：考查银行业金融机构。按照《商业银行个人理财业务管理暂行办法》的规定，商业银行可以向个人客户提供综合理财服务，向特定目标客户群销售理财计划，接受客户的委托与授权，按照与客户事先约定的投资计划与方式进行投资和资产管理。

41. 按照《保险资金运用管理办法》规定，保险经营机构新增保险资金三大投向，不包括（　　）。

A. 资产证券化产品　　B. 文化投资资金

C. 创业投资基金　　D. 保险私募基金

答案：B

考点：考查保险经营机构相关知识。按照《保险资金运用管理办法》规定，保险经营机构新增保险资金三大投向，分别是资产证券化产品、创业投资基金、保险私募基金。

42. QFII是在一定规定和限制下，（　　），通过严格监管的专门账户投资（　　），其资本利得、股息等经审核后可转为外汇汇出的一种市场开放模式。

①汇入一定额度的外汇资金，并转换为当地货币

②汇出一定额度的本币资金，并转换为外地货币

③当地证券市场

④外地证券市场

A. ①③　　B. ①④

C. ②③　　D. ②④

答案：A

考点：考查合格境外机构投资者制度（QFII）的概念。

43. 对合格境外机构投资者资产规模等条件严格要求，有利于提高国内市场投资者素质和维护市场稳定。我国对各种类型的合格境外机构投资者的资产规模等条件作出了严格要求，不包括（　　）。

A. 资产管理机构：经营资产管理业务2年以上，最近一个会计年度管理的证券资产不少于5亿美元

B. 保险公司：成立1年以上，最近一个会计年度持有的证券资产不少于5亿美元

C. 证券公司：经营证券业务5年以上，净资产不少于5亿美元，最近一个会计年度管理的证券资产不少于50亿美元

D. 商业银行：经营银行业务10年以上，一级资本不少于3亿美元，最近一个会计年度管理的证券资产不少于50亿美元

答案：B

考点：考查合格境外机构投资者。保险公司：成立2年以上，最近一个会计年度持有的证券资产不少于5亿美元。

44. 在合格境外机构投资者中，对证券公司的资产规模的要求如下：经营证券业务5年以上，净资产不少于5亿美元，最近一个会计年度管理的证券资产不少于（　　）亿美元。

A. 5　　B. 20

C. 50　　D. 70

答案：C

考点：考查合格境外机构投资者。证券公司：经营证券业务5年以上，净资产不少于5亿美元，最近一个会计年度管理的证券资产不少于50亿美元。

45. 在合格境外机构投资者中，对商业银行的资产规模的要求如下，经营银行业务10年以上，一级资本不少于3亿美元，最近一个会计年度管理的证券资产不少于（　）亿美元。

A. 5　　B. 20

C. 50　　D. 70

答案：C

考点：考查合格境外机构投资者。商业银行：经营银行业务10年以上，一级资本不少于3亿美元，最近一个会计年度管理的证券资产不少于50亿美元。

46. 按照《合格境外机构投资者境内证券投资管理办法》，合格境外机构投资者在批准的交易额度内，可以投资于中国证监会批准的人民币金融工具，包括（　　）。

①证券投资基金　　②在证券交易所挂牌交易的股票

③在证券交易所挂牌交易的债券　　④在证券交易所挂牌交易的权证

⑤股指期货

A. ①③④　　B. ②③④⑤

C. ①③④⑤　　D. ①②③④⑤

答案：D

考点：考查合格境外机构投资者。参照《合格境外机构投资者境内证券投资管理办法》的规定。

47. 就单个上市公司的持股比例而言，单个境外机构的投资额度与国内基金一样不得超过该公司总股份的（　）。

A. 3%　　B. 5%

C. 10%　　D. 15%

答案：C

考点：考查合格境外机构投资者。

48. 我国对合格境外机构投资者汇出汇入资金的规定有（　）。

①合格境外投资者应当在国家外汇管理局规定的时间内汇入本金

②汇入的本金应当是国家外汇管理局批准的可兑换货币

③合格境外投资者未在规定时间内汇满本金的，应当向中国证监会和国家外汇管理局作出口头解释

④已批准额度和实际汇入金额的差额，在未经国家外汇管理局批准之前不得汇入

A. ①②③　　B. ①③④

C. ②③④　　D. ①②④

答案：D

考点：考查合格境外机构投资者。合格境外投资者未在规定时间内汇满本金的，应当向中国证监会和国家外汇管理局作出书面解释。

49. 2019 年 9 月 10 日，国家外汇管理局对人民币合格境外机构投资者（RQFII）和合格境外机构投资者（QFII）的投资额度调整内容不包括（　）。

A. 取消合格境外机构投资者额度限制时，RQFII 试点国家和地区限制也一并取消

B. 取消对合格境外机构投资者（QFII）的投资额度限制

C. 明确对单家合格境外机构投资者的投资额度进行备案和审批

D. 取消对人民币合格境外机构投资者（RQFII）的投资额度限制

答案：C

考点：考查人民币合格境外机构投资者。投资额度调整内容之一：明确不再对单家合格境外机构投资者的投资额度进行备案和审批。

50. 合格境内机构投资者，是指经一国金融管理当局审批通过、获准直接投资境外股票或者债券市场的国内机构投资者，在一定规定下通过（　　）形式募集一定额度的人民币资金。

A. 基金　　B. 股票

C. 债券　　D. 证券

答案：A

考点：考查合格境内机构投资者。合格境内机构投资者，是指经一国金融管理当局审批通过、获准直接投资境外股票或者债券市场的国内机构投资者，在一定规定下通过基金形式募集一定额度的人民币资金。

51. 下列对于证券公司合格境内机构投资者资格的认定不符合中国证监会规定的是（　　）。

A. 净资本不低于5亿元人民币

B. 净资本与净资产比例不低于70%

C. 经营集合资产管理计划业务达1年以上

D. 在最近一个季度末资产管理规模不少于20亿元人民币或等值外汇资产

答案：A

考点：考查合格境内机构投资者。净资本不低于8亿元人民币。

52. 下列对于基金管理公司合格境内机构投资者资格的认定不符合中国证监会规定的是（　　）。

A. 净资产不少于2亿元人民币

B. 经营证券投资资金管理业务达2年以上

C. 在最近一个季度末资产管理规模不少于200亿元人民币或等值外汇资产

D. 净资本不得低于8亿元人民币

答案：D

考点：考查合格境内机构投资者。中国证监会对基金管理公司合格境内机构投资者的净资本未作出规定。

53. QDII可以投资于下面（　　）金融产品或工具。

①银行存款　　②政府债券

③远期合约、互换　　④回购协议

A. ①②　　B. ①③

C. ①②③　　D. ①②③④

答案：D

考点：考查合格境内机构投资者。

54. 能够满足中国合格境外投资者（QFII）资格审查的，一般而言都是经营时间较长、运作规范、管理资产经验丰富的境外机构，其目的是（　　）。

A. 吸引境外机构进行中长期投资，维护市场中长期稳定的导向

B. 引入更多的境外机构，达到市场迅速扩大目的

C. 支持境内机构走出去，保证国内外同步经营

D. 限制境外投资者进入我国市场

答案：A

考点：能够满足中国合格境外投资者（QFII）资格审查的，一般而言都是经营时间较长、运作规范、管理资产经验丰富的境外机构，其目的是吸引境外机构进行中长期投资，维护市场中长期稳定的导向。

55. 按照《合格境外机构投资者境内证券投资管理办法》，合格境外投资者可以投资于（　　）批准的人民币金融工具。

A. 中国人民银行　　B. 中国银监会

C. 中国证监会　　D. 国务院

答案：C

考点：按照《合格境外机构投资者境内证券投资管理办法》，合格境外投资者可以投资于中国证监会批准的人民币金融工具。

56. 合格境外机构投资者可以参与（　　）。

①新股发行　　②可转换债券发行

③人民币发行　　④股票增发和配股的申购

A. ①②③　　B. ①②④

C. ①③④　　D. ②③④

答案：B

考点：本题考查合格境外机构投资者权限。合格境外机构投资者可以参与新股发行、可转换债券发行、股票增发和配股的申购。

57. 除中国证监会另有规定外，基金、集合计划不得有下列行为（　　）。

①购买不动产

②购买房地产抵押按揭

③购买贵重金属或代表贵重金属的凭证

④购买实物商品

⑤借入现金

A. ①②③⑤　　B. ①②④⑤

C. ①③④⑤　　D. ①②③④

答案：D

考点：本题考查合格境内投资者相关知识。除中国证监会另有规定外，基金、集合计划不得有下列行为：购买不动产；购买房地产抵押按揭；购买贵重金属或代表贵重金属的凭证；购买实物商品；除应付赎回、交易清算等临时用途以外，借入现金。⑤缺少前提条件。

58. 除中国证监会另有规定外，合格境内机构投资者经营证券投资基金、经营集合资产管理计划允许的行为包括（　）。

A. 购买不动产

B. 投资于银行存款等货币市场工具

C. 购买房地产抵押按揭

D. 购买实物商品

答案：B

考点：考查合格境内机构投资者。

59. 除中国证监会另有规定外，合格境内机构投资者经营证券投资基金、经营集合资产管理计划不得有下列行为（　）。

①购买不动产　②购买政府债券

③购买实物商品　④购买房地产抵押按揭

A. ①②③　B. ①③④

C. ②③④　D. ①②③④

答案：B

考点：考查合格境内机构投资者。

60. 在 QDII 制度中，单只基金、集合管理计划持有同一家银行的存款不得超过基金、集合计划净值的（　），在基金、集合计划托管账户的存款可以不受上述限制。

A. 10%　B. 15%

C. 20%　D. 25%

答案：C

考点：考查合格境内机构投资者。在 QDII 制度中，单只基金、集合管理计划持有同一家银行的存款不得超过基金、集合计划净值的 20%。

61. 在 QDII 制度中，单只基金、集合管理计划持同一机构（政府、国际金融组织除外）发行的证券是指不得超过基金、集合计划净值的（　），指数基金可以不受上述限制。

A. 5%　B. 10%

C. 15%　　D. 20%

答案：B

考点：考查合格境内机构投资者。在 QDII 制度中，单只基金、集合管理计划持同一机构（政府、国际金融组织除外）发行的证券是指不得超过基金、集合计划净值的 10%，指数基金可以不受上述限制。

62. 在 QDII 制度中，基金、集合计划不得购买证券用于控制和影响发行该证券的机构或管理层，同一境内机构投资管理的全部基金、集合计划不得持有同一机构（　　）以上具有投票权的证券发行总量，指数基金可以不受上述限制。

A. 5%　　B. 10%

C. 15%　　D. 20%

答案：B

考点：考查合格境内机构投资者。在 QDII 制度中，基金、集合计划不得购买证券用于控制和影响发行该证券的机构或管理层，同一境内机构投资管理的全部基金、集合计划不得持有同一机构 10% 以上具有投票权的证券发行总量，指数基金可以不受上述限制。

63. 在 QDII 制度中，单只基金、集合计划持有非流动性资产市值不得超过基金、集合计划净值的（　　）。

A. 5%　　B. 10%

C. 15%　　D. 20%

答案：B

考点：考查合格境内机构投资者。在 QDII 制度中，单只基金、集合计划持有非流动性资产市值不得超过基金、集合计划净值的 10%。

64. 同一境内机构投资者管理的全部基金、集合计划持有的任何一只境外基金，不得超过该境外基金总份额的（　　）。

A. 5%　　B. 10%

C. 15%　　D. 20%

答案：D

考点：考查合格境内机构投资者。在 QDII 制度中，同一境内机构投资者管理的全部基金、集合计划持有的任何一只境外基金，不得超过该境外基金总份额的 20%。

65. QDII 制度在中国证券市场上的主要特点不包括（　　）。

A. 出入境资金自由

B. 资格认定较为严格

C. 许可投资的证券品种存在一定限制

D. QDII 基金的境外投资需要遵循一定的投资比例限制

答案：A

考点：考查合格境内投资者。QDII 制度的进出境受到监控。

66. 合格投资者应在每个会计年度结束后（　　）个月内，向国家外汇管理局报送上一年度境外投资情况报告（包括投资额度使用情况、投资收益情况等）。

A. 2　　B. 3

C. 4　　D. 6

答案：C

考点：考查合格境内机构投资者。在 QDII 制度中，合格投资者应在每个会计年度结束后 4 个月内，向国家外汇管理局报送上一年度境外投资情况报告（包括投资额度使用情况、投资收益情况等）。

67. 基金类投资者包括（　　）。

①证券投资基金　　②社保基金

③企业年金　　④社会公益基金

A. ①③④　　B. ①②③

C. ②③④　　D. ①②③④

答案：D

考点：考查基金类投资者。基金类投资者包括证券投资基金、社保基金、企业年金和社会公益基金。

68. 按照《中华人民共和国证券投基金法》（2015 年 4 月 24 日修订）规定，我国的证券投资基金可投资于（　　）。

①上市交易的股票

②上市交易的债券

③国务院证券监督管理机构规定的其他证券

④任意证券的衍生品

A. ①③④　　B. ①②③

C. ②③④　　D. ①②③④

答案：B

考点：考查证券投资基金。按照《中华人民共和国证券投基金法》（2015 年 4 月 24 日修订）规定，我国的证券投资基金可投资于上市交易的股票、债券和国务院证券监督管理机构规定的其他证券及其衍生品。

69. 全国性社会保障基金，是由（　　）构成，是国家社会保障储备基金。

①中央财政预算拨款

②国有资本划转

③基金投资收益

④以国务院批准的其他方式筹集的资金

A. ①③④　　B. ①②③

C. ②③④　　D. ①②③④

答案：D

考点：考查全国社会保障基金的资金构成，以上选项均正确。

70. 按照《全国社会保障基金投资管理暂行办法》规定，社保基金的投资范围不包括（　　）。

A. 买卖地方政府债　　B. 银行存款

C. 买卖国债　　D. 具有良好流动性的金融工具

答案：A

考点：考查全国社会保障基金的投资范围。按照《全国社会保障基金投资管理暂行办法》规定，社保基金的投资范围限于银行存款、买卖国债和其他具有良好流动性的金融工具。

71. 全国社保基金理事会直接运作的基金的投资范围限于（　　），其他投资需委托社保基金投资管理人管理和运作并委托社保基金托管人托管。

①银行存款　　②金融债

③在一级市场购买国债　　④股票

A. ①②　　B. ①③

C. ②③　　D. ②④

答案：B

考点：考查全国社会保障基金。全国社保基金理事会直接运作的基金的投资范围限于银行存款、在一级市场购买国债，其他投资需委托社保基金投资管理人管理和运作并委托社保基金托管人托管。

72. 全国社保基金境外投资的比例，按成本计算，不得超过全国社保基金总资产的（　　）。

A. 10%　　B. 15%

C. 20%　　D. 25%

答案：C

考点：考查社保基金。全国社保基金境外投资的比例，按成本计算，不得超过全国社保基金总资产的20%。

73. 全国社保基金境外投资限于下列投资（　　）。

①银行存款　　②外国政府债券

③基金　　④股票

⑤银行票据

A. ①②　　B. ①②⑤

C. ①②③④　　D. ①②③④⑤

答案：D

考点：考查全国社保基金境外投资。

74. 全国社会保障基金理事会投资运行全国社会保障基金，应当坚持的原则不包括（　　）。

A. 谨慎性　　B. 安全性

C. 收益性　　D. 长期性

答案：A

考点：考查社保基金投资运行的原则。按照《全国社会保障基金条例》规定，全国社会保障基金理事会投资运行全国社会保障基金，应当坚持安全性、收益性和长期性原则。

75. 社会保险基金由用人单位和个人缴费构成，用于各项社会保险待遇的当期发放，具体包括（　　）。

①基本养老保险基金　　②基本医疗保险基金

③工伤保险基金　　④失业保险基金

⑤生育保险基金

A. ①②　　B. ①②④

C. ①②③④　　D. ①②③④⑤

答案：D

考点：考查社会保险基金的构成。

76. 国务院对基本养老保险基金的投资运行作出了明确规定，养老基金的投资范围不包括（　　）。

A. 银行存款　　B. 外国政府债券

C. 国债　　D. 企业（公司）债

答案：B

考点：考查基本养老保险基金。按照《基本养老保险基金投资管理办法》规定，养老基金投资限于境内投资。

77. 按照公允价值计算，养老保险基金投资于银行活期存款、一年期以内

（含一年）的定期存款、中央银行票据、剩余期限在一年期以内（含一年）的国债、债券回购、货币型养老金产品、货币市场基金的比例，合计不得低于养老基金资产净值的（　　）。

A. 1%　　B. 3%

C. 5%　　D. 10%

答案：C

考点：考查基本养老保险基金。按照公允价值计算，养老保险基金投资于银行活期存款、一年期以内（含一年）的定期存款、中央银行票据、剩余期限在一年期以内（含一年）的国债、债券回购、货币型养老金产品、货币市场基金的比例，合计不得低于养老基金资产净值的5%。

78. 养老保险基金投资国家重大项目和重点企业股权的比例，合计不得高于养老保险基金资产净值的（　　）。

A. 5%　　B. 10%

C. 15%　　D. 20%

答案：D

考点：考查基本养老保险基金。养老保险基金投资国家重大项目和重点企业股权的比例，合计不得高于养老保险基金资产净值的20%。

79. 按照《企业年金基金管理办法》规定，企业年金投资范围不包括（　　）。

A. 银行存款　　B. 外国政府债券

C. 国债　　D. 企业（公司）债

答案：B

考点：考查企业年金。按照《企业年金基金管理办法》规定企业年金基金财产限于境内投资。

80. 企业年金基金投资于银行活期存款、中央银行票据、债券回购等流动性产品以及货币市场基金的比例，不得低于资产投资组合企业年金基金财产净值的（　　）。

A. 1%　　B. 3%

C. 5%　　D. 8%

答案：C

考点：考查企业年金。企业年金基金投资于银行活期存款、中央银行票据、债券回购等流动性产品以及货币市场基金的比例，不得低于资产投资组合企业年金基金财产净值的5%。

81. 企业年金基金按照规定不得直接投资于（　　）。

A. 国债　　B. 权证

C. 金融债　　D. 股票基金

答案：B

考点：考查企业年金。企业年金基金按照规定不得直接投资于权证，但因投资股票、分离交易可转换债等投资品种而衍生获得的权证，应当在权证上市交易之日起10个交易日内卖出。

82. 企业年金基金按照规定不得直接投资于权证，但因投资股票、分离交易可转换债等投资品种而衍生获得的权证，应当在权证上市交易之日起（　　）个交易日内卖出。

A. 5　　B. 10

C. 15　　D. 20

答案：B

考点：考查企业年金。企业年金基金按照规定不得直接投资于权证，但因投资股票、分离交易可转换债等投资品种而衍生获得的权证，应当在权证上市交易之日起10个交易日内卖出。

83. 单个投资组合的企业年金基金财产，投资于经备案的符合投资比例规定的单只养老金产品，不得超过该投资组合企业年金基金财产净值的（　　）。

A. 10%　　B. 15%

C. 20%　　D. 30%

答案：D

考点：考查企业年金基金财产。单个投资组合的企业年金基金财产，投资于经备案的符合投资比例规定的单只养老金产品，不得超过该投资组合企业年金基金财产净值的30%。

84. 按照《中华人民共和国慈善法》规定，慈善组织为实现财产保值、增值进行投资的，应当遵循的原则不包括（　　）。

A. 合法　　B. 安全

C. 谨慎　　D. 有效

答案：C

考点：考查社会公益基金。按照《中华人民共和国慈善法》规定，慈善组织为实现财产保值、增值进行投资的，应当遵循合法、安全、有效的原则，投资取得的收益应当全部用于慈善目的。

85. 对于社会公益基金财产，不得用于投资的是（　　）。

A. 政府资助的财产　　B. 社会组织捐赠的财产

C. 个人捐赠的财产　　D. 投资取得的收益

答案：A

考点：考查社会公益基金。政府资助的财产和捐赠协议约定不得投资的财产，不得用于投资。

86. 按照《基金会管理条例》规定，基金会开展保值、增值活动，应当遵循的原则不包括（　　）。

A. 合法　　B. 安全

C. 谨慎　　D. 有效

答案：C

考点：考查社会公益基金。按照《基金会管理条例》规定，基金会开展保值、增值活动，应当遵循合法、安全、有效的原则，确定投资风险控制机制。

87. 按照《慈善组织保值增值投资活动管理暂行办法》规定，在下列活动中，慈善组织可以开展的投资活动是（　　）。

A. 直接购买银行、信托、证券、基金、期货、保险资产管理机构、金融资产投资公司等金融机构发行的资产管理产品

B. 直接购买商品及金融衍生品类产品

C. 直接投资二级市场股票

D. 投资人身保险产品

答案：A

考点：考查社会公益基金。《慈善组织保值增值投资活动管理暂行办法》规定，自2019年1月1日起慈善组织开展投资活动应采用下列方式：（1）直接购买银行、信托、证券、基金、期货、保险资产管理机构、金融资产投资公司等金融机构发行的资产管理产品；（2）通过发起设立、并购、参股等方式直接进行股权投资；（3）将财产委托给受金融监督管理部门监管的机构进行投资。

此外，《慈善组织保值增值投资活动管理暂行办法》还规定，慈善组织的财产不得直接买卖股票；不得直接购买商品及金融衍生品类产品；不得投资人身保险产品；不得以投资名义向个人、企业提供借款等。

88. 个人进行证券投资应当具备的基本条件有（　　）。

①国家有关法律、法规关于个人投资者投资资格的规定

②一定的经济实力

③对于部分高风险产品，具有一定的产品知识

④对于部分高风险产品，签署书面的知情同意书

A. ①②③　　B. ①③④

C. ②③④　　D. ①②③④

答案：D

考点：考查个人投资者的基本条件。

89. 个人投资者是证券市场最广泛的投资主体，以下不属于个人投资者的特点是（　　）。

A. 投资决策和实施的时滞较长

B. 资金规模有限

C. 专业知识相对匮乏

D. 投资行为具有随意性、分散性和短期性

答案：A

考点：考查个人投资者的特点。个人投资者投资的灵活性强。个人投资者由于投资规模相对较小，进退较投资机构更为容易，在投资决策和实施的时滞上比较短。

90. 个人投资者投资行为的特点不包括（　　）。

A. 随意性　　B. 专业性

C. 分散性　　D. 短期性

答案：B

考点：考查个人投资者的特点。个人投资者的投资行为具有随意性、分散性和短期性，专业知识相对匮乏。

91. 不同的投资者对风险的态度各不相同，个人投资者的风险特征不包括以下（　　）方面。

A. 风险偏好　　B. 风险收益性

C. 风险认知度　　D. 实际风险承受能力

答案：B

考点：考查个人投资者风险特征。个人投资者的风险特征由以下三方面构成：风险偏好、风险认知度、实际风险承受能力。

92. 根据个人投资者对待投资中风险和收益的态度，可以将投资者分为以下（　　）类型。

①风险敏感型　　②风险偏好型

③风险中立型　　④风险规避型

A. ①②③　　B. ①③④

C. ②③④　　D. ①②④

答案：C

考点：考查个人投资者风险类型。

93. 按照《金融产品和服务零售领域的客户适当性》给出的定义，投资者适当性需要考虑中间人（金融中介机构）所提供的金融产品或服务与客户（　　）方面的契合度。

①财务状况　　②风险承受水平

③投资目标　　④财务需求

⑤知识和经验

A. ①②③　　B. ①③④⑤

C. ②③④⑤　　D. ①②③④⑤

答案；D

考点：考查投资者适当性定义。按照《金融产品和服务零售领域的客户适当性》给出的定义，投资者适当性是指“中间人（金融中介机构）所提供的金融产品或服务与客户财务状况、投资目标、风险承受水平、财务需求、知识和经验之间的契合度”。

94. 按照《关于复杂金融产品销售的适当性要求（最终报告）》规定，金融机构在销售金融产品的过程中的销售行为不包括（　　）。

A. 对投资者作出收益承诺　　B. 向顾客提供投资建议

C. 管理个人投资组合　　D. 推荐公开发行的证券

答案：A

考点：考查金融机构销售金融产品的适当性。

95. 按照有关规定，投资者适当性管理工作主要是以经营机构适当性义务为主线展开的，不包括以下（　　）。

A. 以判断投资者风险承受能力为目标的投资者分类义务

B. 以判断产品收益水平为目标的产品组合义务

C. 以判断产品风险等级为目标的产品分级义务

D. 以“将适当的产品销售给适当的投资者”为目标的销售匹配义务

答案：B

考点：考查投资者适当性管理。

96. 美国在投资者适当性管理过程中出台的法律法规有（　　）。

①《1933 年证券法》　　②《规则 D》

③《多德－弗兰克法案》　　④《开放式投资公司法》

A. ②③④　　B. ①②③

C. ①②④　　　　D. ①③④

答案：B

考点：考查全球主要国家投资者适当性管理。《开放式投资公司法》是英国的。

97. 2016 年 12 月 12 日，（　　）发布《证券期货投资者适当性管理办法》，这是中国资本市场首部专门规范适当性管理的行政规章，是投资者保护领域的基础性制度，其核心理念就是“将适当的产品销售给适当的投资者”。

A. 中国证监会　　　　B. 国务院

C. 中国证券业协会　　　　D. 原中国银监会

答案：A

考点：考查我国投资者适当性管理的相关制度。2016 年 12 月 12 日，中国证监会发布《证券期货投资者适当性管理办法》，这是中国资本市场首部专门规范适当性管理的行政规章，是投资者保护领域的基础性制度，其核心理念就是“将适当的产品销售给适当的投资者”。

98. 中国资本市场首部专门规范适当性管理的行政规章是（　　）。

A.《证券投资基金法》

B.《证券期货投资者适当性管理办法》

C.《创业板市场投资者适当性管理暂行规定》

D.《证券公司监督管理条例》

答案：B

考点：考查我国投资者适当性管理的相关制度。2016 年 12 月 12 日，中国证监会发布《证券期货投资者适当性管理办法》，这是中国资本市场首部专门规范适当性管理的行政规章，是投资者保护领域的基础性制度，其核心理念就是“将适当的产品销售给适当的投资者”。

99.《证券期货投资者适当性管理办法》构建了一整套适当性管理的制度框架，从（　　）方面明确了投资者适当性管理的各项工作，同时赋予中国证监会及其派出机构对经营机构履行适当性义务的监督管理权以及证券期货交易所、证券登记结算公司、行业协会等自律组织的自律管理权，标志着我国投资者适当性管理制度体系的基本形成。

①投资者分类　　　　②产品分级

③强化经营机构适当性义务　　　　④突出违规行为惩戒

A. ①③④　　　　B. ①②③

C. ②③④　　　　D. ①②③④

答案：D

考点：考查我国投资者适当性管理的相关制度。

100. 中国证券行业自律组织不包括（　　）。

A. 证券期货交易所　　B. 中国证监会

C. 债券登记结算公司　　D. 中国证券业协会

答案：B

考点：考查中国证券行业自律组织。

101. 按照《证券期货投资者适当性管理办法》第三条的规定，适当性管理工作包括以下方面内容（　　）。

①向投资者销售证券期货产品或者提供证券期货服务的机构应当遵守法律、行政规范、《证券期货投资者适当性管理办法》及其他有关规定

②在销售产品或者提供服务的过程中，勤勉尽责，审慎履职，全面了解投资者情况，深入调查分析产品或者服务信息，科学有效评估，充分揭示风险

③基于投资者的不同风险承受能力以及产品或者服务的不同风险等级等因素，提出明确的适当性匹配意见

④将适当的产品或者服务销售提供给适合的投资者，并对违法违规行为承担法律责任

A. ①③④　　B. ①②③

C. ②③④　　D. ①②③④

答案：D

考点：考查《证券期货投资者适当性管理办法》的相关内容。参看第三条的规定。

102. 根据《证券法》第八十八条规定，证券公司向投资者销售证券、提供服务时，应当按照规定如实说明证券、服务的重要内容，充分揭示（　　）。

A. 投资收益　　B. 投资风险

C. 投资义务　　D. 投资评估

答案：B

考点：本题考查《证券法》对证券公司投资者适当性要求。

103.《证券期货投资者适当性管理办法》的实施对我国金融市场的意义不包括（　　）。

A. 为投资者适当性管理提供了多样的标尺

B. 对代销机构适当性管理方面提出了统一的要求

C. 标志着我国投资者适当性管理制度体系基本确立

D. 体现了经营机构和投资者利益的辩证统一

答案：A

考点：考查了《证券期货投资者适当性管理办法》的意义。《证券期货投资者适当性管理办法》的出台，建立了统一的适当性管理制度，为投资者适当性管理提供了统一的标尺。

104.（　　）的出台，标志着我国金融市场有了关于适当性管理的基础性法律规范，投资者适当性管理制度体系在我国基本确立。

A.《证券投资基金法》

B.《证券期货投资者适当性管理办法》

C.《创业板市场投资者适当性管理暂行规定》

D.《证券公司监督管理条例》

答案：B

考点：考查了《证券期货投资者适当性管理办法》的意义。

105.《证券期货投资者适当性管理办法》对代销机构的适当性管理方面进行了统一的要求，代销机构必须符合三个方面要求才能够代销相关产品，不包括（　　）。

A. 需要具备代销产品的资格

B. 需要具备落实适当性义务要求的能力

C. 需要具备一定数量的净资产

D. 应当严格执行管理人对委托产品的适当性管理标准和要求

答案：C

考点：考查了《证券期货投资者适当性管理办法》对代销机构适当性管理的要求。

106. 在维护普通投资者利益方面，《证券期货投资者适当性管理办法》作出了（　　）要求。

①要求经营机构必须对普通投资者进行分类管理，并按照普通投资者的分类与产品、服务的风险等级进行匹配

②在销售和服务过程中，对普通投资者实行有别于专业投资者的告知和风险警示

③对普通投资者与经营机构发生纠纷时，举证责任的划分，也实行了举证责任倒置

④对于是否落实投资者适当性工作，有经营机构进行举证

A. ①③④　　　　B. ①②③

C. ②③④　　D. ①②③④

答案：D

考点：考查《证券期货投资者适当性管理办法》的相关内容。

107.《证券期货投资者适当性管理办法》从根本上体现经营机构与投资者利益的辩证统一。从经营机构角度来看，《证券期货投资者适当性管理办法》作出的要求包括（　　）。

①对投资进行分类评估和分类管理

②对投资提供同质化服务

③确立监管底线要求、自律组织规定产品名录指引

④经营机构制定具体分级标准的层层把关、严格风险的产品分级机制

A. ①③④　　B. ①②③

C. ②③④　　D. ①②③④

答案：A

考点：考查《证券期货投资者适当性管理办法》的相关内容。《证券期货投资者适当性管理办法》要求经营机构对投资进行分类评估和分类管理，为经营机构提供差异化服务奠定基础。

108. 证券市场中介机构是指（　　）。

A. 从事证券的发行与交易的机构

B. 为证券的发行、交易提供服务的各类机构

C. 专指各类证券公司

D. 为证券的发行与交易提供政策的监管部门

答案：B

考点：证券市场中介机构是指为证券的发行、交易提供服务的各类机构。在证券市场起中介作用的机构是证券公司和其他证券服务机构。

109. 在我国，设立证券公司必须经（　　）审查批准。

A. 上海证券交易所　　B. 深圳证券交易所

C. 中国证券业协会　　D. 国务院证券监督管理机构

答案：D

考点：在我国，设立证券公司必须经国务院证券监督管理机构审查批准。国务院证券监督管理机构由中国证券监督管理委员会及其派出机构组成。

110. 下面对证券公司表述错误的是（　　）。

A. 证券公司是证券市场的主要中介机构

B. 证券公司提供的服务具有专业性

C. 证券公司本身无法在证券市场进行投资

D. 证券公司可以为投资者提供金融产品的投资管理服务

答案：C

考点：考查证券公司在证券市场中的作用。证券公司本身也是证券市场重要的机构投资者。

111.（　　）年 8 月，中国证券业协会成立。

A. 1990　　B. 1991

C. 1992　　D. 1993

答案：B

考点：考查我国证券公司的发展历程。1991 年 8 月，中国证券业协会成立。

112. 2018 年 4 月 27 日，中国人民银行、中国银保监会、中国证监会、国家外汇管理局联合印发了（　　），这意味着证券行业步入金融强监管时代。

A.《关于加强非金融企业投资金融机构监管的指导意见》

B.《证券公司融资融券业务管理办法》

C.《关于规范金融机构资产管理业务的指导意见》

D.《外商投资证券公司管理办法》

答案：C

考点：2018 年 4 月 27 日，中国人民银行、中国银保监会、中国证监会、国家外汇管理局联合印发了《关于规范金融机构资产管理业务的指导意见》，这意味着证券行业步入金融强监管时代。

113. 2020 年 8 月，经国务院同意，中国人民银行合同发展改革委、财政部、中国银保监会、中国证监会、外汇局等部门，充分考虑 2020 年以来疫情影响的实际情况，审慎研究决定，延长《关于规范金融机构资产管理业务的指导意见》过渡期至（　　）。

A. 2020 年底　　B. 2021 年初

C. 2021 年中　　D. 2021 年底

答案：D

考点：本题考查我国证券公司的发展历程。

114. 根据国务院金融稳定发展委员会办公室 2019 年 7 月发布的 11 条金融对外开放措施，取消（　　）外资持股 51% 的限制从 2021 年提前到 2020 年 。

①证券公司　　②基金管理公司

③期货公司　　④资产管理公司

A. ①②③　　B. ①②④

C. ①③④　　D. ②③④

答案：A

考点：本题考查我国证券公司的发展历程。

115. 以诚信与资质为标准的市场准入制度要求证券公司切实保护（　　）的高管人员。

A. 不合规、不称职

B. 诚信专业、遵规守法

C. 违法违规

D. 虚造业务、谎报数据

答案：B

考点：本题考查以诚信与资质为标准的市场准入制度内容。

116. 按照《证券公司分类监管规定》，中国证监会根据证券公司评价计分的高低，将证券公司分为（　　）。

A. 四大类 11 个级别

B. 四大类 10 个级别

C. 五大类 11 个级别

D. 五大类 19 个级别

答案：C

考点：本题考查证券分类监管制度内容，按照《证券公司分类监管规定》，中国证监会根据证券公司评价计分的高低，将证券公司分为 A（AAA、AA、A）、B（BBB、BB、B）、C（CCC、CC、C）、D、E 等五大类 11 个级别。

117. 证券公司分类结果主要供（　　）使用，证券公司不得将分类结果用于广告、宣传、营销等商业目的。

A. 中国银监会及其派出机构

B. 中国保监会及其派出机构

C. 中国证监会及其派出机构

D. 中国资产管理委员会

答案：C

考点：证券公司分类结果主要供中国证监会及其派出机构使用，证券公司不得将分类结果用于广告、宣传、营销等商业目的。

118. 2018 年 4 月 28 日，中国证监会发布了（　　），明确允许外资控股合资证券公司，为外资“由参转控”提供了法律法规依据。

A.《关于加强外商投资金融机构监管的指导意见》

B.《外商投资证券公司融资融券业务管理办法》

C.《关于规范外商投资证券公司资产管理业务的指导意见》

D.《外商投资证券公司管理办法》

答案：D

考点：中国证监会于 2018 年 4 月 28 日发布了《外商投资证券公司管理办法》，明确允许外资控股合资证券公司，为外资“由参转控”提供了法律法规依据。

119. 截至 2019 年年底，境内已有（　　）家合资证券公司。

A. 13　　B. 14

C. 15　　D. 16

答案：C

考点：合资证券公司数量。

120. 按照《证券投资顾问业务暂行规定》，证券投资顾问业务是（　　）的一种基本形式。

A. 证券承销业务

B. 证券保荐业务

C. 证券自营业务

D. 证券投资咨询业务

答案：D

考点：本题考查证券投资咨询业务相关规定。按照《证券投资顾问业务暂行规定》，证券投资顾问业务是证券投资咨询业务的一种基本形式。

121. 2006 年 7 月，中国证监会首次发布实施了《证券公司风险控制指标管理办法》，确立了以净资本为核心的证券公司风险控制指标制度。该制度具有以下（　　）特点。

①建立了风险资本准备与净资本水平动态挂钩的机制

②建立了公司业务规模与风险资本准备动态挂钩的机制

③建立了公司业务范围与净资本充足水平动态挂钩的机制

④建立了公司业务规模与净资本水平动态挂钩的机制

A. ①②③　　B. ①②④

C. ①③④　　D. ②③④

答案：A

考点：2006 年 7 月，中国证监会首次发布实施了《证券公司风险控制指标管理办法》，确立了以净资本为核心的证券公司风险控制指标制度。该制度具有三个特点：一是建立了公司业务范围与净资本充足水平动态挂钩的机制；二是建立了公司业务规模与风险资本准备动态挂钩的机制；三是建立了风险资本准备与净资本水平动态挂钩的机制。

122. 中国证监会先后在2008年和2016年2020年三次根据实际情况对《证券公司风险控制指标管理办法》（以下简称《风控办法》）进行了修订，2016年修订的《风控办法》通过资本杠杆率对公司杠杆进行约束，综合考虑流动性风险监管指标要求，从以下（　　）核心指标，构建合理有效的风险指标体系，进一步促进证券行业长期健康发展。

①资本杠杆率　　②流动性覆盖率

③风险覆盖率　　④净稳定资金率

A. ①②③④　　B. ②③④

C. ①②③　　D. ①③④

答案：A

考点：2016年修订的《证券公司风险控制指标管理办法》通过资本杠杆率、风险覆盖率、流动性覆盖率及净稳定资金率对公司杠杆进行约束，综合考虑流动性风险监管指标要求，从风险覆盖率、核心指标，构建合理有效的风险指标体系，进一步促进证券行业长期健康发展。

123.（　　）是健全证券公司内部约束机制、实现内部约束与外部监管有机互动的重要措施，有利于推动监管机制从行政监管为主向行政监管、行业自律和公司自我约束有机结合转变。

A. 信息报送与披露制度　　B. 业务许可制度

C. 分类监管制度　　D. 合规管理制度

答案：D

考点：合规管理制度是健全证券公司内部约束机制、实现内部约束与外部监管有机互动的重要措施，有利于推动监管机制从行政监管为主向行政监管、行业自律和公司自我约束有机结合转变。

124. 以下（　　）不属于证券公司信息报送与披露方面的监管要求。

A. 信息报送制度　　B. 年报审计监管

C. 季报审计监管　　D. 信息公开披露制度

答案：C

考点：对证券公司信息报送与披露方面的监管要求包括：一是信息报送制度；二是信息公开披露制度；三是年报审计监管。

125. 证券公司信息公开披露制度要求所有证券公司实行（　　）。

①财务信息公开披露
②所有公司内部信息披露
③公司所有信息披露
④基本信息公示
A. ①②
B. ①④
C. ①③④
D. ③

答案：B

考点：证券公司信息公开披露制度要求所有证券公司实行基本信息公示和财务信息公开披露。

126. 证券公司的主要业务包括（　　）。

①证券承销与保荐业务
②证券自营业务
③证券资产管理业务
④证券监管业务
A. ①②③
B. ①③④
C. ②③④
D. ①②③④

答案：A

考点：本题考查证券公司的主要业务。证券公司的主要业务包括证券经纪业务，证券投资咨询业务，与证券交易、证券投资活动有关的财务顾问业务，证券承销与保荐业务，证券自营业务，证券资产管理业务，融资融券业务，证券做市交易业务，证券公司中间介绍（IB）业务，私募投资基金业务和另类投资业务。可见，本题④证券监管业务不属于证券公司的主要业务，故选A。

127.（　　）是指证券公司接受客户委托代客户买卖有价证券的业务。

A. 证券经纪业务
B. 证券投资咨询业务
C. 证券自营业务
D. 证券资产管理业务

答案：A

考点：本题考查证券经纪业务的概念。证券经纪业务是指证券公司接受客户委托代客户买卖有价证券的业务。

128. 证券经纪业务包括（　　）。

①通过证券交易所代理买卖证券业务
②委托证券业协会代理买卖证券业务
③证券从业人员代理买卖证券业务
④柜台代理买卖证券业务
A. ①②
B. ①③
C. ②③
D. ①④

答案：D

考点：本题考查证券经纪业务的分类，证券经纪业务分为柜台代理买卖证券业务和通过证券交易所代理买卖证券业务。

129. 关于证券经纪业务的表述正确的是（　　）。

A. 不可以通过证券交易所代理买卖证券业务

B. 经纪委托关系的建立表现为开户和委托两个环节

C. 经纪关系的建立形成实质上的委托关系

D. 我国证券公司从事的证券经纪业务以证券公司的柜台代理买卖证券业务为主

答案：B

考点：证券经纪业务分为柜台代理买卖证券业务和通过证券交易所代理买卖证券业务。我国证券公司从事的证券经纪业务以通过证券交易所代理买卖证券业务为主。在证券经纪业务中，经纪委托关系的建立表现为开户和委托两个环节。经纪关系的建立只是确立了投资者和证券公司直接的代理关系，还没有形成实质上的委托关系。

130.（　　）是指证券公司、证券投资咨询机构接受客户委托，按照约定，向客户提供涉及证券及证券相关产品的投资建议服务，辅助客户作出投资决策，并直接或者间接获取经济利益的经营活动。

A. 证券经纪业务　　B. 证券投资顾问业务

C. 证券投资咨询业务　　D. 证券资产管理业务

答案：B

考点：本题考查证券投资顾问业务的概念。证券投资顾问业务是指证券公司、证券投资咨询机构接受客户委托，按照约定，向客户提供涉及证券及证券相关产品的投资建议服务，辅助客户作出投资决策，并直接或者间接获取经济利益的经营活动。

131.《证券发行上市保荐业务管理办法》的修订和实施是（　　）完善保荐制度的重要举措。

A. 中国银监会　　B. 中国保监会

C. 中国证监会　　D. 中国人民银行

答案：C

考点：本题考查证券承销与保荐业务内容。《证券发行上市保荐业务管理办法》的修订和实施是中国证监会完善保荐制度的重要举措。

132. 根据《证券法》，证券公司必须将证券资产管理业务与（　　）分开办理，不得混合操作。

①证券经纪业务

②证券承销业务

③证券自营业务

④证券投资咨询业务

A. ①②③　　B. ①②④

C. ①③④　　D. ②③④

答案：A

考点：本题考查证券资产管理业务相关知识点。证券公司必须将证券资产管理业务与证券经纪业务、证券承销业务、证券自营业务、证券做市业务分开办理，不得混合操作。

133. 下列关于证券承销与保荐业务的说法错误的是（　　）。

A. 证券承销是指证券公司代理证券发行人发行证券的行为

B. 证券公司履行保荐职责，应按规定注册登记为保荐机构

C. 证券发行人负责证券发行的主承销工作

D. 保荐机构负有对发行人进行尽职调查的义务

答案：C

考点：证券公司履行保荐职责，应按规定注册登记为保荐机构。保荐机构负责证券发行的主承销工作，负有对发行人进行尽职调查的义务，对公开发行募集文件的真实性、准确性和完整性进行核查，向中国证监会出具保荐意见，并根据市场情况与发行人协商确定发行价格。

134. 以下说法不正确的是（　　）。

A. 证券公司开展自营业务，或者设立子公司开展自营业务，都需要取得证券监管部门的业务许可

B. 证券公司可为从事自营业务的子公司提供融资或者担保

C. 证券公司可以委托具备证券资产管理业务资格、私募资产管理业务资格或者合格境内机构投资者资格的其他证券公司或者基金管理公司进行证券投资管理

D. 证券公司将自有资金投资于依法公开发行的国债、投资级公司债、货币市场基金、央行票据等风险较低、流动性较强的证券，或者委托其他证券公司或者基金管理公司进行证券投资管理，且投资规模合计不超过其净资本 80% 的，无须取得证券自营业务资格

答案：B

考点：本题考查证券公司可开展的自营业务。证券公司开展自营业务，或者设立子公司开展自营业务，都需要取得证券监管部门的业务许可，证券公司不得

为从事自营业务的子公司提供融资或者担保。故B选项错误。

135. 证券公司将自有资金投资于依法公开发行的国债、投资级公司债、货币市场基金、央行票据等风险较低、流动性较强的证券，或者委托其他证券公司或者基金管理公司进行证券投资管理，且投资规模合计不超过其净资本（　　）的，无须取得证券自营业务资格。

A. 80%　　B. 60%

C. 50%　　D. 30%

答案：A

考点：本题考查证券公司自营业务。证券公司将自有资金投资于依法公开发行的国债、投资级公司债、货币市场基金、央行票据等风险较低、流动性较强的证券，或者委托其他证券公司或者基金管理公司进行证券投资管理，且投资规模合计不超过其净资本80%的，无须取得证券自营业务资格。

136. 证券公司开展自营业务要求（　　）。

①治理结构健全，内部管理有效，能够有效控制业务风险

②建立完备的业务管理制度、投资决策机制、操作流程和风险监控体系

③公司有合格的高级管理人员及适当数量的从业人员、安全平稳运行的信息系统

④对公开发行募集文件的真实性、准确性和完整性进行核查，向中国证监会出具保荐意见

A. ①②③　　B. ①②④

C. ①③④　　D. ②③④

答案：A

考点：本题考查证券公司开展自营业务的要求。证券公司开展自营业务，要求治理结构健全，内部管理有效，能够有效控制业务风险；公司有合格的高级管理人员及适当数量的从业人员、安全平稳运行的信息系统；建立完备的业务管理制度、投资决策机制、操作流程和风险监控体系。④是保荐机构的义务，故本题选A。

137. 不具备证券自营业务资格的证券公司，其自有资金只能以（　　）为目的，参与国债期货交易。

A. 活跃证券市场　　B. 套期保值

C. 利益输送　　D. 增加流动性

答案：B

考点：2013年8月，中国证监会制定并发布《证券公司参与股指期货、国

债期货交易指引》，规定证券公司以自有资金或受托管理资金参与股指期货、国债期货交易；不具备证券自营业务资格的证券公司，其自有资金只能以套期保值为目的，参与国债期货交易。故本题选 B。

138. 证券公司从事资产管理业务，以下说法错误的是（ ）。

A. 为单一投资者设立单一资产管理计划

B. 为多个投资者设立集合资产管理计划

C. 单一资产管理计划可以接受货币资金委托，或者接受其他金融资产资金委托

D. 集合资产管理计划原则上应接受投资者合法持有的股票、债券等其他金融资产资金委托

答案：D

考点：证券公司从事资产管理业务时，集合资产管理计划原则上应接受货币资金委托。

139.（ ）是指一种以做市商为中介的证券交易业务。

A. 证券承销业务　　B. 证券保荐业务

C. 证券自营业务　　D. 证券做市交易业务

答案：D

考点：本题考查证券做市交易业务相关知识点。

140. 证券公司设立集合资产管理计划的投资人数不得超过（ ）人。

A. 50　　B. 100

C. 200　　D. 500

答案：C

考点：集合资产管理计划的投资人数不得少于 2 人，不得超过 200 人。

141. 资产管理计划应当具有明确、合法的投资方向，具备清晰的风险收益特征，并区分最终投向资产类别，下列规定确定资产管理计划所属类别的说法中错误的是（ ）。

A. 投资于商品及金融衍生品的持仓合约价值的比例不低于资产管理计划总资产 80%，且衍生品账户权益超过资产管理计划总资产 30% 的，为商品及金融衍生品类

B. 投资于存款、债券等债权类资产的比例不低于资产管理计划总资产 80% 的，为固定收益类

C. 投资于股票、未上市企业股权等股权类资产的比例不低于资产管理计划总资产 80% 的，为权益类

D. 投资于债权类、股权类、商品及金融衍生品类资产的比例未达到前三类产品标准的，为混合类

答案：A

考点：考查资产管理计划所属类别。投资于商品及金融衍生品的持仓合约价值的比例不低于资产管理计划总资产 80%，且衍生品账户权益超过资产管理计划总资产 20% 的，为商品及金融衍生品类；

142. 开放式资产管理计划应当明确投资者参与、退出的时间、次数、程序及限制事项。开放式集合资产管理计划每（　　）个月至多开放（　　）次计划份额的参与、退出，中国证监会另有规定的除外。

A. 6　1　　　　B. 3　1

C. 3　2　　　　D. 1　1

答案：B

考点：开放式资产管理计划每三个月至多开放一次计划份额的参与、退出，中国证监会另有规定的除外。

143. 关于证券公司资产管理计划，下列说法中正确的是（　　）。

A. 资产管理计划应当以公开方式向合格投资者募集

B. 证券期货经营机构、销售机构可以通过传播媒体方式向不特定对象宣传资产管理计划

C. 证券期货经营机构不得设立多个资产管理计划，同时投资于同一非标准化资产

D. 同一非标准化资产指单一主体的非标准化资产，不包含关联方的非标准化资产

答案：C

考点：考查资产管理计划。资产管理计划应当以非公开方式向合格投资者募集，证券期货经营机构、销售机构不得公开或变相公开募集资产管理计划，不得通过报刊、电台、电视、互联网等传播媒体或者讲座、报告会、传单、布告、自媒体等方式向不特定对象宣传具体资产管理计划。证券期货经营机构不得设立多个资产管理计划，同时投资于同一非标准化资产，以变相突破投资者人数限制或者其他监管要求。单一主体及其关联方的非标准化资产，视为同一非标准化资产。任何单位和个人不得以拆分份额或者转让份额收（受）益权等方式，变相突破合格投资者标准或人数限制

144. 在与客户签订资产管理合同前，证券公司应当（　　）。

①按照规定程序了解客户的情况

②审慎评估客户的诚信状况、客户对产品的认知水平和风险承受能力

③向客户进行充分的风险揭示

④将风险揭示书交客户签字确认

A. ①②③　　B. ①②④

C. ①③④　　D. ①②③④

答案：D

考点：在与客户签订资产管理合同前，证券公司应当按照规定程序了解客户的情况，审慎评估客户的诚信状况、客户对产品的认知水平和风险承受能力，向客户进行充分的风险揭示，并将风险揭示书交客户签字确认。

145. 根据《证券公司参与股指期货、国债期货交易指引》规定，证券公司以受托管理资金参与股指期货、国债期货交易的，应当选择适当的客户开展参与股指期货、国债期货交易的资产管理业务，审慎进行股指期货、国债期货投资。下列说法错误的是（　）。

A. 在资产管理合同中明确约定参与股指期货、国债期货交易的目的、比例限制、估值方法、信息披露、风险控制、责任承担等事项

B. 在《证券公司参与股指期货、国债期货交易指引》实施前，证券公司已签署的资产管理合同未约定可参与股指期货、国债期货交易的，仍可继续投资股指期货、国债期货

C. 拟变更合同投资股指期货、国债期货的，应当按照资产管理合同约定的方式及有关规定取得客户、资产托管机构同意并履行有关报批或报备手续

D. 证券公司应当在资产管理合同中明确约定股指期货、国债期货保证金的流动性应急处理机制，包括应急触发条件、保证金补充机制、损失责任承担等

答案：B

考点：根据《证券公司参与股指期货、国债期货交易指引》规定，证券公司以受托管理资金参与股指期货、国债期货交易的，应当选择适当的客户开展参与股指期货、国债期货交易的资产管理业务，审慎进行股指期货、国债期货投资。（1）在资产管理合同中明确约定参与股指期货、国债期货交易的目的、比例限制、估值方法、信息披露、风险控制、责任承担等事项。证券公司应当在资产管理合同中明确约定股指期货、国债期货保证金的流动性应急处理机制，包括应急触发条件、保证金补充机制、损失责任承担等。（2）在《证券公司参与股指期货、国债期货交易指引》实施前，证券公司已签署的资产管理合同未约定可参与股指期货、国债期货交易的，原则上不得投资股指期货、国债期货。拟变更合同投资股指期货、国债期货的，应当按照资产管理合同约定的方式及有关规定

取得客户、资产托管机构同意并履行有关报批或报备手续。

146. 根据《证券公司参与股指期货、国债期货交易指引》规定，证券公司以受托管理资金参与股指期货、国债期货交易的，应当选择适当的客户开展参与股指期货、国债期货交易的资产管理业务，审慎进行股指期货、国债期货投资。下列说法正确的是（　　）。

①证券公司定向资产管理业务参与股指期货、国债期货交易的，应当按合同约定的方式向客户充分披露资产管理业务参与股指期货、国债期货交易的有关情况，包括投资目的、持仓情况、损益情况等，并在定向资产管理业务年度报告中披露相应内容

②证券公司定向资产管理业务参与股指期货、国债期货交易的，应当按合同约定的方式向客户充分披露资产管理业务参与股指期货、国债期货交易的有关情况，包括投资目的、持仓情况、损益情况等，并充分说明投资股指期货、国债期货对资产管理计划总体风险的影响以及是否符合既定的投资目的

③在集合资产管理报告中充分披露集合资产管理计划参与股指期货、国债期货交易的有关情况，包括投资目的、持仓情况、损益情况等，并充分说明投资股指期货、国债期货对集合资产管理计划总体风险的影响以及是否符合既定的投资目的

④在集合资产管理报告中充分披露集合资产管理计划参与股指期货、国债期货交易的有关情况，包括投资目的、持仓情况、损益情况等，并在资产管理业务年度报告中披露相应内容

A. ①③　　B. ①④

C. ②③　　D. ②④

答案：A

考点：根据《证券公司参与股指期货、国债期货交易指引》规定，证券公司以受托管理资金参与股指期货、国债期货交易的，应当选择适当的客户开展参与股指期货、国债期货交易的资产管理业务，审慎进行股指期货、国债期货投资。证券公司定向资产管理业务参与股指期货、国债期货交易的，应当按合同约定的方式向客户充分披露资产管理业务参与股指期货、国债期货交易的有关情况，包括投资目的、持仓情况、损益情况等，并在定向资产管理业务年度报告中披露相应内容。在集合资产管理报告中充分披露集合资产管理计划参与股指期货、国债期货交易的有关情况，包括投资目的、持仓情况、损益情况等，并在资产管理业务年度报告中披露相应内容。

147.（　　）是指证券公司指向客户出借资金供其买入证券或者出借证券供

其卖出，并收取担保物的经营活动。

A. 证券公司中介介绍业务　　B. 证券自营业务

C. 股指期货业务　　D. 融资融券业务

答案：D

考点：融资融券业务是指证券公司指向客户出借资金供其买入证券或者出借证券供其卖出，并收取担保物的经营活动。

148. 按照《证券公司融资融券业务管理办法》的规定，关于证券公司申请融资融券业务资格，应当具备的条件，下列说法错误的是（　　）。

A. 公司治理健全，内部控制有效，能有效识别、控制和防范业务经营风险和内部管理风险

B. 公司最近三年内不存在因涉嫌违法违规正被中国证监会立案调查或者正处于整改期间的情形

C. 财务状况良好，最近两年各项风险控制指标持续符合规定，注册资本和净资本符合增加融资融券业务后的规定

D. 信息系统安全稳定运行，最近一年未发生因公司管理问题导致的重大事故，融资融券业务技术系统已通过证券交易所、证券登记结算机构组织的测试

答案：B

考点：按照《证券公司融资融券业务管理办法》的规定，关于证券公司申请融资融券业务资格，应当具备的条件：公司治理健全，内部控制有效，能有效识别、控制和防范业务经营风险和内部管理风险；公司最近两年内不存在因涉嫌违法违规正被中国证监会立案调查或者正处于整改期间的情形；财务状况良好，最近两年各项风险控制指标持续符合规定，注册资本和净资本符合增加融资融券业务后的规定；信息系统安全稳定运行，最近一年未发生因公司管理问题导致的重大事故，融资融券业务技术系统已通过证券交易所、证券登记结算机构组织的测试。

149. 按照《证券公司融资融券业务管理办法》的规定，关于证券公司申请融资融券业务资格，应当具备的条件，下列说法正确的是（　　）。

①公司治理健全，内部控制有效，能有效识别、控制和防范业务经营风险和内部管理风险

②有拟负责融资融券业务的高级管理人员和适当数量的专业人员，融资融券业务方案和内部管理制度已通过中国证监会的专业评价

③已建立符合监管规定和自律要求的客户适当性制度，实现客户与产品的适当性匹配管理

④公司最近两年内不存在因涉嫌违法违规正被中国证监会立案调查或者正处于整改期间的情形

A. ①②③　　B. ①②④

C. ①③④　　D. ②③④

答案：C

考点：按照《证券公司融资融券业务管理办法》的规定，关于证券公司申请融资融券业务资格，应当具备的条件：有拟负责融资融券业务的高级管理人员和适当数量的专业人员，融资融券业务方案和内部管理制度已通过中国证券业协会组织的专业评价，故②错误。

150. 以下不符合证券公司申请融资融券业务资格的条件是（　　）。

A. 信息系统安全稳定运行，最近六个月未发生因公司管理问题导致的重大事故

B. 最近两年各项风险控制指标持续符合规定

C. 同时经营资产管理与融资融券业务的，证券公司净资产不低于人民币2亿元

D. 董事、监事、高级管理人员最近两年未因违法违规正被中国证监会立案调查

答案：A

考点：信息系统安全稳定运行，最近一年未发生因公司管理问题导致的重大事故。

151. 按照《证券公司融资融券业务管理办法》的规定，关于证券公司申请融资融券业务资格，应当具备公司最近（　　）年内不存在因涉嫌违法违规正被中国证监会立案调查或者正处于整改期间的情形。

A. 1　　B. 2

C. 3　　D. 5

答案：B

考点：按照《证券公司融资融券业务管理办法》的规定，关于证券公司申请融资融券业务资格，应当具备公司最近两年内不存在因涉嫌违法违规正被中国证监会立案调查或者正处于整改期间的情形。

152. 按照《证券公司融资融券业务管理办法》的规定，关于证券公司申请融资融券业务资格，应当具备公司财务状况良好，最近（　　）年各项风险控制指标持续符合规定，注册资本和净资本符合增加融资融券业务后的规定。

A. 1　　B. 2

C. 3　　D. 5

答案：B

考点：按照《证券公司融资融券业务管理办法》的规定，关于证券公司申请融资融券业务资格，应当具备公司财务状况良好，最近两年各项风险控制指标持续符合规定，注册资本和净资本符合增加融资融券业务后的规定。

153. 按照《证券公司融资融券业务管理办法》的规定，关于证券公司申请融资融券业务资格，应当具备公司信息系统安全稳定运行，最近（　　）年未发生因公司管理问题导致的重大事故，融资融券业务技术系统已通过证券交易所、证券登记结算机构组织的测试。

A. 3　　B. 2

C. 1　　D. 半

答案：C

考点：按照《证券公司融资融券业务管理办法》的规定，关于证券公司申请融资融券业务资格，应当具备公司信息系统安全稳定运行，最近一年未发生因公司管理问题导致的重大事故，融资融券业务技术系统已通过证券交易所、证券登记结算机构组织的测试。

154. 证券公司开展融资融券业务，必须经（　　）批准。

A. 中国证券登记结算公司　　B. 中国证监会

C. 中国证券业协会　　D. 证券交易所

答案：B

考点：证券公司开展融资融券业务，必须中国证监会批准。

155. 证券公司经营融资融券业务，应当以自己的名义在证券登记结算机构分别开立（　　）。

①融券专用证券账户　　②客户信用交易担保证券账户

③信用交易证券交收账户　　④信用交易资金交收账户

A. ①②　　B. ①②③

C. ①②④　　D. ①②③④

答案：D

考点：证券公司经营融资融券业务，应当以自己的名义在证券登记结算机构分别开立融券专用证券账户、客户信用交易担保证券账户、信用交易证券交收账户和信用交易资金交收账户。

156. 证券公司经营融资融券业务，应当以自己的名义在（　　）分别开融券专用证券账户、客户信用交易担保证券账户、信用交易证券交收账户和信用交易资金交收账户。

A. 证券交易所　　B. 中国证券业协会

C. 证券登记结算机构　　D. 商业银行

答案：C

考点：证券公司经营融资融券业务，应当以自己的名义在证券登记结算机构分别开立融券专用证券账户、客户信用交易担保证券账户、信用交易证券交收账户和信用交易资金交收账户。

157. 证券公司经营融资融券业务，应当以自己的名义在商业银行分别开立（　　）。

①融资专用资金账户　　②客户信用交易担保资金账户

③信用交易证券交收账户　　④信用交易资金交收账户

A. ①②　　B. ①②③

C. ①②④　　D. ①②③④

答案：A

考点：证券公司经营融资融券业务，应当以自己的名义在商业银行分别开立融资专用资金账户、客户信用交易担保资金账户。

158. 证券公司申请融资融券业务资格，其客户资产安全、完整，客户交易结算资金实行（　　）。

A. 统一存管　　B. 集中管理

C. 第三方存管　　D. 有效控制

答案：C

考点：证券公司申请融资融券业务资格，其客户资产安全、完整，客户交易结算资金实行第三方存管，客户资料完整真实。

159. 关于证券公司经营融资融券业务的说法错误的是（　　）。

①证券公司经营融资融券业务，应当以自己的名义在商业银行分别开立融资专用资金账户、客户信用交易担保资金账户

②证券公司经营融资融券业务，应当以自己的名义在商业银行分别开立融券专用证券账户、客户信用交易担保证券账户、信用交易证券交收账户和信用交易资金交收账户

③证券公司经营融资融券业务，应当以自己的名义在证券登记结算机构分别开立融券专用证券账户、客户信用交易担保证券账户

④证券公司经营融资融券业务，应当以自己的名义在证券登记结算机构分别开立融券专用证券账户、客户信用交易担保证券账户、信用交易证券交收账户和

信用交易资金交收账户

A. ①③　　B. ①②

C. ②③　　D. ②④

答案：C

考点：证券公司经营融资融券业务，应当以自己的名义在证券登记结算机构分别开立融券专用证券账户、客户信用交易担保证券账户、信用交易证券交收账户和信用交易资金交收账户；以自己的名义在商业银行分别开立融资专用资金账户和客户信用交易担保资金账户。

160. 证券公司在向客户融资、融券前，应办理客户征信，了解客户的（　　），并以书面和电子方式予以记载、保存。

①身份　　②财产与收入状况

③证券投资经验　　④风险偏好

A. ①②　　B. ①②③

C. ①②④　　D. ①②③④

答案：D

考点：证券公司在向客户融资、融券前，应办理客户征信，了解客户身份、财产与收入状况、证券投资经验和风险偏好，并以书面和电子方式予以记载、保存。

161. 证券公司在向客户融资、融券前，应办理客户征信，了解客户身份、财产与收入状况、证券投资经验和风险偏好，并以（　　）方式予以记载、保存。

A. 书面　　B. 电子

C. 书面和录音　　D. 书面和电子

答案：D

考点：证券公司在向客户融资、融券前，应办理客户征信，了解客户身份、财产与收入状况、证券投资经验和风险偏好，并以书面和电子方式予以记载、保存。

162. 证券公司向客户融资、融券，应当向客户收取一定比例的保证金，保证金可以证券充抵。证券公司应当将收取的保证金以及客户融资买入的全部证券和融券卖出所得全部价款，分别存放在（　　）。

①融券专用证券账户　　②客户信用交易担保证券账户

③客户信用交易担保资金账户　　④证券公司自营账户

A. ①②　　B. ①③

C. ②③　　D. ①④

答案：C

考点：证券公司向客户融资、融券，应当向客户收取一定比例的保证金，保证金可以证券充抵。证券公司应当将收取的保证金以及客户融资买入的全部证券和融券卖出所得全部价款，分别存放在客户信用交易担保证券账户和客户信用交易担保资金账户。

163. 下列关于证券公司开展融资融券业务的说法正确的是（　　）。

①证券公司开展融资融券业务，必须经中国证监会批准

②证券公司向客户融资、融券，应当向客户收取一定比例的保证金，保证金可以证券充抵

③证券公司应当逐月计算客户交存的担保物价值与其所欠债务的比例

④证券公司经营融资融券业务，应当以自己的名义在商业银行分别开融券专用证券账户、客户信用交易担保证券账户、信用交易证券交收账户和信用交易资金交收账户

A. ①②　　B. ①②③

C. ①②④　　D. ①②③④

答案：A

考点：证券公司开展融资融券业务，证券公司应当逐日计算客户交存的担保物价值与其所欠债务的比例，故③错误。证券公司经营融资融券业务，应当以自己的名义在商业银行分别开立融资专用资金账户和客户信用交易担保资金账户，故④错误。

164. 下列关于证券公司开展融资融券业务的说法错误的是（　　）。

①证券公司开展融资融券业务，必须经中国证监会批准

②证券公司在向客户融资、融券前，应办理客户征信，了解客户身份、财产与收入状况、证券投资经验和风险偏好，并以书面方式予以记载、保存

③证券公司向客户融资、融券，应当向客户收取一定比例的保证金，保证金不可以证券充抵

④证券公司应当逐日计算客户交存的担保物价值与其所欠债务的比例

A. ②③　　B. ②④

C. ③④　　D. ②③④

答案：A

考点：证券公司开展融资融券业务。证券公司在向客户融资、融券前，应办理客户征信，了解客户身份、财产与收入状况、证券投资经验和风险偏好，并以

书面和电子方式予以记载、保存，故②错误。证券公司向客户融资、融券，应当向客户收取一定比例的保证金，保证金可以证券充抵，故③错误。

165. 根据新的《做市业务管理规定》，证券公司申请在全国股转系统开展做市业务，应当具备下列（　　）条件。

①具备证券自营业务资格

②设立做市业务专门部门，配备开展做市业务必要人员

③建立做市业务管理制度

④具备做市业务专用技术系统

A. ①②③　　B. ①②③④

C. ①③④　　D. ②③④

答案：B

考点：本题考查，证券做市交易业务相关知识点。根据新的《做市业务管理规定》，证券公司申请在全国股转系统开展做市业务，应当具备下列条件：具备证券自营业务资格、设立做市业务专门部门，配备开展做市业务必要人员、建立做市业务管理制度、具备做市业务专用技术系统。

166.（　　）是指证券公司接受期货经纪商的委托，为期货经纪商介绍客户参与期货交易并提供其他相关服务的业务活动。

A. 证券经纪业务　　B. 证券公司中间介绍业务

C. 证券承销业务　　D. 证券融资融券业务

答案：B

考点：证券公司中间介绍业务概念。证券公司中间介绍业务是指证券公司接受期货经纪商的委托，为期货经纪商介绍客户参与期货交易并提供其他相关服务的业务活动。

167. 证券公司申请 IB 业务资格的，需配备必要的业务人员，公司总部至少有（　　）名。开展 IB 业务的营业部至少有（　　）名具有期货从业人员资格的业务人员。

A. 5　3　　B. 5　2

C. 3　2　　D. 3　1

答案：B

考点：证券公司申请 IB 业务资格的，需配备必要的业务人员，公司总部至少有 5 名。开展 IB 业务的营业部至少有 2 名具有期货从业人员资格的业务人员。

168. 关于证券公司中间介绍业务的说法错误的是（　　）。

A. 根据我国现行相关制度的规定，证券公司可以直接代理客户进行期货买

卖，从事期货交易的中间介绍业务

B. 证券公司申请 IB 业务资格的，申请日前 6 个月各项风险控制指标应符合规定标准

C. 证券公司申请 IB 业务资格的，需配备必要的业务人员，公司总部至少有 5 名具有期货从业人员资格的业务人员

D. 证券公司申请 IB 业务，应当向中国证监会提交介绍业务资格申请书等规定的申请材料

答案：A

考点：根据我国现行相关制度的规定，证券公司不能直接代理客户进行期货买卖，从事期货交易的中间介绍业务。

169. 证券公司申请 IB 业务资格，应当符合的条件有（　　）。

①申请日前 6 个月各项风险控制指标符合规定标准

②证券公司申请 IB 业务资格的，需配备必要的业务人员，公司总部至少有 5 名。开展 IB 业务的营业部至少有 3 名具有期货从业人员资格的业务人员

③全资拥有或者控股一家期货公司，或者与一家期货公司被同一机构控制，且该期货公司具有实行会员分级结算制度期货交易所的会员资格、申请日前两个月的风险监管指标应持续符合规定的标准

④已按规定建立健全与 IB 业务相关的业务规则、内部控制、风险隔离及合规检查等制度

A. ①②③　　B. ①②④

C. ①③④　　D. ②③④

答案：C

考点：证券公司申请 IB 业务资格的，需配备必要的业务人员，公司总部至少有 5 名。开展 IB 业务的营业部至少有 2 名具有期货从业人员资格的业务人员，故②错误。

170. 关于证券公司 IB 业务的业务范围的说法错误的是（　　）。

A. 证券公司受期货公司委托从事 IB 业务，不得提供期货行情信息及交易设施

B. 证券公司不得代理客户进行期货交易，结算或者交割

C. 证券公司不得代期货公司、客户收付期货保证金

D. 证券公司不得利用证券资金账户为客户存取、划转期货保证金

答案：A

考点：证券公司受期货公司委托从事 IB 业务，应当提供的服务包括：协助

办理开户手续；提供期货行情信息及交易设施。

171. 证券公司受期货公司委托从事 IB 业务，下列做法正确的是（ ）。

A. 甲证券公司代理客户进行期货交易、结算或者交割

B. 乙证券公司代期货公司收付期货保证金

C. 丙证券公司拒绝代客户收付期货保证金

D. 丁证券公司利用证券资金账户为客户存取、划转期货保证金

答案：C

考点：证券公司受期货公司委托从事 IB 业务，不得代理客户进行期货交易，结算或者交割，不得代期货公司、客户收付期货保证金，不得利用证券资金账户为客户存取、划转期货保证金。

172. 下列关于证券公司 IB 业务的业务规则的说法错误的是（ ）。

A. 证券公司只能接受其全资拥有或者控股的，或者被同一机构控制的期货公司的委托从事 IB 业务

B. 证券公司能接受其他期货公司的委托从事 IB 业务

C. 证券公司应当按照合规、审慎经营的原则，制定并有效执行 IB 业务规则、内部控制、合规检查等制度，确保有效防范和隔离 IB 业务与其他业务的风险

D. 期货公司与证券公司应当建立 IB 业务的对接规则，明确办理客户、行情和交易系统的安装维护、客户投诉的接待处理等业务的协作程序和规则。

答案：B

考点：证券公司 IB 业务的业务规则规定，证券公司不能接受其他期货公司的委托从事 IB 业务，故 B 选项错误。

173. 下列关于证券公司提供 IB 业务的业务规则说法错误的是（ ）。

A. 证券公司应当按照合规、审慎经营的原则，制定并有效执行 IB 业务规则、内部控制、合规检查等制度，确保有效防范和隔离 IB 业务与其他业务的风险

B. 期货公司与证券公司应当建立 IB 业务的对接规则

C. 证券公司可以同时接受多个期货公司的委托从事 IB 业务

D. 证券公司与期货公司应当独立经营，保持财务、人员、经营场所等分开隔离

答案：C

考点：证券公司只能接受其全资拥有或者控股的，或者被同一机构控制的期货公司的委托从事 IB 业务，不能接受其他期货公司的委托从事 IB 业务，所以 C

错误。

174. 证券公司为期货公司介绍客户时，应当（　　）。

①向客户明示其与期货公司的介绍业务委托关系

②向客户解释期货交易的方式、流程及风险

③向客户作获利保证、共担风险等承诺

④不得向客户虚假宣传、误导客户

A. ①②③　　B. ①②④

C. ①③④　　D. ①②③④

答案：B

考点：证券公司为期货公司介绍客户时，应当向客户明示其与期货公司的介绍业务委托关系，解释期货交易的方式、流程及风险，不得作获利保证、共担风险等承诺，不得向客户虚假宣传、误导客户。

175. 证券公司应当建立完备的协助开户制度，做到（　　）。

①对客户的开户资料和身份真实性等进行审查

②向客户充分揭示期货交易风险

③解释期货公司、客户、证券公司三者之间的权利义务关系

④告知期货保证金安全存管要求

A. ①②③　　B. ①②④

C. ①③④　　D. ①②③④

答案：D

考点：证券公司应当建立完备的协助开户制度，对客户的开户资料和身份真实性等进行审查，向客户充分揭示期货交易风险，解释期货公司、客户、证券公司三者之间的权利义务关系，告知期货保证金安全存管要求。

176. 下列说法错误的是（　　）。

A. 证券公司可代客户下达交易指令

B. 证券公司不得利用客户的交易编码、资金账号或者期货结算账户进行期货交易

C. 证券公司不得代客户接收、保管或者修改交易密码

D. 证券公司不得利用证券资金账户为客户存取、划转期货保证金

答案：A

考点：证券公司不得代客户下达交易指令，故 A 错误。

177. 按照《证券公司私募投资基金子公司管理规范》的规定，证券公司设立私募基金子公司，应当符合的要求有（　　）。

①具有健全的公司治理结构，完善有效的内部控制机制、风险管理制度和合规管理制度，防范与私募基金子公司之间出现风险传递和利益冲突

②最近六个月各项风险控制指标符合中国证监会及中国证券业协会的相关要求，且设立私募基金子公司后，各项风险控制指标仍持续符合规定

③最近一年未因重大违法违规行为受到刑事或行政处罚，且不存在因涉嫌重大违法违规正受到监管部门和有关机关调查的情形

④公司章程有关对外投资条款中明确规定公司可以设立私募基金子公司，并经注册地中国证监会派出机构审批

A. ①②③　　B. ①②④

C. ①③④　　D. ①②③④

答案：D

考点：按照《证券公司私募投资基金子公司管理规范》的规定，证券公司设立私募基金子公司，应当符合以下要求：（1）具有健全的公司治理结构，完善有效的内部控制机制、风险管理制度和合规管理制度，防范与私募基金子公司之间出现风险传递和利益冲突；（2）最近六个月各项风险控制指标符合中国证监会及中国证券业协会的相关要求，且设立私募基金子公司后，各项风险控制指标仍持续符合规定；（3）最近一年未因重大违法违规行为受到刑事或行政处罚，且不存在因涉嫌重大违法违规正受到监管部门和有关机关调查的情形；（4）公司章程有关对外投资条款中明确规定公司可以设立私募基金子公司，并经注册地中国证监会派出机构审批；（5）中国证监会及中国证券业协会规定的其他条件。

178. 按照《证券公司私募投资基金子公司管理规范》的规定，证券公司设立私募基金子公司，最近（　　）个月各项风险控制指标符合中国证监会及中国证券业协会的相关要求，且设立私募基金子公司后，各项风险控制指标仍持续符合规定。

A. 12　　B. 6

C. 3　　D. 1

答案：B

考点：按照《证券公司私募投资基金子公司管理规范》的规定，证券公司设立私募基金子公司，最近六个月各项风险控制指标符合中国证监会及中国证券业协会的相关要求，且设立私募基金子公司后，各项风险控制指标仍持续符合规定。

179. 按照《证券公司私募投资基金子公司管理规范》的规定，证券公司设立私募基金子公司，公司章程有关对外投资条款中明确规定公司可以设立私募基

金子公司，并经（　　）审批。

A. 国务院证券监督管理委员会　　B. 中国证监会

C. 注册地中国证监会派出机构　　D. 证券交易所

答案：C

考点：按照《证券公司私募投资基金子公司管理规范》的规定，证券公司设立私募基金子公司，公司章程有关对外投资条款中明确规定公司可以设立私募基金子公司，并经注册地中国证监会派出机构审批。

180. 下列说法正确的是（　　）。

A. 证券公司未能做到突出主业、稳健经营仍可设立私募基金子公司

B. 证券公司以自有资金全资设立私募基金子公司

C. 证券公司采用股份代持方式与其他投资者共同出资设立私募基金子公司

D. 每家证券公司设立的私募基金子公司原则上不超过 2 家

答案：B

考点：证券公司未能做到突出主业、稳健经营、诚实守信、勤勉尽责、资本约束或内控有力，不得设立私募基金子公司。证券公司应当以自有资金全资设立私募基金子公司，不得采用股份代持等其他方式变相与其他投资者共同出资设立私募基金子公司。每家证券公司设立的私募基金子公司原则上不超过 1 家。

181. 下列符合《证券公司私募投资基金子公司管理规范》的是（　　）。

A. 甲证券公司设立 2 家私募基金子公司

B. 乙证券公司未做到内控有力，设立 1 家私募基金子公司

C. 丙证券公司采用股份代持方式与其他投资者共同出资设立 1 家私募基金子公司

D. 丁证券公司以自有资金全资设立 1 家私募基金子公司

答案：D

考点：证券公司未能做到突出主业、稳健经营、诚实守信、勤勉尽责、资本约束或内控有力，不得设立私募基金子公司。证券公司应当以自有资金全资设立私募基金子公司，不得采用股份代持等其他方式变相与其他投资者共同出资设立私募基金子公司。每家证券公司设立的私募基金子公司原则上不超过 1 家。

182. 每家证券公司设立的私募基金子公司原则上不超过（　　）家。

A. 1　　B. 2

C. 3　　D. 5

答案：A

考点：每家证券公司设立的私募基金子公司原则上不超过 1 家。

183. 私募基金子公司根据税收、政策、监管、合作方需求等需要下设基金管理机构等特殊目的机构的，应当持有该机构（　　）以上的股权或出资，且拥有管理控制权。

A. 70%　　B. 50%

C. 35%　　D. 25%

答案：C

考点：私募基金子公司根据税收、政策、监管、合作方需求等需要下设基金管理机构等特殊目的机构的，应当持有该机构35%以上的股权或出资，且拥有管理控制权。

184. 私募基金子公司及其下设基金管理机构将自有资金投资于本机构设立的私募基金的，对单只基金的投资金额不得超过该只基金总额的（　　）。

A. 50%　　B. 30%

C. 20%　　D. 10%

答案：C

考点：私募基金子公司及其下设基金管理机构将自有资金投资于本机构设立的私募基金的，对单只基金的投资金额不得超过该只基金总额的20%。

185. 下列关于设立私募基金子公司的说法正确的是（　　）。

①每家证券公司设立的私募基金子公司原则上不超过1家。

②私募基金子公司及其下设基金管理机构将自有资金投资于本机构设立的私募基金的，对单只基金的投资金额不得超过该只基金总额的20%

③私募基金子公司及其下设特殊目的机构可对外提供担保和贷款

④私募基金子公司及其下设特殊目的机构不得成为对所投资企业的债务承担连带责任的出资人

A. ①②③　　B. ①②④

C. ①③④　　D. ②③④

答案：B

考点：私募基金子公司及其下设特殊目的机构不得对外提供担保和贷款，不得成为对所投资企业的债务承担连带责任的出资人，故③错误。

186. 按照《证券公司私募投资基金子公司管理规范》的规定，私募基金子公司甲及其下设基金管理机构乙的做法正确的是（　　）。

A. 甲将自有资金投资于本机构设立的一只私募基金，其投资金额不得超过该只基金总额的30%

B. 乙对其所投资企业的债务承担连带责任

C. 甲不得对外提供担保

D. 乙对外提供贷款

答案：C

考点：私募基金子公司及其下设基金管理机构将自有资金投资于本机构设立的私募基金的，对单只基金的投资金额不得超过该只基金总额的 20%。私募基金子公司及其下设特殊目的机构不得对外提供担保和贷款，不得成为对所投资企业的债务承担连带责任的出资人。

187. 证券公司甲预设立一家私募基金子公司乙，乙公司根据税收、监管等需求设立基金管理机构丙，下列甲、乙、丙的做法错误的是（　　）。

A. 甲以自有资金全资设立乙

B. 乙持有丙 30% 的股权，且拥有管理控制权

C. 乙不得成为对所投资企业的债务承担连带责任的出资人

D. 丙不得对外提供担保

答案：B

考点：私募基金子公司根据税收、政策、监管、合作方需求等需要下设基金管理机构等特殊目的机构的，应当持有该机构 35% 以上的股权或出资，且拥有管理控制权。

188. 证券公司甲预设立一家私募基金子公司乙，乙公司根据税收、政策、监管等需求预设立基金管理机构丙，下列甲、乙、丙的做法错误的是（　　）。

A. 甲以自有资金全资设立乙

B. 乙持有丙 45% 的股权，但不拥有管理控制权

C. 乙不得成为对所投资企业的债务承担连带责任的出资人

D. 丙不得对外提供担保

答案：B

考点：私募基金子公司根据税收、政策、监管、合作方需求等需要下设基金管理机构等特殊目的机构的，应当持有该机构 35% 以上的股权或出资，且拥有管理控制权。

189. 证券公司甲，预设立一家私募基金子公司乙，乙公司根据税收、监管等需求设立基金管理机构丙，下列甲、乙、丙的做法错误的是（　　）。

A. 甲采用股份代持方式与丁公司共同出资设立乙

B. 乙持有丙 40% 的股权，且拥有管理控制权

C. 乙不得成为对所投资企业的债务承担连带责任的出资人

D. 丙不得对外提供担保

答案：A

考点：证券公司未能做到突出主业、稳健经营、诚实守信、勤勉尽责、资本约束或内控有力，不得设立私募基金子公司。证券公司应当以自有资金全资设立私募基金子公司，不得采用股份代持等其他方式变相与其他投资者共同出资设立私募基金子公司。每家证券公司设立的私募基金子公司原则上不超过1家。

190. 按照《证券公司另类投资子公司管理规范》的规定，证券公司设立另类子公司，应当符合的要求有（　　）。

①具备中国证券监督管理委员会核准的证券自营业务资格

②最近六个月各项风险控制指标符合中国证监会及中国证券业协会的相关要求，且设立另类投资子公司后，各项风险控制指标仍持续符合规定

③最近一年未因重大违法违规行为受到刑事或行政处罚，且不存在因涉嫌重大违法违规正受到监管部门和有关机关调查的情形

④公司章程有关对外投资条款中明确规定公司可以设立另类投资子公司，并经注册地中国证监会派出机构审批

A. ①②③　　B. ①②④

C. ①③④　　D. ①②③④

答案：D

考点：按照《证券公司另类投资子公司管理规范》的规定，证券公司设立另类投资子公司，应当符合以下要求：（1）具有健全的公司治理结构，完善有效的内部控制机制、风险管理制度和合规管理制度，防范与私募基金子公司之间出现风险传递和利益冲突；（2）具备中国证监会核准的证券自营业务资格；（3）最近六个月各项风险控制指标符合中国证监会及中国证券业协会的相关要求，且设立另类投资子公司后，各项风险控制指标仍持续符合规定；（4）最近一年未因重大违法违规行为受到刑事或行政处罚，且不存在因涉嫌重大违法违规正受到监管部门和有关机关调查的情形；（5）公司章程有关对外投资条款中明确规定公司可以设立另类投资子公司，并经注册地中国证监会派出机构审批；（6）中国证监会及中国证券业协会规定的其他条件。

191. 按照《证券公司另类投资子公司管理规范》的规定，证券公司设立另类子公司，应当具备（　　）核准的证券自营业务资格。

A. 国务院证券监督管理委员会　　B. 中国证监会

C. 注册地中国证监会派出机构　　D. 证券交易所

答案：B

考点：按照《证券公司另类投资子公司管理规范》的规定，证券公司设立

另类子公司，应当具备中国证监会核准的证券自营业务资格。

192. 证券公司设立私募基金子公司与设立另类子公司均要求（　　）。

①具备中国证监会核准的证券自营业务资格

②最近六个月各项风险控制指标符合中国证监会及中国证券业协会的相关要求，且设立子公司后，各项风险控制指标仍持续符合规定

③最近一年未因重大违法违规行为受到刑事或行政处罚，且不存在因涉嫌重大违法违规正受到监管部门和有关机关调查的情形

④公司章程有关条款中明确规定公司可以设立子公司，并经注册地中国证监会派出机构审批

A. ①②③　　B. ①②④

C. ②③④　　D. ①②③④

答案：C

考点：本题考查证券公司设立私募基金子公司与设立另类子公司要求的区别，①具备中国证监会核准的证券自营业务资格仅是证券公司设立另类子公司的要求。

193. 下列说法正确的是（　　）。

A. 证券公司未能做到资本约束或内控有力仍可设立另类子公司

B. 证券公司以自有资金全资设立另类子公司

C. 证券公司采用股份代持方式与其他投资者共同出资设立另类子公司

D. 每家证券公司设立的另类子公司原则上不超过 2 家

答案：B

考点：证券公司未能做到突出主业、稳健经营、诚实守信、勤勉尽责、资本约束或内控有力，不得设立另类子公司。证券公司应当以自有资金全资设立另类子公司，不得采用股份代持等其他方式变相与其他投资者共同出资设立另类子公司。每家证券公司设立的另类子公司原则上不超过 1 家。

194. 下列符合《证券公司另类投资子公司管理规范》的是（　　）。

A. 甲证券公司设立 2 家另类子公司

B. 乙证券公司未做到内控有力，设立 1 家另类子公司

C. 丙证券公司采用股份代持方式与其他投资者共同出资设立 1 家另类子公司

D. 丁证券公司以自有资金全资设立 1 家另类子公司

答案：D

考点：证券公司未能做到突出主业、稳健经营、诚实守信、勤勉尽责、资本

约束或内控有力，不得设立另类子公司。证券公司应当以自有资金全资设立另类子公司，不得采用股份代持等其他方式变相与其他投资者共同出资设立另类子公司。每家证券公司设立的另类子公司原则上不超过1家。

195. 每家证券公司设立的另类子公司原则上不超过（　　）家。

A. 1　　B. 2

C. 3　　D. 5

答案：A

考点：每家证券公司设立的另类子公司原则上不超过1家。

196. 下列关于设立另类子公司的说法正确的是（　　）。

①每家证券公司设立的另类子公司原则上不超过1家

②另类子公司不得融资

③另类子公司及其下设特殊目的机构可对外提供担保和贷款

④私募基金子公司及其下设特殊目的机构不得成为对所投资企业的债务承担连带责任的出资人

A. ①②③　　B. ①②④

C. ①③④　　D. ②③④

答案：B

考点：另类子公司及其下设特殊目的机构不得对外提供担保和贷款，不得成为对所投资企业的债务承担连带责任的出资人，故③错误。

197. 按照《证券公司另类投资子公司管理规范》的规定，另类子公司甲的做法正确的是（　　）。

A. 甲根据税收、政策、监管等需求下设管理机构乙

B. 甲对其所投资企业的债务承担连带责任

C. 甲不得对外提供担保和贷款

D. 甲对外融资

答案：C

考点：另类子公司不得融资，不得对外提供担保和贷款，不得成为对所投资企业的债务承担连带责任的出资人。另类子公司不得向投资者募集资金开展基金业务，且不得下设任何机构。

198. 证券公司甲，预设立一家另类子公司乙，下列甲、乙的做法错误的是（　　）。

A. 甲以自有资金全资设立乙

B. 乙向投资者募集资金开展基金业务

C. 乙不得对所投资企业的债务承担连带责任的出资人

D. 乙不得对外提供担保和贷款

答案：B

考点：另类子公司不得向投资者募集资金开展基金业务，且不得下设任何机构。

199. 证券公司甲，预设立一家另类子公司乙，下列甲、乙的做法错误的是（　　）。

A. 甲采用股份代持方式与丁公司共同出资设立乙

B. 乙不得融资

C. 乙不得成为对所投资企业的债务承担连带责任的出资人

D. 丙不得对外提供担保

答案：A

考点：证券公司应当以自有资金全资设立另类子公司，不得采用股份代持等其他方式变相与其他投资者共同出资设立另类子公司。另类子公司不得融资，不得对外提供担保和贷款，不得成为对所投资企业的债务承担连带责任的出资人。另类子公司不得向投资者募集资金开展基金业务，且不得下设任何机构。

200. 证券公司甲，预设立一家私募基金子公司乙，一家另类子公司丙，乙公司根据税收、政策、监管等需求预设立基金管理机构丁，下列甲、乙、丙、丁的做法正确的是（　　）。

A. 甲未经注册地中国证监会派出机构审批设立乙公司

B. 乙持有丙 45% 的股权，但不拥有管理控制权

C. 丙根据监管需求预设立特殊目的机构戊

D. 丁不得成为对所投资企业的债务承担连带责任的出资人

答案：D

考点：本题是一道对私募基金子公司与另类子公司的综合考题。按照《证券公司私募投资基金子公司管理规范》的规定，公司章程有关对外投资条款中明确规定公司可以设立私募基金子公司，并经注册地中国证监会派出机构审批，故 A 错误。私募基金子公司根据税收、政策、监管、合作方需求等需要下设基金管理机构等特殊目的机构的，应当持有该机构 35% 以上的股权或出资，且拥有管理控制权，故 B 错误。另类子公司不得向投资者募集资金开展基金业务，且不得下设任何机构，故 C 错误。

201. 下列说法正确的是（　　）。

A. 私募基金子公司甲不得对外融资

B. 私募基金子公司乙不得下设任何机构

C. 另类子公司丙根据税收需求下设特殊目的机构的，应当持有该机构 35% 以上的出资

D. 另类子公司不得向投资者募集资金开展基金业务

答案：D

考点，私募基金子公司与另类子公司的对比。另类子公司不得对外融资，私募基金子公司可以对外融资，故 A 错误。私募基金子公司根据税收、政策、监管、合作方需求等需要下设基金管理机构等特殊目的机构的，应当持有该机构 35% 以上的股权或出资，且拥有管理控制权。另类子公司不得向投资者募集资金开展基金业务，不得下设任何机构，故 B、C 错误，D 正确。

202. 按照《证券公司私募投资基金子公司管理规范》，下列说法错误的是（　　）。

A. 私募基金子公司不得从事与私募基金无关的业务

B. 私募基金子公司及其下设特殊目的机构可以以盈利为目的管理闲置资金

C. 私募基金子公司管理的闲置资金只能投资于依法公开发行的国债、央行票据等风险较低的证券

D. 私募基金子公司管理闲置资金应当坚持有效控制风险、保证流动性的原则

答案：B

考点：按照《证券公司私募投资基金子公司管理规范》，私募基金子公司及其下设特殊目的机构可以以现金管理为目的管理闲置资金，但应当坚持有效控制风险、保证流动性的原则，且只能投资于依法公开发行的国债、央行票据、短期融资券、投资级公司债、货币市场基金及保本型银行理财产品等风险较低、流动性较强的证券。

203. 按照《证券公司私募投资基金子公司管理规范》，下列说法错误的是（　　）。

A. 私募基金子公司可以投资于国债

B. 私募基金子公司及其下设特殊目的机构可以以任何合法目的管理闲置资金

C. 私募基金子公司管理的闲置资金只能投资于流动性较弱的证券

D. 私募基金子公司管理的闲置资金只能投资于风险较低的证券

答案：C

考点：按照《证券公司私募投资基金子公司管理规范》，私募基金子公司不

得从事与私募基金无关的业务。私募基金子公司及其下设特殊目的机构可以以现金管理为目的管理闲置资金，但应当坚持有效控制风险、保证流动性的原则，且只能投资于依法公开发行的国债、央行票据、短期融资券、投资级公司债、货币市场基金及保本型银行理财产品等风险较低、流动性较强的证券。

204. 下列私募基金子公司的做法正确的是（　　）。

A. 私募基金子公司甲兼营私募基金管理业务与房地产开发项目

B. 私募基金子公司乙同时经营私募基金管理与P2P网贷业务

C. 私募基金子公司丙公司以套期保值为目的管理闲置资金

D. 私募基金子公司丁公司的下设特殊目的机构戊以现金管理为目的管理闲置资金

答案：D

考点：按照《证券公司私募投资基金子公司管理规范》，私募基金子公司不得从事与私募基金无关的业务。私募基金子公司及其下设特殊目的机构可以以现金管理为目的管理闲置资金，但应当坚持有效控制风险、保证流动性的原则，且只能投资于依法公开发行的国债、央行票据、短期融资券、投资级公司债、货币市场基金及保本型银行理财产品等风险较低、流动性较强的证券。

205. 中国证监会制定了统一适用于证券基金经营机构的《证券公司和证券投资基金管理公司境外设立、收购、参股经营机构管理办法》，主要内容包括（　　）。

①维持适当门槛，支持机构“走出去”

②规范业务范围，完善组织架构

③督促母公司加强管控，完善境外机构管理

④加强持续监管，完善跨境监管合作

A. ①②③　　B. ①②④

C. ②③④　　D. ①②③④

答案：D

考点：中国证监会制定了统一适用于证券基金经营机构的《证券公司和证券投资基金管理公司境外设立、收购、参股经营机构管理办法（征求意见稿）》，主要内容包括以下四个方面：一是维持适当门槛，支持机构“走出去”。二是规范业务范围，完善组织架构。三是督促母公司加强管控，完善境外机构管理。四是加强持续监管，完善跨境监管合作。

206. 中国证监会制定了统一适用于证券基金经营机构的《证券公司和证券投资基金管理公司境外设立、收购、参股经营机构管理办法》，要去维持适当门槛，支持机构“走出去”。整合两类机构“走出去”的条件是（ ）。

①机构诚实守信 ②合规经营

③财务状况及资产流动性良好 ④内部控制有力

A. ①②③ B. ①②④

C. ②③④ D. ①②③④

答案：D

考查：中国证监会制定了统一适用于证券基金经营机构的《证券公司和证券投资基金管理公司境外设立、收购、参股经营机构管理办法（征求意见稿）》，要去维持适当门槛，支持机构“走出去”。整合两类机构“走出去”的条件，要求机构诚实守信、合规经营、财务状况及资产流动性良好、内部控制有力。

207. 根据《证券服务机构从事证券服务业务备案管理规定》会计事务所、律师事务所及从事资产评估、资信评估、财务顾问、信息技术系统服务的证券机构应当在签订服务业务协议之日起（ ）工作日内备案。

A. 5 B. 7

C. 10 D. 15

答案：D

考点：本题考查证券服务机构相关规定。

208.（ ）是指依法设立的从事证券服务业务的法人机构，主要包括证券投资咨询机构、财务顾问机构、资信评级机构、资产评估机构、会计师事务所、律师事务所、信息技术系统服务机构等。

A. 金融服务机构 B. 证券服务机构

C. 金融咨询机构 D. 证券咨询机构

答案：B

考点：证券服务机构是指依法设立的从事证券服务业务的法人机构，主要包括证券投资咨询机构、财务顾问机构、资信评级机构、资产评估机构、会计师事务所、律师事务所。

209. 根据我国有关法规的规定，证券服务机构的设立需要按照工商管理法规的要求办理注册，从事证券服务业务必须得到（ ）和有关主管部门的批准。

A. 证券交易所 B. 中国证券登记结算公司

C. 中国证券业协会 D. 中国证监会

答案：D

考点：根据我国有关法规的规定，证券服务机构的设立需要按照工商管理法规的要求办理注册，从事证券服务业务必须得到中国证监会和有关主管部门的批准。

210. 下列机构中，属于证券服务机构的是（　　）。

①律师事务所　　②资信评级机构

③财务顾问机构　　④投资咨询机构

A. ①②③　　B. ①②④

C. ①③④　　D. ①②③④

答案：D

考点：证券服务机构包括律师事务所、会计师事务所、投资咨询机构、财务顾问机构、资信评级机构、资产评估机构、信息技术系统服务机构。

211.（　　）是指从事证券、投资咨询业务的机构及其投资咨询人员为证券、投资人或者客户提供证券、投资分析、预测或者建议等直接或者间接有偿咨询服务的活动。

A. 证券投资咨询　　B. 期货投资咨询

C. 证券、期货投资　　D. 证券、期货投资咨询

答案：A

考点：证券、投资咨询是指从事证券、投资咨询业务的机构及其投资咨询人员为证券、投资人或者客户提供证券、投资分析、预测或者建议等直接或者间接有偿咨询服务的活动。

212. 下列服务属于证券、投资咨询服务的是（　　）。

①接受投资人或者客户委托，提供证券、投资咨询服务

②举办有关证券、投资咨询的讲座、报告会、分析会等

③在报刊上发表证券、投资咨询的文章、评论、报告，以及通过电台、电视台等公众传播媒体提供证券、期货投资咨询服务

④通过电话、传真、电脑网络等电信设备系统，提供证券、投资咨询服务

A. ①②　　B. ①②③

C. ①②④　　D. ①②③④

答案：D

考点：证券、投资咨询服务包括以下形式：接受投资人或者客户委托，提供证券、投资咨询服务；举办有关证券、投资咨询的讲座、报告会、分析会等；在报刊上发表证券、投资咨询的文章、评论、报告，以及通过电台、电视台等公众传播媒体提供证券、投资咨询服务；通过电话、传真、电脑网络等电信设备系统，提供证券、投资咨询服务。

213. 从事证券、投资咨询业务，必须依法取得（　　）的业务许可。

A. 中国证监会　　B. 中国银保监会

C. 证券交易所　　D. 中国证券业协会

答案：A

考点：从事证券、投资咨询业务，必须依法取得中国证监会的业务许可。

214. 根据《证券法》证券投资咨询机构及其从业人员从事证券服务业务不得有下列行为（　　）。

①代理委托人从事证券投资

②与委托人约定分享证券投资收益或者分担证券投资损失

③买卖证券投资咨询机构提供服务的证券

④为投资人提供证券投资咨询服务

A. ①②③　　B. ①②④

C. ①③④　　D. ②③④

答案：A

考点：本题考查证券投资咨询机构禁止性行为。

215. 证券金融公司的组织形式为（　　）。

A. 股份有限公司　　B. 有限责任公司

C. 有限合伙公司　　D. 一般合伙公司

答案：A

考点：证券金融公司的组织形式为股份有限公司。

216. 证券金融公司根据国务院的决定设立，注册资本不少于（　　）亿元。

A. 100　　B. 80

C. 60　　D. 50

答案：C

考点：证券金融公司根据国务院的决定设立，注册资本不少于 60 亿元。

217. 证券金融公司为履行法律、法规规定的职责，可以通过其在（　　）开立的普通证券账户买卖证券。

A. 证券交易所　　B. 证券登记结算机构

C. 中国证券业协会　　D. 商业银行

答案：B

考点：证券金融公司为履行法律、法规规定的职责，可以通过其在证券登记结算机构开立的普通证券账户买卖证券。

218. 证券金融公司董事、监事和高级管理人员的选任，应当经过（　　）

批准。

A. 证券交易所　　　　B. 证券登记结算机构

C. 中国证券业协会　　　　D. 中国证监会

答案：D

考点：证券金融公司董事、监事和高级管理人员的选任，应当经过中国证监会批准。

219. 按照《证券金融监督管理条例》，证券金融公司的设立和解散由（　　）决定。

A. 国务院　　　　B. 国家证券监督管理委员会

C. 中国证监会　　　　D. 中国证券业协会

答案：A

考点：按照《证券金融监督管理条例》，证券金融公司的设立和解散由国务院决定。

220. 证券金融公司可以发行公司债券，也可以向股东或者其他特定投资者借入次级债。证券金融公司借入次级债，应当事先向（　　）报告。

A. 证券交易所　　　　B. 中国证监会

C. 中国证券业协会　　　　D. 司法部

答案：B

考点：证券金融公司可以发行公司债券，也可以向股东或者其他特定投资者借入次级债。证券金融公司借入次级债，应当事先向中国证监会报告。

221. 证券金融公司开展转融通业务，应当以自己的名义，在证券登记结算机构分别开立的账户不包括（　　）。

A. 转融通专用证券账户　　　　B. 转融通担保证券账户

C. 转融通证券交收账户　　　　D. 转融通专用资金账户

答案：D

考点：证券金融公司开展转融通业务，应当以自己的名义，在证券登记结算机构分别开立转融通专用证券账户、转融通担保证券账户、转融通证券交收账户。

222. 证券金融公司向证券公司转融通的期限一般不得超过（　　）个月。

A. 3　　　　B. 6

C. 12　　　　D. 18

答案：B

考点：证券金融公司向证券公司转融通的期限一般不得超过 6 个月。

223. 证券金融公司开展转融通业务，应当向证券公司收取一定比例的保证金，确定并公布可充抵保证金证券的种类和折算率。保证金可以证券充抵，但货币资金占应收取保证金的比例不得低于（　　）。

A. 30%　　B. 20%

C. 15%　　D. 10%

答案：C

考点：证券金融公司开展转融通业务，应当向证券公司收取一定比例的保证金，确定并公布可充抵保证金证券的种类和折算率。保证金可以证券充抵，但货币资金占应收取保证金的比例不得低于15%。

224. 证券公司向证券金融公司交存保证金，采取设立（　　）的方式。

A. 保管　　B. 基金

C. 资产管理　　D. 信托

答案：D

考点：证券公司向证券金融公司交存保证金，采取设立信托的方式。

225. 下列关于证券金融公司保证金的说法正确的是（　　）。

①证券金融公司开展转融通业务，应当向证券公司收取一定比例的保证金，确定并公布可充抵保证金证券的种类和折算率。保证金可以充抵证券，但货币资金占应收取保证金的比例不得低于15%

②证券公司向证券金融公司交存保证金，采取设立信托的方式

③对因证券金融公司有偿使用证券公司交存的保证金导致的差额，证券公司应当补交

④证券金融公司应当逐日计算证券公司交存的保证金价值与其所欠债务的比例

A. ①②③　　B. ①②④

C. ②③④　　D. ①②③④

答案：B

考点：对因证券金融公司有偿使用证券公司交存的保证金导致的差额，证券公司无须补交。

226. 证券金融公司应当建立信息系统安全管理机制，保障公司信息系统安全、稳定运行，妥善保存履行《转融通业务监督管理试行办法》规定职责所形成的各类文件、资料，保存期限不少于（　　）。

A. 20年　　B. 10年

C. 5年　　D. 3年

答案：A

考点：证券金融公司应当建立信息系统安全管理机制，保障公司信息系统安全、稳定运行，妥善保存履行《转融通业务监督管理试行办法》规定职责所形成的各类文件、资料，保存期限不少于 20 年。

227. 证券金融公司应当自每一会计年度结束之日起（　　）内，向中国证监会报送年度报告。自每月结束之日起（　　）个工作日内，向中国证监会报送月度报告。

A. 3 个月　10　　B. 3 个月　7

C. 4 个月　10　　D. 4 个月　7

答案：D

考点：证券金融公司应当自每一会计年度结束之日起 4 个月内，向中国证监会报送年度报告。自每月结束之日起 7 个工作日内，向中国证监会报送月度报告。

228. 证券金融公司应当遵守以下风险控制指标规定（　　）。

①净资本与各项风险资本准备之和的比例不得低于 100%

②对单一证券公司转融通的余额，不得超过证券金融公司净资本的 30%

③融出的每种证券余额不得超过该证券上市可流通市值的 10%

④充抵保证金的每种证券余额不得超过该证券总市值的 15%

A. ①②③　　B. ①③④

C. ②③④　　D. ①②③④

答案：B

考点：证券金融公司应当遵守以下风险控制指标规定：①净资本与各项风险资本准备之和的比例不得低于 100%；②对单一证券公司转融通的余额，不得超过证券金融公司净资本的 50%；③融出的每种证券余额不得超过该证券上市可流通市值的 10%；④充抵保证金的每种证券余额不得超过该证券总市值的 15%。

229. 证券金融公司应当每年按照税后利润的（　　）提取风险准备金。中国证监会可以根据防范证券金融公司风险的需要调整提取比例。

A. 5%　　B. 10%

C. 15%　　D. 20%

答案：B

考点：证券金融公司应当每年按照税后利润的 10% 提取风险准备金。中国证监会可以根据防范证券金融公司风险的需要调整提取比例。

230. 若甲证券金融公司从事转融通业务的年税后利润为 68 万元，则当年甲证券金融公司应提取的准备金为（　　）万元。

A. 10.2　　　　B. 6.8

C. 20.4　　　　D. 3.4

答案：B

考点：证券金融公司应当每年按照税后利润的10%提取风险准备金。中国证监会可以根据防范证券金融公司风险的需要调整提取比例。本题甲证券金融公司从事转融通业务的年税后利润为68万元，68×10%＝6.8（万元），故本题选B。

231. 下列关于证券金融公司从事转融通业务的说法正确的是（　　）。

A. 证券金融公司通过转融通担保证券账户持有的证券计入其自有证券，证券金融公司因该账户内证券数量的变动而履行信息报告、披露或者要约收购义务

B. 证券金融公司应当建立合规管理机制和风险控制机制，有效识别、评估、控制公司经营管理中的各类风险，保证公司的经营管理及工作人员的职业行为合法合规，可以为他人的债务提供担保

C. 证券金融公司应当建立信息系统安全管理机制，保障公司信息系统安全、稳定运行，妥善保存履行《转融通业务监督管理试行办法》规定职责所形成的各类文件、资料，保存期限不少于15年

D. 发生影响或者可能影响公司经营管理的重大事件的，证券金融公司应当立即向中国证监会报送临时报告

答案：D

考点：证券金融公司通过转融通担保证券账户持有的证券不计入其自有证券，证券金融公司无须因该账户内证券数量的变动而履行信息报告、披露或者要约收购义务，故A错误。证券金融公司应当建立合规管理机制和风险控制机制，有效识别、评估、控制公司经营管理中的各类风险，保证公司的经营管理及工作人员的职业行为合法合规，不得为他人的债务提供担保，故B错误。证券金融公司应当建立信息系统安全管理机制，保障公司信息系统安全、稳定运行，妥善保存履行《转融通业务监督管理试行办法》规定职责所形成的各类文件、资料，保存期限不少于20年，故C错误。本题正确答案为D。

232. 为落实“放管服”要求，激发市场活力，新《证券法》取消了相关行政许可，将会计事务所等证券服务机构从事证券业务的监管方式由（　　）。

A. 资格审批改为禁止从事

B. 资格审批改为备案

C. 备案改为资格审批

D. 备案改为禁止从事

答案：B

考点：本题考查证券服务机构的法律责任和市场准入相关内容。

233. 为了加强市场准入的管理，对证券服务机构从事证券服务业务的审批管理办法由（　　）和有关主管部门制定。

A. 国务院证券监督管理机构　　B. 证券交易所

C. 中国人民银行　　D. 中国证券业协会

答案：A

考点：为了加强市场准入的管理，对证券服务机构从事证券服务业务的审批管理办法由国务院证券监督管理机构和有关主管部门制定。

234. 为加强对证券服务机构的管理，我国《证券法》授予国务院证券监督管理机构对证券服务机构的（　　）。

①监管权　　②管理权

③现场检查权　　④审查权

A. ①③　　B. ①④

C. ②③　　D. ②④

答案：A

考点：为加强对证券服务机构的管理，我国《证券法》授予国务院证券监督管理机构对证券服务机构的监督权和现场检查权。

235. 下面对证券交易所描述正确的是（　　）。

①证券交易所是我国证券自律管理机构

②证券交易所是整个证券市场的核心

③证券交易所本身可以进行证券买卖

④证券交易所为证券交易提供了一个稳定、公开、高效的系统

A. ①②③　　B. ①②④

C. ②③④　　D. ①②③④

答案：B

考点：考查证券交易所定义。按照《证券法》第96条规定："证券交易所是为证券集中交易提供场所和设施，组织和监督证券交易，实行自律管理的法人。"证券交易所本身不进行买卖证券。

236. 证券交易所的特征不包括（　　）。

A. 有固定的交易场所和交易时间

B. 一般投资者可以在证券交易所直接进行交易

C. 实行“公开、公平、公正”原则，并对证券交易进行严格管理

D. 通过公平竞价的方式决定交易价格

答案：B

考点：考查证券交易所的特征。参加交易者为具备会员资格的证券经营机构，交易采取经纪制度，即一般投资者不能直接进入交易所买卖证券，只能委托会员作为经纪人间接进行交易。

237. 证券交易所实行（　　）原则，并对证券交易进行严格管理。

①公平　　②公开

③有序　　④公正

⑤透明

A. ①②③　　B. ①②④

C. ①③⑤　　D. ②③⑤

答案：B

考点：考查证券交易所的特征。证券交易所实行“公开、公平、公正”原则，并对证券交易进行严格管理。

238. 证券交易所组织和监督证券交易，实施自律管理，应当遵循（　　）优先的原则。

A. 社会公共利益　　B. 证券市场有效

C. 交易活动公平　　D. 交易价格公正

答案：A

考点：考查证券交易所的特征。证券交易所组织和监督证券交易，实施自律管理，应当遵循社会公共利益优先的原则，维护市场的公平、有序、透明。

239. 按照《证券交易所管理办法》第七条规定，证券交易所的职能不包括（　　）。

A. 开展投资者教育和保护　　B. 提供公开发行证券转让服务

C. 组织和监督证券交易　　D. 管理和公布市场信息

答案：B

考点：考查证券交易所的职能。按照《证券交易所管理办法》第七条规定，证券交易所应该提供对非公开发行证券的转让服务。

240. 投服中心的主要业务有（　　）。

①投资者教育　　②持股行权

③纠纷调解　　④维权服务

A. ①②③　　B. ①②④

C. ①②③④　　　　　　D. ②③④

答案：C

考点：本题考查中证中小投资者服务中心内容。

241. 下面关于对于公司制证券交易所的说法不正确的是（　　）。

A. 是以股份有限公司形式组织并以营利为目的的法人团体，一般由金融机构及各类民营公司组建

B. 交易所章程中明确规定作为股东的证券经纪商和证券自营商的名额、资格和公司存续期限

C. 组织机构与普通股份有限公司相似，由股东大会、董事会、监事会和经理层构成

D. 成员公司的雇员可以担任证券交易所的高级职员

答案：D

考点：考查公司制证券交易所。任何成员公司的股东、高级职员、雇员都不能担任证券交易所的高级职员，以保证交易的公正性。

242. 下面关于会员制证券交易所的说法不正确的是（　　）。

A. 是一个由会员自愿组成的、不以营利为目的的社会法人团体

B. 会员制交易所设会员大会、理事会、总经理和监事会

C. 上海证券交易所采用会员制，深圳证券交易所采用公司制

D. 会员制交易所的设立变更和解散由国务院决定

答案：C

考点：考查会员制证券交易所。我国内地两家证券交易所——上海证券交易所和深圳证券交易所均采用会员制组织形式，是非营利性的事业法人。

243. 会员制证券交易所的最高权力机构是（　　）。

A. 会员大会　　　　　　B. 理事会

C. 监事会　　　　　　D. 其他专门委员会

答案：A

考点：考查会员制证券交易所。会员大会是会员制证券交易所的最高权力机构。

244. 会员大会可以行使的职能不包括（　　）。

A. 制定和修改证券交易所章程

B. 决定高级管理人员的聘任、解聘及薪酬事项

C. 审议和通过理事会、监事会和总经理的工作报告

D. 选举和罢免会员理事、会员监事

答案：B

考点：考查会员大会的职能。会员大会可以行使的职能有制定和修改证券交易所章程；选举和罢免会员理事、会员监事；审议和通过理事会、监事会和总经理的工作报告；审议和通过证券交易所的财务预算、决算报告；法律、行政法规、部门规章和证券交易所章程规定的其他重大事项。

245. 下面关于会员大会的说法不正确的是（　　）。

A. 会员大会每年召开一次，由理事会召集，理事长主持。理事长因故不能履行职责时，由理事长指定的副理事长或者其他理事主持

B. 1/3 以上会员提议时应该召开临时会员大会

C. 会员大会应当有 2/3 以上会员出席，其决议须经出席会议的会员过半数表决通过

D. 会员大会结束 15 个工作日内，证券交易所应当将全部文件及有关情况向中国证监会报告

答案：D

考点：考查会员大会。会员大会结束 10 个工作日内，证券交易所应当将全部文件及有关情况向中国证监会报告。

246. 以下应当召开临时会员大会的情形不包括（　　）。

A. 理事人数不足规定的最低人数　B. 过半数的会员提议

C. 理事会认为必要　D. 监事会认为必要

答案：B

考点：考查临时会员大会召开的情形。有下列情形之一的，应当召开临时会员大会：理事人数不足规定的最低人数；1/3 以上的会员提议；理事会或者监事会认为必要。

247. 理事会作为证券交易所的决策机构，可以行使的职权不包括（　　）。

A. 审议和通过监事会和总经理的工作报告

B. 审定总经理提出的工作计划

C. 审定证券交易所业务规则

D. 审定证券交易所重大财务管理事项

答案：A

考点：考查证券交易所理事会的职能。审议和通过理事会、监事会和总经理的工作报告是会员大会的职能。

248. 证券交易所的法定代表人是（　　）。

A. 会员大会　B. 理事长

C. 监事长　　　　　　　　　　D. 总经理

答案：B

考点：考查证券交易所理事会。理事长是证券交易所的法定代表人。

249. 对理事会人员构成的表述不正确的是（　　）。

A. 证券交易所理事会由 7 到 13 人组成

B. 非会员理事人数不少于理事会员总数的 1/3，不超过理事会员总数的 1/2

C. 理事每届任期 3 年，会员理事由会员大会选举产生

D. 非会员理事由证券交易所聘任

答案：D

考点：考查证券交易所理事会。非会员理事由中国证监会委派。

250. 理事会理事长不可以进行下面（　　）行为。

A. 召集和主持理事会会议　　　　B. 主持会员大会

C. 证券交易所的法定代表人　　　D. 兼任证券交易所的总经理

答案：D

考点：考查理事长的权利与义务。理事长不得兼任证券交易所的总经理。

251. 下面对理事会会议表述不正确的是（　　）。

A. 理事会会议至少每季度召开一次

B. 会议必须有 2/3 以上理事出席

C. 其决议应当经出席会议的过半数的理事表决同意方为有效

D. 理事会决议应当在会议结束后两个工作日内向中国证监会报告

答案：C

考点：考查理事会会议。其决议应当经出席会议的 2/3 以上理事表决同意方为有效。

252. 证券交易所总经理的职能不包括（　　）。

A. 提议召开临时会员大会

B. 执行会员大会和理事会决议，并向其报告工作

C. 审定业务细则及其他制度性规定

D. 拟定证券交易所年度财务预算、决算方案

答案：A

考点：考查证券交易所总经理的职能。

253. 下面有关证券交易所总经理的表述错误的是（　　）。

A. 证券交易所的总经理每届任期 3 年

B. 总经理由中国证监会任免

C. 副总经理按照中国证监会相关规定任免或聘任

D. 提议召开临时监事会

答案：D

考点：考查证券交易所总经理的相关知识。提议召开临时监事会是监事长的职能。

254. 证券交易所监事会的职能有（　　）。

①提议召开临时会员大会

②提议召开临时理事会

③向会员大会提出提案

④检查证券交易所风险基金的使用和管理

⑤当理事、高级管理人员的行为损害证券交易所利益时，要求理事、高级管理人员予以纠正

A. ①③④　　B. ②③④

C. ②③④⑤　　D. ①②③④⑤

答案：D

考点：考查证券交易所监事会职能。

255. 对于证券交易所监事会人员表述不正确的是（　　）。

A. 证券交易所监事会人员不得少于5人，其中职工监事不得少于2名

B. 专职监事不得少于1名，由中国证监会委派

C. 证券交易所理事、高级管理人员可以兼任监事

D. 会员监事由会员大会选举产生，职工监事由职工大会、职工代表大会或者其他形式民主选举产生

答案：C

考点：考查证券交易所监事会构成。证券交易所理事、高级管理人员不得兼任监事。

256. 对于监事会会议表述正确的有（　　）。

①监事会会议由监事长负责召集和主持

②监事会至少每年召开一次

③监事长、1/3以上监事可以提议召开临时监事会会议

④监事会决议应当经2/3以上的监事通过

⑤监事会决议应当在会议结束后2个工作日向中国证监会报告

A. ①③④　　B. ①②⑤

C. ①③⑤　　D. ①②③④⑤

答案：C

考点：考查监事会会议的知识。监事会至少每6个月召开一次会议；监事会决议应当经半数以上监事通过。

257. 下面关于中国证券业协会的表述正确的有（　　）。

①中国证券业协会正式成立于1991年8月28日

②具有独立法人地位、由经营证券业务的证券公司自愿组成

③是非营利性社会团体法人，是证券业的自律组织

④采取会员制的组织形式，证券公司应当加入中国证券业协会

⑤中国证券业协会章程由会员大会制定，并报中国证监会备案

A. ①②③④　　B. ②③④⑤

C. ①③④⑤　　D. ①②③④⑤

答案：C

考点：考查中国证券业协会的知识。按照《中华人民共和国证券法》和《社会团体登记管理条例》的有关规定，中国证券业协会是具有独立法人地位、由经营证券业务的金融机构自愿组成的行业性自律组织，是非营利性的社会团体法人。

258. 下面关于中国证券业协会的组织机构表述正确的有（　　）。

①中国证券业协会的最高权力机构是由全体会员组成的会员大会，理事会为其执行机构

②中国证券业协会实行会员负责制

③中国证券业协会会员由单位会员构成，包括法定会员、普通会员和特别会员，另设观察员

④法定会员是经中国证监会批准设立的证券公司

⑤特别会员包括申请加入中国证券业协会的证券交易所、证券登记结算结构等

A. ①②③④　　B. ②③④⑤

C. ①③④⑤　　D. ①②③④⑤

答案：C

考点：考查中国证券业协会的组织机构。中国证券业协会实行会长负责制。

259. 中国证券业协会的宗旨有（　　）。

①遵守国家宪法、法律、法规和经济方针政策，遵守社会道德规范，坚持中国共产党的领导，在国家对证券业实行集中统一监督管理的前提下，进行证券业自律管理

②发挥政府与证券行业间的桥梁和纽带作用

③为会员服务，维护会员的合法权益

④维护证券业的正当竞争秩序，促进证券市场的公开、公平、公正，推动证券市场的健康稳定发展

A. ①②③　　B. ①②④

C. ②③　　D. ①②③④

答案：D

考点：考查中国证券业协会的宗旨。

260. 中国证券业协会三大职能不包括（　　）。

A. 高效　　B. 自律　　C. 服务　　D. 传导

答案：A

考点：考查中国证券业协会三大职能。中国证券业协会着力加强行业自律、行业服务和行业基础建设，履行“自律、服务、传导”三大职能。

261. 按照《证券法》的规定，中国证券业协会应该行使下列（　　）职责。

①教育和组织会员遵守证券法律、行政法规

②负责证券业从业人员资格考试、执业注册

③依法维护会员的合法权益，向中国证监会反映会员的建议和要求

④制定和实施证券行业自律规则，监督、检查会员及其从业人员行为，对违反法律、行政法规或者中国证券业协会章程的，按照规定给予纪律处分

⑤组织会员就证券业的发展、运作及有关内容进行研究

A. ①②③④　　B. ①③④⑤

C. ②③④⑤　　D. ①②③④⑤

答案：B

考点：考查中国证券业协会的职责，根据《证券法》，证券业协会应履行下列职责：教育和组织会员及其从业人员遵守证券法律、行政法规，组织开展证券行业诚信建设，督促证券行业履行社会责任；依法维护会员的合法权益，向中国证监会反映会员的建议和要求；督促会员开展投资者教育和保护活动，维护投资者合法权益；制定和实施证券行业自律规则，监督、检查会员及其从业人员行为，对违反法律、行政法规、自律规则或者协会章程的，按照规定给予纪律处分或者实施其他自律管理措施；制定证券行业业务规范，组织从业人员的业务培训；组织会员就证券行业的发展、运作及有关内容进行研究，收集整理、发布证券相关信息，提供会员服务，组织行业交流，引导行业创新发展；对会员之间、会员与客户之间发生的证券业务纠纷进行调解。证券业协会章程规定的其他职责。

262. 按照行政法规、中国证监会有关要求，中国证券业协会行使以下（　　）职责。

①制定证券行业执业标准和业务规范，对会员及其从业人员进行自律管理

②负责证券业从业人员的资格考试、执业注册

③负责组织证券公司高级管理人员、保荐代表人及其他待定岗位专业人员的资质测试或胜任能力考试

④负责对首次公开发行股票网下投资者进行注册和自律管理

⑤负责非公开发行公司债券事后备案和自律管理

A. ①②③④　　B. ①③④⑤

C. ②③④⑤　　D. ①②③④⑤

答案：D

考点：考查中国证券业协会的职责，按照行政法规、中国证监会有关要求，中国证券业协会行使以下职责：制定证券行业执业标准和业务规范，对会员及其从业人员进行自律管理；负责证券业从业人员的资格考试、执业注册；负责组织证券公司高级管理人员、保荐代表人及其他待定岗位专业人员的资质测试或胜任能力测试；负责对首次公开发行股票网下投资者进行注册和自律管理；负责非公开发行公司债券事后备案和自律管理；负责场外证券业务事后备案和自律管理；行政法规、中国证监会规范性文件规定的其他职责。

263. 按照《中国证券业协会章程》，协会依据行业规范发展的需要，行使下列自律管理职能（　　）。

①推动行业诚信建设，督促会员履行社会责任

②组织证券从业人员水平考试

③推动会员开展投资者教育和保护工作，维护投资者合法权益

④推动会员信息化建设和信息安全保障能力的提高，经政府有关部门的批准，开展行业科学技术奖励，组织制订行业技术标准和指引

⑤组织开展证券业国际交流与合作，代表中国证券业加入相关国际组织，推动相关资质互认

A. ①②③④　　B. ①③④⑤

C. ②③④⑤　　D. ①②③④⑤

答案：D

考点：考查中国证券业协会的自律管理职能。除此之外，中国证券业协会还具有以下职能：对会员及会员间开展与证券非公开发行、交易相关业务活动进行自律管理；其他涉及自律、服务、传导的职责。

264. 设立证券登记结算公司必须经国务院证券监督管理机构批准，证券登记结算公司的设立条件不包括（　　）。

A. 自有资金不少于人民币 1 亿元

B. 具有证券登记、存管和结算服务所必需的场所和设施

C. 主要管理人员和从业人员必须具有证券从业资格

D. 国务院证券监督管理机构规定的其他条件

答案：A

考点：考查证券登记结算公司的设立条件。自有资金不少于人民币 2 亿元。

265. 下列关于证券登记结算公司的表述错误的是（　　）。

A. 证券登记结算公司的名称中应当标明“证券登记结算”字样

B. 证券登记结算采取全国集中统一的运营方式，证券登记结算公司的章程、业务规则应当依法制定

C. 设立证券登记结算公司必须经中国证监会批准

D. 证券登记结算公司必须具有必备的服务设备和完善的数据安全保护措施；建立完善的业务、财务和安全防范等管理制度；建立完善的风险管理系统

答案：C

考点：考查证券登记结算公司。设立证券登记结算公司必须经国务院证券监督管理机构批准。

266. 按照《证券法》的规定，证券登记结算公司应该履行以下职能（　　）。

①证券账户、结算账户的设立

②证券的存管与过户

③证券持有人名册登记

④受发行人委托派发证券权益

⑤证券交易所上市证券交易的清算、交收

A. ①②③④　　B. ①③④⑤

C. ②③④⑤　　D. ①②③④⑤

答案：D

考点：考查证券登记结算公司的具体职能。

267. 关于证券账户、结算账户的设立与管理，表述错误的是（　　）。

A. 投资者可以直接在证券登记结算公司开立结算账户

B. 投资者在从事证券交易之前，必须向证券登记结算公司提交有关开户资料，开立证券账户后，才可以从事证券交易

C. 投资者通过证券账户持有证券，证券账户用于记录投资者持有证券余额

及其变动情况

D. 通常由证券公司等开户代理机构代理证券登记结算公司为投资者开立证券账户

答案：A

考点：考查证券账户、结算账户的设立与管理。证券公司直接为投资者开立资金结算账户。证券登记结算公司仅为证券公司开立结算账户。

268. 下面关于证券登记结算公司的职能，表述错误的是（　　）。

A. 证券登记结算公司仅为证券公司开立结算账户，结算账户专门用于证券交易成交后的清算交收，具有结算履约担保作用

B. 在无纸化交易模式下，投资者持有的证券必须集中存入证券登记结算系统，以电子数据划转方式完成证券过户行为

C. 证券交易所上市证券完成自己的清算和交收，再交由证券登记结算公司存档备案

D. 证券登记结算公司可以根据发行人的委托向证券持有人派发证券权益

答案：C

考点：考查证券登记结算公司的职能。证券交易所上市证券的清算和交收由证券登记结算公司集中完成，主要模式为：证券登记结算公司作为中央对手方，与证券公司之间完成证券和资金的净额结算。

269. 我国证券登记结算制度包括（　　）内容。

①证券实名制　②货银对付的交收制度

③分级结算制度和结算参与人制度　④全额结算制度

⑤结算证券和资金的专用性制度

A. ①③④⑤　B. ①②③④

C. ①②③⑤　D. ②③④⑤

答案：C

考点：考查证券登记结算制度。目前我国对证券交易所达成的多数证券交易均采取多边净额结算方式。

270. 下面关于证券登记结算制度表述错误的是（　　）。

A. 投资者可以将本人的证券账户提供给他人使用

B. 只有获得证券登记结算机构结算参与人资格的证券经营机构才能直接进入登记结算系统参与结算业务

C. 目前我国对证券交易所达成的多数证券交易均采取多边净额结算方式

D. 证券登记结算公司按照业务规则收取的各类结算资金和证券，必须存放

于专门的清算账户

答案：A

考点：考查证券登记结算制度。我国采取证券实名制。投资者不得将本人的证券账户提供给他人使用。

271. 我国证券结算制度根据货银对付的原则设计。关于货银对付的交收制度表述不正确的是（　　）。

A. 货银对付是指，当且仅当资金交付时给付证券、证券交付时给付资金

B. 货银交付原则是证券结算的一项基本原则，可以将证券结算中的违约交付风险降低到最低程度

C. 结算参与人必须按照货银对付原则的要求，根据清算结果，向证券登记结算公司交付至少 90% 的应付的证券和资金，并为交易行为提供交收担保

D. 在交收完成之前，任何人不得动用用于交收的证券、资金和担保物

答案：C

考点：考查货银对付的交收制度。结算参与人必须按照货银对付原则的要求，根据清算结果，向证券登记结算公司足额交付其应付的证券和资金，并为交易行为提供交收担保。

272. 我国证券结算采取分级结算制度。关于分级结算制度和结算参与人制度表述错误的是（　　）。

A. 证券交易所是与证券登记结算机构进行证券和资金清算交收的主体，并承担相应的清算交收责任

B. 证券登记结算机构根据清算交收结果为投资者办理过户登记手续

C. 只有获得证券登记结算机构结算参与人资格的证券经营机构才能直接进入登记结算系统参与结算业务

D. 对结算参与人实行准入制度

答案：A

考点：考查证券结算采取分级结算制度和结算参与人制度。按照《证券法》规定，证券公司是与证券登记结算机构进行证券和资金清算交收的主体，并承担相应的清算交收责任。

273. 证券投资者保护基金公司设立的意义有（　　）。

①可以在证券公司出现关闭、破产等重大风险时依据国家政策用于保护投资者权益

②有助于稳定市场，防止证券公司个案风险的传递和扩散

③是对现有的国家行政监管部门、中国证券业协会和证券交易所等行业自律

组织、市场中介机构等组成的全方位、多层次监管体系的一个重要补充

④为我国建立国际成熟市场通行的证券投资者保护机制搭建了平台，为我国资本市场制度建设向国际化靠拢提供了契机

A. ①②③　　B. ①③④

C. ②③④　　D. ①②③④

答案：D

考点：考查证券投资者保护基金公司设立的意义。

274. 按照《证券投资者保护基金管理办法》规定，证券投资者保护基金公司履行以下（　　）职责。

①筹集、管理和运作基金

②监测证券公司风险，参与证券公司风险处置工作

③组织、参与被撤销、关闭或破产证券公司的清算工作

④发现证券公司经营管理中出现可能危及投资者利益和证券市场安全的重大风险时，向中国证监会提出监管、处置建议；对证券公司运营中存在的风险隐患会同有关部门建立纠正机制

A. ①②③　　B. ①③④

C. ②③④　　D. ①②③④

答案：D

考点：考查证券投资者保护基金公司的职责。参看《证券投资者保护基金管理办法》的有关规定。

275. 投资者保护基金公司与中国证监会相互合作，一同加强对中国证券市场的监管，两者的合作包括（　　）。

①投资者保护基金公司发现证券公司经营管理中出现可能危及投资者利益和证券市场安全的重大风险时，向中国证监会提出监管、处置建议

②两者应当建立证券公司信息共享机制，中国证监会定期向保护基金公司通报关于证券公司财务、业务等经营管理信息的统计资料

③证券公司被中国证监会采取行政接管、托管经营等强制性监管措施时，投资者保护基金公司按照国家有关政策规定对债权人予以偿付

④中国证监会认定存在风险隐患的证券公司，应按照规定直接向保护基金公司报送财务、业务等经营管理信息和资料

A. ①②③　　B. ①③④

C. ②③④　　D. ①②③④

答案：D

考点：考查证券投资者保护基金公司的职责。参看《证券投资者保护基金管理办法》的有关规定。

276. 上海、深圳证券交易所在风险基金分别达到规定的上限后，应该将交易经手费的（　　）纳入证券投资者保护基金。

A. 10%　　B. 15%

C. 20%　　D. 25%

答案：C

考点：考查证券投资者保护基金的来源。

277. 证券投资者保护基金的来源有（　　）。

①国内外机构、组织及个人的捐赠

②依法向有关责任方追偿所得和从证券公司破产清算中受偿收入

③上海、深圳证券交易所在风险基金分别达到规定的上限后，交易经手费的20%纳入基金

④发行股票、可转债等证券时，申购冻结资金的利息收入

A. ①②③　　B. ①③④

C. ②③④　　D. ①②③④

答案：D

考点：考查证券投资者保护基金的来源。

278. 所有在中国境内注册的证券公司，应当按其营业收入的（　　）缴纳证券投资者保护基金。

A. 0.1%—1%　　B. 0.1%—5%

C. 0.5%—5%　　D. 1%—5%

答案：C

考点：考查证券投资者保护基金的来源。

279. 下面对于证券公司缴纳的证券投资者保护基金的说法不正确的是（　　）。

A. 按照证券公司佣金收入的一定比例预先提取，并由证券交易所代扣代收

B. 证券公司应在年度审计结束后，根据其审计后的收入和事先核定的比例确定需要缴纳的基金金额，并及时向保护基金公司申报清缴

C. 不从事证券经纪业务的证券公司，应在每季后10个工作日内按该季营业收入和实现核定的比例预缴

D. 每年度审计结束后，确定年度需要缴纳的基金金额并及时向保护基金公司申报清缴

答案：A

考点：考查证券投资者保护基金的来源。证券公司缴纳的证券投资者保护基金，按照证券公司佣金收入的一定比例预先提取，并由中国证券登记结算有限责任公司所代扣代收。

280. 下面关于证券投资者保护基金的使用，表述不正确的是（　　）。

A. 证券公司被撤销、被关闭时，按照国家有关政策规定对债权人予以偿付

B. 证券公司被中国证监会采取行政接管、托管经营等强制性监管措施时，投资者保护基金公司按照国家有关政策规定对债权人予以偿付

C. 为处置证券公司风险需要动用保护基金的，中国证监会根据证券公司的风险情况制订风险处置方案

D. 保护基金公司制订保护基金使用方案，报经中国证监会批准后，由保护基金公司办理发放基金的具体事宜

答案：D

考点：考查证券投资者保护基金的使用。保护基金公司制订保护基金使用方案，报经国务院批准后，由保护基金公司办理发放基金的具体事宜。

281.（　　）负责保护基金公司的业务监管，监督基金的筹集、管理与使用。

A. 财政部　　　　B. 中国证监会

C. 中国人民银行　　　　D. 国务院有关部门

答案：B

考点：考查证券投资者保护基金的监督管理。中国证监会负责保护基金公司的业务监管，监督基金的筹集、管理与使用。财政部负责保护基金公司的国有资产管理和财务监督。中国人民银行负责对保护基金公司向其借用再贷款资金的合规使用情况进行检查监督。

282. 除国务院批准的其他资金运用形式外，证券投资者保护基金的资金还可以用于（　　）。

①银行存款　　　　②购买国债

③中央银行债券　　　　④中央级金融机构发行的金融债券

A. ①②③　　　　B. ①③④

C. ②③④　　　　D. ①②③④

答案：D

考点：考查证券投资者保护基金资金的运用。

283. 下列属于国务院证券监督管理机构职责的是（　　）。

①依法开展投资者教育

②依法对证券违法行为进行查处

③依法监督检查证券发行、上市和交易的信息披露

④进入涉嫌违法行为发生场所调查取证

A. ①②③　　B. ①②④

C. ①③④　　D. ②③④

答案：A

考点：本题考查国务院证券监督管理机构的职责。④属于国务院证券监督管理机构的权限。

284. 证券市场参与者进行发行和交易决策的重要依据是（　　）。

A. 完善的证券市场体系　　B. 证券市场良好的秩序

C. 准确和全面的信息　　D. 证券市场监管机构的合理监管

答案：C

考点：准确和全面的信息是证券市场参与者进行发行和交易决策的重要依据。

285. 一个发达、高效的证券市场必定是一个信息灵敏的市场，它需要具备（　　）。

①与之相适应的、高质量的信息管理人才

②组织严密的科学的信息网络机构

③收集、分析、预测和交换信息的制度与技术

④现代化的信息通信设备系统

A. ①③④　　B. ②③④

C. ①②④　　D. ①②③④

答案：D

考点：一个发达、高效的证券市场必定是一个信息灵敏的市场，它既要有现代化的信息通信设备系统，又必须有组织严密的科学的信息网络机构；既要有收集、分析、预测和交换信息的制度与技术，又要有与之相适应的、高质量的信息管理人才。

286. 证券市场监管的原则包括（　　）。

①监督与自律相结合的原则　　②保护投资者利益原则

③“三公”原则　　④依法监管原则

A. ①②③　　B. ②③④

C. ①②④　　D. ①②③④

答案：D

考点：证券市场监管的原则有依法监管原则、保护投资者利益原则、“三公”原则以及监督与自律相结合的原则。

287.（　　）要求证券市场具有充分的透明度，要求实现市场信息的公开化。

A. 监管透明原则　　B. 公开原则

C. 信息披露原则　　D. 自我管理原则

答案：B

考点：公开原则要求证券市场具有充分的透明度，要求实现市场信息的公开化。

288. 信息披露的主体包括（　　）。

①证券发行人　　②证券监管者

③证券旁观者　　④证券交易者

A. ①②③　　B. ①③④

C. ①②④　　D. ②③④

答案：C

考点：信息披露的主体不仅包括证券发行人、证券交易者，还包括证券监管者。

289.（　　）要求证券市场不存在歧视，参与市场的主体具有完全平等的权利。

A. 公正原则　　B. 公平原则

C. 公开原则　　D. 透明原则

答案：B

考点：公平原则要求证券市场不存在歧视，参与市场的主体具有完全平等的权利。

290.（　　）要求证券监管机构在公开、公平原则的基础上，对一切被监管对象给予公正待遇。

A. 公正原则　　B. 监督与自律相结合原则

C. 保护投资者利益原则　　D. 依法监管原则

答案：A

考点：公正原则要求证券监管机构在公开、公平原则的基础上，对一切被监管对象给予公正待遇。

291. 以下不符合公正原则要求的是（　　）。

A. 证券立法机构应当制定体现公平精神的法律、法规和政策

B. 对证券违法行为的处罚及对证券纠纷事件和争议的处理，都应当公平进行

C. 市场参与者在进入与退出市场、投资机会、享受服务、获取信息等方面都享有完全平等的权利

D. 证券监督机构应当根据法律授予的权限履行监管职责，以法律为依据，对一切证券市场参与者给予公正的待遇

答案：C

考点：根据公正原则，证券立法机构应当制定体现公平精神的法律、法规和政策；证券监督机构应当根据法律授予的权限履行监管职责，以法律为依据，对一切证券市场参与者给予公正的待遇；对证券违法行为的处罚及对证券纠纷事件和争议的处理，都应当公平进行。

292. 证券监管机构的首要任务和宗旨是（　　）。

A. 维护证券市场良好秩序

B. 保护投资者利益

C. 保护证券市场的正当交易

D. 满足证券发行人筹集资金的需求

答案：B

考点：从资本市场的发展历程来看，保护投资者利益，让投资者树立信心，是培育和发展市场的重要环节，是证券监管机构的首要任务和宗旨。

293. 各国证券监管的首要任务是（　　）。

A. 保证证券市场的公平、效率和透明

B. 防止人为操纵、欺诈等不法行为，维持证券市场的正常秩序

C. 调控证券市场与证券交易规模，引导投资方向，使之与经济发展相适应

D. 严厉打击损害中小投资者利益的行为，全力维护市场的“三公”

答案：D

考点：投资者保护是全球证券市场的一个共性问题。因此，严厉打击损害中小投资者利益的行为，全力维护市场的“三公”原则，是各国证券监管的首要任务。

294. 证券市场正常运行的基础是（　　）。

A. 证券从业者的自我管理　　B. 国家对证券市场的监管

C. 稳定的市场价格　　D. 完善的市场监管体系

答案：A

考点：国家对证券市场的监管是证券市场健康发展的保证，而证券从业者的

自我管理是证券市场正常运行的基础。

295. 国际证监会组织公布的证券监管的三个目标是（　　）。

①保护投资者利益　　②保证证券市场的公平、效率和透明

③防止市场操作行为　　④降低系统性风险

A. ①②③　　B. ①②④

C. ①③④　　D. ②③④

答案：B

考点：国际证监会组织于1998年制定的《证券监管目标和原则》中公布了证券监管的三个目标：一是保护投资者利益；二是保证证券市场的公平、效率和透明；三是降低系统性风险。

296. 下列不是国际证监会组织证券监管目标的是（　　）。

A. 防止人为操作、欺诈等不法行为

B. 保护投资者利益

C. 保证证券市场的公平、效率和透明

D. 降低系统性风险

答案：A

考点：国际证监会组织于1998年制定的《证券监管目标和原则》中公布了证券监管的三个目标：一是保护投资者利益；二是保证证券市场的公平、效率和透明；三是降低系统性风险。

297. 我国证券市场的监管目标是（　　）。

①保护投资者利益，保障合法的证券交易活动，监督证券中介机构

②根据国家宏观经济管理的需要，运用灵活多样的方式，调控证券市场与证券交易规模，引导投资方向，使之与经济发展相适应

③防止人为操纵、欺诈等不法行为，维持证券市场的正常秩序

④运用和发挥证券市场机制的积极作用，限制其消极作用

A. ①②③　　B. ①②③④

C. ①②④　　D. ②③④

答案：B

考点：我国证券市场的监管目标是：（1）运用和发挥证券市场机制的积极作用，限制其消极作用。（2）保护投资者利益，保障合法的证券交易活动，监督证券中介机构依法经营。（3）防止人为操纵、欺诈等不法行为，维持证券市场的正常秩序。（4）根据国家宏观经济管理的需要，运用灵活多样的方式，调控证券市场与证券交易规模，引导投资方向，使之与经济发展相适应。

298. 证券市场监管手段包括（　　）。

①经济手段　②市场手段

③行政手段　④法律手段

A. ①②③　B. ①②④

C. ②③④　D. ①③④

答案：D

考点：考查证券市场三种监管手段，即法律手段、经济手段和行政手段。

299.（　　）是证券市场监管部门的主要手段，具有较强的威慑力和约束力。

A. 行政手段　B. 政府手段

C. 经济手段　D. 法律手段

答案：D

考点：法律手段是证券市场监管部门的主要手段，具有较强的威慑力和约束力。

300. 证券市场监管的经济手段，是指通过（　　）等经济手段，对证券市场进行干预。

①利率政策　②信贷政策

③罚款　④公开市场业务

A. ①②③　B. ①②④

C. ②③④　D. ①③④

答案：B

考点：经济手段是通过运用利率政策、公开市场业务、信贷政策、税收政策等，对证券市场进行干预。这种手段相对比较灵活，但调节过程可能较慢，存在时滞。

301.（　　）一般多在证券市场发展初期，法制尚不健全、市场机制尚未理顺或与突发性事件时使用。

A. 行政手段　B. 经济手段

C. 市场手段　D. 法律手段

答案：A

考点：行政手段是通过制定计划、政策等对证券市场进行行政性的干预。这种手段比较直接，但运用不当可能违背市场规律，无法发挥作用甚至遭到惩罚。一般多在证券市场发展初期，法制尚不健全、市场机制尚未理顺或遇突发性事件时使用。

302. 我国证券市场监管体系包括（　　）。

①国务院证券监督管理机构　　②证券投资者保护基金

③证券登记结算公司　　④行业协会

A. ①②③　　B. ①②④

C. ①③④　　D. ②③④

答案：B

考点：考查我国证券市场的监管体系。我国证券市场经过 20 多年的发展，逐步形成了以国务院证券监督管理机构、国务院证券监督管理机构的派出机构、证券交易所、国务院批准的其他全国性证券交易所、行业协会和证券投资者保护基金为一体的监管体系和自律监管体系。

303. 国务院证券监督管理机构由（　　）组成。

①中国证券监督管理委员会

②中国证券监督管理委员会的派出机构

③证券交易所

④行业协会

A. ①②　　B. ①③

C. ①④　　D. ③④

答案：A

考点：国务院证券监督管理机构依法对证券市场实行监督管理，维护证券市场秩序，保障其合法运行。国务院证券监督管理机构由中国证券监督管理委员会及其派出机构组成。

304. 中国证券监督管理委员会是全国（　　）的主管部门。

①证券市场　　②货币市场

③信托市场　　④期货市场

A. ①②　　B. ①③

C. ①④　　D. ③④

答案：C

考点：中国证券监督管理委员会（简称"中国证监会"）是国务院直属机构，是全国证券、期货市场的主管部门。

305. 下列不属于中国证监会核心职责的是（　　）。

A. 维护投资者特别是中小投资者合法权益

B. 维护市场公开、公平、公正

C. 稳定市场价格

D. 促进资本市场健康发展

答案：C

考点：中国证监会的核心职责为“两维护、一促进”，即维护市场公开、公平、公正，维护投资者特别是中小投资者合法权益，促进资本市场健康发展。

第四章　股　　票

1. 按照《公司法》的要求，股票应当载明下列（　　）事项。

①公司名称

②股票种类、票面金额及代表的股份数

③公司地址

④股票的编号

⑤公司成立日期

A. ①②③④⑤　　B. ①②③④

C. ①②③⑤　　D. ①②④⑤

答案：D

考点：考查股票应当载明的主要事项：公司名称；公司成立日期；股票种类、票面金额及代表的股份数；股票的编号。

2. 股票属于以下（　　）类型的证券。

A. 物权证券　　B. 债权证券

C. 证权证券　　D. 权证证券

答案：C

考点：区分证权证券和权证证券的概念，证权证券是指证券是权利的一种物化的外在形式，是权利的载体，权利是已经存在的，股票是以股份存在为条件的，是证权证券。

3. 下列关于股票的说法正确的是（　　）。

A. 股票是设权证券

B. 股票代表了股东对股份公司总资产的所有权

C. 股票是一种有价证券，其本身没有价值

D. 股票属于物权证券

答案：C

考点：考查股票定义及性质。股票是一种有价证券，其本身没有价值。股票实质上代表股东对股份公司净资产的所有权。股票是证权证券，不是设权证券。股票是综合权利证券，不属于物权证券。

4. 下列关于股票的说法错误的是（　　）。

A. 股票属于资本证券，但又不是一种现实的资本

B. 股票代表了股东对股份公司净资产的所有权

C. 股票是一种有价证券，其本身没有价值

D. 股东权利的转让在股票占有的转移之后进行

答案：D

考点：考查股票定义及性质。股票是一种有价证券，其本身没有价值。股票实质上代表股东对股份公司净资产的所有权。股东权利的转让应与股票占有的转移同时进行。

5. 下列属于股票性质的有（　　）。

①有价证券　②物权证券

③设权证券　④资本证券

⑤非要式证券

A. ①④　B. ②③

C. ①③⑤　D. ②④⑤

答案：A

考点：考查股票的性质：有价证券，要式证券，证权证券，资本证券，综合权利证券。

6. 下列关于股票的特征说法正确的是（　　）。

A. 股票具有收益性，其收益来源包括股份公司和股票流通

B. 股票具有风险性，体现在股票在市场的可转让性

C. 股票具有流动性，所有股票都具有相同的流动性

D. 股票持有人有权参与公司的经营权和决策权

答案：A

考点：考查股票特征。股票具有收益性，其收益来源包括股份公司和股票流通。股票具有风险性，体现在股票投资收益的不确定性。股票具有流动性，但并非所有股票都具有相同的流动性。股票持有人有权参与公司的经营决策。

7. 张某购入 A 公司 32% 的股份，他具有的权利包括（　　）。

①获得资产收益　②对财产直接支配

③公司破产优先清偿　④选择公司管理者

⑤对公司重大事项进行决策

A. ①④⑤　B. ①②④

C. ①③④　D. ③④⑤

答案：A

考点：考查股东权利，主要包括资产收益、重大决策、选择管理者等权利，对财产直接支配是物权证券的特征，要求公司破产优先清偿是债权人的权利。

8. 经济学中有“不要把鸡蛋放在一个篮子里”的说法，李某对自己的收入进行理财，购入了国债、基金、保险和证券，并将一部分资金存入银行，李某上述行为体现的是股票的（　　）特征。

A. 流动性　　B. 参与性

C. 风险性　　D. 永久性

答案：C

考点：股票风险性的理解。

9. 股票具有以下（　　）特征。

①流动性　　②风险性

③增值性　　④永久性

⑤参与性

A. ①②③④⑤　　B. ①②③④

C. ①②③⑤　　D. ①②④⑤

答案：D

考点：考查股票的特征：收益性、风险性、流动性、永久性、参与性。

10. 王某购买了 A 公司股票，由于做生意急需资金，王某将股票出售而非要求退股，不能要求退股体现了股票的（　　）特性。

A. 参与性　　B. 风险性

C. 永久性　　D. 流动性

答案：C

考点：考查股票永久性的理解，股票是一种无期限的法律凭证，是在公司续存期间的自有资本，只能转让而不能要求退股。

11. 下列关于股票的流动性说法正确的是（　　）。

①通常情况下，大盘股的流动性强于小盘股

②通常情况下，小盘股的流动性强于大盘股

③通常情况下，非上市公司股票的流动性强于上市公司股票

④通常情况下，上市公司股票的流动性强于非上市公司股票

A. ①③　　B. ①④

C. ②④　　D. ②③

答案：B

考点：考查对股票流动性的理解：通常情况下，大盘股的流动性强于小盘股，上市公司股票的流动性强于非上市公司股票。

12. 下列（　　）股票的持有人能够优先于普通股股东分配公司利润和剩余财产。

A. 有限制股票　　B. 金股

C. 优先股　　D. 超级表决权股票

答案：C

考点：优先股特点，优先股的持有人能够优先于普通股股东分配公司利润和剩余财产。

13. 记名股票相较于无记名股票的特点不包括（　　）。

A. 可以一次或分次缴纳出资　　B. 相对安全

C. 股东权利归属于股票的持有人　　D. 转让相对复杂

答案：C

考点：记名股票和无记名股票的特点。股东权利归属于股票的持有人是无记名股票的特点，记名股票中，股东权利属于记名股东。

14. 某公司拟上市发行股票，已知股票每股面额为 1 元，按照我国《公司法》要求，该公司的股票发行价格可以是（　　）元。

①20　　②0.5

③1　　④5.4

A. ①④　　B. ①③④

C. ①②④　　D. ②③

答案：B

考点：我国《公司法》规定，股票发行价格可以按票面金额，也可以超过票面金额，但不得低于票面金额。

15. 根据股东享有权利的不同，股票可分为（　　）。

A. 记名股票和无记名股票　　B. 优先股和普通股

C. 无表决权股和表决权股　　D. 普通股和特别股

答案：D

考点：考查股票的分类依据。根据股东享有权利的不同，股票分为普通股和特别股。

16. 张某是 S 公司的财务总监，代理 S 公司购买记名股票，在被购买股票公司的股东名册上应记载的姓名或名称为（　　）。

A. S 公司的财务总监张某　　B. S 公司的法定代表人王某

C. S 公司　　D. S 公司的总经理李某

答案：C

考点：考查记名股票的记名规定。一般来说，如果股票是归某人单独所有，则应记载持有人姓名，归国家授权的投资机构或者法人所有则应记载国家授权的投资人或者法人的名称。题目中的股票归法人 S 公司持有。

17. 相较于无面额股票，以下属于有面额股票所具有的特点是（　　）。

A. 无法明确表示每一股所代表的股权比例

B. 便于股票分割

C. 发行价格灵活

D. 有发行价格的最低界限

答案：D

考点：考查有面额股票和无面额股票的特点。有面额股票的票面金额就是股票发行价格的最低界限，便于股票分割和发行或转让价格灵活是无面额股票的特点。

18. 通常将那些经营业绩较好，具有稳定且较高的现金股利支付的公司股票称为（　　）。

A. 蓝筹股　　B. 红筹股

C. 绩优股　　D. 金牛股

答案：A

考点：蓝筹股的概念。

19. 刘某是S公司的股东，所持有的股票的账面价值为200万元，2018年12月31日，S公司对每10股送2股的形式发放股票股利，送股后，刘某所持股票的账面价值为（　　）万元。

A. 220　　B. 240

C. 200　　D. 180

答案：C

考点：发放股票股利不影响股东在公司中占有的权益比例和股票的账面价值。

20. 赵某持有S公司1万股股票。2018年3月5日，S公司宣布每股发放现金股利0.5元，3月6日，钱某将赵某所持的S公司股票尽数买入，5月8日，钱某将该股票卖给孙某，孙某在5月10日又将股票转让给李某。已知5月10日为S公司除息除权日，那么最终能获得股息的人是（　　）。

A. 赵某　　B. 钱某

C. 孙某　　D. 李某

答案：C

考点：辨析股利发放的4个日期，特别是除息除权日的定义，除息除权日通常为股权登记日之后的1个工作日，本日（含本日）买入的股票不再享有本期股利。

21. 下列股份变动中，一般情况下，有可能导致股价下降的是（　　）。

①增发和定向增发 ②配股

③可转换债券转换为股票 ④股份回购

A. ②③④ B. ①②③

C. ①③④ D. ①②④

答案：B

考点：股份回购减少供给增加需求，向市场传达积极信息，通常会导致股价上涨；可转换债券由于具有稀释效应，有可能导致股价下跌；配股和增发根据增发价格、公司运营情况等因素的情况，既可能导致股票下降，又可能导致股票上涨。

22. 甲公司资本公积转增资本，下列情况正确的是（　　）。

A. 甲公司权益总量增加

B. 甲公司股东占公司的股份比例提高

C. 甲公司权益总量不变

D. 甲公司发行在外的股份总额不变

答案：C

考点：资本公积属于股东权益收入，转增资本属于权益内部的调动，不影响权益总额。

23. 下列（　　）股份变动不会影响每位股东所持股东权益占公司全部股东权益的比重。

①股份回购 ②增发股票

③资本公积转增股本 ④股份分割与合并

A. ①②③ B. ②③④

C. ①③④ D. ①②④

答案：C

考点：股份回购是公司利用自有资金购买，不影响公司内部股东份额占比；增发股票在通常情况下，由于可能有除原股东之外的其他人购入股票，或原股东并不按原持有份额比例购入相应比例的股票，极可能导致该比重的变化；资本公积、股票的分割与合并不影响每位股东占公司股份比例。

24. 按照我国《公司法》和相关法律及公司章程规定，普通股股东享有以下（　　）权利。

①公司重大决策参与权 ②公司资产收益权

③剩余财产分配权 ④处置权

⑤优先认购权

A. ①②③④⑤　　B. ①②④⑤

C. ①②③⑤　　D. ①③④⑤

答案：A

考点：普通股股东权利所包含的内容。包括重大决策参与权、资产收益权和剩余资产分配权、知情权、处置权与优先认股权。

25. 下列（　　）属于我国《公司法》规定的普通股股东所享有的基本权利。

①公司重大决策参与权　　②公司资产收益权和剩余资产分配权

③知情权　　④处置权

⑤优先认购权

A. ①②③④⑤　　B. ①②④⑤

C. ①②③⑤　　D. ①③④⑤

答案：A

考点：普通股股东权利所包含的内容。包括重大决策参与权、资产收益权和剩余资产分配权、知情权、处置权与优先认股权。

26. 我国公司获得利润的分配顺序为（　　）。

①提取法定盈余公积　　②提取任意盈余公积

③缴纳企业所得税　　④弥补亏损

⑤分配现金股利

A. ①②③④⑤　　B. ③④①②⑤

C. ④①②③⑤　　D. ③①②⑤④

答案：B

考点：企业利润应当先缴纳所得税，再进行分配，分配顺序为：弥补亏损、提取法定盈余公积、提取任意盈余公积、分配股利。

27. 下列（　　）财产可以作为股东出资的资产。

①人民币　　②美元

③土地使用权　　④暂未能合理估价的古董字画

⑤一栋商用大楼

A. ①③④⑤　　B. ①②④⑤

C. ①②③⑤　　D. ①②③④

答案：C

考点：股东可以用货币出资，也可以用货币估价并可以依法转让的非货币资产作价出资。

28. 优先股的“优先”体现在（　　）。

A. 企业破产时对剩余资产的要求优先于所有人

B. 比相同份额普通股附加有更多的决策权

C. 股息优先于普通股股息派发

D. 优先提名和任命公司高级管理人员

答案：C

考点：优先股参与公司决策管理权利受限，对公司剩余财产权利优先于普通股，在债权人之后。

29. 下列不属于优先股特点的是（　　）。

A. 对公司剩余财产权利优先于普通股，次于债权人

B. 不享有公司表决权

C. 股息相对固定

D. 股息优先于普通股股息派发

答案：B

考点：优先股股东享有表决权，只是表决权受限。

30. 甲公司由于经营不善，连年亏损，已连续3年未能按约分配股息，则持有优先股的股东当年所持每一股优先股的表决权相当于（　　）股的普通股的表决权。

A. 1/2　　　　B. 0

C. 2/3　　　　D. 1

答案：D

考点：公司长期未按约定分配股息，优先股股东恢复到与普通股股东相同的表决权。

31. 相对于普通股，优先股具有下列（　　）特点。

①决策管理权受限　　②买卖利差大

③利润和剩余财产分配有优先权　　④绝对不可退股

⑤收益相对固定

A. ①②③④⑤　　B. ①③④⑤

C. ①②③⑤　　D. ①③⑤

答案：D

考点：相对于普通股，优先股二级市场股价波动较小，利差也较小；如有约定，优先股股东可如约将股票回售给公司。

32. 相较于优先股，债券不具有以下（　　）特点。

A. 到期还本付息　　B. 剩余财产优先权

C. 税后利润优先支付利息　　D. 更容易判断本质

答案：C

考点：债券的利息来源于税前。

33. 相较于优先股，可转换债券不具有下列（　　）特点。

A. 可赎回期限固定　　B. 可转换为普通股股票

C. 收益相对固定　　D. 转股后收益税后分配

答案：C

考点：收益相对固定是优先股的特点。

34. 相对于优先股，永续债独有的特点不包括（　　）。

A. 清偿顺序优先　　B. 利息税前扣除

C. 无管理决策权　　D. 无固定赎回期限

答案：D

考点：无固定赎回期限为优先股的特点。

35. 优先股对发行人的意义包括（　　）。

A. 享受利息税前抵扣　　B. 享有较为固定的收益

C. 避免决策权分散　　D. 为公司筹集短期资金

答案：C

考点：优先股对发行人的意义：可以筹集长期稳定的公司股本，股息固定，减轻利润分配负担，优先股股东的管理决策权一般受限，可以避免决策权分散和改变。

36. 关于优先股，下列说法正确的是（　　）。

A. 优先股二级市场价格波动大，适合投机交易

B. 优先股股息可税前扣除，减轻企业税负

C. 优先股股东享有与普通股股东相同的决策权力

D. 优先股股息收益并不总是高于普通股

答案：D

考点：考查发行和购买优先股的意义。优先股收入较稳定适合中长线投资；优先股股息不可税前扣除；优先股股东的经营决策受限；当公司盈利丰厚的情况下，优先股的股息可能会大大低于普通股。

37. 根据不同的附加条件，优先股可以分为（　　）。

①固定股息优先股和浮动股息优先股

②可累积优先股和非累积优先股

③有限制优先股和无限制优先股

④强制分红优先股和非强制分红优先股

⑤可回购优先股和不可回购优先股

A. ①②③④　　B. ①②④⑤

C. ②③④⑤　　D. ①②③⑤

答案：B

考点：优先股的不同分类。

38. 李某持有乙公司5 000股优先股，因公司2017年盈利不佳，本应发放的优先股股息暂未发放，2018年年末，公司将当年股息连同2017年股息一同发放给李某，这说明李某持有的是（　　）。

A. 强制分红优先股　　D. 固定股息优先股国家

C. 可累积优先股　　D. 参与优先股

答案：C

考点：可累积优先股定义。

39. 关于国家股，下列说法错误的是（　　）。

A. 国家股不能转让

B. 是国有股权的组成部分

C. 国有股股利收入纳入国有资产经营预算

D. 国有资产折价入股需按规定进行评估确认

答案：A

考点：国家股可以转让，但是需要按照国家的有关规定。

40. 国家股从资金来源上主要有（　　）。

①财政部门的预算拨款补助

②现有国企改组股份公司时所拥有的净资产

③代表国家投资的政府部门进行的投资

④代表国家投资的投资公司进行的投资

A. ①②③　　B. ①③④

C. ②③④　　D. ①②④

答案：C

考点：国家股的资金来源。

41. 丙公司是一家大型国有石油公司，2018年3月，该公司投资1亿元入股甲公司，甲公司为国家扶持的专项高科技公司，成长迅速，则该丙公司的股份为（　　）。

A. 内资股　　　　　　　　　　　B. 国家股

C. 法人股　　　　　　　　　　　D. 政策股

答案：C

考点：国家股定义：有权代表国家投资的部门或机构以国有资产向公司投资形成的股份，与国有法人股投资主体不同，具有法人资格的国有企业使用法人资产向独立于自己的股份公司出资属于“国有法人股”，是“法人股”的一种。

42. 按照我国《证券法》规定，公司申请股票上市的条件之一是（　　）。

A. 公司股本超过人民币 4 亿元的，向社会公开发行的股份比例为 10% 以上

B. 公司股本超过人民币 4 亿元的，向社会公开发行的股份比例为 20% 以上

C. 公司股本不超过人民币 4 亿元的，向社会公开发行的股份比例为 30% 以上

D. 公司股本不超过人民币 4 亿元的，向社会公开发行的股份比例为 10% 以上

答案：A

考点：股票申请上市条件。

43. 境内上市外资股又被称为（　　）。

A. B 股　　　　　　　　　　　B. A 股

C. H 股　　　　　　　　　　　D. S 股

答案：A

考点：境内上市外资股又被称为“B 股”。

44. 下列不属于境内上市外资股的特点的是（　　）。

A. 记名股票

B. 人民币认购、买卖

C. 人民币标明股票面值

D. 投资者包括外国自然人、法人和其他组织

答案：B

考点：境内上市外资股以外币认购买卖。

45. 关于“B 股”，下列说法正确的是（　　）。

A. “B 股”允许外币现钞买卖

B. 公司向境内上市外资股股东支付股利，可以以外币支付

C. 境内居民个人购买的“B 股”可以向境外转托管

D. 境内居民与非居民之间可以进行“B 股”转让协议

答案：B

考点：境内上市外资股相关知识点："B 股"不允许外币现钞买卖；公司向境内上市外资股股东支付股利，以人民币计价和宣布，以外币支付；境内居民个人购买的"B 股"不可以向境外转托管；境内居民与非居民之间不得进行"B 股"转让。

46. 下列不属于境外上市外资股的特点的是（　　）。

A. 记名股票　　B. 外币认购买卖

C. 人民币标明股票面值　　D. 公司支付股利时以外币计价

答案：D

考点：境外上市外资股，公司向境外上市外资股股东支付股利及其他款项，以人民币计价和宣布，以外币支付。

47. 境外上市外资股包括（　　）。

①C 股　　②N 股

③H 股　　④S 股

⑤B 股　　⑥L 股

A. ②③④⑥　　B. ①②③⑥

C. ②④⑤⑥　　D. ②③⑤⑥

答案：A

考点：境外上市外资股主要由 H 股、N 股、L 股、S 股等构成。

48. 以下（　　）股票是指，在中国境外注册、在中国香港上市，但主要业务在中国内地或者大部分股东权益来自内地公司的股票。

A. 外资股　　B. 红筹股

C. H 股　　D. B 股

答案：B

考点：红筹股定义。

49. 无限售条件股份包括（　　）。

①国家持股　　②外资持股

③人民币普通股　　④境外上市外资股

A. ①②　　B. ③④

C. ①③　　D. ②④

答案：B

考点：无限售条件股份具体包括的内容。

50. 有限售条件股份包括（　　）。

①国家持股　　②外资持股

③国有法人持股　　④其他内资持股

A. ②④　　B. ①③④

C. ①②③　　D. ①②③④

答案：D

考点：有限售条件股份具体包括的内容。

51. 在我国，按照投资主体的不同，可以把股票划分为（　　）。

①国家股　　②公司股

③法人股　　④外资股

⑤有限售条件股份

A. ①②③④⑤　　B. ①②③④

C. ①③④⑤　　D. ①③④

答案：D

考点：按照投资主体的不同，可以把股票划分为国家股、法人股、社会公众股、外资股等不同类型。

52. 股票发行制度不包括（　　）。

A. 发行主体　　B. 发行监管制度

B. 发行方式　　C. 发行定价

答案：A

考点：股票发行制度不包括发行主体。

53. 下列（　　）股票发行制度直接影响有关参与各方的利益分配。

A. 发行主体　　B. 发行监管制度

C. 发行方式　　D. 发行定价

答案：C

考点：股票的发行方式直接影响参与各方的利益分配。

54. 沪深证券交易所成立后，新股发行经历的演变过程是（　　）。

A. 议价→定价→竞价　　B. 定价→议价→定价

C. 竞价→议价→定价　　D. 定价→竞价→定价

答案：D

考点：新股发行历程。

55. 股票发行监管制度包括（　　）。

①审批制　　②审定制

③核准制　　④注册制

A. ①②④　　B. ①③④

C. ②③④　　　　D. ①②③

答案：B

考点：股票发行监管制度的分类。

56.（　　）是证券监管机构对申报文件的真实性、准确性、完整性和及时性作合规性的形式审查，而将发行人的质量留给证券交易所和证券中介机构来判断和决定的股票发行监管制度。

A. 审批制　　　　B. 核准制

C. 注册制　　　　D. 审定制

答案：C

考点：区别三种股票发行监管制度的异同。注册制的特点是证券监管机构对申报文件的真实性、准确性、完整性和及时性作合规性的形式审查，而将发行人的质量留给证券交易所和证券中介机构来判断和决定。

57. 以下（　　）股票发行监管制度中有发行上市标准的要求。

①审批制　　　　②审定制

③核准制　　　　④注册制

A. ①②③④　　　　B. ③④

C. ①③④　　　　D. ④

答案：C

考点：审批制、核准制、注册制这三种股票发行监管制度均有发行上市的要求。

58. 以下（　　）股票发行监管制度中，中国证监会是唯一对股票发行做实质性判断的主体（　　）。

①审批制　　　　②核准制

③注册制

A. ①②③　　　　B. ①③

C. ③　　　　D. ①

答案：D

考点：三种股票发行监管制度的异同点。

59.（　　）制度是指有资格的证券公司推荐符合条件的公司公开发行股票和上市，并对所有推荐的发行人的申请文件和信息披露资料进行审慎核查、督导发行人规范运作的制度。

A. 保荐制度　　　　B. 发审委制度

C. 保代制度　　　　D. 推荐制度

答案：A

考点：保荐制度，指有资格的保荐人推荐符合条件的公司公开发行股票和上市，并对所推荐的发行人的申请文件和信息披露资料进行审慎核查、督导发行人规范运作的制度。

60. 按投资主体的不同性质，股票可以分为（　　）。

①国家股　　②法人股

③社会公众股　　④外资股

A. ①②③　　B. ②③④

C. ①③④　　D. ①②③④

答案：D

考点：按投资主体的不同性质，股票可以分为国家股、法人股、社会公众股和外资股。

61. 保荐人的保荐责任期包括（　　）。

①发行上市全过程　　②对发行的股票承担终身责任

③发行上市后一段时间

A. ①②③　　B. ①

C. ①③　　D. ②

答案：C

考点：保荐人的保荐责任期包括发行上市全过程和发行上市后一段时间。

62. 在（　　）制度下，发审委需要对发行申请人进行实质审查，既行使行政权力，又要作出商业判断。

A. 保荐制度　　B. 审批制度

C. 推荐制度　　D. 发审委制度

答案：D

考点：发审委制度的内容。

63. 以下（　　）方式是指承销商代发行人发售股票，在承销期结束时，将未售出的股票全部退还给发行人的承销方式。

A. 自销　　B. 全额包销

C. 余额包销　　D. 代销

答案：D

考点：代销的定义，指承销商代发行人发售股票，在承销期结束时，将未出售的股票全部退还给发行人的承销方式。

64. 以下（　　）方式是指由承销商按照协议到销售截止日将未售出的剩余

股票全部自行购入的承销方式。

A. 自销　　B. 全额包销

C. 余额包销　　D. 代销

答案：C

考点：余额包销的定义，指由承销商按照协议到销售截止日将未出售的剩余股票全部自行购入的承销方式。

65. 发行人销售证券的方法有（　　）。

①自销　　②包销

③承销　　④代销

⑤出销

A. ①②③④⑤　　B. ①②③④

C. ①③④　　D. ①②④

答案：B

考点：发行人销售证券有自销和承销，承销包括包销和代销。

66. 保荐制度主要内容包括（　　）。

①建立保荐机构资格核准　　②保荐代表人的登记管理制度

③保荐人全权负责　　④明确保荐期限

A. ①②　　B. ①②③

C. ②③④　　D. ①②③④

答案：A

考点：保荐制度主要内容包括建立保荐机构资格核准和保荐代表人的登记管理制度。

67. 公开发行股票的优点有（　　）。

①募集资金潜力大　　②集中股权办大事

③提高企业商誉　　④发行费用较高

⑤增强股票流动性

A. ①②③④⑤　　B. ①②③⑤

C. ①②⑤　　D. ①③⑤

答案：D

考点：公开发行股票的优缺点，公开发行股票有利于股票过于集中和被少数人操控，发行费用高是其缺点。

68. 首次公开发行股票的简称为（　　）。

A. PPP　　B. OTP

C. IPO　　　　D. CIO

答案：C

考点：首次公开发行简称的写法。

69. 首次公开发行股票并在主板（中小企业板）上市所需满足的条件不包括（　　）。

A. 发行人依法设立且持续经营时间在3年以上的股份有限公司，但经国务院批准的除外。

B. 最近1期末无形资产（扣除土地使用权、水面养殖权和采矿权等后）占净资产的比例不得高于20%

C. 最近3个会计年度净利润均为正数，且现金流量累计超过人民币3 000万元

D. 最近3个会计年度经营活动产生的现金流量累计超过人民币5 000万元或最近3个会计年度营业收入累计超过人民币3亿元。

答案：C

考点：首次公开发行股票并在主板（中小企业板）上市所需满足的条件；最近3个会计年度净利润均为正数且累计超过人民币3 000万元，最近3个会计年度经营活动产生的现金流量累计超过人民币5 000万元，或者最近3个会计年度营业收入累计超过人民币3亿元。

70. 2018年12月31日，W公司拟冲击IPO，于中小企业板上市，该公司的下列（　　）情况会导致其无法成功上市。

①W公司股本为4 000万元人民币

②W公司于2016年1月设立

③W公司与Z公司产生了严重的版权纠纷诉讼，W公司的主要收入大多源于该版权

④W公司的财务总监与其销售主管为夫妻关系

⑤W公司最近三个会计年度净利润累计为3 200万元

A. ①②③④　　　　B. ②③④⑤

C. ②③④　　　　D. ②③

答案：D

考点：首次公开发行股票并在主板（中小企业板）上市所需满足的条件：发行人依法设立且持续经营时间在3年以上，发行人不存在影响持续经营的担保、诉讼以及仲裁等重大或有事项。

71. 发审委是股票发行制度的重要组成部分，其职权行使与股票发行核准制

密切相关。在核准制下，发审委需要对发行申请人进行实质审查，既行使行政权力又要作出（　　）。

A. 商业判断　　B. 经营判断

C. 风险判断　　D. 收益判断

答案：A

考点：本题考查发审委制度的内容。

72. 按照中国证监会发布的《上市公司证券发行管理办法》（2020 年修订），主板（中小企业板）上市公司公开发行股票需满足的条件不包括（　　）。

A. 最近 12 个月内不存在违规对外提供担保的行为

B. 最近 3 个会计年度连续盈利

C. 最近 3 年以现金方式累计分配的利润不少于最近 3 年实现的年均可分配利润的 20%

D. 上市公司最近 3 年及 1 期财务报表未被注册会计师出具保留意见、否定意见或无法表示意见的审计报告

答案：C

考点：最近 3 年以现金方式累计分配的利润不少于最近 3 年实现的年均可分配利润的 30%。

73. 按照中国证监会发布的《上市公司证券发行管理办法》，要求主板（中小企业板）上市的上市公司组织机构健全、运行良好，符合下列规定的是（　　）。

①公司内部控制制度健全

②现任董事、监事和高级管理人员具备任职资格

③最近 12 个月内未受到中国证监会的行政处罚

④最近 12 个月内未受到证券交易所的公开谴责

⑤最近 12 个月内不存在违规对外提供担保的行为

A. ①②　　B. ①②③④

C. ①②③⑤　　D. ①②④⑤

答案：D

考点：上市公司公开发行股票，最近 36 个月内未受到中国证监会的行政处罚。

74. 按照中国证监会发布的《上市公司证券发行管理办法》，要求主板（中小企业板）上市的上市公司的盈利能力具有可持续性，下列说法错误的是（　　）。

A. 最近 3 个会计年度连续盈利

B. 业务和盈利来源相对稳定，不存在严重依赖控股股东和实际控制人的情形

C. 最近 24 个月内曾公开发行证券的，不存在发行当年营业利润比上年下降 60% 以上的情形

D. 不存在可能严重影响公司持续经营的担保。诉讼、仲裁或者其他重大事项

答案：C

考点：上市公司公开发行股票，最近 24 个月内曾公开发行证券的，不存在发行当年营业利润比上年下降 50% 以上的情形。

75. 按照中国证监会发布的《上市公司证券发行管理办法》，要求主板（中小企业板）上市的上市公司财务状况良好，下列哪项说法是正确的（　　）。

A. 最近两年的资产减值准备计提合理

B. 最近 3 年以现金方式累计分配的利润不少于最近 3 年实现的年均可分配利润的 20%

C. 最近 3 年不得被注册会计师出具带强调事项段的无保留意见的审计报告

D. 不良资产不足以对公司财务造成重大不利影响

答案：D

考点：要求上市公司财务状况良好，被注册会计师出具带强调事项段的无保留意见的审计报告的，所涉及的事项对发行人无重大不利影响或者在发行前重大不利影响已消除。

76. 公司有下列（　　）情形之一的，不得公开发行证券。

①上市公司最近 36 个月内受到证券交易所的公开谴责

②擅自改变前次公开发行证券募集资金的用途而未作纠正

③上市公司及控股股东或实际控制人最近 12 个月内存在未履行向投资者作出的公开承诺的行为

④严重损害投资者合法权益

⑤上市公司的普通职员因涉嫌犯罪被司法机关立案侦查

A. ①②③④⑤　　B. ①②③④

C. ①②④　　D. ②③④

答案：D

考点：不得公开发行证券的情形：上市公司最近 12 个月内受到证券交易所的公开谴责；上市公司或现任董事、高级管理人员因涉嫌犯罪被司法机关立案侦

查或涉嫌违法违规被中国证监会立案调查。

77. 按照中国证监会发布的《创业板上市公司证券发行管理暂行办法》，下列创业板上市公司发行股票需满足的条件中，错误的是（　　）。

A. 发行后股本总额不少于 3 000 万元

B. 最近两年按照上市公司章程的规定实施现金分红

C. 最近两年及一期财务报表未被注册会计师出具否定意见或者无法表示意见的审计报告

D. 上市公司最近 12 个月内不存在违规对外提供担保

答案：C

考点：创业板上市公司发行股票需满足最近 3 年及 1 期财务报表未被注册会计师出具否定意见或者无法表示意见的审计报告。

78. （　　），是指发行人向不特定对象发行股票或向特定对象发行股票累计超过（　　）人，但依法实施员工持股计划的员工人数不计算在内或法律、行政法规规定的其他发行行为。

①公开发行股票　　②非公开发行股票

③200 人　　④100 人

A. ①③　　B. ①④

C. ②③　　D. ②④

答案：A

考点：本题考查公开发行股票的基本条件。

79. 上市公司募集资金使用中不符合规定的是（　　）。

A. 前次募集资金使用情况需要进行披露

B. 金融类企业可以用募集的资金购买可供出售金融资产

C. 互联网企业可以将募集的资金借给供应商

D. 募集的资金用途应当符合国家产业政策的规定

答案：C

考点：除金融类企业外，本次募集资金使用不得为持有交易性金融资产和可供出售金融资产借予他人、委托理财等财务性投资，不得直接或间接投资于以买卖有价证券为主要业务的公司。

80. 按照《上市公司证券发行管理办法》主板（中小板）上市公司的配股应当满足的条件包括（　　）。

①控股股东应当在股东大会召开前公开承诺认配股份的数量

②最近 3 年及 1 期财务报表未被注册会计师出具保留意见、否定意见或者无

法表示意见的审计报告

③采用证券法规定的包销方式发行

④拟配售股份数量不超过本次配售股份前股本总额的30%

A. ①②③　　B. ②③④

C. ①③④　　D. ①②④

答案：D

考点：主板（中小板）上市公司的配股应当满足的条件；采用证券法规定的代销方式发行。

81. 按照《创业板上市公司证券发行注册管理办法（试行）》，创业板上市公司的配股应当满足的条件包括（　　）。

①控股股东应当在股东大会召开时公开承诺认配股份的数量

②最近3年财务会计报告被出具无保留意见审计报告

③采用证券法规定的代销方式发行

④拟配售股份数量不超过本次配售股份前股本总额的20%

A. ①③　　B. ②③

C. ①③④　　D. ①②④

答案：B

考点：创业板上市公司的配股应当满足的条件；控股股东应当在股东大会召开前公开承诺认配股份的数量，拟配售股份数量不超过本次配售股份前股本总额的30%。

82. 代销期满，原股东认购股票的数量未达到拟配售数量的比例为（　　）时，发行人应当按照发行价加算银行同期利息返还给已经认购的股东。

A. 60%　　B. 65%

C. 70%　　D. 75%

答案：C

考点：代销期满，原股东认购股票的数量未达到拟配售数量的比例70%的，发行人应当按照发行价加算银行同期利息返还给已经认购的股东。

83. 增发是指（　　）。

A. 上市公司向原股东配售股票的行为

B. 上市公司向特定对象募集资金的行为

C. 上市公司向不特定对象公开募集股份的行为

D. 上市公司向特定对象非公开募集股份的行为

答案：C

考点：增发的定义。

84. 下列（　　）主板上市公司一定无法实现股票增发。

A. 甲公司36个月内受到证券交易所的公开谴责

B. 乙公司最近3个会计年度加权平均净资产收益率平均为6%

C. 丙公司为生产制造型企业，持有一笔占公司总资产51%的可供出售金融资产

D. 丁公司公告招股意向书前20个交易日股票均价为25元/股，其增发股票的发行价格为26元/股

答案：C

考点：主板上市公司增股所需满足的条件。除金额类企业外，最近一期末不存在持有金额较大的交易性金融资产和可供出售金融资产、借予他人款项、委托理财等财务投资的情形。

85. 我国《证券法》规定，公司首次公开发行新股，应当具备（　　）。

①健全且运行良好的组织机构

②具有持续经营能力

③最近3年财务会计报表被出具无保留意见审计报告

④发行人及其控股股东、实际控制人最近3年不存在贪污、贿赂、侵占财产、挪用财产或者破坏社会主义市场经济秩序的刑事犯罪

A. ①②　　B. ①②③

C. ②③④　　D. ①②③④

答案：D

考点：我国《证券法》规定，公司首次公开发行新股，应当具备健全且运行良好的组织机构，具有持续经营能力，最近3年财务会计报表被出具无保留意见审计报告，发行人及其控股股东、实际控制人最近3年不存在贪污、贿赂、侵占财产、挪用财产或者破坏社会主义市场经济秩序的刑事犯罪，以及经国务院批准的国务院证券监督管理机构规定的其他条件。

86. 主板（中小企业板）非公开发行股票的条件正确的是（　　）。

A. 发行对象人数大于10人

B. 发行价格不低于定价基准日前20个交易日公司股票均价的80%

C. 本次发行的股份自发行结束之日起，24个月内不得转让

D. 控股股东、实际控制人及其控制的企业认购的股份，24个月内不得转让

答案：B

考点：主板（中小企业板）非公开发行股票的条件。

87. 主板（中小企业板）上市公司存在下列（　　）情形时，不得非公开发行股票。

①现任董事、高级管理人员最近 36 个月内受到过中国证监会的行政处罚，或者最近 12 个月内受到过证券交易所公开谴责

②上市公司或其现任董事、高级管理人员因涉嫌犯罪正被司法机关立案侦查或涉嫌违法违规正被中国证监会立案调查

③上市公司的权益被控股股东或实际控制人严重损害，但已经消除

④最近 1 年及 1 期财务报表被注册会计师出具保留意见、否定意见或无法表示意见的审计报告

⑤本次发行申请文件有虚假记载、误导性陈述或重大遗漏

A. ①②③④⑤　　B. ①②③④

C. ①②④⑤　　D. ①④⑤

答案：C

考点：主板（中小企业板）上市公司存在的不得非公开发行股票的情形。

88. 根据《科创板上市公司证券发行注册管理办法（试行）》，科创板上市公司的配股除了要满足发行股票的一般规定外，还应当符合（　　）。

①拟配售股份数量不超过本次配售前股本总额的 50%

②拟配售股份数量不超过本次配售前股本总额的 40%

③控股股东应当在股东大会召开前公开承诺认配股份的数量

④采用《证券法》规定的代销方式发行

A. ①③　　B. ②③

C. ①③④　　D. ②③④

答案：C

考点：根据《科创板上市公司证券发行注册管理办法（试行）》，科创板上市公司的配股除了要满足发行股票的一般规定外，还应当符合下列规定：①拟配售股份数量不超过本次配售前股本总额的 50%；②控股股东应当在股东大会召开前公开承诺认配股份的数量；③采用《证券法》规定的代销方式发行。

89. 创业板上市公司非公开发行股票发行价格不低于定价基准日前 20 个交易日公司股票均价的（　　）。

A. 70%　　B. 75%

C. 80%　　D. 90%

答案：C

考点：创业板上市公司非公开发行股票发行价格不低于定价基准日前 20 个

交易日公司股票均价的 80%。

90. 首次公开发行股票的方式包括（　　）。

①网下发行　　②网上发行

③向战略投资者配售　　④向个人投资者配售

A. ①③④　　B. ①②④

C. ②③④　　D. ①②③

答案：D

考点：考查首次公开发行股票的方式：网下发行、网上发行及向战略投资者配售等方式。

91. 公开发行股票数量在 2 000 万股（含）以下且无老股转让计划的，应当通过下列（　　）方式确定发行价格。

A. 网下投资者询价　　B. 向目标投资者询价

C. 向战略投资者询价　　D. 直接定价

答案：D

考点：公开发行股票数量在 2 000 万股（含）以下且无老股转让计划的，应当通过直接定价的方式确定发行价格。

92. 关于下列首次公开发行股票的行为中，正确的情形是（　　）。

A. 网上发行应当早于网下发行

B. 网上投资者在申购时需缴付申购资金

C. 网下投资者在申购时需缴付申购资金

D. 投资者不得同时参与网上或者网下发行

答案：D

考点：首次公开发行股票的网上发行应当和网下发行同时进行，网上和网下投资者在申购时无须缴付申购资金，投资者不得同时参与网上或者网下发行。

93. 首次公开发行股票，关于网下投资者说法正确的是（　　）。

A. 网下投资者参与报价时，不需要持有任何股份

B. 发行人不得设置网下投资者的具体条件

C. 主承销商有权对网下投资者的条件进行核查

D. 主承销商无权拒绝网下投资者的报价

答案：C

考点：首次公开发行股票，网下投资者所需满足的条件。

94. 首次公开发行股票采用询价方式定价的说法中，错误的是（　　）。

A. 网下投资者的报价应当包含每股价格和该价格对应的拟申购股数

B. 网下投资者应当给出三个不同报价供主承销商参考

C. 网下机构和个人投资者可以自主决定是否报价

D. 网下投资者不得协商报价

答案：B

考点：网下投资者只能有一个报价。

95. 甲公司公开发行股票 5 亿股，有效报价投资者的数量最少为（ ）家。

A. 5
B. 10
C. 20
D. 30

答案：C

考点：公开发行股票数量在 4 亿股以上的，有效报价投资者的数量不少于 20。

96. 首次公开发行股票采用询价方式的，网下投资者报价后，发行人和主承销商应当剔除拟申购总量中报价最高的部分，剔除部分不得（ ）。

A. 低于所有网下投资者拟申购总量的 5%

B. 高于所有网下投资者拟申购总量的 5%

C. 低于所有网下投资者拟申购总量的 10%

D. 高于所有网下投资者拟申购总量的 10%

答案：C

考点：首次公开发行股票采用询价方式的，网下投资者报价后，发行人和主承销商应当剔除拟申购总量中报价最高的部分，剔除部分不得低于所有网下投资者拟申购总量的 10%。

97. 首次公开发行股票时，发行人和主承销商可以自主协商确定（ ）。

①网下询价投资者的条件
②有效报价条件
③最低报价金额
④配售方式和配售原则

A. ①②③
B. ②③④
C. ①③④
D. ①②④

答案：D

考点：首次公开发行股票时，发行人和主承销商可以自主协商确定网下询价投资者的条件、有效报价条件、配售方式和配售原则。

98. 首次公开发行股票采用询价方式的，公开发行股票后总股本超过 4 亿股的，网下初始发行比例不低于本次公开发行股票数量的（ ）。

A. 50%
B. 60%

C. 70%　　D. 80%

答案：C

考点：首次公开发行股票采用询价方式的，公开发行股票后总股本超过4亿股的，网下初始发行比例不低于本次公开发行股票数量的70%。

99. 首次公开发行股票采用询价方式的，公开发行股票后总股本在4亿股（含）以下的，网下初始发行比例不低于本次公开发行股票数量的（　　）。

A. 50%　　B. 60%

C. 70%　　D. 80%

答案：B

考点：首次公开发行股票采用询价方式的，公开发行股票后总股本在4亿股（含）以下的，网下初始发行比例不低于本次公开发行股票数量的60%。

100. 首次发行采用询价方式的，应当安排不低于本次公开发行股票数量的40%优先向通过公开募集方式设立的（　　）基金配售。

①证券投资基金　　②商业财产保险基金

③全国社会保障基金　　④基本养老保险基金

A. ①②③④　　B. ①②④

C. ②③④　　D. ①③④

答案：D

考点：首次发行采用询价方式的，应当安排不低于本次公开发行股票数量的40%优先向通过公开募集方式设立的证券投资基金、全国社会保障基金、基本养老保险基金配售。

101. 首次公开发行股票过程中，以下（　　）情形发行人和主承销商不得将网下发行部分向网上回拨。

A. 首次公开发行股票网下投资者申购数量低于网下初始发行量

B. 首次公开发行股票网下投资者申购数量高于网下初始发行量

C. 网上投资者有效申购倍数超过50倍、低于100倍

D. 网上投资者有效申购倍数超过100倍

答案：A

考点：首次公开发行股票网下投资者申购数量低于网下初始发行量的，发行人和主承销商不得将网下发行部分向网上回拨，应当中止发行。网上投资者有效申购倍数超过50倍、低于100倍的，回拨比例为本次公开发行股票数量的20%，网上投资者有效申购倍数超过100倍的，回拨比例为本次公开发行股票数量的40%。

102. 首次公开发行股票，网上投资者有效申购倍数超过150倍的，回拨后无锁定网下发行比例不超过本次公开发行股票数量的（ ）。

A. 10%
B. 20%
C. 30%
D. 40%

答案：A

考点：网上资者有效申购倍数超过150倍的，回拨后无锁定网下发行比例不超过本次公开发行股票数量的10%。

103. 首次公开发行股票采用直接定价方式的（ ）。

A. 全部向网下投资者发行

B. 全部向网上投资者发行

C. 按发行人和主承销商确定的比例向网上或网下投资者发行

D. 需进行网下询价

答案：B

考点：首次公开发行股票采用直接定价方式的，全部向网上投资者发行。

104. 发行人和主承销商应当在发行公告中披露（ ）。

①战略投资者的选择标准
②持有期限
③向战略投资者配售的股票金额
④向战略投资者配售的股票总量

A. ①②③
B. ①②④
C. ②③④
D. ①③④

答案：B

考点：发行人和主承销商应当在发行公告中披露的内容。

105. 股票退市制度存在的意义包括（ ）。

①引导理性投资
②保护投资者权益
③巩固上市公司地位
④降低市场经营成本

A. ①②③
B. ①②④
C. ②③④
D. ①③④

答案：B

考点：股票退市制度的意义。

106. 上市公司出现（ ）情形可以向证券交易所申请退市。

①上市股东大会决议主动撤回其股票在证券交易所的交易，并决定不再在该交易所交易

②上市公司被其他公司实施控股合并

③上市公司股东大会决议公司解散

④其他收购人向所有股东发出收购或收购全部或者部分股份要约，导致公司股本总额、股权分布等发生变化，不再具备上市条件

A. ①③④　　B. ②③④

C. ①②③　　D. ①②④

答案：A

考点：上市公司可以向证券交易所申请退市的情形。

107. 上市公司发生下列（　　）情形，应当被强制退市。

① 公司股本总额超过 4 亿元，上市公司社会公众持股比例不足公司股份总数的 10%，且在证券交易所规定的期限内仍不能达到上市条件。

②上市公司连续 10 个交易日（不含停牌交易日）每日股票收盘价均低于股票面值

③上市公司在证券交易所规定期限内，未改正财务会计报告中的重大错报或者虚假记载

④法定期限届满后，上市公司在证券交易所规定的期限内未能披露年度报告或者半年度报告

A. ①②③　　B. ①②④

C. ②③④　　D. ①③④

答案：D

考点：上市公司发生被强制退市的情形。上市公司连续 20 个交易日（不含停牌交易日）每日股票收盘价均低于股票面值，会被强制退市。

108. 下列（　　）公司可能会被强制退市。

①S 公司的年报有误导性信息，受到中国证监会处罚，被认定为违法而暂停上市，在中国证监会作出处罚决定之日的一年内，被证券交易所根据规则作出终止其上市交易的决定

②M 公司股本为 5 亿元，但社会公众持股比例仅为 20%

③N 公司因审计意见类型被暂停上市后，该公司的年度财务报告被注册会计师出具无法表示意见

④T 公司被法院宣告破产

⑤P 公司被暂停上市后，在规定期限内没有提出恢复上市申请或不符合恢复上市条件

A. ①③④⑤　　B. ①②④⑤

C. ①②③④⑤　　D. ②③④

答案：A

考点：上市公司发生被强制退市的情形。

109. 科创板上市公司可能强制退市的情形主要包括（　　）。

①重大违法强制退市　②交易类强制退市

③财务类强制退市　④规范类强制退市

A. ①③　B. ①②④

C. ②③④　D. ①②③④

答案：D

考点：科创板上市公司可能退市情形。

110. 按照我国《证券法》规定，证券交易必须实行的原则是（　　）。

①公正　②平等

③公开　④公平

A. ①②③　B. ①②④

C. ②③④　D. ①③④

答案：D

考点：按照我国《证券法》规定，证券交易必须实行的公开、公平、公正的原则。

111. 上市公司的财务报表必须依法及时向社会公开，这体现了证券交易的（　　）原则。

A. 透明　B. 及时

C. 公开　D. 公平

答案：C

考点：证券交易原则的理解运用。

112. 做市商收取买卖证券差价的证券交易机制是（　　）。

A. 定期交易　B. 连续交易

C. 指令驱动　D. 报价驱动

答案：D

考点：报价驱动被称为做市商市场，证券交易的买价与卖价都由做市商给出，其收入来源是买卖证券的差价。

113. 以下（　　）交易机制的特点为：投资者买卖证券的对手是其他投资者。

A. 定期交易　B. 连续交易

C. 指令驱动　D. 报价驱动

答案：C

考点：指令驱动的特点：证券交易价格由买方和卖方的力量直接决定；投资者买卖证券的对手是其他投资者。

114. 以下（　　）交易机制的特点是能够在交易过程中反映更多的市场价格信息。

A. 定期交易　　B. 连续交易

C. 指令驱动　　D. 报价驱动

答案：B

考点：连续交易的特点：市场为投资者提供了交易的即时性；交易过程中可以反映更多的市场价格信息。

115. 以下（　　）交易机制中，证券交易价格是由市场上买方和卖方订单共同驱动的。

A. 定期交易　　B. 连续交易

C. 指令驱动　　D. 报价驱动

答案：C

考点：指令驱动又称订单驱动市场，证券交易价格由买方订单和卖方的订单共同驱动。

116. 以下（　　）交易机制的特点是证券成交价格的形成由做市商决定。

A. 定期交易　　B. 连续交易

C. 指令驱动　　D. 报价驱动

答案：D

考点：报价驱动的特点：证券成交的价格由做市商决定；投资者买卖证券都以做市商为对手，与其他投资者不发生任何关系。

117. 证券交易机制的主要目标包括（　　）。

①流动性　　②稳定性

③有效性　　④效益性

A. ①②③　　B. ①②④

C. ②③④　　D. ①③④

答案：A

考点：证券交易机制的主要目标。

118. 如果投资者能以合理的价格快速成交，说明了证券交易机制的（　　）目标得到了实现。

A. 流动性　　B. 稳定性

C. 有效性　　D. 效益性

答案：A

考点：对证券交易机制目标内涵的理解。

119. 根据证券价格对信息的反映程度，可以将证券市场分为（ ）。

①强式有效市场 ②中式有效市场

③半强式有效市场 ④弱式有效市场

A. ①②③ B. ①②④

C. ②③④ D. ①③④

答案：D

考点：证券市场根据证券价格对信息反应程度的划分，可分为强式有效市场、半强式有效市场、弱式有效市场。

120. 在融资融券交易中，投资者向证券公司提交的保证金可以是（ ）。

①现金 ②证券

③商业汇票

A. ①②③ B. ①②

C. ②③ D. ①③

答案：B

考点：融资融券交易中，保证金可以是现金或者是可充抵保证金的证券。

121. 王某进行融资交易，买入100手甲公司股票，后甲公司股票涨势良好，王某以较高的价格卖出了所持的甲公司股票，顺利归还了欠款并大赚了一笔，这体现了融资交易的（ ）性质。

A. 收益性 B. 扩大性

C. 杠杆性 D. 特殊性

答案：C

考点：融资交易也能放大盈亏，具有杠杆性。

122. 投资者向证券公司交纳一定的保证金，融入一定数量的证券并卖出的交易行为指的是（ ）。

A. 融资交易 B. 借贷交易

C. 融券交易 D. 证券交易

答案：C

考点：融券交易的概念。

123. 融券交易也是一种（ ）。

A. 卖空交易 B. 买入交易

C. 置换交易 D. 融资交易

答案：A

考点：融券交易是一种卖空交易。

124. 下列自然人和法人中，有（　　）可以在转融通交易中借入证券。

A. 资深股民王某　　B. 国有石油企业甲公司

C. 证券金融公司财务总监张某　　D. 小型证券公司丙公司

答案：D

考点：转融通交易是指证券金融公司将自有或者依法筹集的资金和证券出借给证券公司。

125. 证券账户的子账户包括（　　）。

①人民币普通股票账户　　②人民币特种股票账户

③全国中小企业股份转让系统账户　　④封闭式基金账户

⑤开放式基金账户

A. ①②③④⑤　　B. ①②③④

C. ①②③⑤　　D. ①②④⑤

答案：A

考点：证券账户的子账户所包含的内容。

126. 证券账户不能用于记载（　　）。

A. 投资者所持证券的种类　　B. 投资者所持证券的数量

C. 投资者所持证券的变动情况　　D. 投资者用于买卖证券的货币金额

答案：D

考点：资金账户用来记载和反映投资者买卖证券的货币收付和结存数额。

127. 开设证券账户应当遵循的原则包括（　　）。

①公正性　　②合法性

③有效性　　④真实性

A. ①②　　B. ②④

C. ②③　　D. ③④

答案：B

考点：开设证券账户应当遵循合法性和真实性的原则。

128. 可以申请设立证券账户的有（　　）。

①自然人　　②法人

③合伙企业　　④个体工商户

A. ①②③④　　B. ①②③

C. ②③　　D. ①②

答案：A

考点：符合法律、行政法规、国务院证券监督管理机构及中国证券登记结算有限责任公司有关规定的自然人、法人、合伙企业和其他投资者，可以申请开立证券账户。

129. 目前，投资者在我国证券市场上进行证券交易时采用（　　）。

A. 实名制　　B. 匿名制

C. 代号制　　D. 代码制

答案：A

考点：目前，投资者在我国证券市场上进行证券交易时采用实名制。

130. 下列做法中，不符合相关规定的是（　　）。

A. 赵某是政府部门工作人员，申请开设了个人证券账户

B. 张某在开设证券账户时，采用的是其身份证上的姓名

C. 王某使用其妻子的名义开设了证券账户

D. 中国证券登记结算有限责任公司为李某开立一码通账户和相应子账户

答案：C

考点：投资者应当以本人的名义开设证券账户，不得冒用他人名义。

131. 证券账户信息中的关键信息包括（　　）。

①投资者姓名或名称　　②投资者地址

③投资者有效身份证明文件及号码　　④投资者电话

A. ①②③④　　B. ①②③

C. ①③④　　D. ①③

答案：D

考点：证券账户信息中的关键信息包括投资者姓名或名称和投资者有效身份证明文件及号码，其他信息为非关键信息。

132. 投资者证券账户信息包括（　　）。

①投资者姓名或名称　　②投资者有效身份证明文件及号码

③出生日期　　④机构类别

⑤联系电话

A. ①②③④⑤　　B. ①②

C. ①②⑤　　D. ①②③⑤

答案：A

考点：投资者证券账户信息包括的内容。

133. 投资者将持有的证券委托给证券公司保管，并由证券公司代为处理有

关证券权益事物指的是（　　）。

A. 证券托管　　B. 证券委托

C. 证券存管　　D. 证券托存

答案：A

考点：证券托管的概念。

134. 下列自然人和法人中，（　　）可以将证券交给登记结算机构保管。

①资深股民王某　　②深圳证券交易所

③互联网金融企业甲公司　　④证券公司乙公司

A. ①②③④　　B. ①②④

C. ②④　　D. ④

答案；D

考点：证券存管的定义；证券存管是指证券公司将投资者交给其保管的证券以及自身持有的证券统一交给证券登记结算机构保管，并由后者代为处理有关证券权益事物的行为。

135. 下列证券交易所中，能将其托管制度概括为“自动托管、随买随卖、哪买哪卖、转托不限”的是（　　）。

A. 上海证券交易所　　B. 深圳证券交易所

C. 纽约证券交易所　　D. 香港证券交易所

答案：B

考点：考查对深交所托管制度的了解。

136. 参与上海证券交易所证券买卖的投资者必须事先指定一家会员作为其买卖证券的受托人，通过该会员参与本所市场证券的买卖，这种制度被称为（　　）。

A. 会员制　　B. 托管制

C. 全面指定交易制　　D. 存管制

答案：C

考点：全面指定交易是指参与上海证券交易所证券买卖的投资者必须实现指定一家会员作为其买卖证券的受托人，通过该会员参与本所市场证券的买卖。

137. 证券委托可分为（　　）。

①柜台委托　　②非柜台委托

③线上委托　　④线下委托

A. ①②　　B. ①③

C. ③④　　D. ①②③④

答案：A

考点：证券委托可以分为柜台委托和非柜台委托两大类。

138. 非柜台委托有以下（　　）形式。

①人工电话委托　　②网上委托

③自助和电话自动委托　　④传真委托

A. ①②③④　　B. ②④

C. ④　　D. ③

答案：A

考点：上述皆为非柜台委托的形式。

139. 委托人亲自或由代理人到证券营业部交易柜台，根据委托程序和必需的证件采用书面方式表达委托意向，由本人填写委托单并签章，这种委托方式指的是（　　）。

A. 授权委托　　B. 书面委托

C. 柜台委托　　D. 指令委托

答案：C

考点：柜台委托的概念

140. 委托指令可以根据不同的依据，划分为（　　）。

①整数委托和零数委托　　②买进委托和卖出委托

③市价委托和限价委托　　④定时委托和不定时委托

A. ①②③　　B. ①②④

C. ②③④　　D. ①③④

答案：A

考点：委托指令的基本类别。

141. 委托受理的手续和过程包括（　　）。

①委托承接　　②委托受理

③委托执行　　④委托撤销

A. ①②③　　B. ①②④

C. ②③④　　D. ①③④

答案：C

考点：委托受理的手续和过程包括委托受理、委托执行和委托撤销。

142. 证券经纪商在收到客户委托后，应当对下列（　　）内容进行审查。

①委托人身份　　②委托内容

③委托卖出的实际证券数量　　④委托买入的实际证券数量

A. ①②③ B. ①②④

C. ②③④ D. ①③④

答案：A

考点：证券经纪商在收到客户委托后，应当对委托人身份、委托内容、委托卖出的实际证券数量和委托买入的实际资金余额进行审查。

143. 证券经纪商接受客户委托进行申报竞价的原则是（　　）。

A. 时间优先，价格优先 B. 时间优先，客户优先

C. 时间优先，机构优先 D. 价格优先，客户优先

答案：B

考点：证券经纪商接受客户委托进行申报竞价的原则是“时间优先，客户优先”。

144. 下列关于申报方式的说法中，错误的是（　　）。

A. 由客户本人在规定时间内网上委托申报

B. 由证券经纪商的交易员进行审报

C. 由证券经纪商营业部业务员直接申报

D. 由客户直接申报

答案：A

考点：申报方式的内容。

145. 下列说法中，正确的是（　　）。

A. 证券交易所在任何情况下都不能调整交易时间

B. 交易时间内因故停市，交易时间需要顺延

C. 国家法定节假日证券交易所无须休市

D. 上海证券交易所规定交易日为每周一至周五

答案：D

考点：经中国证监会批准，证券交易所可以调整交易时间；交易时间内因故停市，交易时间不作顺延；国家法定节假日和证券交易所公告的休市日，证券交易所市场休市。

146. 下列（　　）时间点，上海证券交易所不会接受会员竞价交易申报。

A. 13:20 B. 11:30

C. 9:10 D. 14:05

答案：C

考点：上海证券交易所接受会员竞价交易申报时间段为：9:15—9:25、9:30—11:30、13:00—15:00。

147. （　　）时间段为上海证券交易所开盘竞价阶段。

A. 9:15—9:20　　B. 9:15—9:25

C. 9:20—9:30　　D. 9:15—9:30

答案：B

考点：每个交易日9:15—9:25是上海证券交易所开盘竞价阶段。

148. 下列说法中正确的是（　　）。

A. 客户一旦下达委托就不得撤销

B. 证券营业部申报竞价成交后也可以全部撤销

C. 客户变更委托，操作员操作后无须告知客户执行结果

D. 在一些情况下客户可以直接将撤单信息通过电脑终端输入证券交易所交易系统办理撤单

答案：D

考点：在委托未成交之前，客户可以变更和撤销委托；证券营业部申报竞价成交后，成交部分不得撤销；客户变更或撤销委托，场内交易员操作确认后，需立即告知客户执行结果；在采用客户或者证券经纪商营业部业务员直接申报情况下，客户或证券经纪商营业部业务员可以直接将撤单信息通过电脑终端输入证券交易所交易系统办理撤单。

149. 目前我国证券交易所采用的竞价方式是（　　）。

A. 定时竞价和集合竞价　　B. 分散竞价和连续竞价

C. 集合竞价和连续竞价　　D. 定时竞价和连续竞价

答案：C

考点：目前我国证券交易所采用的竞价方式是集合竞价和连续竞价。

150. 在规定的一段时间内接受的买卖申报一次性集中撮合的竞价方式即为（　　）。

A. 连续竞价　　B. 集中竞价

C. 规定竞价　　D. 一次性竞价

答案：B

考点：集中竞价的概念。

151. 集合竞价确定成交价的原则有（　　）。

①可实现最大成交量的价格

②高于该价格的买入申报与低于该价格的卖出申报全部成交的价格

③与该价格相同的买方或卖方至少有一方全部成交的价格

④可实现成交价格的最低价格

A. ①②③　　B. ①②④

C. ②③④　　D. ①③④

答案：A

考点：集合竞价确定成交价的原则的内容。

152. 如果有两个以上申报价格符合集合竞价确定成交价的原则，上海交易所规定的成交价格为（　　）。

A. 可实现成交价格的最低价格　　B. 使未成交量最小的申报价格

C. 各个价格的平均价格　　D. 行情显示的前收盘价格

答案：B

考点：集合竞价时，如果有两个以上申报价格符合集合竞价确定成交价的原则，上海证券交易所规定的成交价格为使未成交量最小的申报价格。

153. 集合竞价下的交易应当按（　　）顺序依次成交。

①价格优先　　②同等价格下、时间优先

③客户优先　　④机构优先

A. ①②　　B. ①②③④

C. ①②③　　D. ①②④

答案：A

考点：集合竞价下的交易应当遵循价格优先，同等价格，时间优先的顺序。

154. 下列说法中正确的是（　　）。

A. 集合竞价中可能存在不同的成交价

B. 连续竞价中未能成交的委托自动进入开盘集合竞价

C. 集合竞价是指在规定的一段时间内接受的买卖申报一次性集中撮合的竞价方式

D. 可实现最大成交量的价格为连续竞价确定成交价的原则之一

答案：C

考点：集合竞价的所有交易以同一价格成交；连续竞价中未能成交的买卖申报，自动进入收盘集合竞价；集合竞价是指在规定的一段时间内接受的买卖申报一次性集中撮合的竞价方式；可实现最大成交量的价格为集合竞价确定成交价的原则之一。

155. 连续竞价时，确认成交价格的原则不包括（　　）。

A. 买入申报价格高于即时揭示的最低卖出申报价格时，以即时揭示的最高买入申报价格为成交价

B. 买入申报价格高于即时揭示的最低卖出申报价格时，以即时揭示的最低

卖出申报价格为成交价

C. 最高买入申报与最低卖出申报价位相同，以该价格为成交价

D. 卖出申报价格低于即时揭示的最高买入申报价时，以即时揭示的最高买入申报价格为成交价

答案：A

考点：连续竞价的成交价格确认原则。

156. 证券交易所可根据需要对每日股价涨跌幅予以适当的限制，（ ）委托是无效的。

①高于涨幅限制价格 ②高于跌幅限制价格

③低于涨幅限制价格 ④低于跌幅限制价格

A. ①② B. ①④

C. ③④ D. ②③

答案：B

考点：高于涨幅限制价格和低于跌幅限制价格的委托无效。

157. 沪、深证券交易所对股票交易实行价格涨跌幅限制，涨跌幅比例为（ ）。

A. 5% B. 8%

C. 10% D. 15%

答案：C

考点：沪、深证券交易所对股票交易实行价格涨跌幅限制，涨跌幅比例为10%。

158. 沪、深证券交易所对股票交易实行价格涨跌幅限制，ST股票和*ST股票价格涨跌幅比例为（ ）。

A. 3% B. 5%

C. 8% D. 10%

答案：B

考点：ST股票和*ST股票价格涨跌幅比例为5%。

159. 按照上海证券交易所的规定，属于下列（ ）情形的，首个交易日无价格涨跌幅限制。

①首次公开发行上市股票 ②增发上市的股票

③暂停上市后恢复上市的股票 ④退市后重新上市的股票

A. ①②③ B. ①②③④

C. ①②④ D. ①③④

答案：B

考点：首次公开发行上市股票、增发上市的股票、暂停上市后恢复上市的股票和退市后重新上市的股票，首个交易日不实行价格涨跌幅限制。

160. 竞价的结果不包括（　　）。

A. 全部成交　　B. 继续成交

C. 部分成交　　D. 不成交

答案：B

考点：竞价结果有三种可能：全部成交、部分成交、不成交。

161. 王某委托买卖证券，则他需要支付的是（　　）。

①佣金　　②个人所得税

③过户费　　④印花税

A. ①②③　　B. ①②④

C. ②③④　　D. ①③④

答案：D

考点：客户委托买卖证券，需缴纳的费用及税金包括佣金、过户费、印花税，无须缴纳个人所得税。

162. 按照国家税法规定，在A股和B股成交后对买卖双方客户都需征收的税种为（　　）。

A. 增值税　　B. 流转税

C. 印花税　　D. 契税

答案：C

考点：股票交易时，需对买卖双方征收印花税。增值税是流转税的一种，单方征收；契税与股票交易无关。

163. 下列说法中正确的是（　　）。

A. 目前我国证券市场采用的结算模式是机构结算模式

B. 证券公司在证券登记结算机构只需开立证券交收账户

C. 证券公司与其客户之间的资金清算交收可以由证券公司自行负责完成

D. 证券公司与客户之间的证券清算交收，应当由证券公司全权办理

答案：C

考点：目前我国证券市场采用的结算模式是法人结算模式；证券公司在证券登记结算机构需开立证券交收账户和资金交收账户；证券公司与其客户之间的资金清算交收由证券公司自行负责完成；证券公司与客户之间的证券清算交收，是委托中国结算公司根据成交记录按照业务规则代为办理。

164. 在客户交易结算资金第三方存管模式下，对于证券公司与客户之间的资金存取、清算与交收过程说法错误的是（ ）。

A. 客户从其银行结算账户向资金账户存入交易结算资金，可以通过指定商业银行提供的电话银行、柜面服务等方式发出指令，也可以通过证券公司提供的电话委托、自助委托的方式发出转账指令

B. 客户证券交易应当由商业银行和证券公司双方同时发起

C. 中国结算公司应当根据交易所当日成交数据生成清算交收文件

D. 证券公司应当根据清算结果制作资金划付指令发送给指定商业银行

答案：B

考点：客户证券交易应当由证券公司单方发起。

165. 发生下列（ ）情形可以申请非交易过户。

①继承 ②捐赠

③转让 ④法人资格丧失

A. ①②③ B. ①②④

C. ②③④ D. ①③④

答案：B

考点：转让应当通过交易过户。

166. 股价指数的主要功能包括（ ）。

①综合反映一定时期内某一证券市场上股票价格的变动方向和变动程度

②为投资者和分析家研究、判断股市动态提供信息，便于对股票市场大势走向做出分析

③作为指数衍生产品和其他金融创新的基础

④作为投资者业绩评价的标尺，提供一个股市投资的基准回报

A. ①②③④ B. ①②④

C. ①②③ D. ①③④

答案：A

考点：股价指数的主要功能。

167. 关于股票价格指数编制说法正确的是（ ）。

A. 选择样本股时，只能选择具有代表性的这部分股票

B. 股票价格指数的基期就是计算平均股价的当日

C. 计算计算期平均股价或市值应当作出必要的修正

D. 指数化时应当将基期平均股价或市值定为100%

答案：C

考点：样本股可以是全部上市股票，也可以是其中有代表性的一部分；股票价格指数的基期是所选取的某一有代表性或者股价相对稳定的日期；计算计算期平均股价或市值应当作出必要的修正；指数化时，基期平均股价或市值定为某一常数（通常为100、1000或者10）。

168. 股票价格指数的编制方法主要包括（　　）。

①算数平均法　　②几何平均法

③加权平均法

A. ①②③　　B. ①②

C. ②③　　D. ①③

答案：A

考点：编制股票价格指数的方法。

169. 选定有代表性的样本股票，确定基期指数，然后计算某一日样本股票的价格平均数，将该平均数与基期对应的平均数相比，最后乘以基期指数得出该日股票价格平均指数，这种编制方法是（　　）。

A. 算数平均法　　B. 一次性平均法

C. 加权平均法　　D. 几何平均法

答案：A

考点：算数平均法的内涵。

170. 采用几何平均法编制股票价格指数的有（　　）。

①伦敦金融时报指数　　②沪深300指数

③美国价值线指数　　④道琼斯指数

A. ①②③　　B. ①②

C. ②③　　D. ①③

答案：D

考点：编制股票价格指数的方法。沪深300指数采用派许加权法，道琼斯指数采用算术平均法。

171. 中证指数有限公司是由（　　）的。

A. 上海证券交易所出资成立

B. 深圳证券交易所出资成立

C. 上海证券交易所和深圳证券交易所共同出资成立

D. 上海证券交易所、深圳证券交易所和香港证券交易所共同出资成立

答案：C

考点：中证指数有限公司是由上海证券交易所和深圳证券交易所共同出资成

立的。

172. 下列股票能被选入沪深 300 指数的有（　　）。

A. 甲股票是创业板股票，虽总市值不高，但是是涨势良好

B. 乙股票为主板上市股票，由于年度报告未及时披露等问题，被暂停上市

C. 丙股票为主板上市的蓝筹股，但是由于政策影响，近期涨势低迷

D. 丁股票为主板上市股票，由于连年亏损被认定为 ST 股票，但从近期季度财务报告来看，本年有望扭亏为盈

答案：C

考点：沪深 300 指数是由沪深 A 股中规模大、流动性好、最具代表性的 300 只股票组成，不能是创业板股票，除非该股票上市以来日均 A 股总市值在全部沪深 A 股（非创业板股票）中排在前 30 位；也不能是 ST、*ST 股票和暂停上市股票。

173. 沪深 300 指数所选择的公司一般满足下列（　　）条件。

①经营状况良好　②股票价格无明显波动

③财务报告无重大问题　④无明显市场操纵

A. ①②③④　B. ①②④

C. ②③④　D. ①③④

答案：A

考点：上述四项皆为沪深 300 指数选择样本股票所考虑的条件。

174.（　　）类股东及其行动人持股超过 5% 的股份，不会被视为非自由流通股本。

A. 公司创建者　B. 证券投资公司

C. 国有股份　D. 战略投资者

答案：B

考点：公司创建者、家族、高级管理者等长期持有的股份，国有股份，战略投资者持有的股份，员工持股计划，上述四类股东及其行动人持股超过 5% 的股份，被视为非自由流通股本。

175. 在计算沪深 300 指数时，采用分级靠档的方法，已知自由流通比例为大于 40、小于等于 50 时的加权比例为 50%，自由流通比例为大于 50，小于等于 60 时的加权比例为 60%，股票 A 的总股本为 8 000 股，非自由流通股本为 4 500 股，则计算出的加权股本应为（　　）股。

A. 4 800　B. 4 200

C. 4 000　D. 3 600

答案：C

考点：股票 A 的总股本为 8 000 股，非自由流通股本为 4 500 股，自由流通量为 3 500 股，自由流通比例为 43.8%，加权比例为 50%，加权股本为 8 000 × 50% =4 000（股）。

176. 沪深 300 指数（　　）调整一次。

A. 1 周　　B. 1 个月

C. 6 个月　　D. 12 个月

答案：C

考点：沪深 300 每半年调整一次。

177. 为增强沪深 300 指数的透明性和可预期性，沪深 300 指数还设置（　　）只备选名单。

A. 10　　B. 15

C. 20　　D. 25

答案：B

考点，沪深 300 指数设置 15 只备选名单。

178. 中证规模指数包括（　　）。

①中证 100 指数　　②中证 300 指数

③中证 500 指数　　④中证 800 指数

A. ①②③　　B. ①②④

C. ②③④　　D. ①③④

答案：D

考点：中证规模指数包括中证 100 指数、中证 200 指数、中证 500 指数、中证 700 指数、中证 800 指数和中证流通指数。

179. 在中证规模指数中，为小盘指数的是（　　）。

A. 中证 100 指数　　B. 中证 300 指数

C. 中证 500 指数　　D. 中证 800 指数

答案：C

考点：中证 500 指数为小盘指数。

180. 沪深 300 指数为（　　）。

A. 大盘指数　　B. 大中盘指数

C. 中盘指数　　D. 中小盘指数

答案：B

考点：沪深 300 指数为大中盘指数。

181. 中证 200 指数为（　　）。

A. 大盘指数　　B. 大中盘指数

C. 中盘指数　　D. 中小盘指数

答案：C

考点：中证 200 指数为中盘指数。

182. 代表中国资本市场发展历程，是中国资本市场象征的指数为（　　）。

A. 上证综指　　B. 沪深 300 指数

C. 深证成分指数　　D. 行业分类指数

答案：A

考点：上证综指代表中国资本市场发展历程，是中国资本市场的象征。

183. 上证 50 指数是在（　　）指数的样本股中挑选规模最大、流动性最好的 50 只股票。

A. 上证综指　　B. 上证 100 指数

C. 上证 180 指数　　D. 上证 150 指数

答案：C

考点：上证 50 指数是在上证 180 指数的样本股中挑选规模最大、流动性最好的 50 只股票。

184. 上证 100 指数是从（　　）指数中选取营业收入增长率和净资产收益率综合排名靠前的 100 只股票作为指数样本。

A. 上证综指　　B. 上证 380 指数

C. 上证 180 指数　　D. 上证 150 指数

答案：B

考点：上证 100 指数是从上证 380 指数中选取营业收入增长率和净资产收益率综合排名靠前的 100 只股票作为指数样本。

185.（　　）指数广泛分布于节能环保、新一代信息技术、生物、高端装备、新能源、新材料、TMT 等新兴产业和消费领域。

①上证 380 指数　　②上证 50 指数

③上证 100 指数　　④上证 150 指数

A. ①②③　　B. ①②④

C. ②③④　　D. ①③④

答案：D

考点：上证 380 指数、上证 100 指数、上证 150 指数广泛分布于节能环保、新一代信息技术、生物、高端装备、新能源、新材料、TMT 等新兴产业和消费领域。

186. 深圳证券交易所的股价指数包括（　　）。

①深证成分指数　　②深证综合指数

③深证 A 股指数　　④深证 500 指数

A. ①②③　　B. ①②④

C. ②③④　　D. ①③④

答案：A

考点：深证指数包含的内容。

187.（　　）是中国证券市场中历史最悠久、数据最完整的成分股指数。

A. 上证综指　　B. 沪深 300 指数

C. 深证成分指数　　D. 行业分类指数

答案：C

考点：深证成分指数是中国证券市场中历史最悠久、数据最完整的成分股指数。

188. 将中国资本市场中形成“传统龙头企业 + 新兴成长行业领军企业”组合的股指是（　　）。

A. 上证综指　　B. 深证 100 指数

C. 深证成分指数　　D. 行业分类指数

答案：B

考点：深证 100 股的特点。

189. 中小板综合指数是（　　）的股价指数。

A. 上海证券交易所　　B. 深圳证券交易所

C. 香港证券交易所　　D. 纽约证券交易所

答案：B

考点：深圳证券交易所的股价指数所包括的指数。

190. 以中国香港股票市场中的 50 家上市股票为成分股样本的指数是（　　）。

A. 港证 50 指数　　B. 恒生指数

C. 港证综合指数　　D. 港证新指数

答案：B

考点：恒生指数的定义。

191. 恒生指数于 1985 年推出的分类指数包括（　　）。

①金融　　②地产

③公用事业　　④制造业

A. ①②③　　B. ①②④

C. ②③④　　D. ①③④

答案：A

考点：恒生指数于 1985 年推出的分类指数为金融、地产、公用事业和工商业。

192. 台湾证券交易所的股指有（　　）。

①台湾 50 指数　　②台湾中型 100 指数

③台湾资讯科技指数　　④台湾发达指数

⑤台湾高股息指数

A. ①②③④⑤　　B. ①②③④

C. ①②③⑤　　D. ①②④⑤

答案：A

考点：上述皆为台湾证券交易所的指数。

193.（　　）指数是世界上最早、最享有盛誉和最具影响的股价指数，该股指在《华尔街日报》上公布。

A. 道·琼斯工业股价平均数　　B. 标准普尔 500 指数

C. 纳斯达克指数　　D. 金融时报证券交易指数

答案：A

考点：道·琼斯工业股价平均数是世界上最早、最享有盛誉和最具影响的股价指数。

194. 下列（　　）是境外主要股票市场的股票价格指数。

①道·琼斯工业股价平均数　　②标准普尔 500 指数

③纳斯达克指数　　④金融时报证券交易指数

⑤日经平均股价指数

A. ①②③④⑤　　B. ①②③④

C. ①②③⑤　　D. ①③④⑤

答案：A

考点：上述皆为境外主要股票市场的股票价格指数。

195. 道·琼斯工业股价平均数包含以下（　　）指标。

①道·琼斯工业股价平均数　　②道·琼斯通讯业股价平均数

③道·琼斯股价综合平均数　　④道·琼斯工业平均收益加权指数

⑤道·琼斯公用事业股价平均数

A. ①②③④⑤　　B. ①②③④

C. ①②③⑤　　D. ①③④⑤

答案：D

考点：除以上正确指数外，还包括道·琼斯运输业股价平均数。

196. 投资者委托香港经纪商，经由香港联合交易所在上海设立的证券交易服务公司，向上海证券交易所进行申报（买卖盘传递），买卖沪港通规定范围内的上海证券交易所上市的股票，该描述指的是（　　）。

A. 沪股通　　B. 港股通

C. 深股通　　D. 中证通

答案：A

考点：沪股通的定义。

197. 沪港通试点初期，香港证监会要求参与港股通的境内投资者仅限于机构投资者及证券账户及资金账户资产合计不低于（　　）万元的个人投资者。

A. 人民币 20　　B. 人民币 50

C. 人民币 80　　D. 人民币 100

答案：B

考点：香港证监会要求参与港股通的境内投资者仅限于机构投资者及证券账户及资金账户资产合计不低于人民币 50 万元的个人投资者。

198. 深股通起始额度每日为（　　）亿元人民币。

A. 100　　B. 120

C. 105　　D. 130

答案：D

考点：深股通起始额度每日为 130 亿元人民币。

199. 关于个人投资者开通科创板股票交易权限的符合条件，说法正确的是（　　）。

A. 需核查申请权限开通前 10 个交易日证券账户及资金账户内的资产日均金额

B. 符合交易日期限规定的个人证券账户及资金账户内的资产日均不低于人民币 50 万元

C. 个人投资者需参与证券交易 12 个月以上

D. 核查的证券账户及资金账户包括该投资者通过融资融券融入的资金及证券

答案：B

考点：个人投资者开通科创板股票交易权限的条件：申请权限开通前20个交易日证券账户及资金账户内的资产日均不低于人民币50万元（证券账户及资金账户不包括该投资者通过融资融券融入的资金及证券），个人投资者需参与证券交易24个月以上。

200. 科创板具体交易方式不包括以下（　　）方式。

A. 定期交易　　B. 竞价交易

C. 盘后固定价格交易　　D. 大宗交易

答案：A

考点：科创板具体交易方式。

201. 下列（　　）时间点，不能进行科创板连续竞价。

A. 13:20　　B. 11:30

C. 9:20　　D. 14:50

答案：C

考点：上海证券交易所科创板连续竞价时间为：9:30—11:30、13:00—15:00。

202.（　　）时间段为上海证券交易所科创板开盘竞价阶段。

A. 9:15—9:25　　B. 9:20—9:35

C. 9:20—9:30　　D. 9:15—9:30

答案：A

考点：9:15—9:25是上海证券交易所科创板开盘竞价阶段。

203. 关于科创板申报要求，下列说法中正确的是（　　）。

A. 无论通过市价还是限价申报买卖科创板股票的，单笔申报数量均应当不小于200股

B. 卖出科创板股票时，余额不足200股的部分，应当分次申报卖出

C. 通过市价申报买卖科创板股票的，单笔申报数量应不超过5万股

D. 通过限价申报买卖科创板股票的，单笔申报数量应不超过10万股

答案：A

考点：通过限价申报买卖科创板股票的，单笔申报数量应当不小于200股，且不超过10万股；通过市价申报买卖科创板股票的，单笔申报数量应当不小于200股，且不超过5万股。卖出时，余额不足200股的部分，应当一次性申报卖出。

204. 科创板股票竞价交易实行价格涨跌幅限制，涨跌幅比例为（　　）。

A. 10%　　B. 15%

C. 20%　　D. 25%

答案：C

考点：科创板股票竞价交易实行价格涨跌幅限制，涨跌幅比例为 20%。

205. 股票票面上标明的金额，是股票的（　　）。

A. 账面价值　　B. 票面价值

C. 清算价值　　D. 内在价值

答案：B

考点：考查股票票面价值的概念。

206. 股票平价发行时，面值和发行价的关系是（　　）。

A. 发行价高于面值

B. 发行价等于面值

C. 发行价低于面值

D. 发行价可能高于面值，也可能低于面值

答案：B

考点：考查股票发行价格与面值的关系。发行价格等于面值时，为平价发行。

207. 股票按面值发行，被称为（　　）。

A. 溢价发行　　B. 折价发行

C. 平价发行　　D. 配额发行

答案：C

考点：考查股票发行价格与面值的关系。发行价格等于面值时，为平价发行。

208. 股票以高于面值的价格发行，被称为（　　）。

A. 溢价发行　　B. 折价发行

C. 平价发行　　D. 配额发行

答案：A

考点：考查股票发行价格与面值的关系。发行价格高于面值时，为溢价发行。

209. 股票以低于面值的价格发行，被称为（　　）。

A. 溢价发行　　B. 折价发行

C. 平价发行　　D. 配额发行

答案：B

考点：考查股票发行价格与面值的关系。发行价格低于面值时，为折价发行。

210. 股票溢价发行时，高于面值的部分计入（　　）。

A. 资本账户　　B. 资本公积金

C. 盈余公积　　D. 负债

答案：B

考点：考查股票溢价部分的处理。

211. 股票的账面价值又被称为（　　）。

①面值　　②股票净值

③每股净资产　　④内在价值

A. ①②　　B. ③④

C. ②③　　D. ②④

答案：C

考点：考查股票的账面价值。

212. A公司目前的资产总额是8 000万元，负债总额为3 000万元，发行在外的普通股股数是1 000万股，无优先股，因此A公司的股票账面价值为（　　）元。

A. 8　　B. 3

C. 5　　D. 11

答案：C

考点：考查股票账面价值的计算。每股账面价值等于公司净资产除以发行在外的普通股票的股数。净资产等于公司资产总额减去负债总额后的净值。

213. 公司清算时每一股份所代表的实际价值是股票的（　　）。

A. 票面价值　　B. 账面价值

C. 清算价值　　D. 内在价值

答案：C

考点：考查股票清算价值的概念。

214. 股票的（　　）决定股票市场价格。

A. 票面价值　　B. 账面价值

C. 清算价值　　D. 内在价值

答案：D

考点：考查股票的内在价值。股票的内在价值决定股票的市场价格，股票的市场价格总是围绕其内在价值波动。

215. 可能影响上市公司未来收益，引起股票内在价值变化的因素包括（　　）。

①经济形势的变化　②宏观经济政策的调整
③账面价值的变化　④供求关系的变化

A. ①②③　B. ②③④
C. ①③④　D. ①②④

答案：D

考点：考查影响股票内在价值变化的因素。

216. 股票未来收益的当前价值被称为股票的（　　）。

A. 现值　B. 未来价值
C. 清算价值　D. 实际价值

答案：A

考点：考查股票现值的概念。将股票的期值按必要收益率和有效期限折算成今天的价值，即为股票的现值。

217. 股票在二级市场上交易的价格是股票的（　　）。

A. 理论价格　B. 现值
C. 市场价格　D. 内在价值

答案：C

考点：考查股票市场价格的概念。

218. 由于影响股票价格的因素复杂多变，股票的市场价格呈现出（　　）的特征。

A. 稳定性　B. 波动性
C. 灵活性　D. 复杂性

答案：B

考点：考查股票市场价格的变化特征。由于影响股票价格的因素复杂多变，股票的市场价格呈现出高低起伏的波动性特征。

219. 引起股票价格变动的直接原因是（　　）。

A. 流动性挤压　B. 政治因素
C. 公司经营状况的变化　D. 买卖双方力量强弱的转换

答案：D

考点：考查引起股票价格变动的直接原因。引起股票价格变动的直接原因是供求关系的变化或者买卖双方力量强弱的转换。

220. 在证券分析中，对（　　）因素的分析被称为基本面分析。

①宏观经济和证券市场运行状况　②行业前景
③政治及其他不可抗力　④公司经营状况

A. ①②③　　B. ②③④

C. ①③④　　D. ①②④

答案：D

考点：考查影响股价变动的基本因素。宏观经济和证券市场运行状况、行业前景以及公司经营状况是影响投资者对将来股价预期，从而影响当前买卖决策并最终导致当前股价变化的最主要原因。

221.（　　）是股票价格的基石。

A. 投资者的预期　　B. 股份公司的经营现状和未来发展

C. 行业的发展前景　　D. 宏观经济状况

答案：B

考点：考查影响股票价格的基本因素。

222. 从理论上分析，公司经营状况和股票价格的关系是（　　）。

①公司经营状况好，股价上升　　②公司经营状况好，股价下降

③公司经营状况差，股价上升　　④公司经营状况差，股价下降

A. ①③　　B. ②④

C. ①④　　D. ②③

答案：C

考点：考查公司经营状况和股票价格的关系。从理论上分析，公司经营状况与股票价格正相关。

223. 在分析影响股票价格的公司经营状况因素时，可以从（　　）等方面进行分析。

①公司治理水平与管理层质量　　②产业竞争结构

③财务状况　　④货币政策

A. ①③　　B. ②④

C. ①④　　D. ②③

答案：A

考点：考查公司经营状况分析的各个方面。公司经营状况的好坏，可以从公司治理水平与管理层质量、公司竞争力、财务状况等方面来分析。

224. 关于企业组织方式、控制机制、利益分配的所有法律、机构、文化和制度安排是企业的（　　）。

A. 管理层质量　　B. 公司治理

C. 公司竞争力　　D. 财务状况

答案：B

考点：考查公司治理的含义。现代意义上的公司治理可理解为关于企业组织方式、控制机制、利益分配的所有法律、机构、文化和制度安排，它界定的不仅是企业及其所有者之间的关系，而且包括企业与所有相关利益集团之间的关系。

225. 对于公司治理情况的分析主要包括（　　）。

①公司董事会的构成及运作　　②高级管理人员的经验和水平

③公司财务状况　　④管理团队的稳定性

A. ①②③　　B. ②③④

C. ①②④　　D. ①③④

答案：C

考点：考查公司治理情况的分析；主要包括公司股东、管理层、员工及其他外部利益相关者之间的关系及其制衡状况，公司董事会、监事会构成及运作，高级管理人员的经验和水平以及管理团队的稳定性等。

226. 在考虑影响公司股价变动的因素时，对于公司经营中的财务状况，常用来衡量其盈利性的指标有（　　）。

①每股收益　　②净资产收益率

③杠杆比率　　④流动比率

A. ①②　　B. ③④

C. ②④　　D. ①③

答案：A

考点：考查公司财务状况盈利性的衡量指标，最常用的指标是每股收益和净资产收益率。

227. A 公司当年的公司净利润为 6 000 万元，发行在外的总股数为 3 000 万股，净资产为 8 000 万元，则 A 公司的每股收益为（　　）元，股本收益率为（　　）。

A. 2　75%　　B. 0.75　200%

C. 0.75　75%　　D. 2　50%

答案：A

考点：考查每股收益和股本收益率的计算。每股收益等于公司净利润除以发行在外的总股数，股本收益率等于公司净利润除以净资产。

228. 公司偿还债务从而避免破产的特性是公司财务的（　　）。

A. 盈利性　　B. 安全性

C. 流动性　　D. 稳定性

答案：B

考点：考查公司财务安全性的概念。

229. 在考虑影响公司股价变动的因素时，对于公司经营中的财务状况，常用来衡量其安全性的指标有（ ）。

①每股收益 ②债务担保比率

③杠杆比率 ④销售利润率

A. ①② B. ③④

C. ②③ D. ①③

答案：C

考点：考查公司财务状况安全性的衡量指标，包括资产负债率、产权比率、债务担保比率、长期债务比率、短期债务比率等目标。每股收益反映盈利性。

230. 在考虑影响公司股价变动的因素时，对于公司经营中的财务状况，常用来衡量其流动性的指标有（ ）。

①速动比率 ②应收账款回收期

③销售周转率 ④销售利润率

A. ①②③ B. ②③④

C. ①②④ D. ①③④

答案：A

考点：考查公司财务状况流动性的衡量指标，常用的有流动比率、速动比率、应收账款平均回收期和销售周转率等。

231. 公司的各种财务指标之间存在一定的钩稽关系，根据杜邦公式，净资产收益率通常可以分解为（ ）的乘积。

①资产周转率 ②杠杆比率

③每股收益 ④销售利润率

A. ①②③ B. ②③④

C. ①②④ D. ①③④

答案：C

考点：考查杜邦公式的基本含义。净资产收益率等于销售利润率、资产周转率和杠杆比率三者的乘积。

232. A公司当年的净资产收益率为75%，已知当年的销售利润率为25%，资产周转率为2，那么杠杆比率为（ ）。

A. 3 B. 0.375

C. 1.5 D. 0.67

答案：C

考点：考查利用杜邦公式进行简单计算。净资产收益率等于销售利润率、资产周转率和杠杆比率三者的乘积。

233. 公司进行并购重组对其经营状况的影响是（　　）。

A. 并购重组能够改善公司的经营状况

B. 并购重组会使公司的经营状况恶化

C. 并购重组对公司经营状况没有影响

D. 并购重组不一定会改善公司的经营状况

答案：D

考点：考查公司并购重组对经营状况的影响。公司并购重组总会引起股价剧烈波动，但要分析此举对公司的长期发展是否有利，并购重组后能否改善公司的经营状况，这是决定股价变动方向的重要因素。

234. 在考虑影响公司股价变动的因素时，进行行业分析通常会考虑（　　）。

①产业竞争结构　　②劳资关系

③市场利率　　④行业可持续性

A. ①②③　　B. ②③④

C. ①②④　　D. ①③④

答案：C

考点：考查影响股价变动的行业分析因素。常见的有行业或产业竞争结构、行业可持续性、抗外部冲击的能力、监管及税收待遇——政府关系、劳资关系、财务与融资问题、行业估值水平等。

235. 在对影响股价变动的行业因素进行分析时发现，手机的普遍采用终结了早期作为移动通信主要方式的传呼机，这对应行业因素中的（　　）。

A. 行业竞争结构　　B. 行业可持续性

C. 抗外部冲击的能力　　D. 行业估值水平

答案：B

考点：考查行业分析因素中的行业可持续性。技术及其他因素的变化有可能终结某些行业的发展。

236. 反映某个行业在遭遇重大政治、经济或自然环境变化打击时业绩稳定性的指标是（　　）。

A. 行业竞争结构　　B. 行业可持续性

C. 抗外部冲击的能力　　D. 政府关系

答案：C

考点：考查行业分析因素中的抗外部冲击的能力。

237. 高油价可能对整个交通运输业以及相关制造行业产生非常大的不利影响，但对于替代能源生产行业则是有利的。这体现了不同行业（ ）的不同。

A. 行业竞争结构
B. 行业可持续性
C. 抗外部冲击的能力
D. 政府关系

答案：C

考点：考查行业分析因素中的抗外部冲击的能力，它考查某个行业在遭遇重大政治、经济或自然环境变化打击时业绩的稳定性。

238. 航空业可能具有较高的长期负债率，而零售业则非常依赖短期流动性，这反映了不同行业的（ ）不同。

A. 行业竞争结构
B. 行业可持续性
C. 监管及税收待遇
D. 财务与融资问题

答案：D

考点：考查行业分析因素中的财务与融资问题。

239. 根据行业周期理论，任何行业都会经历（ ）、（ ）、（ ）、（ ）四个阶段。

A. 幼稚期 成熟期 成长期 衰退期
B. 衰退期 成长期 成熟期 幼稚期
C. 幼稚期 成长期 成熟期 衰退期
D. 成长期 幼稚期 成熟期 衰退期

答案：C

考点：考查行业生命周期。

240. 宏观经济对股票价格影响的特点是（ ）。

①波及范围广
②干扰程度深
③作用机制简单
④可能导致股价波动幅度较大

A. ①②③
B. ②③④
C. ①②④
D. ①③④

答案：C

考点：考查影响股价变动的宏观经济与政策因素。宏观经济对股票价格影响的特点是波及范围广、干扰程度深、作用机制复杂并可能导致股价波动幅度较大。

241. 在考虑影响公司股价变动的因素时，进行宏观经济与政策因素分析通常会考虑（ ）。

①经济周期循环　②货币政策
③市场利率　④企业经营状况
A. ①②③　B. ②③④
C. ①②④　D. ①③④
答案：A
考点：考查影响股价变动的宏观经济与政策因素。一般包括经济增长、经济周期循环、货币政策、财政政策、市场利率、通货膨胀、汇率变化、国际收支状况等。

242. 一个国家或地区的经济对于股票价格的影响是（　）。
①经济运行态势良好时，股票价格上升
②经济运行态势较差时，股票价格上升
③经济运行态势良好时，股票价格下降
④经济运行态势较差时，股票价格下降
A. ①②　B. ②③
C. ①④　D. ③④
答案：C
考点：考查影响股价变动的宏观经济因素。

243. 社会经济运行经常表现为扩张与收缩的周期性交替，每个周期一般都要经过（　）、（　）、（　）、（　）四个阶段，即所谓的景气循环。
A. 繁荣　萧条　衰退　复苏　B. 繁荣　衰退　萧条　复苏
C. 复苏　繁荣　萧条　衰退　D. 萧条　繁荣　衰退　复苏
答案：B
考点：考查经济周期循环的四个阶段。

244. 通常情况下，股票价格的变动和经济景气循环的关系是（　）。
A. 股票价格的变动先于经济景气循环
B. 股票价格的变动与经济景气循环同时进行
C. 股票价格的变动晚于经济景气循环
D. 股票价格的变动与经济景气循环无关
答案：A
考点：考查股票价格的变动和经济景气循环的关系，即在经济高涨后期，股价已率先下跌，在经济尚未全面复苏之际，股价已先行上涨。

245. 中央银行采取宽松性货币政策，（　）货币供给，促使股价（　）。
A. 增加　下降　B. 增加　上升

C. 减少 下降　　D. 减少 上升

答案：B

考点：考查货币政策对股价变动的影响。中央银行采取宽松性货币政策，增加货币供给，股市资金增加，对股票的需求增加，立即促使股价上升。

246. 财政政策对股票价格造成影响的途径包括（　　）。

①中央银行采取紧缩性货币政策，促使股价下跌

②扩大财政赤字，增加财政支出，刺激经济发展

③调节税率，影响企业利润和股息

④干预资本市场各类交易适用的税率

A. ①②③　　B. ②③④

C. ①③④　　D. ①②④

答案：B

考点：考查财政政策对股票价格的影响，①属于货币政策的影响。

247. 市场利率对股票价格的影响体现在市场利率提高，（　　）。

A. 公司股息增加，股票价格下降　　B. 公司股息增加，股票价格上升

C. 公司股息减少，股票价格下降　　D. 公司股息减少，股票价格上升

答案：C

考点：考查市场利率对股票价格的影响。

248. 在市场资金量一定的条件下，利率提高，对股票需求（　　），股价（　　）。

A. 增加 上升　　B. 减少 下降

C. 增加 下降　　D. 减少 上升

答案：B

考点：考查市场利率对股票价格的影响。

249. 通货膨胀对股票价格的影响是（　　）。

A. 会刺激股票市场

B. 会抑制股票市场

C. 对股票市场没有影响

D. 既有刺激股票市场的作用，又有抑制股票市场的作用

答案：D

考点：考查通货膨胀对股票价格的影响。

250. 通货膨胀之初，股价会（　　），当通货膨胀严重、物价居高不下时，股价会（　　）。

A. 上升　下降　　B. 下降　下降

C. 上升　上升　　D. 下降　上升

答案：A

考点：考查通货膨胀对股票价格的影响。

251. 汇率的变化对于社会经济的影响是（　　）。

A. 汇率变化有利于经济发展　　B. 汇率变化不利于经济发展

C. 汇率变化对经济发展有利有弊　　D. 汇率变化对经济发展没有影响

答案：C

考点：考查汇率调整对社会经济的影响。

252. 在汇率上升的情况下，本币（　　），有利于（　　），不利于（　　）。

A. 贬值　进口　出口　　B. 贬值　出口　进口

C. 升值　进口　出口　　D. 升值　出口　进口

答案：B

考点：考查汇率的调整对社会经济的影响。

253. 一般来说，如果一国国际收支连续出现逆差，政府为了平衡国际收支，会采取（　　）措施，股价会（　　）。

A. 提高国内利率和汇率　上涨　　B. 提高国内利率和汇率　下降

C. 降低国内利率和汇率　上涨　　D. 降低国内利率和汇率　下降

答案：B

考点：考查国际收支状况对股价的影响。

254. 政治因素对股票价格的影响很大，往往很难预料，主要有（　　）。

①战争　　②政权更迭

③财政政策　　④国际社会政治、经济的变化

A. ①②③　　B. ②③④

C. ①③④　　D. ①②④

答案：D

考点：考查政治因素对股价变化的影响。

255. 按照我国《证券法》的规定，在（　　）情况下，证券交易所可以采取技术性停牌的措施。

A. 股票涨幅较大

B. 股票跌幅较大

C. 根据需要

D. 突发事件影响证券交易的正常进行

答案：D

考点：考查影响股价变化的政策及制度因素。

256. 影响股价变化的其他因素包括（ ）。

①心理因素 ②人为操纵因素

③政策及制度因素 ④宏观经济因素

A. ①②③ B. ②③④

C. ①③④ D. ①②④

答案：A

考点：考查影响股价变动的其他因素；战争，政治事件，重大政策的出台、发展规划的制定、重要法规的颁布，国家、地区之间政治经济的变化和不可预料和不可抵抗的自然灾害或不幸事件。

257. 人为操纵往往会引起股票价格（ ）。

A. 上升 B. 下降

C. 不变 D. 短期剧烈波动

答案：D

考点：考查人为操纵因素对股价的影响。

258. 股票投资的主要分析方法包括（ ）。

①基本分析法 ②定性分析法

③技术分析法 ④量化分析法

A. ①②③ B. ②③④

C. ①③④ D. ①②④

答案：C

考点：考查股票投资的主要分析方法。

259. 股票分析师根据经济学、金融学、财务管理学及投资学等基本原理，对决定股票价值及价格的基本要素进行分析，评估股票的投资价值，判断股票的合理价位，提出相应投资建议的方法是（ ）。

A. 定性分析法 B. 量化分析法

C. 技术分析法 D. 基本分析法

答案：D

考点：考查基本分析法的概念。

260. 股票投资分析的基本分析法，其假设是（ ）。

①股票的价值决定价格 ②股票的价格决定价值

③股票的价格围绕价值波动　　④股票的价值围绕价格波动

A. ①③　　B. ②④

C. ①④　　D. ②③

答案：A

考点：考查基本分析法的前提假设。

261. 基本分析法的特征包括（　　）。

①以价值分析理论为基础　　②以统计方法为主要分析手段

③使用大量数据　　④以现值计算方法为主要分析手段

A. ①②③　　B. ②③④

C. ①②④　　D. ①③④

答案：C

考点：考查基本分析法的基本特征。

262. 基本分析法的主要内容包括（　　）。

①宏观经济分析　　②投资分析

③行业和区域分析　　④公司分析

A. ①②③　　B. ②③④

C. ①②④　　D. ①③④

答案：D

考点：考查基本分析法的主要内容。

263. 在基本分析法中对宏观经济的分析，主要探讨各经济指标和经济政策对股票价格的影响，这些经济指标分为（　　）。

①先行性指标　　②同步性指标

③滞后性指标　　④技术性指标

A. ①②③　　B. ②③④

C. ①②④　　D. ①③④

答案：A

考点：考查基本分析法中宏观经济分析指标的分类。

264. 可以对将来的经济状况提供预示性信息的经济指标被称为（　　）。

A. 先行性指标　　B. 同步性指标

C. 滞后性指标　　D. 技术性指标

答案：A

考点：考查先行性指标的含义。

265. 变化基本上与总体经济活动的转变同步的经济指标被称为（　　）。

A. 先行性指标　　B. 同步性指标
C. 滞后性指标　　D. 技术性指标
答案：B
考点：考查同步性指标的含义。
266. 变化一般滞后于国民经济变化的经济指标被称为（　　）。
A. 先行性指标　　B. 同步性指标
C. 滞后性指标　　D. 技术性指标
答案：C
考点：考查滞后性指标的含义。
267. 利率水平、货币供给、企业投资规模等属于经济指标分类中的（　　）。
A. 先行性指标　　B. 同步性指标
C. 滞后性指标　　D. 技术性指标
答案：A
考点：考查先行性指标。先行性指标例如利率水平、货币供给、消费者预期、主要生产资料价格、企业投资规模等。
268. 个人收入、国内生产总值等属于经济指标分类中的（　　）。
A. 先行性指标　　B. 同步性指标
C. 滞后性指标　　D. 技术性指标
答案：B
考点：考查同步性指标。同步性指标例如个人收入、企业工资支出、国内生产总值、社会商品销售额等。
269. 失业率、银行未收回贷款规模等属于经济指标分类中的（　　）。
A. 先行性指标　　B. 同步性指标
C. 滞后性指标　　D. 技术性指标
答案：C
考点：考查滞后性指标。滞后性指标例如失业率、库存量、银行未收回贷款规模等。
270. 下列属于经济指标中的先行性指标的包括（　　）。
①利率水平　　②国内生产总值
③货币供给　　④消费者预期
A. ①②③　　B. ②③④
C. ①②④　　D. ①③④

答案：D

考点：考查先行性指标的具体内容。先行性指标例如利率水平、货币供给、消费者预期、主要生产资料价格、企业投资规模等。

271. 下列属于经济指标中的同步性指标的包括（　　）。

①利率水平　②国内生产总值

③个人收入　④企业工资支出

A. ①②③　B. ②③④

C. ①②④　D. ①③④

答案：B

考点：考查同步性指标的具体内容。同步性指标如个人收入、企业工资支出、国内生产总值、社会商品销售额等。

272. 下列属于经济指标中的滞后性指标的包括（　　）。

①失业率　②库存量

③银行未收回贷款规模　④消费者预期

A. ①②③　B. ②③④

C. ①②④　D. ①③④

答案：A

考点：考查滞后性指标的具体内容。滞后性指标例如失业率、库存量、银行未收回贷款规模等。

273. 行业分析主要分析的是（　　）。

①行业所属的不同市场类型　②所处的不同生命周期

③行业业绩对股票价格的影响　④区域经济对股票价格的影响

A. ①②③　B. ②③④

C. ①②④　D. ①③④

答案：A

考点：考查行业分析的内容。

274. 仅从股票的市场行为来分析股票价格未来变化趋势的方法是股票投资分析方法中的（　　）。

A. 基本分析法　B. 技术分析法

C. 量化分析法　D. 定性分析法

答案：B

考点：考查技术分析法的概念。

275. 股票市场行为的表现形式包括（　　）。

①市场价格　②成交量

③价和量的变化　④完成变化所经历的时间

A. ①　B. ②③

C. ②④　D. ①②③④

答案：D

考点：考查股票市场行为的表现形式。

276. 股票分析方法中，进行技术分析的假设包括（　　）。

①市场的行为包含一切信息　②价格沿趋势移动

③股票的价值决定价格　④历史会重复

A. ①②③　B. ②③④

C. ①②④　D. ①③④

答案：C

考点：考查股票分析法技术分析的三个假设。

277. 股票价格的波动是对市场供求均衡状态偏离的调整，这是股票分析方法中（　　）的看法。

A. 基本分析法　B. 技术分析法

C. 量化分析法　D. 定性分析法

答案：B

考点：考查技术分析法的内容。

278. 直觉化决策方式、图形化决策方式、指标化决策方式和模型化决策方式等是股票分析方法中（　　）的决策方式。

A. 基本分析法　B. 技术分析法

C. 量化分析法　D. 定性分析法

答案：B

考点：考查技术分析法的决策方式。

279. K 线理论、切线理论、波浪理论和循环周期理论是股票分析方法中的（　　）。

A. 基本分析法　B. 技术分析法

C. 量化分析法　D. 定性分析法

答案：B

考点：考查技术分析法的理论。包括 K 线理论、切线理论、形态理论、技术指标理论、波浪理论和循环周期理论。

280. 股票分析中，技术分析方法主要有（　　）。

①K 线理论　　②形态理论

③波浪理论　　④循环周期理论

A. ①②　　B. ③④

C. ①②④　　D. ①②③④

答案：D

考点：考查技术分析方法的理论；包括 K 线理论、切线理论、形态理论、技术指标理论、波浪理论和循环周期理论。

281. 利用统计、数值模拟和其他定量模型进行证券市场相关研究的一种股票分析方法是（　　）。

A. 基本分析法　　B. 技术分析法

C. 量化分析法　　D. 定性分析法

答案：C

考点：考查量化分析法的概念。

282. 股票分析中，量化分析法的显著特点包括（　　）。

①使用大量数据　　②使用大量模型

③使用电脑　　④以价格判断为基础

A. ①②③　　B. ②③④

C. ①②④　　D. ①③④

答案：A

考点：考查量化分析方法的特点。

283. 股票分析中，量化分析方法可以应用于（　　）。

①证券估值　　②策略制定

③绩效评估　　④风险计量

A. ①②③④　　B. ②③④

C. ①②　　D. ③④

答案：A

考点：考查量化分析方法的应用；如证券估值、组合构造与优化、策略制定、绩效评估和风险计量与风险投资等相关问题。

284. 能够从经济和金融层面揭示股票价格决定的基本因素以及这些因素对价格的影响方式和影响程度的股票投资分析方法是（　　）。

A. 基本分析法　　B. 技术分析法

C. 量化分析法　　D. 定性分析法

答案：A

考点：考查基本分析法的优点。

285. 对基本面数据的真实、完整性具有较强依赖，对短期价格走势的预测能力较弱的股票投资分析方法是（　　）。

A. 基本分析法　　B. 技术分析法

C. 量化分析法　　D. 定性分析法

答案：A

考点：考查基本分析法的缺点。

286. 直接选取公开的市场数据，采用图表等方法对市场走势作出直观的解释的股票投资分析方法是（　　）。

A. 基本分析法　　B. 技术分析法

C. 量化分析法　　D. 定性分析法

答案：B

考点：考查技术分析法的优点。

287. 缺乏牢固的经济金融理论基础，对股票价格行为模式的判断有一定随意性的股票投资分析方法是（　　）。

A. 基本分析法　　B. 技术分析法

C. 量化分析法　　D. 定性分析法

答案：B

考点：考查技术分析法的缺点。

288. 采用复杂的数理模型和计算机数值模拟，能够提供较为精细化的分析结论的股票投资分析方法是（　　）。

A. 基本分析法　　B. 技术分析法

C. 量化分析法　　D. 定性分析法

答案：C

考点：考查量化分析法的优点。

289. 对使用者的定量分析技术有较高要求，不易为普通公众所接受，具有这种特点的股票投资分析方法是（　　）。

A. 基本分析法　　B. 技术分析法

C. 量化分析法　　D. 定性分析法

答案：C

考点：考查量化分析法的缺点。

290. 货币随时间的推移而发生的增值是货币的（　　）。

A. 现值　　B. 内在价值

C. 时间价值　　D. 终值

答案：C

考点：考查货币的时间价值的概念。

291. A 借给 B 100 元，约定以 10% 的年利率单利计息，5 年后还本付息，那么 5 年后 A 应该收到（　　）元。

A. 100　　B. 110

C. 150　　D. 161.05

答案：C

考点：考查单利计息的计算方式。5 年后 A 收到 $100+100\times10\%\times5=150$（元）。

292. A 借给 B 100 元，约定以 10% 的年利率复利计息，5 年后还本付息，那么 5 年后 A 应该收到（　　）元。

A. 100　　B. 110

C. 150　　D. 161.05

答案：D

考点：考查复利计息的计算方式。5 年后 A 收到 $100\times(1+10\%)^5=161.05$（元）。

293. A 两年前向 B 借过一笔款，今年才向 B 归还，共 112.36 元，市场利率为 6%，两年前 A 向 B 借了（　　）元。

A. 92　　B. 100

C. 110　　D. 112.36

答案：B

考点：考查复利条件下现值的计算。已知终值为 112.36，期数为 2，每期利率为 6%，求现值为 $112.36\div(1+6\%)^2=100$（元）。

294. 影响股票投资价值的内部因素包括（　　）。

①公司净资产　　②股利政策

③并购重组　　④货币政策

A. ①②③　　B. ②③④

C. ①②④　　D. ①③④

答案：A

考点：考查影响股票投资价值的内部因素，包括公司净资产、盈利水平、股利政策、股份分割、增资减资以及并购重组等。

295. 从理论上讲，净资产和股价之间的关系是（　　）。

A. 净资产增加，股价下降

B. 净资产增加，股价上升

C. 净资产增加，股价可能上升，也可能下降

D. 净资产增加，股价不变

答案：B

考点：考查净资产影响股票投资价值的方向。

296. 一般来说，公司的盈利水平和股票投资价值的关系是（ ）。

A. 预期公司盈利增加，股票市场价格上涨，两者同时发生

B. 预期公司盈利增加，股票市场价格上涨，两者不完全同时发生

C. 预期公司盈利增加，股票市场价格下降，两者同时发生

D. 预期公司盈利增加，股票市场价格下降，两者不完全同时发生

答案：B

考点：考查公司盈利水平对股票投资价值的影响。

297. 公司的股利政策直接影响股票投资价值。一般来说，公司盈利增加，股利（ ），股票价格（ ）。

A. 一定增加 较高　　B. 可能增加 较高

C. 一定减少 较低　　D. 可能增加 较低

答案：B

考点：考查公司盈利水平、股利政策与股票投资价值的关系。

298. 公司因业务发展需要增加资本额而发行新股，会使公司的股票价格（ ）。

A. 上涨　　B. 下跌

C. 不变　　D. 可能上涨，可能下跌

答案：D

考点：考查公司增资减资对股票价格的影响。公司因业务发展需要增加资本额而发行新股，对不同公司的影响不尽相同。在没有产生相应效益前，增资可能使每股净资产下降，进而可能促使股价下跌。但对那些业绩优良、财务结构健全、具有发展潜力的公司而言，增资会增加公司经营实力，给股东带来更多回报，使得股价上涨。

299. 一般来讲，影响股票投资价值的外部因素主要包括（ ）。

①宏观经济因素　　②市场因素

③并购重组　　④行业因素

A. ①②③　　B. ②③④

C. ①②④　　D. ①③④

答案：C

考点：考查影响股票投资价值的外部因素，包括宏观经济因素、行业因素及市场因素等。

300. 会对股票投资价值产生影响的宏观经济因素包括（　　）。

①企业战略　　②货币政策

③财政政策　　④收入分配政策

A. ①②③　　B. ②③④

C. ①②④　　D. ①③④

答案：B

考点：考查影响股票投资价值外部因素的宏观经济因素，包括经济周期、通货变动、国家的货币政策、财政政策、收入分配、监管政策等。

301. 使用绝对估值法估计公司的股票价值需要考虑的因素有（　　）。

①时期　　②各期现金流

③未来所有时期的平均贴现率　　④各期现金红利

A. ①②③　　B. ②③④

C. ①②④　　D. ①③④

答案：A

考点：考查绝对估值法下对公司股票价值的计算。

302. 运用红利贴现模型进行估值，需要确定的指标有（　　）。

①各期现金红利　　②各期自由现金流

③股权要求收益率　　④持有期末卖出股权的预期价格

A. ①②③　　B. ②③④

C. ①②④　　D. ①③④

答案：D

考点：考查利用红利贴现模型对股票进行估值的计算公式。

303. 运用股权自由现金流模型进行估值，需要确定的指标有（　　）。

①各期现金红利　　②各期自由现金流

③股权要求收益率　　④股权自由现金流的终值

A. ①②③　　B. ②③④

C. ①②④　　D. ①③④

答案：B

考点：考查利用股权自由现金流模型对股票进行估值的计算公式。

304. 运用企业自由现金流模型对企业价值进行估值，需要确定的指标有（　　）。

①各期现金红利　　②各期企业自由现金流

③企业自由现金流的终值　　④加权平均资本成本

A. ①②③　　B. ②③④

C. ①②④　　D. ①③④

答案：B

考点：考查利用企业自由现金流模型对企业进行估值的计算公式。

305. 可以自由分配给股权拥有者的最大化的现金流是（　　）。

A. 企业自由现金流　　B. 股权自由现金流

C. 股票红利　　D. 利息

答案：B

考点：考查对股权自由现金流的理解。

306. A 公司今年的净利润为 500 万元，折旧（摊销）共计 20 万元，本期营运资金增加 50 万元，长期经营性资产增加 15 万元，偿还债务 80 万元。因此当年的股权自由现金流为（　　）万元。

A. 335　　B. 365

C. 375　　D. 405

答案：C

考点：考查股权自由现金流的计算。FCFE = 净利润 + 折旧 + 摊销 - 营运资金的增加 + 长期经营性负债的增加 - 长期经营性资产的增加 - 资本性支出 + 新增付息债务 - 债务本金的偿还 = 500 + 20 - 50 - 15 - 80 = 375（万元）。

307. A 公司今年的净利润为 500 万元，折旧（摊销）共计 20 万元，本期营运资金增加 50 万元，长期经营性负债增加 15 万元，新增付息债务 45 万元，偿还债务 80 万元。因此当年的股权自由现金流为（　　）万元。

A. 420　　B. 450

C. 460　　D. 510

答案：B

考点：考查股权自由现金流的计算。FCFE = 净利润 + 折旧 + 摊销 - 营运资金的增加 + 长期经营性负债的增加 - 长期经营性资产的增加 - 资本性支出 + 新增付息债务 - 债务本金的偿还 = 500 + 20 - 50 + 15 + 45 - 80 = 450（万元）。

308. 公司在保持正常运营的情况下，可以向所有出资人（股东和债权人）进行自由分配的现金流是（　　）。

A. 企业自由现金流　　　　　　　　B. 股权自由现金流

C. 股票红利　　　　　　　　　　D. 利息

答案：A

考点：考查对企业自由现金流的理解。

309. A公司今年的息税前利润为500万元，调整的所得税为90万元，折旧（摊销）共计20万元，本期营运资金增加50万元，长期经营性负债增加15万元，资本性支出为55万元。因此当年的企业自由现金流为（　　）万元。

A. 310　　　　　　　　　　　　B. 340

C. 400　　　　　　　　　　　　D. 440

答案：B

考点：考查企业自由现金流的计算。FCFF = 息税前利润 - 调整的所得税 + 折旧 + 摊销 - 营运资金的增加 + 长期经营性负债的增加 - 长期经营性资产的增加 - 资本性支出 = 500 - 90 + 20 - 50 + 15 - 55 = 340（万元）。

310. A公司今年的息税前利润为500万元，调整的所得税为90万元，折旧（摊销）共计20万元，本期营运资金增加50万元，长期经营性资产增加15万元，资本性支出为55万元。因此当年的企业自由现金流为（　　）万元。

A. 310　　　　　　　　　　　　B. 340

C. 400　　　　　　　　　　　　D. 440

答案：A

考点：考查企业自由现金流的计算。FCFF = 息税前利润 - 调整的所得税 + 折旧 + 摊销 - 营运资金的增加 + 长期经营性负债的增加 - 长期经营性资产的增加 - 资本性支出 = 500 - 90 + 20 - 50 - 15 - 55 = 310（万元）。

311. A企业目前付息债务的市场价值为20万元，股权的市场价值为30万元，税前债务成本是8%，股权资本成本为10%，所得税率25%，那么该企业的加权平均资本成本为（　　）。

A. 8.4%　　　　　　　　　　　　B. 7.6%

C. 8.8%　　　　　　　　　　　　D. 9.2%

答案：A

考点：考查加权平均资本成本的计算。加权平均资本成本：

WACC = DD + E × kd × (1 - t) + ED + E × ke

因此得：

WACC = 20/(20 + 30) × 8% × (1 - 25%) + 30/(20 + 30) × 10% = 8.4%。

312. 反映一家公司的股票价值对其净利润的倍数的指标是（　　）。

A. 市净率倍数　　B. 市盈率倍数

C. 市销率倍数　　D. 企业价值/息税前利润倍数

答案：B

考点：考查市盈率的含义。

313. A公司的每股市价为8元，每股收益为5元，则A公司的市盈率倍数为（ ）。

A. 0.625　　B. 1

C. 1.6　　D. 2

答案：C

考点：考查市盈率倍数的计算公式。市盈率倍数=每股市价/每股收益。

314. A公司的每股收益是2.5元，A公司的可比公司B公司的市盈率为2，则A公司的股票价值为（ ）元。

A. 2　　B. 2.5

C. 4　　D. 5

答案：D

考点：考查市盈率倍数估值的计算。每股价值=每股收益×市盈率倍数。

315. 剔除资本结构影响的估值方法有（ ）。

①市盈率倍数法

②企业价值/息税前利润倍数法

③企业价值/息税折旧摊销前利润倍数法

A. ①　　B. ②

C. ②③　　D. ①③

答案：C

考点：考查股票的相对估值法中各方法的优缺点。

316. 剔除资本结构影响和折旧摊销影响的估值方法有（ ）。

①市盈率倍数法

②企业价值/息税前利润倍数法

③企业价值/息税折旧摊销前利润倍数法

A. ①　　B. ②

C. ③　　D. ②③

答案：C

考点：考查股票的相对估值法中各方法的优缺点。

317. 反映一家公司的股票价值对其净资产的倍数的指标是（ ）。

A. 市净率倍数　　B. 市盈率倍数

C. 市销率倍数　　D. 企业价值/息税前利润倍数

答案：A

考点：考查市净率的含义。

318. A 公司的每股市价为 8 元，每股净资产为 4 元，则 A 公司的市净率倍数为（　　）。

A. 0.5　　B. 1

C. 2　　D. 4

答案：C

考点：考查市净率倍数的计算公式。市净率倍数 = 每股市价/每股净资产。

319. A 公司的每股净资产是 3 元，A 公司的可比公司 B 公司的市净率为 2，则 A 公司的股票价值为（　　）元。

A. 2　　B. 2.5

C. 3　　D. 6

答案：D

考点：考查市净率倍数估值的计算。每股价值 = 每股净资产 × 市净率倍数。

320. 市净率倍数法比较适用于资产流动性较高的企业，因此（　　）估值通常采用市净率法。

①银行业　　②运营历史悠久的制造业企业

③新兴产业

A. ①　　B. ②

C. ③　　D. ②③

答案：A

考点：考查市净率法估值的特点。

321. 反映一家公司的股权价值对其销售收入的倍数的指标是（　　）。

A. 市净率倍数　　B. 市盈率倍数

C. 市销率倍数　　D. 企业价值/息税前利润倍数

答案：C

考点：考查市销率的含义。

322. A 公司的每股市价为 8 元，每股销售收入为 10 元，则 A 公司的市销率倍数为（　　）。

A. 0.8　　B. 1

C. 1.25　　D. 2

答案：A

考点：考查市销率倍数的计算公式。市销率倍数 = 每股市价/每股销售收入。

323. A 公司的每股销售收入是 5 元，A 公司的可比公司 B 公司的市销率为 0.8，则 A 公司的股票价值为（　　）元。

A. 0.16　　B. 1

C. 4　　D. 5

答案：C

考点：考查市销率倍数估值的计算。每股价值 = 每股销售收入 × 市销率倍数。

324. 对于一些无利润甚至亏损的企业，经营性现金流也为负，账面价值比较低，此时采用（　　）估值会比较实用。

A. 市盈率倍数法　　B. 市净率倍数法

C. 市销率倍数法　　D. 企业价值/息税前利润倍数法

答案：C

考点：考查市销率倍数法的适用情形。

325. 创业板上市公司向特定对象发行的股票，自发行结束之日起（　　）内不得转让。

A. 6 个月　　B. 12 个月

C. 18 个月　　D. 24 个月

答案：A

考点：创业板上市公司非公开发行股票向特定对象发行的股票，自发行结束之日起 6 个月内不得转让。

326. 深圳证券交易所开盘集合竞价时间为（　　）。

A. 9:15—9:25　　B. 9:15—9:30

C. 9:20—9:30　　D. 9:15—9:35

答案：A

考点：深圳证券交易所开盘集合竞价时间为 9:15—9:25。

327. 网上投资者有效申购倍数超过 150 倍的，回拨后无锁定网下发行比例不超过本次公开发行股票数量的（　　）。其中公开发行股票数量应按照扣除设定限售期的股票数量计算。

A. 5%　　B. 10%

C. 15%　　D. 20%

答案：B

考点：网上投资者有效申购倍数超过 150 倍的，回拨后无锁定网下发行比例不超过本次公开发行股票数量的 10% 。其中公开发行股票数量应按照扣除设定限售期的股票数量计算。

328. 根据《上海证券交易所科创板股票交易特别规定》，首次公开发行上市的股票，上市后前（　　）个交易日不设价格涨跌幅限制。

A. 3　　B. 5

C. 10　　D. 15

答案：B

考点：根据《上海证券交易所科创板股票交易特别规定》，首次公开发行上市的股票，上市后前 5 个交易日不设价格涨跌幅限制。

第五章　债　　券

1. 属于债券所规定的资金借贷双方的权责关系主要有（　　）。

①所借贷货币资金的数额

②借贷的时间

③在借贷时间内的资金成本或应有的补偿（债券的利息）

④债券的利率

A. ①②③　　B. ①②③④

C. ①②④　　D. ②③④

答案：A

考点：考查债券的定义。债券是一种有价证券，是社会各类经济主体为筹集资金而向债券投资者出具的、承诺按一定利率定期支付利息并到期偿还本金的债权债务凭证。债券所规定的资金借贷双方的权责关系主要有：第一，所借贷货币资金的数额；第二，借贷的时间；第三，在借贷时间内的资金成本或应有的补偿（债券的利息）。

2. 债券所规定的借贷双方的权利义务关系包括的含义有（　　）。

①发行人是借入资金的经济主体

②投资者是出借资金的经济主体

③发行人必须在约定的时间付息还本

④债券反映了发行者和投资者之间的债权债务关系，而且是这一关系的法律凭证

A. ①②③　　B. ①②③④

C. ①②④　　D. ②③④

答案：B

考点：考查债券的定义。

3. 以下（　　）不是债券的基本性质。

A. 属于有价证券　　B. 是一种虚拟资本

C. 反映了债权债务关系　　D. 是债权的表现

答案：C

考点：考查债券的基本性质。

4. 以下关于债券的基本性质中，说法有误的是（　　）。

A. 债券本身有一定的面值，持有债券可按期取得利息

B. 债券本身有一定的面值，代表了一定的真实资本

C. 债券代表债券投资者的权利，这种权利不是直接支配财产权，而是一种债权

D. 转让债券意味着将债券代表的权利一并转移

答案：B

考点：考查债券的基本性质。债券尽管有面值，代表了一定的财产价值，但它也只是一种虚拟资本，而非真实资本。因为债券的本质是证明债权债务关系的证书，在债权债务关系建立时所投入的资金已被债务人占用，债券是实际运用的真实资本的证书。

5. 债券代表债券投资者的权利，这种权利是（　　）。

A. 直接支配财产权利　　B. 债权

C. 资产所有权　　D. 直接处置财产权利

答案：B

考点：考查债券的基本性质。债券代表债券投资者的权利，但这种权利不是直接支配财产权，也不是资产所有权的变现，而是一种债权。

6. 债券作为证明债权债务关系的凭证，一般以有一定格式的票面形式来表现。通常，债券票面上的四个基本要素包括（　　）。

①债券的票面价值　　②债券的到期期限

③债券的票面利率　　④债券发行者名称

A. ①②③　　B. ①③④

C. ①②④　　D. ①②③④

答案：D

考点：考查债券的票面要素。债券票面上的四个基本要素包括：债券的票面价值、债券的到期期限、债券的票面利率、债券发行者名称。

7. 债券作为证明债权债务关系的凭证，一般以有一定格式的票面形式来表现。通常，债券票面上的四个基本要素包括（　　）。

A. 债券的实际利率　　B. 债券的发行日期

C. 债券的票面利率　　D. 债券发行者地址

答案：C

考点：考查债券的票面要素。债券票面上的四个基本要素包括：债券的票面价值、债券的到期期限、债券的票面利率、债券发行者名称。

8. 关于债券的到期期限，下列说法错误的是（　　）。

A. 债券到期期限是指债券从发行之日起至清偿本息之日止的时间

B. 债券到期期限是债券发行人承诺履行合同义务的全部时间

C. 各种债券的偿还期限都是相同的

D. 习惯上有短期债券、中期债券和长期债券之分

答案：C

考点：考查债券的票面要素中的债券的到期期限。各种债券有不同的偿还期限，短则几个月，长则几十年，并非偿还期限都是相同的。

9. 有的债券附有一定的选择权，即发行契约中赋予债券发行人或持有人具有某种选择的权利。关于有选择权的债券，下列说法有误的是（ ）。

A. 附有赎回选择权条款的债券表明债券发行人具有在到期日之前买回全部或部分债券的权利

B. 附有可转换条款的债券表明债券持有人具有按约定条件将债券转换成发行公司普通股股票的选择权

C. 附有新股认购权条款的债券表明债券持有人具有按约定条件购买债券发行公司新发行的普通股股票的选择权

D. 附有出售选择权条款的债券表明债券持有人具有在指定的日期内以票面价值将债券在市场上出售的权利

答案：D

考点：考查附有选择权债券的定义。附有出售选择权条款的债券表明债券持有人具有在指定的日期内以票面价值将债券卖回给发行人的权利。

10. 属于债券的特征的有（ ）。

①偿还性 ②流动性

③安全性 ④收益性

A. ①②③④ B. ①②③

C. ①②④ D. ②③④

答案：A

考点：考查债券的特征。债券的特征有：偿还性、流动性、安全性、收益性。

11. 下列关于债券的特征说法正确的是（ ）。

A. 债务人必须按期向债权人支付利息和偿还本金

B. 永续债的存在说明偿还性不是债券的一般特性

C. 债券的收益随发行者经营收益的变动而变动

D. 具有高度流动性的债券反而不安全

答案：A

考点：考查债券的特征。债券的特征有：偿还性、流动性、安全性、收益性。偿还性是指债券有规定的偿还期限，债务人必须按期向债权人支付利息和偿还本金。永续债券只是债券中极少的部分，不能因此否定债券具有偿还性的一般特征。债券的安全性是指债券持有人的收益相对稳定，不随发行者经营收益的变动而变动，并可按期收回本金。一般来说，具有高度流动性的债券同时也是较安全的，因为它不仅可以迅速地转换为货币，而且可以按一个较稳定的价格转换。

12. 一般来说，具有高度流动性的债券同时也是较安全的，因为它不仅可以迅速地转换为货币，还可以按一个较稳定的价格转换。关于债券不能收回投资的风险的说法有误的是（　　）。

A. 债务人不履行债务导致债券不能收回投资

B. 市场利率水平影响债券的转让价格

C. 不同的债务人不履行债务的风险程度是不一样的

D. 政府债券不履行债务的风险较高

答案：D

考点：考查债券的安全性。一般来说，政府债券不履行债务的风险最低。

13. 收益性是指债券能为投资者带来一定的收入，即债券投资的报酬。在实际经济活动中，债券收益表现的形式不包括（　　）。

A. 利息收入　　B. 资本损益

C. 处置利得　　D. 再投资收益

答案：C

考点：考查债券的收益性。债券收益表现的形式可以分为三种：一是利息收入，二是资本损益，三是再投资收益。

14. 债券按发行主体分类，可以分为（　　）。

A. 政府债券、金融债券和公司债券

B. 零息债券、附息债券和息票累积债券

C. 实物债券、凭证式债券和记账式债券

D. 短期债券、中期债券和长期债券

答案：A

考点：考查债券的分类。债券种类很多，依据不同的标准有不同分类。按发行主体，债券可以分为政府债券、金融债券和公司债券；按付息方式，债券可以分为零息债券、附息债券和息票累积债券；按债券形态，债券可以分为实物债券、凭证式债券和记账式债券；按期限长短，债券可以分为短期债券、中期债券和长期债券。

15. 债券按付息方式分类，可以分为（　　）。

A. 政府债券、金融债券和公司债券

B. 零息债券、附息债券和息票累积债券

C. 实物债券、凭证式债券和记账式债券

D. 短期债券、中期债券和长期债券

答案：B

考点：考查债券的分类。按付息方式，债券可以分为零息债券、附息债券和息票累积债券。

16. 债券种类很多，依据不同的标准会有不同的分类。其中，按（　　）分类，可以将债券分为政府债券、金融债券和公司债券。

A. 付息方式　　B. 债券形态

C. 发行主体　　D. 发行方式

答案：C

考点：考查债券的分类。按发行主体，债券可以分为政府债券、金融债券和公司债券。

17. 债券按券面形态分类，可以分为（　　）。

A. 政府债券、金融债券和公司债券

B. 零息债券、附息债券和息票累积债券

C. 实物债券、凭证式债券和记账式债券

D. 短期债券、中期债券和长期债券

答案：C

考点：考查债券的分类。债券种类很多，依据不同的标准有不同分类。按发行主体，债券可以分为政府债券、金融债券和公司债券；按付息方式，债券可以分为零息债券、附息债券和息票累积债券；按债券形态，债券可以分为实物债券、凭证式债券和记账式债券；按期限长短，债券可以分为短期债券、中期债券和长期债券。

18. 债券按利率是否固定分类，可以分为（　　）。

A. 公募债和私募债

B. 固定利率债券、浮动利率债券和可调利率债券

C. 利率债和信用债

D. 短期债券、中期债券和长期债券

答案：B

考点：考查债券的分类。债券种类很多，依据不同的标准有不同分类。按利率是否固定，债券可以分为固定利率债券、浮动利率债券和可调利率债券；按发行方式，债券可以分为公募债和私募债；按信用状况，债券可以分为利率债和信用债；按期限长短，债券可以分为短期债券、中期债券和长期债券。

19. 金融债券的发行主体可以是（　　）。

A. 公司　　B. 政府

C. 个人　　D. 银行

答案：D

考点：债券按发行主体分类。根据发行主体的不同，债券可以分为政府债券、金融债券和公司债券。其中，金融债券的发行主体是银行或非银行金融机构。

20. 下列关于政府债券、金融债券和公司债券说法有误的是（　　）。

A. 政府债券有不同的期限，从几个月到几十年不等

B. 金融债券的期限以短期较为多见

C. 公司债券的风险性相对于政府债券和金融债券要大一些

D. 在我国，公司债券和企业债券是两类不同的债券

答案：B

考点：债券按发行主体分类。根据发行主体的不同，债券可以分为政府债券、金融债券和公司债券。金融债券的期限以中期较为多见。

21. 通常，（　　）债券以低于面值的价格发行和交易，债券持有人实际上是以买卖（到期赎回）价差的方式取得债券利息。

A. 零息　　B. 附息

C. 政府　　D. 票息累积

答案：A

考点：债券按付息方式的分类。根据债券发行条款中是否规定在约定期限向债券持有人支付利息，债券可分为零息债券、附息债券和息票累积债券。其中，零息债券以低于面值的价格发行和交易，债券持有人实际上是以买卖（到期赎回）价差的方式取得债券利息。

22. 下列关于债券按付息方式分类中，说法正确的是（　　）。

①零息债券是指存续期间没有利息支付，到期时一次性获得本息

②附息债券又可分为固定利率债券和浮动利率债券两大类

③可以根据合约条款推迟支付定期利率的附息债券被称为缓息债券

④息票累积债券也规定了票面利率

A. ①②③　　B. ①②③④

C. ①②④　　D. ②③④

答案：D

考点：债券按付息方式的分类。根据债券发行条款中是否规定在约定期限向

债券持有人支付利息，债券可分为零息债券、附息债券和息票累积债券。其中，零息债券以低于面值的价格发行和交易，债券持有人实际上是以买卖（到期赎回）价差的方式取得债券利息。息票累积债券是指存续期间没有利息支付，到期时一次性获得本息。

23. 按照券面形态分类，债券不包括（ ）。

A. 金融债券　　B. 实物债券

C. 凭证式债券　　D. 记账式债券

答案：A

考点：债券按债券形态的分类。按照券面形态，债券可以分为实物债券、凭证式债券和记账式债券。

24. 下列不属于记账式国债的优点的是（ ）。

A. 发行时间短　　B. 发行利率高

C. 交易手续烦琐　　D. 成本低

答案：C

考点：记账式国债的特点。记账式国债可以记名、挂失，安全性较高，同时由于记账式债券的发行和交易均无纸化，所以发行时间短，发行效率高，交易手续简便，成本低，交易安全。

25. 下列关于利率按是否固定分类中说法正确的是（ ）。

A. 固定利率债券不确定性大

B. 浮动利率债券可以较好地抵御通货膨胀风险

C. 可调利率债券对利率进行不定期的调整

D. 可调利率的调整间隔只有 6 个月和 1 年

答案：B

考点：债券按利率是否固定分类。债券按利率是否固定分类，可以分为固定利率债券、浮动利率债券和可调利率债券。固定利率债券是指在发行时规定了整个偿还期内利率不变的债券，其投资成本和投资收益可以事先预计，不确定性较小。浮动利率债券是指发行时规定债券随市场利率定期浮动的债券，由于与市场利率挂钩，市场利率又考虑了通货膨胀的影响，浮动利率债券可以较好地抵御通货膨胀风险。可调利率债券在债券存续期内允许根据一些事先选定的参考利率指数的变化，对利率进行定期调整的债券，调整间隔往往事先预定，包括 1 个月、6 个月、1 年、2 年、3 年或 5 年。

26. 可以发行公募债券的主体不包括（ ）。

A. 政府机构　　B. 地方公共团体

C. 符合规定条件的私营企业　　D. 金融机构

答案：D

考点：公募债券。除政府机构、地方公共团体，一般私营企业必须符合规定的条件才能发行公募债券。

27. 有关私募债券的发行对象，说法有误的是（　　）。

A. 私募公司债的发行对象为合格投资者

B. 私募债券可以采取公开制度向合格投资者发行债券

C. 私募公司债每次发行对象不得超过 200 人

D. 私募债券募集对象为有限数量的专业投资机构

答案：B

考点：私募债券的发行特点。私募债券的发行不采用公开制度。

28. 债券按信用状况可以分为（　　）和（　　）。

A. 国债　地方政府债　　B. 利率债　信用债

C. 企业债　政府债　　D. 普通公司债　可转换公司债

答案：B

考点：考查债券按信用状况分类。按信用状况，债券可以分为利率债和信用债，在我国，狭义的利率债包括国债和地方政府债券。

29. 关于利率债和信用债，下列说法有误的是（　　）。

①正常情况下，利率债的信用风险较大

②利率债可能出现本息兑付延期乃至实质性违约的情况

③信用债券与政府债券相比最显著的差异是发行期限不同

④信用债比国债有着更高的收益

A. ①③　　B. ①②

C. ②④　　D. ②③

答案：A

考点：考查债券按信用状况分类。由于有政府信用背书，正常情况下利率债的信用风险很小，但不一定对于信用违约绝对“免疫”，也可能出现本息兑付延期乃至实质性违约的情况。信用债券与政府债券相比最显著的差异就是存在信用风险。

30. 债券与股票的相同点有（　　）。

①债券与股票都属于有价证券　　②债券与股票都是直接融资工具

③债券与股票风险都较大　　④债券与股票都可获得固定的收益

A. ①②　　B. ②③

C. ①④　　D. ②④

答案：A

考点：考查债券与股票的异同。债券与股票的相同点：债券与股票都属于有价证券、债券与股票都是直接融资工具。

31. 债券与股票的区别有（　　）。

①权利不同　　②目的不同

③主体不同　　④期限不同

A. ①②③　　B. ②③④

C. ①③④　　D. ①②③④

答案：D

考点：考查债券与股票的区别。债券与股票的区别有：权利不同、目的不同、主体不同、期限不同、收益不同、风险不同。

32. 下列关于债券与股票的说法，错误的是（　　）。

A. 债券持有者只可按期获取利息及到期收回本金，无权参与公司的经营决策

B. 股票所有者是发行股票公司的股东，一般拥有表决权，可行使对公司的经营决策权和监督权

C. 能发行股票的经济主体不只有股份有限公司

D. 发行债券获取的资金属于公司的负债

答案：C

考点：考查债券与股票的区别。公司企业等一般都可以发行债券，但能发行股票的经济主体只有股份有限公司。

33. 发行债券的经济主体很多，但能发行股票的经济主体只有（　　）。

A. 金融机构　　B. 公司企业

C. 地方政府　　D. 股份有限公司

答案：D

考点：考查债券与股票发行主体的不同。能发行股票的经济主体只有股份有限公司。

34. 股票风险较（　　），债券风险较（　　）。

A. 小　大　　B. 大　小

C. 大　大　　D. 小　小

答案：B

考点：考查债券与股票的区别。债券和股票有不同的风险，股票风险较大，

债券风险较小。

35. 下列关于债券和股票的说法中，有误的是（　　）。

A. 股票和债券一样，到期时都需要债务人支付本息

B. 债券通常有票面利率，意味着可获得固定的利息

C. 股票的股息红利不确定，视公司经营情况而定

D. 股票风险较大，债券风险较小

答案：A

考点：考查债券和股票的区别。股票通常是无须偿还的，一旦投资入股，股东便不能从股份有限公司抽回本金，因此股票是一种无期证券。

36. 下列关于政府债券的性质中，说法有误的是（　　）。

A. 从形式上看，政府债券是一种有价证券，具有债券的一般性质

B. 政府债券是进行宏观调控的工具

C. 政府债券本身无面额

D. 从功能上看，政府债券已成为政府筹集资金、扩大公共开支的重要手段

答案：C

考点：考查政府债券的性质。政府债券本身有面额，投资者投资于政府债券可以取得利息。

37. 政府债券的特征包括（　　）。

①安全性高　　②流通性强

③收益稳定　　④免税待遇

A. ①②③④　　B. ①②③

C. ①②④　　D. ②③④

答案：A

考点：考查政府债券的特征。政府债券的特征有：安全性高、流通性强、收益稳定、免税待遇。

38. 小王报名参加了今年的证券从业资格考试，在复习《金融市场基础知识》的时候，对政府债券的有关知识出现了疑惑。请帮他选出下列有关政府债券的说法中，不正确的说法是（　　）。

A. 在各类债券中，政府债券的信用等级并非最高

B. 购买政府债券，是一种较安全的投资选择

C. 发达的二级市场为政府债券的转让提供了方便，使其流通性大大增强

D. 国债的利息收入可免纳个人所得税

答案：A

考点：考查政府债券的特征。在各类债券中，政府债券的信用等级是最高的。

39. 中央政府债券按偿还期限分类，可分为（ ）。

A. 短期国债、中期国债和长期国债

B. 赤字国债、建设国债、战争国债和特种国债

C. 流通国债和非流通国债

D. 贴现国债和附息国债

答案：A

考点：考查中央政府债券的分类。按偿还期限分类，可分为短期国债、中期国债和长期国债。

40. 中央政府债券按资金用途分类，可分为（ ）。

A. 本币国债和外币国债

B. 赤字国债、建设国债、战争国债和特种国债

C. 短期国债、中期国债和长期国债

D. 贴现国债和附息国债

答案：B

考点：考查中央政府债券的分类。按资金用途，可分为赤字国债、建设国债、战争国债和特种国债。

41. 下列关于短期国债、中期国债和长期国债的说法不正确的是（ ）。

A. 短期国债一般是指偿还期限在 1 年以内的国债

B. 中期国债是指偿还期限在 1 年或 1 年以上、10 年以下（包括 10 年）的国债

C. 长期国债是指偿还期限在 10 年或 10 年以上的国债

D. 短期国债、中期国债和长期国债都属于有期国债

答案：C

考点：考查中央政府债券按偿还期限分类。长期国债是指偿还期限在 10 年以上的国债。

42. 中期国债是指偿还期限在（ ）以上、（ ）以下的国债。

A. 1 年 3 年

B. 1 年 5 年

C. 1 年或 1 年 10 年（包括 10 年）

D. 1 年或 1 年 5 年

答案：C

考点：考查中期国债的期限。

43. 下列关于国债按资金用途分类，说法正确的有（　　）。

①赤字国债是指用于弥补政府预算赤字的国债

②建设国债是指发债筹措的资金用于建设项目的国债

③战争国债专指用于弥补战争费用的国债

④特种国债是指政府为了实施某种特殊政策而发行的国债

A. ①②③④　　B. ①②③

C. ①②④　　D. ②③④

答案：A

考点：考查中央政府国债按资金用途分类。按资金用途，可分为赤字国债、建设国债、战争国债和特种国债。

44. 下列关于流通国债的特征，说法错误的是（　　）。

A. 投资者可以自由认购

B. 投资者可以自由转让

C. 通常记名

D. 转让价格取决于对该国债的供给与需求

答案：C

考点：考查流通国债的特征。流通国债的特征有：投资者可以自由认购、自由转让、通常不记名、转让价格取决于对该国债的供给与需求。

45. 通常期限在1年以下（含1年）的国债为（　　）。

A. 附息式国债　　B. 贴现式国债

C. 流通国债　　D. 记账式国债

答案：B

考点：考查国债按付息方式分类。按付息方式，国债可分为贴现国债和附息国债。通常期限在1年以下（含1年）的国债为贴现国债，期限在1年以上的国债为附息国债。

46. 目前我国发行的普通国债有（　　）。

①记账式国债　　②储蓄国债（凭证式）

③储蓄国债（电子式）　　④附息式国债

A. ①②③④　　B. ①②③

C. ①②④　　D. ②③④

答案：B

考点：我国普通国债的分类。目前我国发行的普通国债有记账式国债、储蓄国债（凭证式）和储蓄国债（电子式）。

47. 关于记账式国债的特点，说法错误的是（ ）。

A. 可以记名、挂失

B. 以无券形式发行可以防止证券的遗失、被窃与伪造，安全性好

C. 不可上市转让，流通性差

D. 期限有长有短，更适合短期国债的发行

答案：C

考点：考查记账式国债的特点。记账式国债的特点有：可以记名、挂失；以无券形式发行可以防止证券的遗失、被窃与伪造，安全性好；可上市转让，流通性好；期限有长有短，但更适合短期国债的发行；通过证券交易所电脑网络发行，可以降低证券的发行成本；上市后价格随行就市，具有一定的风险。

48. 关于储蓄国债（电子式）的说法错误的是（ ）。

A. 针对个人投资者，同时也向机构投资者发行

B. 采用实名制，不可流通转让

C. 收益安全稳定，由财政部负责还本付息，免缴利息税

D. 付息方式较为多样

答案：A

考点：考查储蓄国债（电子式）。储蓄国债（电子式）是2006年推出的国债新品种，具有以下特点：针对个人投资者，不向机构投资者发行；采用实名制，不可流通转让；收益安全稳定，由财政部负责还本付息，免缴利息税；鼓励持有到期，手续简化；付息方式较为多样。

49. 储蓄国债（凭证式）和储蓄国债（电子式）的不同之处有（ ）。

①申请购买手续不同 ②债权记录方式不同

③付息方式不同 ④到期兑付方式不同

A. ①②③ B. ①②③④

C. ①②④ D. ②③④

答案：B

考点：储蓄国债（凭证式）和储蓄国债（电子式）的不同之处。储蓄国债（凭证式）和储蓄国债（电子式）的不同之处在于：申请购买手续不同；债权记录方式不同、付息方式不同、到期兑付方式不同、发行对象不同、承办机构不同。

50. 储蓄国债（电子式）与记账式国债都以电子记账方式记录债权，二者不同之处在于（ ）。

①发行对象不同　②发行利率确定机制不同
③流通或变现方式不同　④到期兑付方式不同
A. ①②③　B. ①②③④
C. ①②④　D. ②③④
答案：A
考点：储蓄国债（电子式）与记账式国债的不同之处。二者不同之处在于：发行对象不同；发行利率确定机制不同；流通或变现方式不同；记账式国债二级市场交易价格是由市场决定的，到期前市场价格（净价）有可能高于或低于发行面值，而储蓄国债（电子式）在发行时就对提前兑取条件作出规定。

51.（　）是地方政府根据本地区经济发展和资金需求状况，以承担还本付息责任为前提，向社会筹集资金的债务凭证。
A. 中央政府债券　B. 地方政府债券
C. 普通债券　D. 可转换债券
答案：B
考点：考查地方政府债券的概念。

52. 地方政府债券可以分为（　）和（　）。
A. 一般债券　普通债券　B. 一般债券　收入债券
C. 普通债券　特种债券　D. 专项债券　收入债券
答案：B
考点：考查地方政府债券的分类。地方政府债券按资金用途和偿还资金来源不同，通常可以分为一般债券（普通债券）和专项债券（收入债券）。

53. 我国普通国债发行的总体情况大致是（　）。
①规模越来越大　②发行方式趋于单一
③期限趋于多样化　④发行方式趋于市场化
A. ①②③　B. ①②③④
C. ①③④　D. ②③④
答案：C
考点：我国普通国债的总体发行情况。普通国债的总体发行情况大致为：规模越来越大、期限趋于多样化、发行方式趋于市场化。

54. 以下（　）不是我国其他类型国债的种类。
A. 国家重点建设债券　B. 财政债券
C. 普通债券　D. 保值债券
答案：C

考点：考查我国其他类型国债的种类。我国其他类型国债的种类有：国家重点建设债券、国家建设债券、财政债券、特种债券、保值债券、基本建设债券、特别国债、长期建设国债。

55.（　　）是为了特定的政策目标而发行的国债。

A. 基本建设债券　　B. 特别国债

C. 财政债券　　D. 特种债券

答案：B

考点：考查我国其他类型国债中特别国债的定义。特别国债是为了特定的政策目标而发行的国债。特种债券是一种只对企事业单位，不对个人发行的国库券。注意辨析二者。

56.（　　）是指银行及非银行金融机构依照法定程序发行并约定在一定期限内还本付息的有价证券。

A. 金融债券　　B. 公司债券

C. 企业债券　　D. 政府债券

答案：A

考点：考查金融债券的定义。金融债券是指银行及非银行金融机构依照法定程序发行并约定在一定期限内还本付息的有价证券。公司债券是指公司依照法定程序发行的、约定在一定期限还本付息的有价证券。企业债券有广义和狭义之分，广义的企业债券包括公司债券、狭义的企业债券和银行间市场发行的非金融企业债务融资工具；狭义的企业债券是我国存在的一种特殊法律规定的债券形式，它的出现与我国债券发展历史有关。政府债券又被称为国债，是指政府财政部门或其他代理机构为筹集资金，以政府名义发行的、承诺在一定时期支付利息和到期还本的债务凭证。

57. 下列关于金融债券的说法中，有误的是（　　）。

A. 金融债券能够较有效地解决银行等金融机构的资金来源不足和期限不匹配的矛盾

B. 金融债券的资信通常高于其他非金融机构债券

C. 金融债券违约风险相对较小，具有较高的安全性

D. 金融债券的利率通常高于一般的企业债券

答案：D

考点：考查金融债券的基本知识。金融债券的利率通常低于一般的企业债券，但高于风险更小的国债和银行储蓄存款利率。

58. 根据利息支付方式的不同，金融债券可分为（　　）和（　　）。

A. 附息金融债券　贴现金融债券

B. 普通金融债券　累进利息金融债券

C. 信用债券　担保债券

D. 附有选择权的债券　不附有选择权的债券

答案：A

考点：金融债券的分类。根据利息支付方式的不同，金融债券可分为附息金融债券和贴现金融债券；根据发行条件的不同，金融债券可分为普通金融债券和累进利息金融债券。

59. 如果金融债券上附有多期息票，发行人定期支付利息，则被称为（　　）。

A. 贴现债券

B. 附息金融债券

C. 政策性金融债券

D. 信用债券

答案：B

考点：考查附息金融债券的定义。

60. 政策性银行金融债券发行申请应包括发行数量、期限安排、发行方式等内容，如需调整，应及时报（　　）核准。

A. 国家开发银行

B. 中国进出口银行

C. 中国人民银行

D. 中国农业发展银行

答案：C

考点：考查我国金融债券的管理。我国政策性金融债券由国家开发银行、中国进出口银行、中国农业发展银行发行，发行申请应包括发行数量、期限安排、发行方式等内容，如需调整，应及时报中国人民银行核准。此处注意是“核准”，而非“审批”。

61. 政策性金融债券可以在全国银行间债券市场公开发行或定向发行，发行人可以采取（　　）或（　　）的方式。

①一次足额发行

②不限额分次发行

③连续发行

④限额内分期发行

A. ①③

B. ①②

C. ①④

D. ②④

答案：C

考点：我国政策性金融债券的发行方式。政策性金融债券可以在全国银行间债券市场公开发行或定向发行，发行人可以采取一次足额发行或限额内分期发行的方式。

62. 2007 年 6 月，中国人民银行、国家发展和改革委员会发布《境内金融机构赴香港特别行政区发行人民币债券管理暂行办法》，境内（　　）和（　　）经（　　）可在香港发行人民币债券。

A. 政策性银行　商业银行　批准　B. 政策性银行　金融机构　审批

C. 政策性银行　非金融机构　批准　D. 政策性银行　商业银行　审批

答案：A

考点：我国金融债券的管理规定。2007 年 6 月，中国人民银行、国家发展和改革委员会发布《境内金融机构赴香港特别行政区发行人民币债券管理暂行办法》，境内政策性银行和商业银行经批准可在香港发行人民币债券。

63. 根据《全国银行间债券市场金融债券发行管理办法》，商业银行发行金融债券应具备的条件有（　　）。

①最近五年连续盈利　②具有良好的公司治理机制

③最近三年没有重大违法、违规行为　④核心资本充足率不低于 3%

A. ①③　B. ①②

C. ①④　D. ②③

答案：D

考点：考查我国商业银行金融债券的发行条件。根据《全国银行间债券市场金融债券发行管理办法》，商业银行发行金融债券应具备的条件有：具有良好的公司治理机制；核心资本充足率不低于 4%；最近三年连续盈利；贷款损失准备计提充足；风险监管指标符合监管机构的有关规定；最近三年没有重大违法、违规行为；中国人民银行要求的其他条件。

64. 根据《全国银行间债券市场金融债券发行管理办法》，商业银行发行金融债券核心资本充足率应不低于（　　）。

A. 3%　B. 4%

C. 5%　D. 6%

答案：B

考点：考查我国商业银行金融债券的发行条件。

65. 商业银行除发行普通的金融债券外，还包括（　　）和（　　）。

A. 次级债券　信用债券　B. 次级债券　资本补充债券

C. 信用债券　资本补充债券　D. 信用债券　担保债券

答案：B

考点：考查商业银行债券发行的种类。商业银行除发行普通的金融债券外，还包括次级债券和资本补充债券。

66.（　　）是指商业银行发行的、本金和利息的清偿顺序列于商业银行其他负债之后、先于商业银行股权资本的债券。

A. 商业银行资本补充债券　　B. 商业银行次级债券
C. 商业银行金融债券　　D. 商业银行一般债券

答案：B

考点：考查商业银行次级债券的定义。商业银行次级债券是指商业银行发行的、本金和利息的清偿顺序列于商业银行其他负债之后、先于商业银行股权资本的债券。

67. 商业银行公开发行次级债券应具备的条件不包括下列（　　）。

A. 实行贷款五级分类
B. 最近三年没有重大违法、违规行为
C. 核心资本充足率不低于4%
D. 贷款损失准备计提充足

答案：C

考点：考查商业银行次级债券的公开发行和私募发行。公开发行次级债券核心资本充足率不低于5%，私募方式发行次级债券核心资本充足率不低于4%。

68.（　　）是指银行业金融机构为满足资本监管要求而发行的、对特定触发事件下债券偿付事宜作出约定的金融债券，包括但不限于无固定期限资本债券和二级资本债券。

A. 商业银行资本补充债券　　B. 商业银行次级债券
C. 商业银行金融债券　　D. 商业银行一般债券

答案：A

考点：考查商业银行资本补充债券的定义。商业银行资本补充债券是指银行业金融机构为满足资本监管要求而发行的、对特定触发事件下债券偿付事宜作出约定的金融债券，包括但不限于无固定期限资本债券和二级资本债券。

69. 银行业金融机构发行资本补充债券，应满足的条件不包括（　　）。

A. 具有完善的公司治理机制
B. 偿债能力良好，且成立满一年
C. 遵守国家产业政策和信贷政策
D. 经营稳健，资产结构符合行业特征

答案：B

考点：考查商业银行资本补充债券的发行条件。根据中国人民银行2018年第3号公告，银行业金融机构发行资本补充债券，应满足以下条件：具有完善的公司治理机制；偿债能力良好，且成立满三年；经营稳健，资产结构符合行业特征，以服务实体经济为导向，遵守国家产业政策和信贷政策；满足宏观审慎管理要求，且主要金融监管指标符合监管部门的有关规定。

70. 证券公司目前可以发行的债务类融资工具包括（　　）。

①证券公司普通债券　②证券公司短期融资券

③证券公司次级债　④证券公司次级债务

A. ①②③　B. ①②③④

C. ①③④　D. ②③④

答案：B

考点：考查证券公司债券品种。

71.（　　）是指证券公司以短期融资为目的、在银行间债券市场发行的约定在一定期限内还本付息的金融债券。

A. 证券公司普通债券　B. 证券公司短期融资券

C. 证券公司次级债券　D. 证券公司次级债务

答案：B

考点：考查证券公司短期融资券的定义。

72. 证券公司发行短期融资券实行余额管理，待偿还短期融资券余额不超过净资本的（　　），在此范围内，证券公司自主确定每期短期融资券的发行规模。

A. 40%　B. 50%

C. 60%　D. 70%

答案：C

考点：考查证券公司短期融资券。证券公司发行短期融资券实行余额管理，待偿还短期融资券余额不超过净资本的60%，在此范围内，证券公司自主确定每期短期融资券的发行规模。

73.（　　）是指证券公司向股东或机构投资者定向借入的清偿顺序在普通债之后的次级债务，以及证券公司向机构投资者发行的、清偿顺序在普通债之后的有价证券。次级债务、次级债券为证券公司同一清偿顺序的债务。

A. 证券公司次级债　B. 保险公司次级债务

C. 证券公司债券　D. 商业银行次级债券

答案：A

考点：证券公司次级债是指证券公司向股东或机构投资者定向借入的清偿顺序在普通债之后的次级债务，以及证券公司向机构投资者发行的、清偿顺序在普通债之后的有价证券。次级债务、次级债券为证券公司同一清偿顺序的债务。

74. 证券公司长期次级债可按一定比例计入净资本，到期期限在3年、2年、1年以上的，原则上分别按（　　）、（　　）、（　　）的比例计入净资本。

A. 90%　80%　70%　　B. 100%　70%　50%

C. 100%　70%　30%　　D. 90%　70%　50%

答案：B

考点：考查证券公司长期次级证券。证券公司长期次级债可按一定比例计入净资本，到期期限在3年、2年、1年以上的，原则上分别按100%、70%、50%的比例计入净资本。

75. 保险公司次级债是指保险公司为了弥补临时性或者阶段性资本不足，经批准募集、期限在（　　）以上（含此数），且本金和利息的清偿顺序列于保单责任和其他负债之后、先于保险公司股权资本的保险公司债务。

A. 3年　　B. 5年

C. 7年　　D. 10年

答案：B

考点：考查保险公司次级债。保险公司次级债是指保险公司为了弥补临时性或者阶段性资本不足，经批准募集、期限在5年以上（含5年），且本金和利息的清偿顺序列于保单责任和其他负债之后、先于保险公司股权资本的保险公司债务。

76. 下列关于财务公司发行金融债券的说法有误的是（　　）。

A. 财务公司发行金融债券应当由财务公司的母公司提供相应担保

B. 财务公司发行金融债券应当由其他有担保能力的成员单位提供相应担保

C. 财务公司发行金融债券可经原中国银监会批准免予担保

D. 财务公司发行金融债券需要以非公开发行的方式

答案：D

考点：考查财务公司发行金融债券。财务公司发行金融债券可在银行间债券市场公开发行或定向发行，可采取一次足额发行或限额内分期发行的方式。

77. 金融租赁公司和汽车金融公司发行金融债券后，资本充足率均应不低于（　　）。

A. 6%　　B. 7%

C. 8%　　D. 9%

答案：C

考点：考查金融租赁公司和汽车金融公司发行金融债券。符合条件的金融租赁公司和汽车金融公司可以在银行间债券市场发行和交易金融债券。金融租赁公司和汽车金融公司发行金融债券后，资本充足率均应不低于8%。

78. 下列关于中央银行票据的说法有误的是（　　）。

A. 期限通常在6个月到3年

B. 中央银行票据实质是中央银行债券

C. 具有短期性的特点

D. 发行它的目的主要是进行对冲操作，回收外汇占款所投放的基础货币

答案：A

考点：考查中央银行票据。中央银行票据的期限通常在3个月到3年。

79. 关于公司债券的分类，下列说法正确的有（　　）。

①按担保抵押情况分为信用公司债券、不动产抵押公司债券、保证公司债券

②按付息方式不同分为普通公司债券和收益公司债券

③按内含选择权的不同分为可转换公司债券、附认股权证的公司债券、可交换公司债券

④按是否记名分为记名公司债券和不记名公司债券

A. ①②③　　B. ①②③④

C. ①③④　　D. ②③④

答案：B

考点：考查公司债券的分类。按不同的标准，公司债券可以划分为很多种类。

80. 属于无担保证券范畴，不以公司任何资产作担保而发行的债券被称为（　　）。

A. 收益公司债券　　B. 可转换公司债券

C. 不动产抵押公司债券　　D. 信用公司债券

答案：D

考点：考查信用公司债券的定义。信用公司债券是一种不以公司任何资产作担保而发行的债券，属于无担保证券范畴。

81. 下列关于信用公司债券的说法正确的是（　　）。

A. 所有公司都可以发行信用公司债券

B. 信用公司债券的发行人实际上是将公司信誉作为担保

C. 信用公司债券不可以附有某些限制性条款

D. 信用公司债券属于有担保证券范畴

答案：B

考点：考查信用债券的概念。少数大公司经营良好，信誉卓著，可发行信用

公司债券。为了保护投资者的利益，可要求信用公司债券附有某些限制性条款，如公司债券不得随意增加、债券未清偿之前股东的分红要有限制等。信用公司债券属于无担保证券范畴。

82.（　　）是公司发行的由第三者作为还本付息担保人的债券，是担保证券的一种。

A. 收益公司债券　　B. 可转换公司债券

C. 保证公司债券　　D. 信用公司债券

答案：C

考点：考查保证公司债券的定义。保证公司债券是公司发行的由第三者作为还本付息担保人的债券，是担保证券的一种。

83. 下列关于公司债券的说法中，有误的是（　　）。

A. 不动产抵押公司债券用作抵押的财产价值不一定与发生的债务额相等

B. 一般来说，投资者比较愿意购买保证公司债券

C. 收益公司债券的清偿顺序在股票之后

D. 可转换公司债券具有双重选择权的特征

答案：C

考点：考查公司债券的相关知识。收益公司债券清偿时债权排列顺序先于股票。

84. 下列关于可转换公司债券的说法中，有误的是（　　）。

A. 可转换公司债券转换后相当于增发了股票

B. 可转换公司债券一般不用经股东大会或董事会的决议就可发行

C. 可转换公司债券具有双重选择权

D. 可转换公司债券在发行条款中应规定转换期限和转换价格

答案：B

考点：考查可转换公司债券的相关知识。可转换公司债券一般要经股东大会或董事会的决议通过，才能发行。

85. 附认股权证的公司债券的购买者可以按预先规定的条件在公司发行股票时享有优先购买权。“预先规定的条件”主要是指（　　）。

①股票的购买价格　　②认购比例

③认购期间　　④认购金额

A. ①②③　　B. ①②③④

C. ①③④　　D. ②③④

答案：A

考点：考查附认股权证的公司债券的相关知识。预先规定的条件主要是指股票的购买价格、认购比例和认购期间。

86. 下列关于附认股权证的公司债券的说法，有误的是（ ）。

A. 按附认股权和债券本身能否分开来划分，可分为两种类型

B. 可分离型附认股权证的公司债券可独立转让

C. 非分离型附认股权证的公司债券，认股权也能成为独立买卖的对象

D. 它是一种附有认购该公司股票权利的债券

答案：C

考点：考查附认股权证的公司债券的相关知识。非分离型附认股权证的公司债券，不能把认股权从债券上分离，不能成为独立买卖的对象。

87. 可交换债券与可转换公司债券的相同之处有（ ）。

①发行要素相似

②投资价值与上市公司价值无关

③在约定期限内都可以以约定的价格交换为标的股票

④都包括票面利率、期限、转股价格和转股比率、转股期限等

A. ①②③ B. ①②③④

C. ①③④ D. ②③④

答案：C

考点：考查可交换债券与可转换公司债券的相同之处。对投资者来说，可交换债券与持有标的上市公司的可转换公司债券相同，投资价值与上市公司价值相关，在约定期限内可以以约定的价格交换为标的的股票。

88. 下列关于企业债券和公司债券的说法，有误的是（ ）。

A. 企业债券和公司债券是相同的一种债券

B. 企业债券涵盖公司债券

C. 企业债券的发行主体不包括上市公司

D. 我国企业债券出现的历史远远早于公司债券

答案：A

考点：考查企业债券和公司债券的相关知识。在我国，企业债券和公司债券是不同的两种债券。

89. 企业债券的发行主体可以是（ ）。

①上市公司

②股份有限公司

③有限责任公司

④尚未改制为现代公司制度的企业法人

A. ①②③ B. ①②③④

C. ①③④ D. ②③④

答案：D

考点：考查企业债券的发行主体。企业债券的发行主体不包括上市公司。

90. 业界习惯将企业债券划分为（ ）。

A. 城投债企业债券、产业类企业债券、集合类企业债券

B. 城投债企业债券、项目收益债券、产业类企业债券、

C. 可续期债券、项目收益债券、产业类企业债券

D. 可续期债券、集合类企业债券、产业类企业债券

答案：A

考点：考查企业债券的分类。业界习惯将企业债券划分为城投债企业债券、产业类企业债券和集合类企业债券。

91. 集合类企业债券，简称为集合债券，是指以多个发行人作为联合发行主体，按照（ ）的原则共同发行的企业债券。

①统一组织 ②分别负债

③统一担保 ④集合发行

A. ①②③ B. ①②③④

C. ①③④ D. ②③④

答案：B

考点：考查集合债券的定义。集合债券是指以多个发行人作为联合发行主体，按照统一组织、分别负债、统一担保、集合发行的原则共同发行的企业债券。

92. 以下（ ）不是我国企业债券的种类。

A. 普通企业债券 B. 中小企业集合债券

C. 可续期企业债券 D. 国际债券

答案：D

考点：考查我国企业债券的品种。国际债券是指一国借款人在国际证券市场上以外国货币为面值、向外国投资者发行的债券。它是一种跨国发行的债券，涉及两个或两个以上的国家。

93.（ ）是指以地方融资平台或国有企业为发行主体，面向机构投资者发行，募集资金以银行委托贷款的方式发放给小微企业的创新类企业债券品种。

A. 项目收益债券 B. 小微企业增信集合债券

C. 专项债券　　　　　　　　　　D. 中小企业集合债券

答案：B

考点：考查小微企业增信集合债券的定义。小微企业增信集合债券是指以地方融资平台或国有企业为发行主体，面向机构投资者发行，募集资金以银行委托贷款的方式发放给小微企业的创新类企业债券品种。

94. 下列关于可续期企业债券的说法，有误的是（　　）。

A. 理论上可不断续期永续存在

B. 计息周期一般在 5 到 10 年

C. 具有期限超长、主动赎回、可充当资本金等诸多优势

D. 发改委并未对该类债券制定专门的规定

答案：B

考点：考查可续期企业债券的相关知识。可续期企业债券，是指在约定的计息周期（一般 3—5 年）到期时，发行人可按约定的利率调整机制调整利率后，继续延长一个周期的企业债券，理论上可不断续期永续存在，具有期限超长、主动赎回、可充当资本金等诸多优势。

95. 下列关于项目收益债券的说法中，正确的是（　　）。

A. 所募集的资金只能用于该项目建设、运营或设备购置

B. 不能面向机构投资者非公开发行

C. 所募集的资金可以用来置换项目资本金或偿还与项目有关的其他债务

D. 可以面向机构投资者非公开发行，单笔认购不少于 1 000 万元人民币

答案：A

考点：考查项目收益债券的相关知识。发行项目收益债券所募集的资金只能用于该项目建设、运营或设备购置，不得置换项目资本金或偿还与项目有关的其他债务。可以面向机构投资者非公开发行，单笔认购不少于 500 万元人民币。

96. 在面向机构投资者非公开发行项目收益债券时，需要满足的要求有（　　）。

①债项评级达 AAA 级以上

②每次发行时认购的机构投资者不超过 200 人

③单笔认购不少于 500 万元人民币

④所募集的资金可以用来置换项目资本金或偿还与项目有关的其他债务

A. ②③　　　　　　　　　　B. ①②

C. ①③　　　　　　　　　　D. ③④

答案：A

考点：考查非公开发行项目收益债券时应满足的要求。非公开发行的项目收益债券的债项评级达 AA 及以上。

97. 在面向机构投资者非公开发行项目收益债券时，单笔认购不少于（　　）万元人民币。

A. 300　　B. 400

C. 500　　D. 600

答案：C

考点：考查非公开发行项目收益债券时应满足的要求。

98. 专项债券是指债券募集资金用于特定项目的债券。下列关于专项债券的说法中，正确的是（　　）。

A. 专项债券是一个特定的债券品种

B. 相比普通企业债券，专项债券在发行条件上多有放宽

C. 发行绿色债券的企业同样受发债指标限制

D. 专项债券不可以是普通企业债券

答案：B

考点：考查专项债券的相关知识。专项债券不是某一个债券品种，它可以是普通企业债券，也可以是创新的项目收益债券、永续债券、债贷组合债券等。发行绿色债券的企业不受发债指标限制。

99. 债贷组合是按照（　　）模式，由银行为企业制定系统性融资规划，根据项目建设融资需求，将企业债券和贷款统一纳入银行综合授信管理体系，对企业债务融资实施全程管理。

①融资统一规划　　②信贷统一授信

③动态长效监控　　④全程风险管理

A. ①②③　　B. ①②③④

C. ①③④　　D. ②③④

答案：B

考点：考查债贷组合的定义。

100. 下列属于我国非金融企业债务融资工具的特点的有（　　）。

①融资工具发行对象均为作为银行间债券市场成员的机构投资者

②融资工具发行参与方包括审计师事务所、律师事务所、主承销商、评级机构、增信机构等中介服务机构

③定价市场化

④发行方式市场化

A. ①②③
B. ①②③④
C. ①③④
D. ②③④

答案：B

考点：考查我国非金融企业债务融资工具的特点。

101. 我国非金融企业债务融资工具的种类有（ ）。

①短期融资券
②中期票据
③非公开定向债务融资工具
④中小非金融企业集合票据

A. ①②③
B. ①②③④
C. ①②④
D. ②③④

答案：B

考点：考查我国非金融企业债务融资工具的种类。

102. 短期融资券是指具有法人资格的非金融企业在银行间债券市场发行的，约定在（ ）年内还本付息的债务融资工具。

A. 1
B. 3
C. 5
D. 10

答案：A

考点：考查短期融资券的定义。短期融资券是指具有法人资格的非金融企业在银行间债券市场发行的，约定在 1 年内还本付息的债务融资工具。

103. 超短期融资券是指具有法人资格的非金融企业在银行间债券市场发行的，约定在（ ）天以内还本付息的债务融资工具。

A. 90
B. 180
C. 270
D. 360

答案：C

考点：考查超短期融资券的定义。超短期融资券是指具有法人资格的非金融企业在银行间债券市场发行的，约定在 270 天以内还本付息的债务融资工具。

104. 下列关于中期票据的说法，正确的是（ ）。

A. 中期票据的期限一般为 1 年以上、5 年以下

B. 我国中期票据的期限通常为 1 年

C. 中期票据待偿还余额不得超过企业净资产的 30%

D. 企业在中期票据存续期内变更募集资金用途应提前披露

答案：D

考点：考查中期票据的相关知识。中期票据的期限一般为 1 年以上、10 年以下，我国中期票据的期限通常为 3 年或 5 年。中期票据待偿还余额不得超过企

业净资产的40%。

105. 中期票据待偿还余额不得超过企业净资产的（　　）。

A. 30%　　B. 40%

C. 50%　　D. 60%

答案：B

考点：考查中期票据的相关知识。中期票据待偿还余额不得超过企业净资产的40%。

106. 下列属于我国企业债券和公司债券的区别的有（　　）。

①发行主体不同　　②发行制度和监管机构不同

③发行期限不同　　④募集资金用途不同

⑤发行定价方式不同　　⑥担保要求不同

⑦发行市场不同

A. ①②③⑤⑥⑦　　B. ①②③④⑤⑥⑦

C. ①②④⑤⑥⑦　　D. ②③④⑤⑥⑦

答案：B

考点：考查我国企业债券和公司债券的区别。我国企业债券和公司债券的区别主要有以下几个方面：①发行主体不同；②发行制度和监管机构不同；③募集资金用途不同；④发行期限不同；⑤发行定价方式不同；⑥担保要求不同；⑦发行市场不同。

107. 2001—2019 年，我国国债发行规模从 4 483.53 亿元增加到（　　）万亿元。

A. 3　　B. 4

C. 5　　D. 6

答案：B

考点：本题考查我国普通国债发行情况。2001—2019 年，我国国债发行规模从 4 483.53 亿元增加到 4 万亿元。

108. 我国企业债券发行实行（　　），而公司债券公开发行实行（　　）。

A. 注册制　　B. 审批制　复核制

C. 核准制　审批制　注册制　　D. 核准制　复核制

答案：A

考点：考查我国企业债券和公司债券在发行制度和监管机构上的区别。企业债券发行实施注册制，公司债券公开发行实行注册制。

109. 下列关于公司债券和企业债券募集资金用途的说法，正确的是

（　　）。

A. 公司债券的募集资金用途不能由发行人自行决定

B. 公司债券的募集资金用途必须与项目挂钩

C. 企业债券的募集资金用途与政府部门审批的项目直接相连

D. 企业债券的募集资金用途没有限制

答案：C

考点：考查公司债券和企业债券募集资金用途的区别。公司债券的募集资金用途由发行人自行决定，不强制与项目挂钩，包括可以用于偿还银行贷款、改善财务结构等股东大会核准的用途，除金融企业外，募集资金不得转借他人。企业债券募集资金用途主要限制在固定资产投资和技术革新改造方面，并与政府部门审批的项目直接相连。

110. 证券公司目前可以发行的债务类融资工具包括（　　）。

①证券公司普通债券　　②证券公司短期融资券

③证券公司次级债券　　④证券公司次级债务

A. ①②③　　B. ②③④

C. ①②③④　　D. ①③④

答案：C

考点：证券公司目前可以发行的债务类融资工具包括证券公司普通债券、证券公司短期融资券、证券公司次级债券、证券公司次级债务。

111. 我国企业债券的发行期限一般为（　　）年，以（　　）年为主。

A. 1—3　3　　B. 3—10　5

C. 3—20　10　　D. 10—20　10

答案：C

考点：考查我国企业债券的发行期限。

112. 我国公司债券的发行期限一般为（　　）年，以（　　）年为主。

A. 1—3　3　　B. 3—10　5

C. 3—20　10　　D. 10—20　10

答案：B

考点：考查我国公司债券的发行期限。

113. 企业债券的定价存在利率限制，要求发债利率不高于同期银行存款利率的（　　）。

A. 20%　　B. 30%

C. 40%　　D. 50%

答案：C

考点：企业债券的定价存在利率限制，要求发债利率不高于同期银行存款利率的 40%。

114.《企业债券管理条例》规定，企业发行企业债券，可以向（　　）申请信用评级。

A. 中国证监会　　B. 银行

C. 认可的债券评信机构　　D. 国务院

答案：C

考点：《企业债券管理条例》规定，企业发行企业债券，可以向认可的债券评信机构申请信用评级。

115. 公司债券的发债利率没有明确的限制，由发行人和保荐人通过市场询价确定；企业债券的定价存在利率限制，要求发债利率不高于同期银行存款利率的（　　）。

A. 30%　　B. 40%

C. 50%　　D. 60%

答案：B

考点：考查企业债券和公司债券的发行定价方式。

116. 国际债券是一种跨国发行的债券，涉及两个或两个以上的国家。同国内债券相比，具有一定的特殊性。这种特殊性表现在（　　）。

①资金来源广、发行规模大　　②存在汇率风险

③有国家主权保障　　④以自由兑换货币作为计量货币

A. ①②③　　B. ①②③④

C. ①③④　　D. ②③④

答案：B

考点：考查国际债券的特征。

117. 国际债券是指一国借款人在国际证券市场上以（　　）货币为面值、向（　　）投资者发行的债券。

A. 外国　本国　　B. 外国　外国

C. 本国　外国　　D. 本国　本国

答案：B

考点：考查国际债券的定义。

118. 下列关于国际债券的说法，有误的是（　　）。

A. 国际债券筹集资金的来源比国内债券广泛

B. 国际债券的发行规模一般都比较大

C. 发行人筹集到的资金是一种可通用的自由外汇资金

D. 到期不支付本息风险是国际债券的重要风险

答案：D

考点：考查国际债券的特征。汇率风险是国际债券的重要风险。

119. 按照面值货币与发行债券市场的关系，国际债券可分为（ ）和（ ）。

A. 外国债券 日本债券　　B. 外国债券 欧洲债券

C. 欧洲债券 亚洲债券　　D. 欧洲债券 日本债券

答案：B

考点：考查国际债券的分类。

120. 下列关于外国债券的说法，正确的是（ ）。

A. 是借款人在本国以外的某一国家发行以本国货币为面值的债券

B. 它的特点是债券发行人和面值货币属于同一个国家

C. 在英国发行以英镑计价的外国债券被称为“扬基债券”

D. 在中国发行的以人民币计价的外国债券被称为“熊猫债券”

答案：D

考点：考查外国债券的知识。外国债券是指某一国家借款人在本国以外的某一国家发行以该国货币为面值的债券。它的特点是债券发行人属于一个国家，债券的面值货币和发行市场属于另一个国家。在英国发行以英镑计价的外国债券被称为“猛犬债券”。

121. 在日本发行的外国债券被称为（ ）。

A. 扬基债券　　B. 武士债券

C. 熊猫债券　　D. 猛犬债券

答案：B

考点：考查外国债券的发行。

122. 下列关于欧洲债券的说法中有误的是（ ）。

A. 指在本国境外市场发行的、不以发行市场所在国货币为面值的国际债券

B. 由于这种发行方式最早出现在欧洲，故被称为欧洲债券

C. 欧洲债券不可以在欧洲以外的国家发行

D. 大多数欧洲债券是以美元为面值发行的

答案：C

考点：考查欧洲债券的相关知识。欧洲债券可以在欧洲以外的国家发行，同

时其发行面值也可以以欧元之外的其他货币来表示。

123. 以下（　　）属于无国籍债券。

A. 欧洲债券　　B. 武士债券

C. 外国债券　　D. 扬基债券

答案：A

考点：考查欧洲债券。由于欧洲债券不以发行市场所在国的货币为面值，故也被称为无国籍债券。

124. 在改革开放政策的指导下，为利用国外资金，加快我国的建设步伐，我国开始利用国际债券市场筹集资金，主要的债券品种不包括（　　）。

A. 欧洲债券　　B. 政府债券

C. 金融债券　　D. 公司债券

答案：A

考点：考查我国国际债券的发行情况。

125. 目前中国企业发行境外债券总体可以分为三类，分别是（　　）。

①非人民币债券　　②点心债

③合成型债券　　④人民币债券

A. ①②③　　B. ①②④

C. ①③④　　D. ②③④

答案：A

考点：考查我国企业发行境外债券的分类。以人民币发行，以其他国货币结算的债券，被称为合成型债券，而非人民币债券。

126. 传统的证券发行是以（　　）为基础，而资产证券化是以（　　）为基础发行证券。

A. 企业　特定的资产池　　B. 特定的资产池　企业

C. 公司　特定的资产池　　D. 特定的资产池　公司

答案：A

考点：考查资产证券化的定义。资产证券化是以特定资产组合或特定现金流为支持，发行可交易证券的一种融资形式。传统的证券发行是以企业为基础，而资产证券化是以特定的资产池为基础发行证券。

127. 根据证券化产品的金融属性不同，资产证券化可以分为（　　）。

①股权型证券化　　②债权型证券化

③单一型证券化　　④混合型证券化

A. ①②③　　B. ①②④

C. ①③④　　　　D. ②③④

答案：B

考点：考查资产证券化的分类。

128. 资产证券化交易比较复杂，涉及的当事人较多。关于相关当事人在证券化过程中具有的重要作用说法错误的是（　）。

A. 资产证券化的发起人是资产证券化的起点

B. 特殊目的机构是介于发起人和投资者之间的中介机构，是资产支持证券的真正发行人

C. 可以证券化的资产都属于优质资产，发行前不需要经过评级机构的信用评级

D. 受托人托管资产组合以及与之相关的一切权利，代表投资者行使职能

答案：C

考点：考查资产证券化参与者的职能。如果发行的证券化产品属于债券，发行前必须经过评级机构进行信用评级。

129. 资产证券化交易比较复杂，涉及的当事人较多。关于相关当事人在证券化过程中具有的重要作用说法正确的是（　）。

A. 如果证券化交易涉及金额较大，可能会组成承销团

B. 服务机构通常由第三方担任

C. 信用增级机构通常由发起人担任

D. 受托人是资产支持证券的真正发行人

答案：A

考点：考查资产证券化参与者的职能。服务机构通常由发起人担任；信用增级机构分别是发起人和独立的第三方；特殊目的机构是资产支持证券的真正发行人。

130. SPV 是对（　）的简称。

A. 发起人　　　　B. 承销商

C. 受托人　　　　D. 特殊目的机构

答案：D

考点：考查资产证券化参与者。

131. 下列属于资产证券化参与者的有（　）。

①发起人　　　　②承销商

③受托人　　　　④投资者

A. ①②③　　　　B. ①②④

C. ①③④　　　　　　　　　　D. ②③④

答案：A

考点：考查资产证券化参与者。资产证券化参与者有：发起人、特殊目的机构、信用增级机构、信用评级机构、承销商、服务商、受托人。

132. 下列关于各个参与主体在资产证券化中的主要职能说法有误的是（　　）。

A. 发起人选择拟证券化资产，并进行打包，然后转移给 SPV，从 SPV 处获得评价

B. 信用增级机构对 SPV 发行的证券提供额外信用支持

C. 信用评级机构对 SPV 发行的证券进行信用评级

D. 服务机构为证券的发行进行促销，以帮助证券成功发行

答案：D

考点：考查资产证券化各个参与主体的主要职能。承销商为证券的发行进行促销，以帮助证券成功发行。服务机构对资产项目及其所产生的现金流进行监理和保管。

133. 以下（　　）不属于受托人在资产证券化中的主要职责。

A. 把服务机构存入 SPV 账户中的现金流转付给投资者

B. 定期向受托管理人和投资者提供有关特定资产组合的财务报告

C. 对没有立即转付的款项进行再投资

D. 公布违约事宜，并采取保护投资者利益的法律行为

答案：B

考点：考查受托人在资产证券化中的主要职责。定期向受托管理人和投资者提供有关特定资产组合的财务报告属于服务机构在资产证券化中的主要职责。

134. 以下（　　）不属于服务机构在资产证券化中的主要职责。

A. 负责收取资产到期的本金和利息，将其交付予受托人

B. 定期向受托管理人和投资者提供有关特定资产组合的财务报告

C. 对过期欠账服务机构进行催收，确保资金及时、足额到位

D. 监督证券化中交易各方的行为

答案：D

考点：考查服务机构在资产证券化中的主要职责。监督证券化中交易各方的行为，定期审查有关资产组合情况的信息，确认服务机构提供的各种报告的真实性，并向投资者披露，是受托人在资产证券化中的主要职责。

135.（　　）根据自身的资产证券化融资要求，确定资产证券化目标，重组

现金流，构造证券化资产。

A. 发起人　　B. 受托人

C. 承销商　　D. 服务机构

答案：A

考点：考查资产证券化的具体操作要求。第一步：发起人（一般是发放贷款的金融机构，也可以被称为原始权益人）重组现金流，构造证券化资产。

136. 下列关于资产证券化的具体操作要求的说法中，有误的是（　　）。

A. 特殊目的机构有时也可以由发起人设立

B. 资产支持证券的评级时，需要考虑的因素包括由利率变动等因素导致的市场风险

C. 承销商采用的销售方式可以采用包销或代销

D. 资产支持证券发行完毕到挂牌上市交易后，资产证券化的工作并没有全部完成

答案：B

考点：考查资产证券化的具体操作要求。资产支持证券的评级为投资者提供证券选择的依据，因而构成资产证券化的又一重要环节。评级由国际资本市场上广大投资者承认的独立私营评级机构进行，评级考虑因素不包括由利率变动等因素导致的市场风险，而主要考虑资产的信用风险。

137. 在信用提高和评级结果向投资者公布之后，由（　　）负责向投资者销售资产支持证券，销售的方式可采用包销或代销。

A. 发起人　　B. 受托人

C. 承销商　　D. 服务机构

答案：C

考点：考查资产证券化的具体操作要求。

138. 下列关于对“资产支持证券”的说法中有误的是（　　）。

A. 通过资产证券化，将流动性较低的资产转化为具有较高流动性的可交易证券

B. 可以改变发起人的资产结构

C. 可以改善资产质量

D. 不能加快发起人资金周转

答案：D

考点：考查资产支持证券的概念。通过资产证券化，将流动性较低的资产转化为具有较高流动性的可交易证券，提高了基础资产的流动性，便于投资者进行

投资；还可以改变发起人的资产结构，改善资产质量，加快发起人资金周转。

139. 在资产证券化发展较为成熟的欧美市场，传统的证券化资产包括（　　）和（　　）。

A. 银行的债权资产　企业的债权资产

B. 银行的股权资产　企业的股权资产

C. 银行的债权资产　企业的股权资产

D. 银行的股权资产　企业的债权资产

答案：A

考点：考查资产支持证券的基本分类。

140. 资产证券化自20世纪70年代在美国问世以后，短短三十余年的时间获得了迅速发展，根本原因在于资产证券化能够为参与各方带来好处。从发起人的角度而言，资产证券化的好处包括（　　）。

①增加资产的流动性，提高资本使用效率

②提升资产负债管理能力，优化财务状况

③实现低成本融资

④增加收入来源

A. ①②③④　　B. ①②④

C. ①③④　　D. ②③④

答案：A

考点：考查资产证券化兴起的经济动因。

141. 下列关于资产证券化兴起的经济动因的说法不正确的有（　　）。

①资产证券化最基本的功能是融资

②资产证券化可以解决资产和负债的不匹配

③资产证券化交易中的证券一般都是单一品种

④资产证券化产品的风险权重比基础资产本身的风险权重高

A. ①②③④　　B. ①②④

C. ①③④　　D. ②③④

答案：C

考点：考查资产证券化兴起的经济动因。资产证券化最基本的功能是提高资产的流动性；资产证券化交易中的证券一般不是单一品种，而是通过对现金流的分割和组合，可以设计出具有不同档级的证券；一般而言，资产证券化产品的风险权重比基础资产本身的风险权重低得多。

142. 资产证券化可以提升资产负债管理能力，优化财务状况。其对发起人的资产负债管理的提升作用体现在它可以解决资产和负债的不匹配性。这种“不匹配性”主要表现在（ ）。

①流动性和期限的不匹配 ②利率的不匹配

③品种类型的不匹配 ④风险权重的不匹配

A. ③④ B. ①②

C. ①③ D. ②③

答案：B

考点：考查资产证券化兴起的经济动因。

143. 资产证券化自 20 世纪 70 年代在美国问世以后，短短三十余年的时间里，获得了迅速发展，根本原因在于资产证券化能够为参与各方带来好处。从投资者的角度而言，资产证券化的好处不包括（ ）。

A. 增加收入来源 B. 提供多样化的投资品种

C. 提供更多的合规投资 D. 降低资本要求，扩大投资规模

答案：A

考点：考查资产证券化兴起的经济动因。从投资者的角度而言，资产证券化的好处包括：提供多样化的投资品种；提供更多的合规投资；降低资本要求，扩大投资规模。

144. 甲是投资者，试图投资资产证券化产品。对于甲来说，资产证券化的优势在于（ ）。

A. 增加资产的流动性，提高资本使用效率

B. 提升资产负债管理能力，优化财务状况

C. 降低资本要求，扩大投资规模

D. 增加收入来源

答案：C

考点：考查资产证券化对投资者的好处。资产证券化对投资者的好处有：提供多样化的投资品种；提供更多的合规投资；降低资本要求，扩大投资规模。其他选项属于资产证券化对发起人的好处。注意辨析。

145. 我国自 20 世纪 90 年代就开始探索资产证券化业务。目前，我国资产证券化根据监管机构的不同可以分为（ ）。

①信贷资产证券化 ②企业资产证券化

③资产支持票据 ④保险资产证券化

A. ①③④ B. ①②③

C. ①②③④ D. ②③④

答案：C

考点：考查我国资产证券化的分类。

146. 关于现行我国国债的发行方式，下面说法正确的是（　　）。

A. 凭证式国债和记账式国债都采用承购包销方式

B. 凭证式国债和记账式国债都采用竞争性招标方式

C. 凭证式国债采用承购包销方式，记账式国债采用竞争性招标方式

D. 凭证式国债采用竞争性招标方式，记账式国债采用承购包销方式

答案：C

考点：考查现行我国国债的发行方式。凭证式国债采用承购包销方式，记账式国债采用竞争性招标方式。

147. 按照《关于开展国债预发行试点的通知》，国债预发行的日期为（　　）。

A. 招标日前 4 个至 2 个法定工作日

B. 招标日前 4 个至 1 个法定工作日

C. 招标日前 5 个至 1 个法定工作日

D. 招标日前 5 个至 2 个法定工作日

答案：B

考点：考查《关于开展国债预发行试点的通知》中关于记账式国债预发行的日期。按照《关于开展国债预发行试点的通知》，国债预发行的日期为招标日前 4 个至 1 个法定工作日。

148. 下列关于我国国债在进行竞争性招标时的利率格式和竞标时间，说法正确的是（　　）。

①竞争性招标确定的票面利率保留两位小数

②一年以下（含）期限国债发行价格保留 3 位小数

③一年以上（不含一年）期限国债发行价格保留 2 位小数

④竞争性招标时间为招标日上午 10：35—11：35

A. ①②③　　B. ②③

C. ②③④　　D. ①②③④

答案：D

考点：考查国债竞争性招标的利率格式和竞标时间。见《财政部关于印发〈2018 年记账式国债招标发行规则〉的通知》。

149. 国债的竞争性招标方式包括（　　）。

A. 单一价格和修正的多重价格招标方式

B. 单一利率和修正的多重利率招标方式

C. 单一利率和修正的多重价格招标方式

D. 单一价格和修正的多重利率招标方式

答案：A

考点：考查国债竞争性招标方式。见《财政部关于印发〈2018 年记账式国债招标发行规则〉的通知》。现行国债的招标方式包括单一价格和修正的多重价格招标方式，标的是价格或利率。

150. 当国债发行以单一价格方式招标时，下面说法正确的是（　　）。

①标的为利率时，全场最高中标利率为当期（次）国债票面利率

②标的为利率时，全场最低中标利率为当期（次）国债票面利率

③标的为价格时，全场最高中标价格为当期（次）国债票面价格

④标的为价格时，全场最低中标价格为当期（次）国债票面价格

A. ①③　　B. ②③

C. ②④　　D. ①④

答案：D

考点：考查国债竞争性招标时确定的发行价格和利率。见《财政部关于印发〈2018 年记账式国债招标发行规则〉的通知》。

151. 国债以竞争性招标方式发行，标的为利率时，标位变动幅度为（　　）。

A. 0.01%　　B. 0.001%

C. 0.1%　　D. 0.0001%

答案：A

考点：考查国债竞争性招标。见《财政部关于印发〈2018 年记账式国债招标发行规则〉的通知》。

152. 国债采取竞争性招标方式发行，下面关于投标限定的描述中正确的是（　　）。

①每一国债承销团成员最高、最低投标标位差不得大于当期（次）财政部规定的投标标位差

②国债承销团甲类成员最高投标限额为当期（次）国债竞争性招标额的 35%

③国债承销团乙类成员最高投标限额为当期（次）国债竞争性招标额的 30%

④国债承销团成员于招标日后 1 个工作日缴纳发行款

A. ①②③　　B. ①③

C. ①②④　　D. ①②③④

答案：C

考点：考查国债竞争性招标相关内容。见《财政部关于印发〈2018 年记账式国债招标发行规则〉的通知》。国债承销团乙类成员最高投标限额为当期（次）国债竞争性招标额的 25%，③的说法不正确。

153. 下列关于国债招标方式发行中对于承销团成员承销额的限定中说法正确的是（　　）。

①对国债承销团成员额度进行分配时，取整至 0.1 亿元

②对国债承销团成员额度进行分配时，取整至 1 亿元

③有资格的承销团成员追加承销额时应为 0.1 亿元的整数倍

④有资格的承销团成员追加承销额时应为 1 亿元的整数倍

A. ①③　　B. ②③

C. ①④　　D. ②④

答案：A

考点：考查国债竞争性招标相关内容。见《财政部关于印发〈2018 年记账式国债招标发行规则〉的通知》。

154. 按照《财政部关于印发〈2018—2020 年储蓄国债发行额度管理办法〉的通知》，下面关于 2018—2020 年储蓄国债发行额度分配方式正确的是（　　）。

①储蓄国债（电子式）发行额度按照代销比例分配给承销团成员

②储蓄国债（凭证式）发行额度按照代销比例分配给承销团成员

③储蓄国债（电子式）发行额度分为基本代销额度和机动代销额度，分别按照基本代销额度比例分配和机动代销额度竞争性抓取的方式分配给承销团成员

④储蓄国债（凭证式）发行额度分为基本代销额度和机动代销额度，分别按照基本代销额度比例分配和机动代销额度竞争性抓取的方式分配给承销团成员

A. ①　　B. ②③

C. ②　　D. ①④

答案：B

考点：考查储蓄国债发行额度的分配方式。参照《财政部关于印发〈2018—2020 年储蓄国债发行额度管理办法〉的通知》，储蓄国债（电子式）发行额度分为基本代销额度和机动代销额度，分别按照基本代销额度比例分配和机动代销额度竞争性抓取的方式分配给承销团成员；储蓄国债（凭证式）发行额度按照代销比例分配给承销团成员。

155. 储蓄国债承销团成员申请抓取机动代销额度的时间为发行期内每日（ ）。

A. 9:15—16:15　　B. 8:30—16:15

C. 8:30—16:30　　D. 9:30—16:15

答案：C

考点：考查储蓄国债发行额度的分配方式。参照《财政部关于印发〈2018—2020年储蓄国债发行额度管理办法〉的通知》。

156. 下面关于国债（电子式）发行额度的管理，说法正确的是（ ）。

①发行期每日日终，承销团成员将当日储蓄国债（电子式）相关业务数据传送至国债系统，通过当期国债账务总量数据核查后，如当日实际销售量大于日初剩余基本代销额度，承销团成将剩余全部额度清零

②当日实际销售量小于或等于日初剩余基本代销额度，承销团成员应将当日抓取机动代销额度清零

③当日实际销售量小于或等于日初剩余基本代销额度，承销团成员应将剩余全部额度清零

④当日实际销售量小于或等于日初剩余基本代销额度，承销团成员应将基本代销额度清零

A. ①②　　B. ③

C. ②　　D. ①④

答案：A

考点：考查储蓄国债发行额度管理。参照《财政部关于印发〈2018—2020年储蓄国债发行额度管理办法〉的通知》。

157. 下面关于记账式国债的说法正确的是（ ）。

A. 记账式国债是一种无纸化国债，只能通过银行间债券市场向具备全国银行间债券市场国债承购包销团资格的商业银行发行

B. 记账式国债是一种无纸化国债，只能向具备交易所国债承购包销团资格的证券公司、保险公司发行

C. 记账式国债是一种无纸化国债，只能通过银行间债券市场向具备全国银行间债券市场国债承购包销团资格的商业银行、证券公司、保险公司、信托投资公司等机构发行

D. 记账式国债可以通过银行间债券市场向具备全国银行间债券市场国债承购包销团资格的商业银行、证券公司、保险公司、信托投资公司等机构，以及通过证券交易所的交易系统向具备交易所国债承购包销团资格的证券公司、保险公

司和信托投资公司及其他发行者发行

答案：D

考点：记账式国债的招标发行。

158. 记账式国债的承销商通过交易所市场发行国债的分销时，下面说法正确的是（　　）。

A. 投资者免缴佣金，证券交易所向代理机构收取费用

B. 投资者缴纳佣金，证券交易所向代理机构收取费用

C. 投资者免缴佣金，证券交易所向代理机构免收费用

D. 投资者缴纳佣金，证券交易所向代理机构免收费用

答案：C

考点：对记账式国债承销程序中交易费用的考查。

159. 交易所市场发行国债的分销时，下列说法正确的是（　　）。

A. 在实际运作中，承销商可以选择场内挂牌分销或场外分销两种方式

B. 证券交易所为同一期（次）国债向承销商提供同一承销代码

C. 投资者通过交易所买入债券时，缴纳佣金

D. 通过证券交易所交易后，国债不会自动过户到客户的账户内

答案：A

考点：交易所市场发行国债的分销。证券交易所为每一承销商确定当期国债各自的承销代码，以便于场内挂牌，B 错误；投资者在买入债券时，可免缴佣金，C 错误；买卖成交后，客户认购的国债自动过户至客户的账户内，D 错误。

160. 交易所市场发行国债实行场外分销时，国债认购款的支付时间为（　　）。

A. 办理过户的前一交易日　　　　B. 办理过户交易日当日

C. 办理过户交易日后一日　　　　D. 买卖双方可自由协商确定

答案：D

考点：交易所市场发行国债实行场外分销时，国债认购款的支付时间和方式由买卖双方在场外协商确定。

161. 银行间债券市场发行国债的分销要求，分销认购人（　　）。

A. 在中央国债登记结算有限责任公司开立债券托管账户

B. 在证券交易所开立债券托管账户

C. 向中央国债登记结算有限责任公司提供一个自营账户作为托管账户

D. 向证券交易所提供一个自营账户作为托管账户

答案：A

考点：银行间债券市场发行国债的分销时，分销认购人的条件。分销认购人应是全国银行间债券市场参与者，并已在中央国债登记结算有限责任公司开立债券托管账户。选 A。在交易所市场发行国债的分销时，承销商需要在分得包销的国债后，向证券交易所提供一个自营账户作为托管账户。

162. 银行间债券市场发行国债分销时，办理承销商与分销认购人之间分销债券过户手续的机构是（　　）。

A. 证券交易所

B. 承销商自身

C. 中央国债登记结算有限责任公司

D. 中国人民银行

答案：C

考点：银行间债券市场发行国债的相关内容。中央国债登记结算有限责任公司利用中央债券簿记系统中的交易过户功能，办理承销商与分销认购人之间的分销债券过户。

163. 银行间债券市场发行国债分销时，要完成承销商和分销认购人的过户程序，需要填制债券发行分销过户指令一览表，以下要满足分销过户指令一览表要求所必需的是（　　）。

A. 仅需要填写分销价格和数量

B. 需要填写分销价格、数量和加盖公章

C. 需要填写分销价格和数量，加盖公章和预留印章

D. 需要填写分销价格和数量、加盖预留印章、填写分销秘钥

答案：D

考点：银行间债券市场发行国债的相关内容。承销人根据与分销认购人签订协议所确定的分销价格和数量，填制债券发行分销过户指令一览表，加盖预留印章、填写分销密钥后传真至中央国债登记结算有限公司，同时将原件寄至中央国债登记结算有限责任公司。

164. 财政部和中国人民银行一般每（　　）确定一次凭证式国债的承销团资格。

A. 一年　　B. 半年

C. 季度　　D. 两年

答案：A

考点：凭证式国债的相关内容。凭证式国债是一种不可上市流通的储蓄型债券，由具备凭证式国债承销团资格的机构承销。财政部和中国人民银行一般每年

确定一次凭证式国债承销团资格。

165. 有资格申请加入凭证式国债承销团资格的是（　　）。

A. 仅商业银行

B. 商业银行、邮政储蓄银行

C. 商业银行、邮政储蓄银行和信托机构

D. 仅信托机构

答案：B

考点：商业银行、邮政储蓄银行均有资格申请加入凭证式国债承销团。

166. 发售凭证式国债的收款凭证中需要注明的是（　　）。

①投资者身份　　②日期

③发行利率　　④期限

A. ①②　　B. ①②③

C. ②③　　D. ①②③④

答案：D

考点：考查凭证式国债的相关内容。由于凭证式国债采用“随买随卖”、利率按实际持有天数分档计付的交易方式，因此，在收款凭证中除了注明投资者身份外，还须注明购买日期、期限、发行利率等内容。

167. 从 2002 年第 2 期至今，凭证式国债的发行期限为（　　）。

A. 一年　　B. 半年

C. 一季度　　D. 一个月

答案：D

考点：凭证式国债的发行期限。

168. 下面关于凭证式国债的有关说法正确的是（　　）。

①各经办单位对在发行期内已缴款但未售完及购买者提前兑取的凭证式国债，仍可在原额度内继续发售

②各经办单位对在发行期内已缴款但未售完及购买者提前兑取的凭证式国债，不可继续发售

③凭证式国债采用“随买随卖”、利率按实际持有天数分档计付的交易方式

④承担凭证式国债发行任务的各个系统一般每月要汇总本系统内的累计发行数额

A. ①④　　B. ①③

C. ②③　　D. ①③④

答案：D

考点：考查凭证式国债的相关内容。各经办单位对在发行期内已缴款但未售完及购买者提前兑取的凭证式国债，仍可在原额度内继续发售，继续发售的凭证式国债仍按面值售出；凭证式国债采用“随买随卖”、利率按实际持有天数分档计付的交易方式，因此，在收款凭证中除了注明投资者身份外，还须注明购买日期、期限、发行利率等内容；承担凭证式国债发行任务的各个系统一般每月要汇总本系统内的累计发行数额，上报财政部及中国人民银行。

169. 在现行公开招标方式下，国债的销售价格是（　　）。

A. 以面值出售

B. 以财政部统一价格出售

C. 以中国人民银行统一价格出售

D. 承销商在发行期内自定销售价格

答案：D

考点：国债销售的价格的确定。在现行多种价格的公开招标方式下，每个承销商的中标价格与财政部按市场情况和投标情况确定的发售价是有差异的。如果按发售价格向投资者销售国债，承销商就可能发生亏损，因此，财政部允许承销商在发行期内自定销售价格，随行就市发行。

170. 下面有关影响国债销售价格因素的说法中正确的是（　　）。

A. 市场利率趋于上升，就为承销商确定销售价格拓宽了空间

B. 如果国债承销价格定价过高，投资者就会倾向于在二级市场上购买已流通的国债，而不是直接购买新的国债

C. 在国债承销中，承销商不可获得手续费收入

D. 国债销售的价格一般不能高于承销商与发行人的结算价格

答案：B

考点：影响国债销售价格的因素。从市场利率方面来说，市场利率趋于下降，就为承销商确定销售价格拓宽了空间；市场利率趋于上升，就限制了承销商确定销售价格的空间，A 错误。在国债承销中，承销商可获得其承销金额一定比例的手续费收入，C 错误。另外，国债销售价格一般不低于承销商与发行人的结算价格，反之，就有可能发生亏损，D 错误。

171. 下面关于地方政府债券的发行与承销，说法正确的是（　　）。

A. 地方政府债券只能由财政部代理发行

B. 地方政府债券只能自行发行

C. 地方政府债券只能由中国人民银行代理发行

D. 地方政府债券有财政部代理发行和自行发行两种方式

答案：D

考点：地方政府债券的发行方式。

172. 财政部代理发行地方政府债券，面向（　　）招标发行，采用（　　）招标方式，招标标的为（　　），各中标承销团成员按面值承销。下面适合填入括号内的选项是（　　）。

A. 记账式国债承销团　单一价格　利率

B. 记账式国债承销团　多重价格　价格

C. 凭证式国债承销团　单一价格　利率

D. 凭证式国债承销团　多重价格　利率

答案：A

考点：财政部代理发行地方政府债券的发行方式。财政部代理发行地方政府债券，面向记账式国债承销团招标发行，采用单一价格招标方式，招标标的为利率，全场最高中标利率为当期地方债票面利率，各中标承销团成员按面值承销。

173. 对于财政部代理发行地方政府债券的投标最高限额限定，下面说法正确的是（　　）。

A. 承销团甲类成员最高限额为当期的 35%

B. 承销团乙类成员最高限额为当期的 25%

C. 承销团甲类成员最高限额为当期的 30%

D. 承销团乙类成员最高限额为当期的 30%

答案：C

考点：财政部代理发行地方政府债券的投标最高额限定。承销团甲类成员最高限额为当期的 30%，承销团乙类成员最高限额为当期的 10%。

174. 对于财政部代理发行地方政府债券的投标最低投标量、最低承销额限定，下面说法正确的是（　　）。

①承销团甲类成员最低投放量为当期地方债招标额的 4%

②承销团乙类成员最低投放量为当期地方债招标额的 2%

③承销团甲类成员最低承销额为当期地方债招标额的 1%

④承销团乙类成员最低承销额为当期地方债招标额的 0.2%

A. ①　　B. ①③

C. ②③　　D. ①③④

答案：D

考点：对于财政部代理发行地方政府债券的投标最低投标量、最低承销额限定。承销团甲类成员最低投放量为当期地方债招标额的 4%，承销团乙类成员最低投放量为当期地方债招标额的1%；承销团甲类成员最低承销额为当期地方债招标额的1%，承销团乙类成员最低承销额为当期地方债招标额的0.2%。

175. 财政部代理发行地方政府债券，单一标位最低投标限额为（ ）亿元。

A. 0.1　　B. 0.2

C. 1　　D. 2

答案：B

考点：财政部代理发行地方政府债券，单一标位最低投标限额为0.2亿元。

176. 财政部代理发行地方政府债券，在招标结束后（ ）内，各中标承销团成员应通过招标系统填制债权托管申请书。

A. 15分钟　　B. 30分钟

C. 1日　　D. 60分钟

答案：A

考点：财政部代理发行地方政府债券，在招标结束后15分钟内，各中标承销团成员应通过招标系统填制债权托管申请书。

177. 财政部代理发行地方政府债券，在招标结束后一定时间内，各中标承销团成员应通过招标系统填制债权托管申请书，在中央国债登记结算有限责任公司，中国证券登记结算有限责任公司上海分公司、深圳分公司选择托管。逾时未填制的，系统默认全部在（ ）托管。

A. 中央国债登记结算有限责任公司

B. 中国证券登记结算有限责任公司上海分公司

C. 中国证券登记结算有限责任公司深圳分公司

D. 中国证券登记结算有限责任公司

答案：A

考点：考查财政部代理发行地方政府债券，中标承销团的中标机构。

178. 财政部代理地方政府债券发行招标，债权确立实行（ ）方式。

A. 中标得券　　B. 认购得券

C. 见款付券　　D. 见认购单付券

答案：C

考点：财政部代理地方政府债券发行招标后债权确立。

179. 地方债分销价格的确立方式（ ）。

A. 自定价格　　B. 财政部统一价格

C. 承销团中标价格　　D. 承销团统一价格

答案：A

考点：国债承销团成员根据市场情况自定价格。

180. 下面属于地方债分销对象的是（　　）。

①在中央国债登记结算有限责任公司开立债券账户的投资者

②在中国证券登记结算有限责任公司开立股票账户的投资者

③在中国证券登记结算有限责任公司开立基金账户的投资者

④国债承销团成员

A. ①②④　　B. ①③④

C. ②③④　　D. ①②③

答案：D

考点：地方债分销对象。国债承销团成员间不得分销。

181. 按照《国务院关于加强地方政府性债务管理的意见》，地方政府举债采取政府债券方式：没有收益的公益性事业发展确需政府举借一般债务的，由地方政府发行一般债券融资，主要以（　　）偿还。

A. 公共预算收入　　B. 政府性基金

C. 专项收入　　D. 财政拨款

答案：A

考点：政府一般债券的偿还款来源。

182. 按照《国务院关于加强地方政府性债务管理的意见》，地方政府举债采取政府债券方式：有一定收益的公益性事业发展确需政府举债专项债务的，由地方政府通过发行（　　）融资，以对应的政府性基金或专项收入偿还。

A. 专项债券　　B. 特定债券

C. 专门债券　　D. 一般债券

答案：A

考点：地方政府债券的种类。

183. 地方政府一般债券采用（　　）形式，地方政府一般债券实行自发自还。

A. 记账式浮动利率　　B. 记账式固定利率

C. 凭证式固定利率　　D. 凭证式浮动利率

答案：B

考点：地方政府一般债券的性质。

184. 地方政府一般债券的期限为（　　）。

A. 1 年、2 年、3 年、5 年

B. 1 年、3 年、5 年、7 年

C. 1 年、3 年、5 年、7 年、10 年

D. 1 年、2 年、5 年、7 年、10 年

答案：C

考点：地方政府一般债券期限。

185. 下面关于地方政府一般债券说法正确的是（　　）。

①承销团成员应当是在中国境内依法成立的金融机构，具有债券承销业务资格

②承销团成员应在资本充足率、偿付能力或者净资本状况等指标方面达到监管标准

③承销商可以书面委托其分支机构代理签署并履行债券承销协议

④可以在一般债券承销商中择优选择主承销商

A. ①　　B. ①③④

C. ②③④　　D. ①②③④

答案：D

考点：地方政府一般债券的相关内容。

186. 地方政府一般债券，采用承销或招标方式的，发行利率在承销或招标日前（　　）个工作日相同待偿期记账式国债的平均收益率之上确定。

A. 1—5　　B. 1—3

C. 1—7　　D. 3—7

答案：A

考点：地方政府一般债券的相关内容。

187. 地方政府专项债券的期限为（　　）。

A. 1 年、2 年、3 年、5 年

B. 1 年、3 年、5 年、7 年、10 年

C. 1 年、3 年、5 年、7 年、10 年

D. 1 年、2 年、3 年、5 年、7 年、10 年

答案：D

考点：地方政府专项债券的期限。

188. 地方政府一般债券资金收支列入（　　）。

A. 特别预算管理　　B. 一般公共预算管理

C. 政府性基金预算管理　　D. 其他预算管理

答案：B

考点：地方政府一般债券的核算方式。地方政府一般债券资金收支列入一般公共预算管理。地方政府专项债券收支纳入政府性基金预算管理。

189. 地方政府专项债券收支纳入（　　）。

A. 特别预算管理　　　　B. 一般公共预算管理

C. 政府性基金预算管理　　　　D. 其他预算管理

答案：C

考点：地方政府专项债券的核算方式。地方政府一般债券资金收支列入一般公共预算管理。地方政府专项债券收支纳入政府性基金预算管理。

190. 地方政府专项债券的规模（　　）。

A. 自行决定

B. 不得超过财政部确定的本地区专项债券规模

C. 不得超过国务院确定的本地区专项债券规模

D. 不得超过国务院确定的本地区债券规模

答案：C

地点：地方政府专项债券的规模限制。

191. 地方政府债券的托管（　　）。

A. 只在国家规定的证券登记结算机构办理登记托管

B. 只在中央国债登记结算有限责任公司办理登记托管

C. 在国家规定的证券登记结算机构办理总登记托管，在中央国债登记结算有限责任公司办理分登记托管

D. 在中央国债登记结算有限责任公司办理总登记托管，在国家规定的证券登记结算机构办理分登记托管

答案：D

考点：地方政府债券托管的相关要求。

192. 地方政府一般债券，单一期限债券的发行规模不得超过一般债券当年发行规模的（　　）。

A. 50%　　　　B. 40%

C. 30%　　　　D. 20%

答案：C

考点：地方政府一般债券规模的限制要求。

193. 下面可以作为金融债券发行主体的是（　　）。

①政策性银行

②商业银行

③企业集团财务公司

④金融租赁公司和汽车金融公司

A. ①　　B. ①②

C. ②③④　　D. ①②③④

答案：D

考点：金融债券的发行主体。政策性银行、商业银行、企业集团财务公司、金融租赁公司和汽车金融公司都可以作为发行金融债券的主体。

194. 一般情况下，下面属于商业银行发行金融债券应该具备的条件是（　　）。

①核心充足资本率不低于10%

②最近三年连续盈利

③最近三年没有重大违法违规行为

④贷款损失准备计提充足

A. ①　　B. ②④

C. ②③④　　D. ①②③④

答案：C

考点：商业银行发行金融债券应该具备的条件：具有良好的公司治理机制；核心充足资本率不低于4%；最近3年连续盈利；贷款损失准备计提充足；风险监管指标符合监管机构的有关规定；最近3年没有重大违法违规行为；中国人民银行要求的其他条件。根据商业银行的申请，中国人民银行可以豁免前款所规定的特别条件。

195. 企业集团财务公司发行金融债券应该具备的条件包括：财务公司设立（　　）以上。

A. 一年　　B. 半年

C. 两年　　D. 三年

答案：A

考点：企业集团财务公司发行金融债券应该具备的条件。

196. 企业集团财务公司发行金融债券后，资本充足率不低于（　　）。

A. 10%　　B. 5%

C. 30%　　D. 20%

答案：A

考点：企业集团财务公司发行金融债券应该具备的条件。

197. 企业集团财务公司发行金融债券前一年，注册资本金不低于（　　）

亿元。

A. 1　　B. 2

C. 3　　D. 5

答案：C

考点：企业集团财务公司发行金融债券应该具备的条件。

198. 企业集团财务公司发行金融债券，财务公司已发行、尚未兑付的金融债券总额不得超过其净资产总额的（　　）。

A. 50%　　B. 70%

C. 80%　　D. 100%

答案：D

考点：企业集团财务公司发行金融债券应该具备的条件。

199. 金融租赁公司和汽车金融公司发行金融债券的条件包括：金融租赁公司注册资本金不低于（　　）亿元或等值的自由兑换货币，汽车金融公司注册资本金不低于（　　）亿元或等值的自由兑换货币。

A. 5　5　　B. 3　5

C. 3　8　　D. 5　8

答案：D

考点：金融租赁公司和汽车金融公司发行金融债券的条件。

200. 金融租赁公司和汽车金融公司发行金融债券的条件包括：经营状况良好，最近（　　）连续盈利。

A. 1 年　　B. 2 年

C. 3 年　　D. 5 年

答案：C

考点：金融租赁公司和汽车金融公司发行金融债券的条件。

201. 金融租赁公司和汽车金融公司发行金融债券的条件包括：最近（　　）平均可分配利润足以支付所发行金融债券 1 年的利息。

A. 1 年　　B. 2 年

C. 3 年　　D. 5 年

答案：C

考点：金融租赁公司和汽车金融公司发行金融债券的条件。

202. 金融租赁公司和汽车金融公司发行金融债券的条件包括：发行金融债券后，资本充足率均应不低于（　　）。

A. 5%　　B. 8%

C. 10%　　　　　　　　　　D. 20%

答案：B

考点：金融租赁公司和汽车金融公司发行金融债券的条件。金融租赁公司和汽车金融公司发行金融债券的条件包括：发行金融债券后资本充足率均应不低于8%。企业集团财务公司发行金融债券后，资本充足率不低于10%。

203. 下面属于政策性银行发行金融债券应向中国人民银行报送的文件是（　　）。

①金融债券发行申请报告

②发行人近3年经审计的财务报告及审计报告

③承销协议

④金融债券发行办法

A. ①③④　　　　　　　　B. ①②③

C. ②③④　　　　　　　　D. ①②③④

答案：D

考点：政策性银行发行金融债券的条件。

204. 下面属于其他金融机构（不包括政策性银行）发行金融债券应向中国人民银行报送的文件是（　　）。

①金融债券发行申请报告

②发行人近3年经审计的财务报告及审计报告

③承销协议

④募集说明书

A. ①③④　　　　　　　　B. ①②③

C. ②③④　　　　　　　　D. ①②③④

答案：D

考点：其他金融机构（不包括政策性银行）发行金融债券的条件。

205. 金融债券可在全国银行间债券市场（　　），可以采取（　　）发行的方式。

A. 公开发行　一次足额

B. 公开发行　一次足额或限期内分期

C. 定向发行　一次足额或限期内分期

D. 公开发行或定向发行　一次足额或限期内分期

答案：D

考点：金融债券的发行方式。

206. 发行金融债券，对于商业银行设立的金融租赁公司，资质良好但成立不满（　　）的，应由具有担保能力的担保人提供担保。

A. 1 年　　B. 2 年

C. 3 年　　D. 5 年

答案：C

考点：金融债券发行的担保要求。发行金融债券，对于商业银行设立的金融租赁公司，资质良好但成立不满 3 年的，应由具有担保能力的担保人提供担保。商业银行发行金融债券没有强制性担保要求。

207. 金融债券发行后，信用评级机构应每（　　）对该金融债券进行跟踪信用评级。

A. 季度　　B. 半年

C. 年　　D. 月

答案：C

考点：金融债券发行的信用评级。金融债券发行后，信用评级机构应每年对该金融债券进行跟踪信用评级，并向投资者公布。

208. 发行人应在中国人民银行核准金融债券发行之日起（　　）个工作日内开始发行金融债券，并在规定期限内完成发行。

A. 20　　B. 30

C. 60　　D. 90

答案：C

考点：金融债券发行。发行人应在中国人民银行核准金融债券发行之日起 60 个工作日内开始发行金融债券，并在规定期限内完成发行。

209.（　　）为金融债券的登记、托管机构。

A. 中央国债登记结算有限责任公司

B. 中国证券登记结算有限责任公司上海分公司

C. 中国证券登记结算有限责任公司

D. 中国人民银行

答案：A

考点：金融债券的登记与托管。

210. 商业银行发行次级债务，固定期限不低于（　　）。

A. 2 年　　B. 3 年

C. 1 年　　D. 5 年

答案：D

考点：商业银行次级债务。

211. 商业银行次级定期债务的募集方式为（　　）。

A. 公开募集　　B. 定向募集

C. 公开募集或定向募集　　D. 专门募集

答案：B

考点：商业银行次级债务。商业银行次级定期债务的募集方式为定向募集，其目标债权人为企业法人。

212. 商业银行次级定期债务的目标债权人为（　　）。

A. 政策性银行　　B. 企业法人

C. 其他金融机构　　D. 其他商业银行

答案：B

考点：商业银行次级债务。商业银行次级定期债务的募集方式为定向募集，其目标债权人为企业法人。

213. 保险公司次级债务的偿还只能在确保偿还次级债务本息后偿付能力充足率不低于（　　）的前提下才能偿付本息。

A. 50%　　B. 100%

C. 150%　　D. 200%

答案：B

考点：保险公司次级债务的偿还。

214. 证券公司次级债务，其期限在（　　）（含）以上的次级债务为长期次级债务。

A. 1 年　　B. 2 年

C. 3 年　　D. 5 年

答案：B

考点：证券公司次级债务。

215. 混合资本债券是指（　　）为附属资本发行的、清偿顺序位于股权资本之前但列在一般债务和次级债务之后、期限在（　　）年以上、发行之日起（　　）年内不可赎回的债券。

A. 商业银行　15　10　　B. 证券公司　5　3

C. 信托公司　5　3　　D. 商业银行　10　8

答案：A

考点：混合资本债券的发行主体和期限。

216. 混合资本债券的发行方式为（　　）。

A. 公开发行　　B. 定向发行

C. 公开发行或定向发行　　D. 专门发行

答案：C

考点：混合资本债券的发行方式。

217. 发行企业债券的条件要求发行方在发行企业债券前（　　）。

A. 一年盈利　　B. 连续两年盈利

C. 连续三年盈利　　D. 连续五年盈利

答案：C

考点：发行企业债券的条件要求。

218.《企业债券管理条例》规定，企业发行企业债券的总面额不得大于该企业的（　　）。

A. 资产净值　　B. 资产总值

C. 净利润　　D. 净资产

答案：A

考点：《企业债券管理条例》规定，企业发行企业债券的总面额不得大于该企业的自有资产净值。

219.（　　）是指证券买卖双方在成交后就办理交收手续，买入者付出资金并得到证券，卖出者交付证券并得到资金，也就是所谓二级市场的债券交易。

A. 现券交易　　B. 回购交易

C. 远期交易　　D. 期货交易

答案：A

考点：现券交易是指证券买卖双方在成交后就办理交收手续，买入者付出资金并得到证券，卖出者交付证券并得到资金，也就是所谓二级市场的债券交易。

220.（　　）是指债券买卖双方在成交的同时约定于未来某一时间以某一约定价格双方再进行反向交易的行为。

A. 现券交易　　B. 回购交易

C. 远期交易　　D. 期货交易

答案：B

考点：回购交易，是指债券买卖双方在成交的同时约定于未来某一时间以某一约定价格双方再进行反向交易的行为。

221.（　　）是双方约定在未来某一刻（或时间段内）按照现在确定的价格买卖标的债券的行为。

A. 现券交易　　B. 回购交易

C. 远期交易　　D. 期货交易

答案：C

考点：远期交易是双方约定在未来某一刻（或时间段内）按照现在确定的价格买卖标的债券的行为。

222.（ ）是在交易所进行的标准化的远期交易，即交易双方在集中性的市场以公开竞价方式所进行的期货合约的交易。

A. 现券交易　　B. 回购交易

C. 远期交易　　D. 期货交易

答案：D

考点：期货交易是在交易所进行的标准化的远期交易，即交易双方在集中性的市场以公开竞价方式所进行的期货合约的交易。

223. 债券报价的主要方式有（ ）。

①公开报价　　②对话报价

③双边报价　　④小额报价

A. ①②　　B. ①②③

C. ②③④　　D. ①②③④

答案：D

考点：债券报价的主要方式有：公开报价、对话报价、双边报价和小额报价。

224. 保险公司计入附属资本的次级债金额不得超过净资产的（ ）。

A. 30%　　B. 40%

C. 50%　　D. 60%

答案：C

考点：保险公司计入附属资本的次级债金额不得超过净资产的50%。

225. 根据国家发展改革委《关于企业债券发行实施注册制有关事项的通知》，企业债券发行人应当具备（ ）。

①健全且运行良好的组织机构

②最近三年平均可分配利润足以支付企业债券一年的利息

③合理的资产负债结构

④正常的现金流量

A. ①②③　　B. ②③④

C. ①③④　　D. ①②③④

答案：D

考点：发行企业债券需要具备的条件。

226. 根据《证券法》第十七条规定，不得公开发行公司债券的情形有（　　）。

①对已公开发行的公司债券或者其他债务有违约或者延迟支付本息的事实，仍处于继续状态

②违反《证券法》规定，改变公开发行公司债券所募资金的用途

③经债券持有人会议作出决议，改变资金用途

A. ①②　　B. ①③

C. ②③　　D. ①②③

答案：A

考点：不得再次公开发行公司债券的情形。

227. 银行间债券市场发展现状表现在以下（　　）方面。

①市场规模快速扩大，直接融资比例不断上升

②市场成员不断扩容，参与主体日渐多元

③市场功能逐步显现，兼具投资和流动性管理功能

④发行主体以国有企业为主，其他主体积极参与

⑤投资者结构持续优化，市场风险不断分散

⑥与国际市场相比较，市场流动性仍然较低

A. ①②④⑤　　B. ①③④⑤⑥

C. ①②④⑤　　D. ①②③④⑤⑥

答案：D

考点：银行间债券市场发展现状。

228. 下面关于企业债券的说法正确的是（　　）。

①棚户区改造项目可发行并使用不超过项目总投资60%的企业债券资金

②棚户区改造项目可发行并使用不超过项目总投资70%的企业债券资金

③企业债券的利率不得高于银行相同期限居民储蓄定期存款利率的30%

④非公开发行公司债券，募集资金用于约定的用途

A. ①④　　B. ①③

C. ②③　　D. ②④

答案：D

考点：企业债券的相关要求。

229. 下面关于企业债券的说法正确的是（　　）。

①企业可以自行销售企业债券

②棚户区改造项目可发行并使用不超过项目总投资70%的企业债券资金

③承销商承销企业债券，可以采取代销、余额包销或全额包销的方式

④承销商承销企业债券，只可以采取代销的方式

A. ①④　　B. ①②③

C. ②③　　D. ②④

答案：C

考点：企业债券的相关要求。

230. 公司债券公开发行采用分期发行的，发行人应在每期发行完成后（　）个工作日内报中国证监会备案。

A. 3　　B. 5

C. 6　　D. 7

答案：B

考点：公司债券公开发行方式。采用分期发行的，发行人应在后续发行中及时披露更新后的债券募集说明书，并在每期发行完成后5个工作日内报中国证监会备案。

231. 下面关于公司债券的说法正确的是（　）。

①非公开发行公司债券必须进行信用评级

②对公司债券发行没有强制性担保要求

③非公开发行公司债券是否进行信用评级由发行人确定

④非公开发行公司债券，募集资金用于约定的用途

A. ①④　　B. ①③④

C. ②③④　　D. ②④

答案：C

考点：公司债的相关内容。

232. 短期融资券是指具有法人资格的非金融企业在银行间债券市场发行的，约定在（　）内还本付息的债务融资工具。

A. 3个月　　B. 6个月

C. 1年　　D. 1个月

答案：C

考点：短期融资券的期限。

233. 企业发行短期融资券应依据《银行间债券市场非金融企业债务融资工具注册规则》在（　）注册。

A. 中国银行间市场交易商协会

B. 中国人民银行

C. 托管商业银行

D. 中央国债登记结算有限责任公司

答案：A

考点：短期融资券的发行注册。

234. 中国银行间市场交易商协会（以下简称交易商协会）负责受理企业债务融资工具的发行注册。交易商协会设注册委员会，注册委员会通过注册会议行使职责。下面关于注册委员会说法正确的是（　　）。

①注册会议原则上每周召开一次

②注册会议原则上每3天召开一次

③注册会议由5名注册委员会委员参加

④注册会议由3名注册委员会委员参加

A. ①④　　B. ①③

C. ②③　　D. ②④

答案：B

考点：短期融资券的发行注册。

235. 中国银行间市场交易商协会负责受理企业债务融资工具的发行注册。交易商协会不接受注册的，企业可于（　　）个月后重新提交注册文件。

A. 1　　B. 3

C. 6　　D. 12

答案：C

考点：短期融资券的发行注册。

236. （　　）负责债务融资工具登记、托管、结算的日常监测。

A. 中央国债登记结算有限公司

B. 全国银行间同业拆借中心

C. 中国银行间市场交易商协会

D. 中国证券登记结算有限责任公司

答案：A

考点：短期融资券的发行注册。中央国债登记结算有限公司负责债务融资工具登记、托管、结算的日常监测。全国银行间同业拆借中心为债务融资工具在银行间债券市场的交易提供服务。

237. （　　）为债务融资工具在银行间债券市场的交易提供服务。

A. 中央国债登记结算有限公司　　B. 全国银行间同业拆借中心

C. 中国银行间市场交易商协会　　D. 中国证券登记结算有限责任公司

答案：B

考点：短期融资券的发行注册。中央国债登记结算有限公司负责债务融资工具登记、托管、结算的日常监测。全国银行间同业拆借中心为债务融资工具在银行间债券市场的交易提供服务。

238.（ ）是指具有法人资格的非金融企业在银行间债券市场按照计划分期发行的，约定在一定期限还本付息的债务融资工具。

A. 短期融资券　　B. 中期票据

C. 企业债　　D. 公司债

答案：B

考点：中期票据的相关内容。短期融资券是指具有法人资格的非金融企业（以下简称企业）在银行间债券市场发行的，约定在1年内还本付息的债务融资工具。中期债券是指具有法人资格的非金融企业在银行间债券市场按照计划分期发行的，约定在一定期限还本付息的债务融资工具。

239.《银行间债券市场中小非金融企业集合票据业务指引》所称集合票据是指（ ）个（含）以上、（ ）个（含）以下具有法人资格的中小非金融企业，在银行间债券市场以统一产品设计、统一券种冠名、统一信用增进、统一发行注册方式共同发行的，约定在一定期限还本付息的债务融资工具。

A. 3 7　　B. 2 8

C. 2 5　　D. 2 10

答案：D

考点：集合票据。《银行间债券市场中小非金融企业集合票据业务指引》所称集合票据是指2个（含）以上、10个（含）以下具有法人资格的中小非金融企业，在银行间债券市场以统一产品设计、统一券种冠名、统一信用增进、统一发行注册方式共同发行的，约定在一定期限还本付息的债务融资工具。

240. 下面属于中小非金融企业集合票据特点的是（ ）。

①分别负债，集合发行　　②共同负债

③集合发行　　④发行期限灵活

A. ①④　　B. ①③④

C. ②③　　D. ②④

答案：B

考点：集合票据的特点。

241. 依据《银行间债券市场非金融企业债务融资工具注册规则》，任一企业集合票据待偿还余额不得超过该企业净资产的（ ）。

A. 50%　　B. 40%

C. 30%　　D. 20%

答案：B

考点：集合票据相关规则。

242. 依据《银行间债券市场非金融企业债务融资工具注册规则》，任一企业集合票据募集资金金额不超过（　　）亿元。

A. 1　　B. 2

C. 3　　D. 5

答案：B

考点：集合票据相关规则。依据《银行间债券市场非金融企业债务融资工具注册规则》，任一企业集合票据募集资金金额不超过2亿元，单只集合票据注册金额不超过10亿元。

243. 按照相关规定，证券公司次级债数额应符合：长期次级债计入净资本的数额不得超过净资本（不含长期次级债累计计入净资本的数额）的（　　）。

A. 50%　　B. 40%

C. 30%　　D. 20%

答案：A

考点：证券公司次级债券的发行条件。参照《公司债券发行与交易管理办法》。

244.（　　）对人民币债券发行利率进行管理。

A. 财政部　　B. 国务院

C. 国家外汇管理局　　D. 中国人民银行

答案：D

考点：人民币债券的审批机制。

245.（　　）负责对人民币债券发行和偿还有关的外汇专用账户及相关购汇、结汇进行管理。

A. 财政部　　B. 国务院

C. 国家外汇管理局　　D. 中国人民银行

答案：C

考点：人民币债券的审批机制。

246. 关于国际开发机构人民币债券的发行与承销，下面说法正确的是（　　）。

①财政部对人民币债券发行利率进行管理

②中国人民银行对人民币债券发行利率进行管理

③国家外汇管理局负责对人民币债券发行和偿还有关的外汇专用账户及相关购汇、结汇进行管理

④在中国境内申请发行人民币债券需要报国务院同意

A. ②④　　B. ①③④

C. ②③　　D. ②③④

答案：D

考点：人民币债券的相关内容。

247. 一般情况下，关于发债机构申请发行国际开发机构人民币债券的条件，下面说法正确的是（　）。

①发债机构已为中国境内项目或企业提供的贷款和股本资金在 10 亿美元以上

②发债机构已为中国境内项目或企业提供的贷款和股本资金在 5 亿美元以上

③发债机构经两家（含两家）评级公司评级，其中至少应有一家评级公司在中国境内注册且具备人民币债券评级能力

④人民币债券信用级别为 AA 级（或相当于 AA 级）以上

A. ②④　　B. ①③④

C. ②③　　D. ②③④

答案：B

考点：人民币债券的相关内容。

248. 现券交易也可以被称为债券的（　），是指证券买卖双方在成交后就办理交收手续，买入者付出资金并得到证券，卖出者交付证券并得到资金。

A. 回购交易　　B. 远期交易

C. 即期交易　　D. 市场交易

答案：C

考点：考查债券交易的概念，即期交易即现券交易。

249. （　）是指证券买卖双方在成交后就办理交收手续，买入者付出资金并得到证券，卖出者交付证券并得到资金。

A. 回购交易　　B. 远期交易

C. 现券交易　　D. 期货交易

答案：C

考点：考查债券交易的概念。

250. 理论上说，回购交易是质押贷款的一种方式，通常用在（　）上。

A. 企业债券　　B. 金融债券

C. 公司债券　　D. 政府债券

答案：D

考点：考查债券回购交易的特点。

251. 与现券交易相比，远期交易的特点主要表现在以下（　　）方面。

①远期交易买卖双方必须签订远期合同

②远期交易的买卖双方进行商品交收或交割的时间与达成交易的时间，通常有较长的时间间隔

③远期交易往往要通过正式谈判，双方达成一致意见签订合同才算成立

④远期交易存在价格风险，价格会随着时间的推移而变动

A. ①②③　　B. ①③④

C. ①②④　　D. ①②③④

答案：A

考点：考查远期交易与现券交易的区别。注意远期交易的货款早已谈妥，不会随时间的推移而改变。

252. 远期交易和期货交易的区别主要体现在（　　）。

①交易场所不同　　②合约的规范性不同

③交易风险不同　　④履约责任不同

A. ①②③　　B. ①③④

C. ①②④　　D. ①②③④

答案：D

考点：考查远期交易与期货交易的区别，还包括保证金制度的不同。

253. 以下说法正确的有（　　）。

①期货合约在交易所内交易

②远期合约交易双方按规定比例缴纳保证金

③期货合约具备对冲机制，履约回旋余地较大

④远期合约如中途取消，须经双方同意，任何单方的意愿无法取消合约

A. ①②③　　B. ①③④

C. ①②④　　D. ①②③④

答案：B

考点：考查远期合约和期货合约交易的特点。期货合约交易双方按规定比例缴纳保证金，而远期合约因不是标准化，存在信用风险，保证金或称定金是否要付，付多少，也都由交易双方确定，无统一性。

254. 询价交易方式下，报价包括（　　）。

①公开报价　②小额报价

③双边报价　④对话报价

A. ①②③　B. ①③④

C. ①④　D. ①②③④

答案：C

考点：考查询价交易方式下报价方式。

255. 点击确认、单向撮合成交的报价包括（　　）。

①公开报价　②对话报价

③双边报价　④小额报价

A. ①②　B. ①③

C. ③④　D. ②③

答案：C

考点：考查点击确认、单向撮合成交的报价方式。

256.（　　）是银行间债券市场开展业务的交易员进行现券买卖报价时，在中国人民银行核定的债券买卖差价范围内连续报出该券种的买卖实价，并同时报出该券种的买卖数量、清算速度等交易要素。

A. 双向报价　B. 对话报价

C. 单边报价　D. 双边报价

答案：D

考点：考查双边报价的概念。

257.（　　）是在交易系统中，一次报价、规定交易数量范围和对手范围的现券单向撮合交易方式。

A. 公开报价　B. 对话报价

C. 小额报价　D. 双边报价

答案：C

考点：考查小额报价的概念。

258. 债券的开户合同应当包括（　　）事项。

①委托人真实姓名、住址、年龄、职业、身份证号

②委托人与证券公司之间的权利和义务

③确立开户合同的有效期限

④延长合同期限的条件和程序

A. ①②③　B. ①③④

C. ①②④　　D. ①②③④

答案：D

考点：考查开户合同需要包含的事项。

259. 在证券交易所内，债券成交就是要使买卖双方在价格和数量上达成一致。这一程序必须遵循特殊的原则，又被称为竞价原则。这种竞价原则的主要内容是（　　）。

①价格优先　　②时间优先

③客户委托优先　　④合同优先

A. ①②③　　B. ①③④

C. ①②④　　D. ①②③④

答案：A

考点：考查债券成交原则。

260. 证券交易所的交易价格按竞价的方式进行，竞价方式包括（　　）。

①口头报唱　　②书面竞价

③板牌竞价　　④计算机终端申报竞价

A. ①②③　　B. ①③④

C. ①②④　　D. ①②③④

答案：B

考点：考查债券竞价的三种方式。

261. 债券的清算是指在同一交割日对同一种债券的买和卖相互抵消，确定应当交割的债券数量和应当交割的价款数额，然后按照（　　）原则办理债券和价款的交割。

A. 差额交收　　B. 净额交收

C. 全额交收　　D. 加额交收

答案：B

考点：考查债券清算的原则。

262. 债券利息的支付方式有（　　）。

①息票方式　　②折扣利息

③本息分离方式　　④本息合一方式

A. ①②③　　B. ①③④

C. ①②④　　D. ①②③④

答案：C

考点：考查债券利息的支付方式。

263. 一般情况下，债券有以下（　　）兑付方式。

①到期兑付　　②提前兑付

③债券替换　　④分期兑付

A. ①②③　　B. ①③④

C. ①②④　　D. ①②③④

答案：D

考查：考查债券的五种兑付方式，还包括转换为普通股兑付。

264. （　　）时确定或变更债券持有人及其权利的法律行为，是保障投资者合法权益的重要措施。

A. 债券登记　　B. 债券托管

C. 债券兑付　　D. 债券付息

答案：A

考点：考查债券登记、托管、兑付及付息的有关规定。

265. 中华人民共和国境内的商业银行及授权分行、信托投资公司、企业集团财务公司、金融租赁公司、农村信用社、证券公司、基金管理公司及其管理的各类基金、保险公司、外资金融机构以及经金融监管当局批准可投资于债券资产的其他金融机构均可在（　　）按实名制原则以自己名义开立债券托管账户。

①中央结算公司　　②上海清算所

③中国结算公司　　④证券交易所

A. ①②③　　B. ①③④

C. ①②④　　D. ①②③④

答案：A

考点：考查债券托管的有关规定。

266. 以下债券不需要进行债券评级的有（　　）。

①国库券　　②国家银行发行的金融债券

③地方政府债券　　④企业债券

A. ①②　　B. ①③④

C. ①②③　　D. ②③④

答案：A

考点：考查债券评级的内涵。

267. 中华人民共和国金融行业标准（JR/T 0030. 2—2006）《信贷市场和银行间债券市场信用评级规范》对信用评级程序做出（　　）规定。

①评级准备；实地调查　　②初评阶段；评定等级

③结果反馈与复评；结果发布　　④文件存档；跟踪评级

A. ①②③　　B. ①③④

C. ①②④　　D. ①②③④

答案：D

考点：考查债券信用评级的程序。

268. 债券信用评级从初评工作开始到信用评级报告初稿完成日，单个主体评级或债券评级不应少于（　　）个工作日，集团企业评级或债券评级不应少于（　　）个工作日。

A. 15　30　　B. 20　45

C. 15　45　　D. 20　30

答案：C

考点：考查债券信用评级的时间限制。

269. 评级小组撰写的信用评级报告和工作底稿须经过（　　）的审核。

①评级小组负责人初审　　②部门负责人再审

③评级总监三审　　④评级组内终审

A. ①②③　　B. ①③④

C. ①②④　　D. ①②③④

答案：A

考点：考查债券信用评级的三级审核。

270. 债券信用评级的评级结果须经（　　）以上的与会评审委员同意方为有效。

A. 1/2　　B. 2/3

C. 3/4　　D. 4/5

答案：B

考点：考查债券信用评级的评级结果通过要求。

271. 银行间债券市场中长期债券信用评级等级划分为（　　）；银行间债券市场短期债券信用评级等级划分为（　　）。

A. 三等六级　四等九级　　B. 三等九级　四等六级

C. 四等九级　三等六级　　D. 四等六级　三等九级

答案：B

考点：考查债券市场信用评级等级。

272. 关于银行间债券市场中长期债券信用评级等级划分，（　　）表示偿还债务能力一般，受不利经济环境影响较大，违约风险一般。

A. AA　　B. A

C. BBB　　D. B

答案：C

考点：根据中华人民共和国金融行业标准（JR/T 0030. 2 -2006）《信贷市场和银行间债券市场信用评级规范》，将银行间债券市场中长期债券划分为不同信用等级。

273. 关于银行间债券市场短期债券信用评级等级划分，（　　）表示还本付息能力较强，安全性较高。

A. A-1　　B. A-2

C. A-3　　D. B

答案：B

考点：根据中华人民共和国金融行业标准（JR/T 0030. 2—2006）《信贷市场和银行间债券市场信用评级规范》，将银行间债券市场短期债券划分为不同信用等级。

274. 银行间债券市场的发展现状表现在（　　）。

①市场规模迅速扩大，直接融资比例不断上升

②市场功能逐步显现，兼具投资和流动性管理功能

③发行主体以国有企业为主，其他主题积极参与

④与国际市场相比较，市场流动性仍然较低

A. ①②③　　B. ①③④

C. ①②④　　D. ①②③④

答案：D

考点：考查银行间债券市场的发展现状。

275. 由于债券筹资的筹资数额巨大，所以对发行主体的资信评级是必不可少的一个环节。评级的主要内容包括（　　）。

①企业素质　　②经营能力

③获利能力　　④偿债能力

A. ①②③　　B. ①③④

C. ①②④　　D. ①②③④

答案：D

考点：考查债券评级的主要内容，除了以上答案，还包括履约情况和发展前景。

276. 以下属于交易所市场实行的制度和方式的有（　　）。

①集中撮合竞价与经纪商制度　②电脑集合竞价

③连续竞价　　④大宗交易

A. ①②③　　B. ①③④

C. ①②④　　D. ①②③④

答案：D

考点：考查交易所市场实行的制度和方式。

277. 目前，交易所按（　　）公布各债券品种的标准券折算率。

A. 天　　B. 周

C. 旬　　D. 月

答案：B

考点：考查交易所债券市场发展情况。

278.（　　）是指定的中央债券存管机构，对债券托管账户实行分类设置和集中管理。

A. 中央结算公司　　B. 上海清算所

C. 中国结算公司　　D. 证券交易所

答案：A

考点：考查银行间债券市场的托管方式。

279. 询价交易方式是指交易双方自行协商确定交易价格以及其他交易要素的交易方式，包括（　　）。

①报价　　②格式化询价

③协商　　④确认成交

A. ①②③　　B. ①③④

C. ①②④　　D. ①②③④

答案：C

考点：考查询价交易方式的步骤。

280. 以下关于交易所债券市场托管方式正确的有（　　）。

①根据券种的不同，实行的是不同的托管体制

②交易所市场实行中央登记、二级托管的制度

③交易所投资者在中央结算公司开立托管账户

④中国结算公司承担在交易所交易的其他债券的登记、托管职责

A. ①②③　　B. ①③④

C. ①②④　　D. ①②③④

答案：C

考点：考查交易所债券市场托管方式的有关规定。交易所投资者在中国结算

公司开立托管账户。

281. 询价交易方式下，最低交易量为券面总额（ ）万元，交易量最小变动单位为券面总额（ ）万元。

A. 10 10　　B. 10 100

C. 100 10　　D. 100 100

答案：A

考点：考查询价交易方式的最低交易量和交易量最小变动单位。

282. 点击成交交易方式下，最低交易量为券面总额（ ）万元，交易量最小变动单位为券面总额（ ）万元。

A. 10 10　　B. 10 100

C. 100 10　　D. 100 100

答案：C

考点：考查点击成交交易方式的最低交易量和交易量最小变动单位。

283. 传统的交易所债券市场通常只采用（ ）的交易方式，即按照时间优先、价格优先的原则，由交易系统对投资者买卖指令进行匹配，最后达成交易。

A. 竞价撮合　　B. 场外交易

C. 场内交易　　D. 现券交易

答案：A

考点：考查传统交易所债券市场的交易方式。

284. 交易所的固定收益电子平台定位于机构投资者，为大额现券交易提供服务。该平台可以进行（ ）。

①现券交易　　②质押式回购

③质押券申报与转回　　④买断式回购

A. ①②③　　B. ①③④

C. ①②④　　D. ①②③④

答案：B

考点：考查交易所固定收益平台的交易。

285. 银行间债券市场成员根据其是否与中央债券簿记系统直接联网办理债券结算业务而分为直接结算成员和间接结算成员。其中，间接结算成员主要是（ ）。

①中小金融机构　　②存款类金融机构

③非金融机构　　④大型金融机构

A. ①②　　B. ③④

C. ②④　　D. ①③

答案：D

考点：考查银行间债券市场间接结算成员。

286. 中央国债登记结算有限责任公司的义务包括（　　）。

①设置账簿　　②切实保护客户债券安全

③为客户保守商业秘密　　④保存完整业务记录

A. ①②③　　B. ①③④

C. ①②④　　D. ①②③④

答案：D

考点：考查中央国债登记结算有限责任公司的义务。

287. 我国银行间市场的债券结算采用实时（　　），统一通过中央国债登记结算有限责任公司的中央债券综合业务系统完成。

A. 全额逐笔结算机制　　B. 差额逐笔结算机制

C. 净额结算机制　　D. 差额结算机制

答案：A

考点：考查银行间市场的债券结算形式。

288. 交易所市场的债券清算和结算主要采取的是中央对手方的（　　）。

A. 全额逐笔结算机制　　B. 差额逐笔结算机制

C. 净额结算机制　　D. 差额结算机制

答案：C

考点：考查交易所市场的债券结算形式。

289. 目前，可进行跨市场转托管的债券是（　　）。

①附息国债　　②公司债

③企业债　　④地方债

A. ①②③　　B. ①③④

C. ①②④　　D. ①②③④

答案：B

考点：考查可跨市场交易的债券，目前只有国债（包括附息国债和地方债）和企业债可以。

290. 银行间市场可在工作日内的 8:30—16:30 实时办理转出、转入业务，但交易所市场必须在（　　）前完成转入或转出指令的录入，才能保证客户在次一个工作日可以使用转入或转出的债券。

A. 16:00　　B. 15:30

C. 15:00　　D. 14:30

答案：C

考点：考查交易所市场的转托管时间。

291. 从银行间转到交易所，参考中国结算公司官网，转托管费按转出国债面值金额的 0.005% 计算，单笔（每只）转托管费用最低（　　）元，最高为（　　）元。

A. 10　10 000　　B. 5　10 000

C. 10　5 000　　D. 5　5 000

答案：A

考点：考查债券转托管的收费。

292. 影响债券现金流的因素有（　　）。

①债券的面值和票面利率　　②计付息间隔

③债券的嵌入式期权条款　　④债券的税收待遇

⑤其他因素

A. ①②③④⑤　　B. ①②③④

C. ①③④⑤　　D. ①②③⑤

答案：A

考点：考查影响债券现金流的因素。

293. 债券贴现率是投资者对该债券要求的最低回报率，也被称为必要回报率。债券必要回报率为（　　）之和。

①票面利率　　②预期通货膨胀率

③风险溢价　　④真实无风险收益率

A. ①②③　　B. ②③④

C. ①③④　　D. ①②③④

答案：B

考点：考查债券贴现率的确定。

294. 下列关于债券的说法正确的有（　　）。

①债券估值的基本原理是现金流贴现

②债券买卖报价分为净价和全价两种，结算为全价结算

③净价是指不含应计利息的债券价格

④应计利息为上一付息日（或起息日）至结算日之间累计的按百元面值计算的债券发行人应付给债券持有人的利息

A. ①②③　　B. ②③④

C. ①③④　　D. ①②③④

答案：D

考点：考查债券估值相关知识。

295. 2018 年 3 月 6 日，某年息 5%、面值 100 元、每半年付息 1 次的 1 年期债券，上次付息为 2017 年 12 月 31 日。若按 ACT/180 计算，累计利息为（　　）元。

A. 0.51　　B. 0.89

C. 0.91　　D. 1.05

答案：B

考点：考查债券利息的计算。ACT/180 即每半年付息 1 次，按实际天数计算。累计天数（算头不算尾）=31 天（1 月）+28 天（2 月）+5 天（3 月）=64 天。累计利息 =100×5%÷2×64/180≈0.89（元）。

296. 2018 年 3 月 6 日，某年息 5%、面值 100 元、每半年付息 1 次的 1 年期债券，上次付息为 2017 年 12 月 31 日。如市场净价报价为 97 元，按 ACT/180 计算，实际支付价格为（　　）元。

A. 97.51　　B. 97.89

C. 97.91　　D. 98.05

答案：B

考点：考查债券利息的计算。ACT/180 即每半年付息 1 次，按实际天数计算。累计天数（算头不算尾）=31 天（1 月）+28 天（2 月）+5 天（3 月）=64 天。累计利息 = 100×5%÷2×64/180≈0.89（元）。实际支付价格 = 97 + 0.89 = 97.89（元）。

297. 2018 年 3 月 6 日，某年息 5%、面值 100 元、每半年付息 1 次的 1 年期债券，上次付息为 2017 年 12 月 31 日。若按 30/180 计算，累计利息为（　　）元。

A. 0.51　　B. 0.88

C. 0.90　　D. 1.05

答案：C

考点：考查债券利息的计算。30/180 即每半年付息 1 次，按每月 30 天计算。累计天数（算头不算尾）=30 天（1 月）+30 天（2 月）+5 天（3 月）=65 天。累计利息 =100×5%÷2×65/180≈0.90（元）。

298. 2018 年 3 月 6 日，某年息 5%、面值 100 元、每半年付息 1 次的 1 年期债券，上次付息为2017年12月31日。如市场净价报价为97元，按30/180计算，实际支付价格为（ ）元。

A. 97.51 B. 97.88

C. 97.90 D. 98.05

答案：C

考点：考查债券利息的计算。30/180即每半年付息1次，按每月30天计算。累计天数（算头不算尾）=30天（1月）+30天（2月）+5天（3月）=65天。累计利息=100×5%÷2×65/180≈0.90。实际支付价格=97+0.90=97.90（元）。

299. 下列关于利息计算的说法中正确的有（ ）。

①短期债券通常全年天数定为360天，半年天数定为180天

②我国交易所市场对附息债券的计息规定是全年天数统一按365天计算

③我国交易所市场对附息债券的利息累积天数规则是按实际天数计算，算头不算尾、闰年2月29日不计息

④我国对贴现发行的零息债券按照实际天数计算累计利息，闰年2月29日也计利息

A. ①②③ B. ②③④

C. ①③④ D. ①②③④

答案：D

考点：考查债券估值利息计算相关知识。

300. 2016年3月5日，某年息8%，每年付息1次，面值为100元的国债，上次付息日为2015年12月31日。则按实际天数计算的累计利息为（ ）元。

A. 1.05 B. 1.38

C. 1.51 D. 2.00

答案：B

考点：考查债券利息的计算。累计天数（算头不算尾）=31天（1月）+28天（2月）+4天（3月）=63天。累计利息=100×8%÷2×63/365≈1.38（元）。

301. 2016年3月5日，某年息8%，每年付息1次，面值为100元的国债，上次付息日为2015年12月31日。如市场净价报价为103.45元，按实际天数计算，实际支付价格为（ ）元。

A. 104.51 B. 104.83

C. 105.90 D. 105.45

答案：B

考点：考查债券利息的计算。累计天数（算头不算尾）=31 天（1 月）+28 天（2 月）+4 天（3 月）=63 天。累计利息 =100×8%÷2×63/365≈1.38。实际支付价格 =103.45+1.38=104.83（元）。

302. 2008 年 1 月 20 日，财政部发行 3 年期贴现式债券，2011 年 1 月 20 日到期，发行价格为 85 元。2010 年 3 月 5 日的累计利息为（　　）元。

A. 5.00　　B. 6.13

C. 9.23　　D. 10.59

答案：D

考点：三年总天数为 1 095 天。2008 年 1 月 20 日到 2010 年 3 月 5 日共有 774 天。累计利息 =（100－85）/1 095×774=10.59（元）。

303. 2008 年 1 月 20 日，财政部发行 3 年期贴现式债券，2011 年 1 月 20 日，发行价格为 85 元。2010 年 3 月 5 日该债券净报价为 87 元，则实际支付价格计算为（　　）元。

A. 92.00　　B. 93.13

C. 94.23　　D. 97.59

答案：D

考点：三年总天数为 1 096 天。2008 年 1 月 20 日到 2010 年 3 月 5 日共有 774 天。累计利息 =100－851 096×774=10.59（元）。实际支付价格为 =87+10.59=97.59（元）。

304. 计算累计利息时，通常将短期债券的全年天数定为（　　）。

A. 360 天　　B. 365 天

C. 实际全年天数　　D. 366 天

答案：A

考点：考查不同类别债券全年天数和利息累计天数的计算的行业惯例。

305. 2011 年 1 月 1 日，中国人民银行发行 1 年期零息债券，每张面值为 100 元人民币，年贴现率为 4%，则理论价格为（　　）元。

A. 94.89　　B. 95.13

C. 96.15　　D. 98.29

答案：C

考点：考查债券估值模型。理论价格 =100/（1+4%）=96.15（元）。

306. 2011 年 1 月 1 日，中国人民银行发行 1 年期零息债券，每张面值为 100 元人民币。则在 2011 年 6 月 30 日，其理论价格为（　　）元。

A. 94.89　　B. 95.13

C. 96.15　　D. 99.04

答案：D

考点：考查债券估值模型。理论价格 $=100/(1+4\%)^{0.5}=99.04$（元）。

307. 2011 年 3 月 21 日，财政部发行的某期国债距到期日还有 3 年，面值 100 元，票面利率年息 4.15%，每年付息 1 次，下次付息日在一年以后。1 年期、2 年期、3 年期贴现率分别为 4%、4.5%、5%。该债券理论价格为（　　）元。

A. 94.59　　B. 95.01

C. 96.23　　D. 97.76

答案：D

考点：考查附息债券定价。$P=4.15/(1+4\%)+4.15/(1+4.5\%)^2+104.15/(1+5\%)^3=97.76$（元）。

308. 2018 年 7 月 31 日，财政部发行的 3 年期国债，面值 100 元，票面利率年息 4.15%，按单利计息，到期一次性还本付息。3 年期贴现率 5%。理论价格为（　　）元。

A. 95.35　　B. 96.10

C. 97.14　　D. 98.03

答案：C

考点：考查累息债券的定价。到期还本息金额 $=100\times(1+3\times4.15\%)=112.45$ 元。理论价格 $=112.45/(1+5\%)^3=97.14$（元）。

309. 假定某投资者以 960 元的价格购买了面额为 1 000 元、票面利率为 10%、剩余期限为 6 年的债券，那么该投资者的当期收益率（Y）是（　　）。

A. 10.42%　　B. 11%

C. 11.42%　　D. 10.57%

答案：A

考点：考查债券收益率中的当期收益率。当期收益率的计算公式为：$Y=C/P\times100\%$，所以 $Y=1\ 000\times10\%/960\times100\%=10.42\%$。

310. 下列关于当期收益率的说法有误的是（　　）。

A. 它度量的是债券年利息收益占购买价格的百分比

B. 它的优点在于简便易算

C. 可以用来计算零息债券的当期收益

D. 它的缺点是不同期限附息债券之间不能由当期收益高低来评判优劣

答案：C

考点：考查当期收益率的优缺点。它不可以用来计算零息债券的当期收益。

311. 下列公式是用来计算到期收益率的是（　　）。

A. $Y = C/P \times 100\%$

B. $P = \sum_{t=1}^{T} \frac{C_t}{(1+y)^t} + \frac{F}{(1+y)^T}$

C. $P = \sum_{t=1}^{T} \frac{C_t}{(1+y_h)^t} + \frac{P_t}{(1+y_h)^T}$

D. $P = \sum_{t=1}^{n} \frac{C}{(1+y)^t} + \frac{M}{(1+y)^n}$

答案：B

考点：考查到期收益率的公式。

312. 某剩余期限为 5 年的国债，票面利率为 8%，面值 100 元，每年付息 1 次，当前市场价格为 102 元，则其到期收益率为（　　）。

A. 7.50%　　B. 7.61%

C. 8.50%　　D. 8.61%

答案：A

考点：考查到期收益率的计算。计算到期收益率的公式为：$P = \sum_{t=1}^{T} \frac{C_t}{(1+y)^t} + \frac{F}{(1+y)^T}$。代入公式得 $y = 7.50\%$。

313. 在一些国家（如美国），债券通常每半年付息一次，且每次支付票面年息的一半，则到期收益率的公式是（　　）。

A. $P = \sum_{t=1}^{T} \frac{C_t}{(1+y)^t} + \frac{F}{(1+y)^T}$

B. $P = \sum_{t=1}^{2T} \frac{C_t}{(1+y)^t} + \frac{F}{(1+y)^T}$

C. $P = \sum_{t=1}^{2T} \frac{C/2}{(1+y)^{2t}} + \frac{F}{(1+y)^{2T}}$

D. $P = \sum_{t=1}^{2T} \frac{C/2}{(1+y/2)^{2t}} + \frac{F}{(1+y/2)^{2T}}$

答案：D

考点：考查到期收益率的计算公式。注意辨析每年付息一次的债券和每半年付息一次的债券的到期收益率公式的不同之处。

314. 某剩余期限为 5 年的国债，票面利率 8%，面值 100，每年付息 2 次，当前市场价格为 102 元，则其到期收益率为（　　）。

A. 7.38%　　B. 7.51%

C. 8.38%　　D. 8.51%

答案：B

考点：考查到期收益率的计算。每半年付息一次的债券的到期收益率的计算公式为：$P=\sum_{t=1}^{2T}\frac{C/2}{(1+\frac{y}{2})^{t}}+\frac{F}{(1+\frac{y}{2})^{2T}}$。代入公式计算得 y = 7.51%。

315.（　　）也被称为零利率，是零息票债券到期收益率的简称。

A. 到期收益率　　B. 当期收益率

C. 即期利率　　D. 持有到期收益率

答案：C

考点：考查即期利率的定义。

316. 下列公式用来计算持有期收益率的是（　　）。

A. $Y=C/P*100\%$

B. $P=\sum_{t=1}^{T}\frac{C_t}{(1+y)^{t}}+\frac{F}{(1+y)^{T}}$

C. $P=\sum_{t=1}^{T}\frac{C_t}{(1+y_h)^{t}}+\frac{P_t}{(1+y_h)^{T}}$

D. $P=\sum_{t=1}^{n}\frac{C}{(1+y)^{t}}+\frac{M}{(1+y)^{n}}$

答案：C

考点：考查持有期收益率的公式。

317. 某投资者按 100 元价格平价购买了年息 8%、每年付息 1 次的债券，持有 2 年后按 106 元价格卖出，该投资者持有期收益率为（　　）。

A. 10.85%　　B. 10.58%

C. 9.85%　　D. 9.58%

答案：A

考点：考查持有期收益率的计算。持有期收益率的公式为：$P=\sum_{t=1}^{T}\frac{C_t}{(1+y_h)^{t}}+\frac{P_t}{(1+y_h)^{T}}$。代入公式得 $y_h=10.85\%$。

318. 下列关于可赎回债券的约定赎回价格的说法中有误的是（　　）。

A. 约定赎回价格可以是发行价格

B. 约定赎回价格不能是债券面值

C. 约定赎回价格可以是某一指定价格

D. 约定赎回价格可以是与不同赎回时间对应的一组赎回价格

答案：B

考点：考查赎回收益率中的赎回价格。约定赎回价格可以是债券面值。

319. 下列公式是用来计算赎回收益率的是（　　）。

A. Y = C/P * 100%

B. $P = \sum_{t=1}^{T} \frac{C_t}{(1+y)^t} + \frac{F}{(1+y)^T}$

C. $P = \sum_{t=1}^{T} \frac{C_t}{(1+y_h)^t} + \frac{P_t}{(1+y_h)^T}$

D. $P = \sum_{t=1}^{n} \frac{C}{(1+y)^t} + \frac{M}{(1+y)^n}$

答案：D

考点：考查赎回收益率的公式。

320. 某债券的票面价值为 1 000 元，票息利率为 5%，期限为 4 年，现以 950 元的发行价向全社会公开发行，年后债券发行人以 1 050 元的价格赎回，第一赎回日为付息后的第一个交易日，则赎回收益率为（　　）。

A. 9. 25%　　B. 9. 52%

C. 10. 25%　　D. 10. 52%

答案：C

考点：考查赎回收益率的计算。赎回收益率的公式为：$P = \sum_{t=1}^{n} \frac{C}{(1+y)^t} + \frac{M}{(1+y)^n}$。代入公式计算可得 y = 10. 25% 。

321. 不同发行人发行的相同期限和票面利率的债券，其市场价格会不同，从而计算出的债券收益率也不一样。反映在收益率上的这种区别，被称为（　　）。

A. 利率的期限结构　　B. 利率的结构期限

C. 利率的风险结构　　D. 利率的机构风险

答案：C

考点：考查利率的风险结构与期限结构的定义。

322. 下列关于利率的风险结构的说法中有误的是（　　）。

A. 不同发行人发行的相同期限和票面利率的债券，其市场价格也相同

B. 信用利差反映了不同违约风险的风险溢价

C. 经济繁荣时期，低等级债券与无风险债券之间的收益率通常比较小

D. 衰退期或萧条期，信用利差会急剧扩大，导致低等级债券价格暴跌

答案：A

考点：考查利率的风险结构。

323. 为了更好地理解债券的收益率，我们引进收益率曲线这个概念。收益率曲线的基本类型有（ ）。

①正向的 ②反向的

③水平的 ④拱形的

A. ①②③ B. ②③④

C. ①③④ D. ①②③④

答案：D

考点：考查债券收益率曲线。

324. 利率期限结构理论是基于（ ）建立起来的。

①市场预期理论 ②流动性偏好理论

③市场分割理论 ④理性预期理论

A. ①②③ B. ②③④

C. ①③④ D. ①②③④

答案：A

考点：考查利率期限结构的理论。

325. 可转债的转换价格在（ ）情况下可以进行调整。

①当公司发生派送股票股利、转增股本、增发新股或配股、派送现金股利等情况（不包括因可转债转股而增加的股本），将按相关公式进行转股价格的调整

②当公司发生股份回购、合并、分立或任何其他情形使公司股份类别、数量或股东权益发生变化从而可能影响可转债持有人的债权利益或转股衍生权益时，将视具体情况按照公平、公正、公允的原则以及充分保护可转债持有人权益的原则调整转股价格

③在可转债存续期间，当公司股票在任意连续 30 个交易日中有 15 个交易日的收盘价低于当期转股价格一定比例（80%—85%）时，公司董事会有权提出转股价格向下修正方案并提交公司股东大会审议表决

④在可转债存续期间，当公司股票在任意连续 20 个交易日中有 10 个交易日的收盘价低于当期转股价格一定比例（80%—85%）时，公司董事会有权提出转股价格向下修正方案并提交公司股东大会审议表决

A. ①③④ B. ①②④

C. ①②③　　　　D. ①②

答案：C

考点：可转债的转换价格在三种情况下可以进行调整，一是当公司发生派送股票股利、转增股本、增发新股或配股、派送现金股利等情况（不包括因可转债转股而增加的股本），将按相关公式进行转股价格的调整；二是当公司发生股份回购、合并、分立或任何其他情形使公司股份类别、数量或股东权益发生变化从而可能影响可转债持有人的债权利益或转股衍生权益时，将视具体情况按照公平、公正、公允的原则以及充分保护可转债持有人权益的原则调整转股价格；三是在可转债存续期间，当公司股票在任意连续30个交易日中有15个交易日的收盘价低于当期转股价格一定比例（80%—85%）时，公司董事会有权提出转股价格向下修正方案并提交公司股东大会审议表决。第三种情况发行人向下修转股价通常是为了避免回售压力。

326. 国际债券的特征有（　　）。

①资金来源广、发行规模大　　②存在汇率风险

③有国家主权保障　　④以自由兑换货币作为计量货币

A. ①③④　　B. ①②④

C. ①②③　　D. ①②③④

答案：D

考点：国际债券有资金来源广、发行规模大，存在汇率风险，有国家主权保障和以自由兑换货币作为计量货币等特征。

327. 资产证券化的参与主体有（　　）。

①发起人　　②特殊目的机构（SPV）

③信用增级机构　　④信用评级机构

⑤承销商　　⑥服务商

⑦受托人

A. ①②③④⑦　　B. ①②③④⑥⑦

C. ①②④⑦　　D. ①②③④⑤⑥⑦

答案：D

考点：考查资产证券化的参与主体。

328. 资产证券化的参与主体中，（　　）的主要职能是以资产证券化为目的而特别组建的独立法律主体，其负债主要是发行的资产支持证券，资产则是被证券化的基础资产。

A. 发起人　　B. 特殊目的机构（SPV）

C. 受托人　　　　　　　　　　D. 信用评级机构

答案：B

考点：资产证券化的参与主体中，特殊目的机构（SPV）的主要职能是以资产证券化为目的而特别组建的独立法律主体，其负债主要是发行的资产支持证券，资产则是被证券化的基础资产。

329. 下列关于非公开发行公司债券的说法正确的是（　　）。

①非公开发行的公司债券应当向专业投资者发行，不得采用广告、公开劝诱和变相公开方式，每次发行对象不得超过150人

②非公开发行公司债券，承销机构或自行销售的发行人应当在每次发行完成后5个工作日内向中国证券业协会报备

③非公开发行公司债券，可以申请在证券交易场所、证券公司柜台转让

④非公开发行公司债券，募集资金应当用于约定的用途；改变资金用途，应当履行募集说明书约定的程序

A. ①③④　　　　　　　　　　B. ①②④

C. ②③④　　　　　　　　　　D. ①②③④

答案：C

考点：考查非公开发行公司债券的特殊安排相关内容。

330. 关于公司债券募集资金投向错误的是（　　）。

A.《证券法》规定公开发行公司债券筹集的资金，必须按照公司债券募集办法所列资金用途使用

B. 改变资金用途，必须经债券持有人会议作出决议

C. 公开发行公司债券筹集的资金，不得用于弥补亏损和非生产性支出

D. 公开发行公司债券筹集的资金，可以用于弥补亏损和非生产性支出

答案：D

考点：《证券法》规定公开发行公司债券筹集的资金，必须按照公司债券募集办法所列资金用途使用；改变资金用途，必须经债券持有人会议作出决议。公开发行公司债券筹集的资金，不得用于弥补亏损和非生产性支出。

第六章　证券投资基金

1. 投资基金是指通过向投资者募集资金，形成独立基金财产，由专业投资机构进行基金投资和管理，由（　　）进行资产托管，由（　　）共享投资收益、共享投资风险的一种集合投资方式。

A. 基金托管人　基金投资人　B. 基金托管人　基金管理人

C. 基金托管人　基金管理人　D. 基金管理人　基金投资人

答案：A

考点：考查投资基金的概念。

2. 根据基金投资对象的不同，可以将投资基金分为（　　）与（　　）。

A. 股票投资基金　债券投资基金

B. 证券投资基金　另类投资基金

C. 股权投资基金　风险投资基金

D. 证券投资基金　风险投资基金

答案：B

考点：考查证券投资基金的分类。

3. 另类投资基金主要以未上市公司股权、不动产、黄金、大宗商品、衍生品等金融与非金融资产为投资对象。常见的另类投资基金包括（　　）。

①对冲基金　②股权投资基金

③创业投资基金　④不动产投资基金

A. ①②③　B. ②③④

C. ①②④　D. ①②③④

答案：D

考点：考查另类投资基金包含的内容。

4. 根据募集方式的不同，可将投资基金分为（　　）与（　　）两大类。

A. 契约型基金　公司型基金　B. 封闭式基金　开放式基金

C. 公募基金　私募基金　D. 主动型基金　被动型基金

答案：C

考点：考查证券投资基金按照不同划分标准的分类。

5. 以下（　　）是证券投资基金的特点。

①集合理财、专业管理　②组合投资、分散风险

③集中管理、保障安全　④利益共享、风险共担

A. ①②③　B. ②③④

C. ①②④　D. ①②③④

答案：C

考点：考查证券投资基金的特点，③应为独立托管、保障安全。

6. 证券投资基金是一种集合投资方式，它与股票、债券的区别在于（　　）。

①反映的经济关系不同　　②筹集资金的投向不同

③收益风险水平不同　　④发行方式不同

A. ①②③　　B. ②③④

C. ①②④　　D. ①③④

答案：A

考点：考查证券投资基金与股票、债券的区别，有助于深刻理解证券投资基金的特点。

7. 证券投资基金按照基金的组织形式可划分为（　　）和（　　）。

A. 封闭式基金　开放式基金　B. 契约型基金　公司型基金

C. 股权投资基金　风险投资基金　D. 主动型基金　被动型基金

答案：B

考点：考查证券投资基金不同分类标准下的分类形式。

8. （　　）是指依据基金合同设立的一类基金，在我国，是依据基金管理人、基金托管人之间所签署的基金合同设立，基金投资者购买基金份额后成为基金持有人，依法享受权利并承担义务。

A. 公司型基金　　B. 债券基金

C. 公募基金　　D. 契约型基金

答案：D

考点：考查契约型基金的概念。

9. 以下（　　）是契约型基金与公司型基金的区别。

①期限不同　　②资金的性质不同

③投资者的地位不同　　④基金的营运依据不同

A. ①②③　　B. ②③④

C. ①②④　　D. ①③④

答案：B

考点：考查按照基金的组织形式划分的契约型基金和公司型基金的区别。

10. （　　）是指依据基金公司章程设立，是在法律上具有独立法人地位的股份投资公司。

A. 公司型基金　　B. 股票基金

C. 私募基金　　D. 契约型基金

答案：A

考点：考查公司型基金的概念，注意与其他类型基金不要混淆。

11. 以下关于契约型基金与公司型基金区别，说法正确的是（　　）。

①契约型基金的资金是通过发行基金份额筹集起来的信托财产

②公司型基金的投资者购买基金公司的股票后成为该公司的股东

③契约型基金依据投资公司章程营运基金

④目前我国的基金全部都是契约型基金

A. ①②③　　B. ②③④

C. ①②④　　D. ①③④

答案：C

考点：辨析契约型基金与公司型基金的区别。

12. 按照基金运作方式划分，证券投资基金可分为（　　）和（　　）。

A. 封闭式基金　开放式基金　　B. 公募基金　私募基金

C. 股权投资基金　风险投资基金　D. 债券基金　股票基金

答案：A

考点：考查证券投资基金的不同分类标准下的分类形式。

13.（　　）是指基金份额在存续期内固定不变，基金份额可以在依法设立的证券交易场所交易，但基金份额持有人不得申请赎回的基金。

A. 公司型基金　　B. 债券基金

C. 封闭式基金　　D. 开放式基金

答案：C

考点：考查封闭式基金的概念。

14.（　）是指基金份额总额不固定，基金份额可以在基金合同约定的时间和场所申购及赎回的基金。

A. 公司型基金　　B. 债券基金

C. 封闭式基金　　D. 开放式基金

答案：D

考点：考查开放式基金的概念。

15. 按照基金的运作方式划分，可将证券投资基金分为封闭式基金和开放式基金，那么这两种类型的基金的区别有（　　）。

①期限不同　　②投资者地位不同

③发行规模限制不同　　④价格形成方式不同

A. ①②③　　B. ②③④

C. ①②④　　D. ①③④

答案：D

考点：辨析封闭式基金与开放式基金的区别。

16. 封闭式基金有固定的存续期，通常在（　　）年以上。

A. 5　　B. 8

C. 10　　D. 15

答案：A

考点：考查封闭式基金的存续期间，通常5年以上，一般为10年或15年。

17. 封闭式基金有固定的存续期，通常在5年以上，一般为10年或15年，经（　　）通过并经监管机构同意可适当延长期限。

A. 中国证监会　　B. 持有人大会

C. 证券交易所　　D. 基金行业自律组织

答案：B

考点：封闭式基金存续期延长需经过持有人大会通过。

18. 以下关于封闭式基金的说法正确的有（　　）。

①封闭式基金的基金份额在封闭期内不能赎回

②持有人可以进行场外交易

③封闭式基金的存续期固定，但可以适当延长

④封闭式基金的基金规模在封闭期限内未经法定程序认可不能增加发行

A. ①②③　　B. ②③④

C. ①②④　　D. ①③④

答案：D

考点：考查关于封闭式基金的特点，封闭式基金的持有人只能在证券交易场所交易。

19. 以下关于开放式基金的说法错误的有（　　）。

①开放式基金有发行规模的限制

②开放式基金的买卖价格受市场供求关系的影响

③开放式基金的投资者可以提出申购或赎回申请

④开放式基金的业绩表现不会影响投资者的投资策略

A. ①②③　　B. ②③④

C. ①②④　　D. ①③④

答案：C

考点：考查关于开放式基金的特点，开放式基金没有发行规模的限制，买卖

价格不受市场供求的影响，业绩表现会影响投资者的策略，若表现良好，将会吸引新的投资，规模随之扩大。

20. 按照基金的投资标的划分，可将证券投资基金分为（ ）等。

①股票基金 ②债券基金

③混合型基金 ④货币市场基金

A. ①②③ B. ②③④

C. ①②④ D. ①②③④

答案：D

考点：考查证券投资基金的不同分类标准下的分类形式。

21. A 公司将自己拥有的 85% 的资金资产投资于股票，剩余的 15% 用于投资国债，则该证券投资基金为（ ）。

A. 偏股型基金 B. 股票基金

C. 混合型基金 D. 债券基金

答案：B

考点：考查股票基金的概念并与相似概念辨析。根据中国证监会对基金类别的分类标准，80% 以上的基金资产投资于股票的，为股票基金。

22. 在我国，根据中国证监会对基金类别的分类标准，（ ）以上的基金资产投资于股票的，为股票基金。

A. 50% B. 60%

C. 70% D. 80%

答案：D

考点：考查我国股票基金的分类标准。

23. 根据所持股票性质分类，股票基金可分为（ ）等。

①价值型股票基金 ②成长型股票基金

③平衡型股票基金 ④稳定型股票基金

A. ①②③ B. ②③④

C. ①②④ D. ①③④

答案：A

考点：考查股票基金的分类。

24. 按照基金的（ ）划分，证券投资基金可分为成长型基金、收入型基金、平衡型基金。

A. 运作方式 B. 投资标的

C. 投资目标 D. 投资理念

答案：C

考点：考查股票基金的分类。

25. 混合型基金是指同时投资于股票与债券的基金，该类基金由于资产配置比例不同，风险收益差异较大。一般可以根据资产配置的不同将其分为（　　）。

①偏股型基金　　②偏债型基金

③股债平衡型基金　　④灵活配置型基金

A. ①②③　　B. ②③④

C. ①②④　　D. ①②③④

答案：D

考点：考查混合型基金的分类。

26. 货币市场基金是仅以货币市场工具为投资对象的一种基金，其投资对象期限较短，一般在（　　）年以内。

A. 1　　B. 2

C. 3　　D. 5

答案：A

考点：考查货币市场基金的期限，一般1年以内，包括银行短期存款、国库券、公司短期债券、银行承兑票据等。

27. 按基金的投资理念划分，可将证券投资基金划分为（　　）。

A. 封闭式基金开放式基金　　B. 公募基金私募基金

C. 主动型基金被动型基金　　D. 债券基金股票基金

答案：C

考点：考查不同划分标准下证券投资基金的分类。

28. （　　）又被称为“指数基金”，是指以特定指数作为跟踪对象，力图复制指数表现的一类基金。指数基金的优势是管理费、交易费较低，同时可以有效降低非系统性风险。

A. 主动型基金　　B. 被动型基金

C. 债券基金　　D. 货币市场基金

答案：B

考点：考查被动型基金的概念，与主动型基金概念区分。

29. 以下关于私募基金的说法正确的有（　　）。

①私募基金向特定合格投资者发售

②私募基金只能采取非公开方式发行

③私募基金的投资金额较小，风险较小

④私募基金的投资范围广

A. ①②③　　B. ②③④

C. ①②④　　D. ①②③④

答案：C

考点：考查私募基金的特点，私募基金的投资金额高，风险较大。

30. 以下关于公募基金的说法正确的有（　　）。

①公募基金投资金额要求高　　②公募基金面向社会公众公开发售

③公募基金的募集对象不固定　　④公募基金适合中小投资者参与

A. ①②③　　B. ②③④

C. ①②④　　D. ①③④

答案：B

考点：考查公募基金的特点，公募基金的投资金额要求较低，考虑了广大中小投资者的投资需求。

31. ETF（交易所交易基金）结合了（　　）与（　　）的运作特点，一方面可以在交易所二级市场进行买卖，另一方面又可以申购、赎回。

A. 封闭式基金　开放式基金　　B. 主动型基金　被动型基金

C. 公募基金　私募基金　　D. 股权投资基金　风险投资基金

答案：A

考点：考查交易所交易基金与封闭式基金和开放式基金的特点，ETF 是在交易所上市交易的、基金份额可变的一种基金运作方式。

32. ETF 最大的特点是实物申购、赎回机制，还有“最小申购、赎回份额”的规定，通常最小申购、赎回单位在（　　）万份、（　　）万份或（　　）万份。

①10　　②30

③50　　④100

A. ①②③　　B. ①③④

C. ①②④　　D. ②③④

答案：D

考点：考查 ETF 的最小申购、赎回份额的界定。

33. 以下关于 ETF 和 LOF 的说法错误的有（　　）。

①ETF 的申购和赎回均以现金进行

②LOF 必须采用指数基金模式

③ETF 只在二级市场交易

④LOF 对申购和赎回没有规模的上限

A. ①②③　　B. ①③④

C. ①②④　　D. ②③④

答案：A

考点：考查 ETF 和 LOF 的区别与联系，ETF 是指数型基金，而 LOF 不一定采用指数型基金，也可以是主动型基金；ETF 采用实物申购、赎回机制，LOF 的申购和赎回均以现金进行；ETF 实行一级市场、二级市场并存的交易制度。

34. （　　）的投资目标是力求避免基金份额持有人投资本金出现亏损的公开募集证券投资基金。

A. 分级基金　　B. 上市开放式基金

C. 避险策略基金　　D. 系列基金

答案：C

考点：考查特殊类型基金的不同概念。

35. （　　）借助结构化设计将同一基金资产划分为预期风险收益特征不同的份额类别，可以同时满足不同风险收益偏好投资者的需求。

A. 分级基金　　B. 混合型基金

C. 基金中基金　　D. 上市开放式基金

答案：A

考点：辨析各特殊类型基金的概念。

36. 伞形基金又被称为（　　），是指多个基金共用一个基金合同，子基金独立运作，并直接可以相互转换的一种基金结构形式。

A. 分级基金　　B. 混合型基金

C. 结构型基金　　D. 系列基金

答案：D

考点：考查伞形基金的概念。

37. 1774 年，世界上第一个封闭式投资基金诞生于（　　）。

A. 美国　　B. 英国

C. 瑞士　　D. 荷兰

答案：D

考点：考查证券投资基金的起源。

38. 截至 2018 年年底，（　　）的基金规模位居全球第一。

A. 美国　　B. 德国

C. 日本　　D. 卢森堡

答案：A

考点：考查全球证券投资基金的发展情况，美国是全球第一大基金市场。截至 2018 年年底，美国共同基金以 17.1 万亿美元（不含 ETF）的规模位居全球第一。

39. 证券投资基金在我国的发展可分为四个阶段，1998—2003 年属于（　　）。

A. 早期探索阶段　　B. 规范发展阶段

C. 创新发展阶段　　D. 稳步发展阶段

答案：B

考点：考查证券投资基金在我国的发展历程。

40. 基金运作可分为（　　）三大部分。

①基金的市场营销　　②基金的信息披露

③基金的投资管理　　④基金的后台管理

A. ①②③　　B. ①③④

C. ①②④　　D. ②③④

答案：B

考点：考查证券基金运作的三大部分，信息披露包含在投资管理内容里。

41. 基金的主要当事人有（　　）。

①基金服务机构　　②基金投资者

③基金管理人　　④基金托管人

A. ①②③　　B. ①③④

C. ①②④　　D. ②③④

答案：D

考点：考查证券投资基金运作中的主要当事人。

42. 在基金市场上存在着许多不同的参与主体，依据所承担的责任与作用的不同，可以将基金市场的参与主体分为（　　）。

①基金当事人　　②基金服务机构

③基金的监管机构和自律组织　　④其他机构

A. ①②③　　B. ①③④

C. ①②④　　D. ①②③④

答案：A

考点：考查基金市场参与主体，分为三大类，即基金当事人、基金市场服务机构和基金的监管机构和自律组织。

43. 在（　　）中，投资者可以在交易时间内以 ETF 指定的一篮子股票申购 ETF 份额或以 ETF 份额赎回一篮子股票。

A. 一级市场　　B. 二级市场

C. 一级市场或二级市场　　D. 一级市场与二级市场

答案：A

考点：对于 ETF 的相关理解。在一级市场中，投资者可以在交易时间内以 ETF 指定的一篮子股票申购 ETF 份额或以 ETF 份额赎回一篮子股票。

44.《证券投资基金法》规定，基金资产必须由独立于基金管理人的基金托管人保管，从而使得基金托管人成为基金的当事人之一。基金托管人的职责主要体现在（　　）等方面。

①资产保管　　②基金估值

③会计复核　　④资金清算

A. ①②③　　B. ①③④

C. ①②④　　D. ②③④

答案：B

考点：考查基金托管人和基金管理人的职责，切勿混淆。基金估值是基金管理人的职责。

45. 2020 年 7 月 10 日，中国证监会发布《公开募集证券投资基金侧袋机制指引（试行）》，于 2020 年（　　）起开始执行。

A. 8 月 1 日　　B. 8 月 9 日

C. 9 月 1 日　　D. 9 月 8 日

答案：A

考点：《公开募集证券投资基金侧袋机制指引（试行）》的发布时间。《公开募集证券投资基金侧袋机制指引（试行）》于 2020 年 8 月 1 日起开始执行。

46. 截至 2020 年 2 月底，我国境内共有基金管理公司（　　）家，其中，中外合资公司（　　）家，内资公司（　　）家，取得公募基金管理资格的证券公司或证券公司资金管理子公司共（　　）家，保险资产管理公司（　　）家。

A. 138　44　84　13　2　　B. 128　44　84　13　2

C. 128　44　84　13　1　　D. 138　44　84　13　1

答案：B

考点：对我国境内基金管理公司发展现状的理解。

47. 基金评价机构从事公募基金评价业务并以公开形式发布基金评价结果的，应向（　　）申请注册。

A. 中国证监会　　B. 证券交易所
C. 中国证券投资基金业协会　　D. 中国证券业协会
答案：C
48. 基金的自律组织主要有（　　）。
①中国证监会　　②基金行业自律组织
③原中国银监会　　④证券交易所
A. ①②　　B. ③④
C. ②　　D. ②④
答案：D
考点：考查我国目前的基金自律组织。
49. 基金行业自律组织是由（　　）成立的行业自律组织。
①基金持有人　　②基金管理人
③基金托管人　　④基金销售机构
A. ①②③　　B. ①③④
C. ②③④　　D. ①②③④
答案：C
考点：考查基金行业自律组织由哪些机构牵头成立。
50. 申请募集基金，拟募集的基金应当具备下列（　　）条件。
①有明确、合法的投资方向
②有明确的基金运作方式
③基金合同、招募说明书等法律文件草案符合法律、行政法规和中国证监会的规定
④基金名称表明基金的类别和投资特征
A. ①②③　　B. ①③④
C. ②③④　　D. ①②③④
答案：D
考点：考查基金的募集所需要具备的条件。
51. 基金的募集一般要经过（　　）几个步骤。
①申请　　②注册
③发售　　④基金合同生效
A. ①②③　　B. ①③④
C. ②③④　　D. ①②③④
答案：D

考点：考查基金募集的步骤。

52. 基金募集申请需要提交的主要文件包括（　　）。

①申请募集基金的申请报告　　②基金合同草案

③招募说明书　　④法律意见书

A. ①②③　　B. ①②④

C. ②③④　　D. ①②③④

答案：B

考点：考查基金募集申请所需要的文件，注意招募说明书草案即可。

53. 根据《证券投资基金法》的规定，国务院证券监督管理机构应当自公开募集基金的募集注册申请之日起（　　）内依照法律、行政法规及国务院证券监督管理机构的规定进行审查，作出注册或者不予注册的决定。

A. 3 个月　　B. 6 个月

C. 9 个月　　D. 1 年

答案：B

考点：考查基金注册的有关规定。

54. 在我国，中国证监会认定的机构才有资格从事基金的代理销售。目前可以申请从事基金代理销售的机构包括（　　）。

①商业银行　　②证券公司

③保险公司　　④证券投资咨询公司

A. ①②③　　B. ①③④

C. ①②④　　D. ①②③④

答案：D

考点：考查对基金代理销售机构相关知识的理解。在我国，中国证监会认定的机构才有资格从事基金的代理销售。目前可以申请从事基金代理销售的机构包括商业银行、证券公司、保险公司与证券投资咨询公司等。

55. 目前基金注册程序分为简易程序和普通程序，按简易程序注册，注册审查时间原则上不超过（　　）；按照普通程序注册，注册审查时间不超过（　　）。

A. 15 个工作日　3 个月　　B. 20 个工作日　4 个月

C. 15 个工作日　5 个月　　D. 20 个工作日　6 个月

答案：D

考点：考查基金注册简易程序和普通程序注册审查时间的区别。

56. 基金经注册后，方可发售基金份额。基金管理人应当自收到核准文件之日起（　　）内进行基金份额的发售。

A. 2 个月　　B. 3 个月

C. 6 个月　　D. 9 个月

答案：C

考点：考查基金份额发售的时间限制。

57. 基金的募集期限自基金份额发售日开始计算，募集期限不得超过（　　）。

A. 1 个月　　B. 2 个月

C. 3 个月　　D. 5 个月

答案：C

考点：考查基金募集的期限限制。

58. 基金管理人应当在基金份额发售的（　　）日前公布招募说明书、基金合同及其他有关文件。

A. 2　　B. 3

C. 5　　D. 10

答案：B

考点：考查招募说明书等文件的公布时间。

59. 基金管理人应当自募集期限届满之日起（　　）内聘请法定验资机构验资，向中国证监会提交验资报告，办理基金备案手续。

A. 5 日　　B. 10 日

C. 15 日　　D. 20 日

答案：B

考点：考查募集基金后验资的时间限制。

60. 基金管理人应当自募集期限届满之日起 10 日内聘请法定验资机构验资，向中国证监会提交验资报告。基金备案自（　　）之日起，基金合同生效。

A. 中国证监会书面确认　　B. 基金募集期限届满

C. 聘请法定验资机构　　D. 提交验资报告

答案：A

考点：考查基金合同生效时日。

61. 基金募集失败，基金管理人应以固有财产承担因募集行为而产生的债务和费用，并在基金募集期限届满后（　　）日内返还投资者已缴纳的款项，并加计银行同期存款利息。

A. 15　　B. 20

C. 25　　D. 30

答案：D

考点：考查基金募集失败后还款时限。

62. 在基金募集期内购买基金份额的行为通常被称为基金的认购。开放式基金的认购一般分为（　　）几个步骤。

①开户　　②缴款

③认购　　④确认

A. ①②③　　B. ①②④

C. ①③④　　D. ①②③④

答案：C

考点：考查开放式基金认购步骤。

63. 投资人认购开放式基金，一般通过基金管理人或管理人委托的商业银行、证券公司等基金销售机构办理。拟进行基金投资的投资人，必须先开立（　　）和（　　）。

A. 基本账户　一般账户　　B. 基金账户　资金账户

C. 基金账户　债券账户　　D. 基本账户　专项账户

答案：B

考点：考查开放式基金认购过程中开户。

64. 小张拟认购开放式基金，在开立基金账户和资金账户后于20×8年6月11日提交了认购申请表，那么，自（　　）起小张可到办理认购的网点查询认购申请的受理情况。

A. 20×8年6月13日　　B. 20×8年6月14日

C. 20×8年6月15日　　D. 20×8年6月16日

答案：A

考点：考查自提交认购申请表起何时可查询到认购受理情况。T+2日。

65. 基金管理人会针对不同的基金类型、不同的认购金额设置不同的认购费率。我国股票型基金的认购费率大多为1%—1.5%，货币市场基金一般不收取认购费，债券型基金的认购费率通常在（　　）以下。

A. 2%　　B. 1.5%

C. 1%　　D. 0.5%

答案：C

考点：考查不同类型基金的认购费率。

66. 基金设立募集期内，投资者申请购买基金份额的行为被称作（　　）。

A. 申购　　B. 认购

C. 购买　　D. 赎回

答案：B

考点：考查基金认购和申购的概念区分。

67. 基金合同生效后，投资者申请购买基金份额的行为被称作（　　）。

A. 申购　　B. 认购

C. 购买　　D. 赎回

答案：A

考点：考查基金认购和申购的概念区分。

68. 对（　　）而言，基金份额价格固定为1元人民币，故按照固定价格申购赎回。

A. 股票基金　　B. 混合基金

C. 货币基金　　D. 债券基金

答案：C

考点：考查基金的申购、赎回原则。

69. 对于开放式基金而言，基金的申购赎回需要遵循以下（　　）原则。

A. 份额申购、份额赎回　　B. 份额申购、金额赎回

C. 金额申购、金额赎回　　D. 金额申购、份额赎回

答案：D

考点：考查开放式基金申购赎回的原则。

70. 基金管理人可以对选择后端收费方式的投资人根据其持有期限适用不同的后端申购费率标准。对于持有期低于（　　）的投资人，基金管理人不得免收其后端申购费用。

A. 1年　　B. 2年

C. 3年　　D. 5年

答案：C

考点：考查申购费用的后端收费方式。

71. 投资者在办理开放式基金赎回时，一般需要缴纳赎回费，（　　）除外。

①股票基金　　②债券基金

③货币基金　　④中国证监会规定的其他品种

A. ①②　　B. ②④

C. ①③　　D. ③④

答案：D

考点：考查开放式基金赎回费用的缴纳。

72. 开放式基金非交易过户是指不采用申购、赎回等交易方式，将一定数量的基金份额按照一定规则从某一投资者基金账户转移到另一投资者基金账户的行为，主要包括（　　）。

①继承

②捐赠

③司法强制执行

④经注册登记机构认可的其他情况下的非交易过户

A. ①②③　　B. ①②④

C. ①③④　　D. ①②③④

答案；D

考点：考查开放式基金的非交易过户有哪些情形。

73. 关于封闭式基金的交易，以下说法不正确的有（　　）。

①封闭式基金的交易遵从“价格优先、时间优先”的原则

②投资者买卖封闭式基金只能开立深、沪证券账户

③封闭式基金的交易需收取印花税

④封闭式基金的单笔最大数量应低于 80 万份

A. ①②③　　B. ①②④

C. ①③④　　D. ②③④

答案：D

考点：考查关于封闭式基金交易的问题。投资者买卖封闭式基金必须开立深、沪证券账户或深、沪基金账户及资金账户；封闭式基金的交易不收取印花税；封闭式基金的单笔最大数量应低于 100 万份。

74. 基金资产总值是指基金全部资产的价值总和。现已知 A 公司的基金资产总值为 450 万元，基金负债为 300 万元，基金的全部份额为 300 份。则 A 公司的基金资产份额净值为（　　）万元。

A. 1.5　　B. 1

C. 0.5　　D. 无法计算

答案：C

考点：考查基金份额净值的计算。基金份额净值 = 基金资产净值/基金总份额。

75.（　　）是计算投资者申购基金份额、赎回金额的计算基础，直接关系到基金投资者的利益，也是评价基金投资业绩的基础指标之一。

A. 基金份额净值　　B. 基金份额

C. 基金资产净值　　D. 基金总份额

答案：A

考点：考查基金份额净值的概念及重要性。

76. 我国的开放式基金于每个交易日估值，并于（　　）公告份额净值。

A. 每周五　　B. 当日

C. 不晚于下一个交易日　　D. 两日后

答案：C

考点：考查开放式基金的估值频率。

77. 我国的封闭式基金每个交易日都进行估值，并（　　）披露一次基金份额净值。

A. 每周　　B. 每日

C. 于下一个交易日　　D. 两日

答案：A

考点：考查封闭式基金的估值频率。

78. 基金资产估值需考虑以下哪些因素（　　）。

①估值频率　　②交易价格的公允性

③估值方法的一致性　　④估值方法的公开性

A. ①②③④　　B. ①②④

C. ①③④　　D. ②③④

答案：A

考点：考查基金资产估值需考虑的因素。

79. 根据《证券投资基金法》的规定，我国基金资产估值的责任人是（　　）。

A. 基金持有人　　B. 基金管理人

C. 基金托管人　　D. 基金投资者

答案：B

考点：考查基金资产估值的责任人，基金托管人对基金管理人的估值负有复核义务责任。

80. 托管人在复核、审查基金资产净值、基金份额申购和赎回价格之前，应认真审阅基金管理人采用的估值原则和程序。当对估值原则或程序有异议时，托管人有义务要求（　　）做出合理解释，通过积极商讨达成一致意见。

A. 基金持有人　　B. 基金管理人

C. 基金托管人　　　　　　　　D. 基金投资者

答案：B

考点：考查基金资产估值的责任人及其义务。

81. 以下对基金资产估值的基本原则说法错误的是（　　）。

A. 对存在活跃市场且能够获取相同资产或负债报价的投资品种，在估值日有报价的，除会计准则规定的例外情况外，应将该报价不加调整地应用于该资产或负债的公允价值计量

B. 对不存在活跃市场的投资品种，应采取在当前情况下适用并且可利用数据和其他信息支持的估值技术确定公允价值

C. 如经济环境发生重大变化或证券发行人发生影响证券价格的重大事件，使潜在估值调整对前一估值日的基金资产净值的影响在0.25%以上的，应对估值进行调整并确认公允价值

D. 对存在活跃市场的投资品种，估值日无报价且最近交易日后未发生影响公允价值计量的重大事件的，应采用适用的估值技术确定公允价值

答案：D

考点：基金资产估值的基本原则。对存在活跃市场且能够获取相同资产或负债报价的投资品种，估值日无报价且最近交易日后未发生影响公允价值计量的重大事件的，应采用最近交易日的报价确定公允价值。

82. 在基金运作过程中涉及的费用可以分为两大类：一类是在（　　）过程中发生的费用，另一类是在（　　）过程中发生的费用。

A. 基金申购　基金赎回　　　　B. 基金管理　基金托管

C. 基金销售　基金管理　　　　D. 基金交易　基金运作

答案：C

考点：考查基金运作涉及的两大类费用。

83. 根据有关规定，下列与基金有关的费用可以从基金财产中列支的有（　　）。

①基金管理人的管理费　　　　②基金托管人的托管费

③基金的转换费　　　　　　　④基金的证券交易费用

A. ①②③　　　　　　　　　B. ①②④

C. ①③④　　　　　　　　　D. ①②③④

答案：B

考点：考查基金费用的两大类，基金销售中发生的费用不可以在基金财产中列支。

84. 关于基金费用，说法正确的是（ ）。

①基金销售过程中发生的费用需要直接从基金财产中列支

②基金销售过程中发生的费用不需要直接从基金财产中列支

③基金管理过程中发生的费用需要直接从基金财产中列支

④基金管理过程中发生的费用不需要直接从基金财产中列支

A. ①③　　B. ①④

C. ②③　　D. ②④

答案：C

考点：考查基金的两大费用的会计核算，是否需要在基金资产中列支。

85. 我国的基金管理费、基金托管费及基金销售服务费均是按照前一日基金资产净值的一定比例逐日计提，按（ ）支付。

A. 周　　B. 月

C. 季度　　D. 年

答案：B

考点：考查有关基金各种费用的计提方式与支付周期。

86. 基金管理费率通常与基金规模成（ ），与风险成（ ）。

A. 正比 正比　　B. 正比 反比

C. 反比 反比　　D. 反比 正比

答案：D

考点：考查基金管理费率与基金规模和风险的关系。基金规模越大，风险程度越低，基金管理费率越低。

87. 基金交易费是指基金在进行证券买卖交易时所发生的相关交易费用。我国基金的交易费用主要包括（ ）。

①印花税　　②佣金

③开户费　　④过户费

A. ①②③　　B. ①②④

C. ①③④　　D. ①②③④

答案：B

考点：考查我国基金交易费用主要内容。开户费属于基金运作费。

88. 基金运作费是指为保证基金正常运作而发生的应由基金承担的费用，我国的基金运作费用主要包括（ ）。

①审计费　　②信息披露费

③开户费　　④过户费

A. ①②③　　B. ①②④

C. ①③④　　D. ①②③④

答案：A

考点：考查我国基金交易费用主要内容。过户费属于基金交易费。

89. 以下（　　）费用不列入基金管理过程中发生的费用。

①基金合同生效前的验资费

②与基金运作无关事项的费用

③银行汇款手续费

④基金管理人或托管人未履行义务导致的费用支出或基金财产损失

A. ①②③　　B. ①②④

C. ①③④　　D. ①②③④

答案：B

考点：考查不列入基金管理过程中发生费用的项目。

90. 基金利润主要来自基金收入减去基金费用后的净额、公允价值变动损益等。基金收入主要包括（　　）。

①利息收入　　②投资收益

③其他收入　　④公允价值变动收益

A. ①②③　　B. ①②④

C. ①③④　　D. ①②③④

答案：A

考点：考查基金收入的组成。

91. 关于封闭式基金的利润分配，以下说法正确的是（　　）。

①封闭式基金的收益分配每年不得少于一次

②封闭式基金年度收益分配比例不得低于基金年度可供分配利润的80%

③基金分配后，基金份额净值不得低于面值

④封闭式基金只能采用现金方式分红

A. ①②③　　B. ①②④

C. ①③④　　D. ①②③④

答案：C

考点：考查封闭式基金的利润分配。封闭式基金年度收益分配比例不得低于基金年度可供分配利润的90%。

92. 关于开放式基金的利润分配，以下说法错误的是（　　）。

①开放式基金的收益分配每年不得少于两次

②开放式基金默认采用红利再投资的分红方式

③基金分配后，基金份额净值不得低于面值

④开放式基金只能采用现金方式分红

A. ①②③　　B. ①②④

C. ①③④　　D. ①②③④

答案：B

考点：考查关于开放式基金的利润分配方式。开放式基金有现金分红和红利再投资两种分红方式，默认采用现金分红。开放式基金的收益分配次数在基金合同和招募说明书中约定。

93.《货币市场基金管理暂行规定》规定："对于每日按照面值进行报价的货币市场基金，可以在基金合同中将收益分配的方式约定为（　　），并应当（　　）进行收益分配。"

A. 现金分红　每日　　B. 现金分红　每周

C. 红利再投资　每日　　D. 红利再投资　每周

答案：C

考点：考查货币市场基金的利润分配方式。

94. 基金卖出股票按照（　　）的税率征收交易印花税。

A. 0.1%　　B. 0.2%

C. 0.3%　　D. 0.5%

答案：A

考点：考查基金自身投资活动产生的印花税的税率征收问题。

95. 基金销售支付机构是指从事基金销售支付活动的机构。基金销售支付机构应按规定在中国证监会备案并取得（　　）的支付业务许可证资格。

A. 商业银行　　B. 中国人民银行

C. 原中国银监会　　D. 原中国保监会

答案：B

考点：考查对基金销售支付机构相关知识的理解。基金销售支付机构应按规定在中国证监会备案并取得中国人民银行的支付业务许可证资格。

96. 关于机构投资者买卖基金产生的税收，下列说法正确的有（　　）。

①机构投资者购入基金、信托、理财产品等各类资产管理产品持有至到期，属于金融商品转让，计征增值税

②机构投资者买卖基金份额暂免征收印花税

③机构投资者在境内买卖基金份额获得差价收入，应并入企业的应纳税所得

额，征收企业所得税

④机构投资者从基金分配中获得的收入，暂不征收所得税

A. ①②③　　B. ①②④

C. ①③④　　D. ②③④

答案：D

考点：考查机构投资者买卖基金的税收问题。机构投资者购入基金、信托、理财产品等各类资产管理产品持有至到期，不属于金融商品转让。

97. 关于个人投资者投资基金的税收问题，以下说法正确的有（　　）。

①个人投资者买卖基金份额免征增值税

②个人投资者买卖基金份额暂免征收印花税

③个人投资者申购和赎回基金份额取得的差价收入，暂不征收个人所得税

④个人投资者从基金分配中获得的收入，暂不征收个人所得税

A. ①②③　　B. ①②④

C. ①③④　　D. ①②③④

答案：D

考点：考查关于个人投资者及投资基金税收问题。

98. 在证券投资基金运作的三大部分中，处于核心作用的是（　　），其他活动都围绕和服务于这一核心活动。

A. 基金的市场营销　　B. 基金的会计核算

C. 基金的投资管理　　D. 基金的后台管理

答案：C

考点：基金投资管理是按照既定的投资策略，实现基金的投资目标的过程，体现了管理人的价值。

99. 一般而言，基金投资管理的流程包含（　　）环节。

①研究部门提供研究报告

②投资决策委员会决定基金总体投资计划

③基金经理拟订投资组合具体方案

④交易部门依据基金经理的投资指令执行交易

A. ①②③　　B. ①③④

C. ①②④　　D. ①②③④

答案：D

考点：基金管理公司的投资管理部门主要包括投资部门、研究部门以及交易部门。

100. 对基金投资风险进行有效管理是基金投资管理中的重要内容。在基金管理人的投资管理活动中，资金投资面临着（　　）与（　　）。

A. 市场风险　合规风险　　B. 外部风险　内部风险

C. 系统风险　非系统风险　　D. 市场风险　政策风险

答案：B

考点：基金投资活动面临着外部风险与内部风险，外部风险可划分为系统性风险与非系统性风险。

101. 为了对基金业绩进行有效评价，以下（　　）因素必须加以考虑。

①投资目标与范围　　②基金风险水平

③基金规模　　④时期选择

A. ①②③④　　B. ①③④

C. ①②④　　D. ①②③

答案：A

考点：基金业绩评估考虑因素。

102. 系统的基金业绩评估需要从以下（　　）方面入手。

①计算绝对收益　　②计算风险调整后收益

③计算相对收益　　④进行业绩归因

A. ①③④　　B. ①②③④

C. ①②④　　D. ①②③

答案：B

考点：考查系统的基金业绩评估。

103. 以资本资产定价模型为基础的评价基金业绩的绝对指标是指（　　）。

A. 詹森指数　　B. 夏普指数

C. 特雷诺指数　　D. 标准普尔指数

答案：A

考点：考查基金业绩评价指标的概念。

104. 基金监管目标是指基金监管要达到的目的和效果，是基金监管活动的出发点和价值归宿。我国基金监管的目标包括（　　）。

①保护投资人及相关当事人合法权益

②保证市场的公平、效率和透明

③降低系统风险

④规范基金活动

A. ①②③　　B. ①②④

C. ①③④　　　　D. ①②③④

答案：D

考点：考查我国基金监管的目标。

105. 中国证监会依法对基金市场参与者的行为进行（　　）；中国证券投资基金业协会和证券交易所对基金业实施行业的（　　）。

A. 监督管理　日常管理　　　　B. 监督管理　自律管理

C. 日常管理　监督管理　　　　D. 自律管理　日常管理

答案：B

考点：考查基金监管机构和自律组织。中国证监会是监管机构，中国证券投资基金业协会和证券交易所是行业自律组织。

106. 中国证监会依法担负基金监管职责，各地证监局按照中国证监会的授权履行有关职责。中国证监会基金监管的主要职责是（　　）。

①制定有关证券投资基金活动监督管理的规章、规则

②办理基金备案

③制定基金从业人员的资格标准和行为准则

④监督检查基金信息的披露情况

A. ①②③　　　　B. ①②④

C. ①③④　　　　D. ①②③④

答案：D

考点：考查中国证监会的监管职责。

107. 中国证券投资基金业协会是我国证券投资基金行业的自律性组织，按照（　　）的有关规定，对会员及其从业人员实施自律管理，制定和实施行业自律规则。

①《证券投资基金法》　　　　②《协会章程》

③《证券市场基本法律法规》　　　　④《会员管理办法》

A. ①②③　　　　B. ①②④

C. ①③④　　　　D. ①②③④

答案：B

考点：考查中国证券投资基金业协会的行业自律管理。

108. 基金份额登记机构应当确保基金份额的登记、存管和结算业务处理安全、准确、及时、高效。其主要职责包括（　　）。

①建立并管理投资人基金份额账户

②负责基金份额的登记

③基金交易确认

④代理发放红利

A. ①②③ B. ①③④

C. ①②④ D. ①②③④

答案：D

考点：考查对基金份额登记机构职责的理解。

109. 某投资者投资 100 000.00 元认购本基金，对应认购费率为 1.2%，在募集期间产生利息 50.00 元，则其基金认购份额为（ ）份。

A. 78 964.35 B. 98 864.23

C. 85 664.57 D. 67 864.98

答案：B

考点：考查基金认购份额的理解与计算。

110. 根据《证券投资基金法》和其他相关法规的规定，基金财产不得用于（ ）投资或者活动。

①承销证券 ②向他人贷款或者提供担保

③从事承担无限责任的投资 ④买卖其他基金份额

A. ①②③ B. ①②④

C. ①③④ D. ①②③④

答案：D

考点：考查对于公募基金财产的监管。

111. 基金管理人运用基金财产进行证券投资，不得有下列（ ）情形。

①一只基金持有一家公司发行的证券，其市值超过基金资产净值的 10%

②同一基金管理人管理的全部基金持有一家公司发行的证券，其市值超过该证券的 10%

③违反基金合同关于投资范围、投资策略和投资比例等约定

④基金总资产超过基金净资产的 140%

A. ①②③ B. ①②④

C. ①③④ D. ①②③④

答案：D

考点：考查基金财产进行证券投资的不符合规定的情形，除题干所示，还包括：基金财产参与股票发行申购，单只基金所申报的股票数量超过拟发行股票公司本次发行股票的数量；一只基金持有其他基金（不含货币市场基金），其市值超过基金资产净值的 10%，但基金中基金除外；基金中基金持有其他单只基金，

其市值超过基金资产净值的20%，或者投资于其他基金中基金。

112. 基金的信息披露是指基金信息披露义务人按照法律、行政法规和中国证监会的规定披露基金信息，并保证所披露信息的真实性、准确性和完整性的活动。基金信息披露义务人包括（　　）。

①基金管理人

②基金托管人

③召集基金份额持有人大会的基金份额持有人

④基金投资人

A. ①②③　　B. ①②④

C. ①③④　　D. ①②③④

答案：A

考点：考查基金信息披露义务人。

113. 与市场上其他理财产品相比，基金的一个突出特点就是（　　）。

A. 价值较高　　B. 流通性较强

C. 透明度较高　　D. 需求较大

答案：C

考点：考查基金信息披露。在我国基金信息披露具有强制性。

114. 为了防止信息误导给投资者造成损失，保护公众投资者的合法权益，维护证券市场的正常秩序，法律法规对借公开信息披露基金信息为名编制、传播虚假基金信息，恶意进行信息误导，诋毁同行或竞争对手等行为做出了禁止性规定。具体包括下列（　　）情形。

①禁止进行虚假记载、误导性陈述或者重大遗漏

②禁止对基金的证券投资业绩进行预测

③禁止违规承诺收益或承担损失

④禁止诋毁其他基金管理人、托管人或者基金销售机构

A. ①②③　　B. ①②④

C. ①③④　　D. ①②③④

答案：D

考点：考查基金信息披露的禁止性规定，除以上答案外，还有禁止登载任何自然人、法人或者其他组织的祝贺性、恭维性、推荐性文字。

115. 基金信息披露大致可分为（　　）。

①基金募集信息披露　　②基金销售信息披露

③基金运作信息披露　　④临时信息披露

A. ①②③　　B. ①②④

C. ①③④　　D. ①②③④

答案：C

考点：考查基金信息披露的分类。

116. 基金募集信息披露可以分为（　　）和（　　）。

A. 首次募集信息披露　再次募集信息披露

B. 公募信息披露　私募信息披露

C. 首次募集信息披露　存续期募集信息披露

D. 公募信息披露　定期募集信息披露

答案：C

考点：考查基金募集信息披露的分类。以基金合同生效为临界，分为首次募集信息披露和存续期募集信息披露。

117. 2020年8月1日起执行的《公开募集证券投资基金侧袋机制指引（试行)》，是对不活跃证券估值问题的针对性解决方案。侧袋机制，将基金投资组合中的特定资产从原有账户分离至（　　）个专门账户进行处置清算，目的在于有效隔离并化解风险，确保投资者得到公平对待，属于流动性风险管理工具。

A. 1　　B. 2

C. 3　　D. 5

答案：A

考点：考查对侧袋机制的理解。侧袋机制，将基金投资组合中的特定资产从原有账户分离至1个专门账户进行处置清算，目的在于有效隔离并化解风险，确保投资者得到公平对待，属于流动性风险管理工具。

118. 基金合同是约定基金管理人、基金托管人和基金份额持有人权利义务关系的基本法律文件。基金合同的主要披露事项包括（　　）。

①募集基金的目的和名称　　②基金运作方式

③基金份额发售日期　　④基金份额持有人

A. ①②③　　B. ①②④

C. ①③④　　D. ①②③④

答案：D

考点：考查基金合同的披露事项，还包括基金份额的价格、费用原则，基金份额持有人和基金托管人的权利和义务、基金份额发售、交易、申购、赎回的程序、时间、地点、费用计算方式以及给付赎回款项的时间和方式，基金收益分配原则，费用提取及支付方式，投资方向和投资限制，净值计算方式和公告方式等。

119. 基金管理人应当针对侧袋机制的（　　）等事项，制定清晰的内部控制与明确的授权分工，更新相应系统设置，建立与基金托管人等外部机构的沟通机制，采取有效措施确保侧袋机制实施的及时、有序、透明及公平。

①实施条件　　②发起部门

③决策程序　　④业务流程

A. ①②③　　B. ①③④

C. ①②④　　D. ①②③④

答案：D

考点：考查对侧袋机制的理解。

120. 1965 年，特雷诺在美国《哈佛商业评论》上发表《如何评价投资基金的管理》一文，首次提出一种评价基金业绩的综合指标，即特雷诺指数。该指数值越大，基金的绩效表现（　　）。

A. 越好　　B. 越差

C. 与之无关　　D. 可能越好，也可能越差

答案：A

考点：考查对基金业绩指标的理解。特雷诺指数指数值越大，基金的绩效表现越好。

121. 独立基金销售机构变更公司章程、名称、住所、组织形式等事项的，应当在（　　）个工作日内向住所地中国证监会派出机构备案。

A. 3　　B. 5

C. 7　　D. 9

答案：B

考点：考查对独立基金销售机构相关知识的理解。独立基金销售机构变更公司章程、名称、住所、组织形式等事项的，应当在 5 个工作日内向住所地中国证监会派出机构备案。

122. 基金募集申请经中国证监会注册后，基金管理人应当在基金份额发售的（　　）日前，将基金份额发售公告、基金招募说明书提示性公告和基金合同提示性公告登载在指定报刊上，将基金份额发售公告、基金招募说明书、基金产品资料概要、基金合同和基金托管协议登载在指定网站上。

A. 1　　B. 3

C. 5　　D. 7

答案：B

考点：考查对基金募集申请相关知识的理解。

123. 在我国，非公开募集证券投资基金合格投资者累计不得超过（　　）人。

A. 100　　B. 150

C. 200　　D. 250

答案：C

考点：考查私募基金合格投资者的数量限制。

124. 以下（　　）是对私募基金合格投资者的要求。

①投资于单只私募基金的金额不低于 50 万元人民币

②净资产不低于 1 000 万元的单位

③金融资产不低于 500 万元或者最近 3 年个人年均收入不低于 80 万元的个人

④金融资产不低于 300 万元或者最近 3 年个人年均收入不低于 50 万元的个人

A. ①③　　B. ①④

C. ②③　　D. ②④

答案：D

考点：考查私募基金合格投资者满足的条件。

125. 担任非公开募集基金的基金管理人，应当按照规定向（　　）履行登记手续，报送基本情况。

A. 中国证监会　　B. 证券投资基金业协会

C. 证券交易所　　D. 地方证监局

答案：B

考点：考查非公开募集证券投资基金的基本规范。

126. 私募基金可采用的组织形式包括（　　）。

①公司型　　②合伙型

③契约型　　④独资型

A. ①②③　　B. ①②④

C. ①③④　　D. ①②③④

答案：A

考点：考查私募基金的组织形式。

127. 私募基金募集应当履行下列（　　）程序。

①特定对象确定　　②投资者适当性匹配

③基金风险揭示　　④合格投资者确认

A. ①②③　　B. ①②④

C. ①③④　　D. ①②③④

答案：D

考点：考查私募基金募集的程序。还包括投资冷静期和回访确认。

128. 在向投资者推介私募基金之前，募集机构应当采取问卷调查等方式履行特定对象确定程序，对投资者风险识别能力和风险承担能力进行评估。投资者评估结果有效期最长不得超过（　　）年。

A. 1　　B. 2

C. 3　　D. 4

答案：C

考点：考查私募基金投资者评估结果有效期。

129. 募集机构不得通过下列（　　）媒介渠道推介私募基金。

①公开出版资料　　②户外广告

③海报　　④电视、电影等

A. ①②③　　B. ①②④

C. ①③④　　D. ①②③④

答案：D

考点：考查募集机构不得采取的推介私募基金渠道。还包括面向社会公众的宣传单、布告、手册、信函、传真；公共、门户网站链接广告、博客等；未设置特定对象确定程序的募集机构官方网站、微信朋友圈等互联网媒介等。

130. 基金合同应当约定给投资者设置不少于（　　）小时的投资冷静期。募集机构在投资冷静期内不得主动联系投资者。

A. 12 个　　B. 18 个

C. 24 个　　D. 36 个

答案：C

考点：考查关于投资冷静期的时限。

131. 私募基金信息披露义务人应当向投资者披露的信息包括（　　）。

①基金合同　　②基金招募说明书

③基金的投资情况　　④基金的资产负债情况

A. ①②③　　B. ①②④

C. ①③④　　D. ①②③④

答案：D

考点：考查关于私募基金信息披露的文件内容。

132. 私募基金运行期间，信息披露义务人应当在每季度结束之日起（　　）个工作日以内向投资者披露基金净值、主要财务指标以及投资组合情况等信息。

A. 5　　B. 7

C. 10　　D. 15

答案：C

考点：考查私募基金运行期内，每季度基金净值的披露要求。

133. 单只私募证券投资基金管理规模金额达到（　　）万元以上的，应当持续在每月结束之日起（　　）个工作日以内向投资者披露基金净值信息。

A. 3 000　3　　B. 3 000　5

C. 5 000　3　　D. 5 000　5

答案：D

考点：考查私募基金运行时的披露要求。

134. 私募基金运行期间，信息披露义务人应当在每年结束之日起（　　）个月以内向投资者披露基金净值、财务情况以及投资运作情况等信息。

A. 1　　B. 2

C. 3　　D. 4

答案：D

考点：考查私募基金运行期内，每年基金净值的披露要求。

135. 随着2020年8月1日《公开募集证券投资基金侧袋机制指引（试行）》的正式施行，基金管理人还应当在基金合同、招股说明书等法律文件中针对侧袋机制明确约定以下（　　）等事项。

①实施条件、实施程序和特定资产范围

②侧袋账户运作安排，包括但不限于特定资产处置清算、对基金赎回的影响、信息披露、费用列支等

③主袋账户的投资安排

④基金份额持有人大会表决权等安排

A. ①②③　　B. ①③④

C. ①②④　　D. ①②③④

答案：D

考点：考查对侧袋机制的相关理解。

136. 基金发生重大事件，有关信息披露义务人应当在两日内编制临时报告书，并登载在指定报刊和指定网站上。所称的重大事件，可能包括以下

（　　）项。

①基金份额持有人大会的召开及决定的事项

②基金终止上市交易、基金合同终止、基金清算

③基金扩募、延长基金合同期限

④转换基金运作方式、基金合并

A. ①②③　　B. ①③④

C. ①②④　　D. ①②③④

答案：D

考点：考查对基金重大事件的理解。

137. 目前基金注册程序分为简易程序和普通程序。以下适用简易程序的有（　　）。

①常规股票基金　　②分级基金

③ETF 及其联接基金　　④货币基金

A. ①②③　　B. ①③④

C. ①②④　　D. ①②③④

答案：C

考点：考查适用简易程序注册的基金产品的相关知识，分级基金应按照普通程序注册。

第七章　金融衍生工具

1. 根据金融市场工具的期限特征，可把金融市场分为（　　）。

①货币市场　　②资本市场

③股票市场　　④经营市场

A. ①②　　B. ②③

C. ①④　　D. ③④

答案：A

考点：金融市场的分类。

2. 根据我国《企业会计准则第22号——金融工具确认和计量》的规定，常见的衍生工具包括远期合同、期货合同、互换合同和期权合同等，具有下列特征（　　）。

①要求更高的初始净投资

②其价值随特定利率、金融工具价格、商品价格、汇率、价格指数、费率指数、信用等级、信用指数或其他类似变量的变动而变动

③不要求初始净投资，或与对市场情况变化有类似反应的其他类型合同相比，要求很少的初始净投资

④在未来某一日期结算

A. ①②③　　B. ②③④

C. ①③④　　D. ①②④

答案：B

考点：根据我国《企业会计准则第22号——金融工具确认和计量》的规定，常见的衍生工具包括远期合同、期货合同、互换合同和期权合同等，具有下列特征：

1）其价值随特定利率、金融工具价格、商品价格、汇率、价格指数、费率指数、信用等级、信用指数或其他类似变量的变动而变动

2）不要求初始净投资，或与对市场情况变化有类似反应的其他类型合同相比，要求很少的初始净投资

3）在未来某一日期结算

3. 金融衍生工具的基本特征包括（　　）。

①跨期性　　②杠杆性

③联动性　　④不确定性或高风险性

A. ①②③④　　B. ②③④

C. ①②③　　D. ①②④

答案：A

考点：考查金融衍生工具的基本特征。

4. 金融衍生工具交易一般只需要支付少量的保证金或权利金就可签订远期大额合约或互换不同的金融工具。这体现了金融衍生工具基本特征中的（　　）。

A. 跨期性　　B. 杠杆性

C. 联动性　　D. 不确定性或高风险性

答案：B

考点：考查金融衍生工具的基本特征。注意不同特性的概念区分。

5. 金融衍生工具的价值与基础产品或基础变量紧密联系、规则变动。这体现了金融衍生工具基本特征中的（　　）。

A. 跨期性　　B. 杠杆性

C. 联动性　　D. 不确定性或高风险性

答案：C

考点：考查金融衍生工具的基本特征。注意不同特性的概念区分。

6. 金融衍生工具可以按照（　　）分为独立衍生工具和嵌入式衍生工具。

A. 基础工具种类　　B. 自身交易方式

C. 产品形态　　D. 交易场所

答案：C

考点：考查金融衍生工具的分类。金融衍生工具按照产品形态分为独立衍生工具和嵌入式衍生工具；按照自身交易的方法和特点可以分为金融远期合约、金融期货、金融期权、金融互换和结构化金融衍生工具；按照基础工具种类，可以分为股权类产品的衍生工具、货币衍生工具、利率衍生工具、信用衍生工具以及其他衍生工具；按照交易场所可分为交易所交易的衍生工具和场外交易市场交易的衍生工具。

7. 金融衍生工具从其自身交易的方法和特点可以分为（　　）。

①金融远期合约　　②金融期货

③股权类产品的衍生工具　　④金融互换

A. ①②③④　　B. ①②③

C. ①②④　　D. ①③④

答案：C

考点：考查金融衍生工具的分类。金融衍生工具按照自身交易的方法和特点可以分为金融远期合约、金融期货、金融期权、金融互换和结构化金融衍生工具，股权类产品的衍生工具属于金融衍生工具按照基础工具分类下的一种。

8. 金融衍生工具按照基础工具种类，可以分为（　　）。

①货币衍生工具　　②利率衍生工具

③结构化金融衍生工具　　④股权类产品的衍生工具

A. ①②③④　　B. ①③④

C. ①②④　　D. ①②③

答案：C

考点：考查金融衍生工具的分类。金融衍生工具按照基础工具种类，可以分为股权类产品的衍生工具、货币衍生工具、利率衍生工具、信用衍生工具以及其他衍生工具，结构化金融衍生工具属于金融衍生工具按照金融衍生工具自身交易的方式及特点分类下的一种。

9. 能够开发设计出更多具有复杂特性的金融衍生产品的是（　　）。

A. 建构模块工具　　B. 结构化金融衍生工具

C. 金融远期合约　　D. 金融互换

答案：B

考点：考查结构化金融衍生工具相关概念。

10.（　　）是指合约买方向卖方支付一定费用，在约定日期内（或约定日期）享有按事先确定的价格向合约卖方买卖某种金融工具的权利的契约。

A. 金融远期合约　　B. 金融期权

C. 金融期货　　D. 金融互换

答案：B

考点：考查金融期权的基本概念。

11. 金融衍生工具从基础工具分类角度，可以划分为（　　）。

①股权类产品的衍生工具　　②货币衍生工具

③利率衍生工具　　④信用衍生工具

⑤嵌入式衍生工具

A. ①②③　　B. ①③④⑤

C. ①②③④　　D. ②③④

答案：C

考点：金融衍生工具按照基础工具的相关分类。嵌入式衍生工具是按照产品形态对金融工具进行的分类。

12. 下列关于场外交易市场交易的衍生工具的发展趋势，错误的是（　　）。

A. 交易量逐年增大　　B. 仍未超过交易所市场的交易额

C. 市场流动性得到增强　　D. 发展出专业化的交易商

答案：B

考点：考查场外交易市场交易的衍生工具的发展趋势。场外交易市场交易的衍生工具已经超过交易所市场的交易额。

13. 下列关于金融衍生工具的发展动因，说法错误的是（　　）。

A. 金融衍生工具产生的最基本原因是投机

B. 20 世纪 80 年代以来的金融自由化进一步推动了金融衍生工具的发展

C. 金融机构的利润驱动

D. 新技术革命为金融衍生工具的产生与发展提供了物质基础与手段

答案：A

考点：考查金融衍生工具的发展动因。金融衍生工具产生的最基本原因是避险。

14. 下列关于金融衍生工具发展现状，说法有误的是（　　）。

A. 金融衍生工具以场内交易为主

B. 按基础产品比较，利率衍生品无论在场内还是场外，均是名义金额最大的衍生品种类

C. 按产品形态比较，远期和互换这两类具有对称性收益的衍生产品的名义金额比收益不对称的期权类产品大得多

D. 近年来，由于场外利率类衍生品名义金额下降较多，场外衍生品整体呈下降趋势，而场内衍生品却大幅增长

答案：A

考点：考查金融衍生工具发展现状。金融衍生工具以场外交易为主。

15.（　　）年 5 月，中国证监会颁布的《上市公司证券发行管理办法》中首次提出上市公司可以公开发行认股权和债券分离交易的可转换公司债券。

A. 2006　　B. 2007

C. 2008　　D. 2009

答案：A

考点：考查我国金融衍生工具的交易所市场的发展。

16. 金融衍生工具的场外交易市场可分为（　　）两类。

①银行间与银行柜台衍生工具市场

②投资机构与投资机构柜台衍生工具合同

③证券公司机构间与证券公司柜台衍生工具市场

④外汇机构与外汇机构柜台衍生工具市场

A. ①②　　B. ②③

C. ③④　　D. ①③

答案：D

考点：考查金融衍生工具的场外交易市场的分类。

17. 报价系统是经中国证监会批准设立的为机构投资者提供私募产品报价、发行、转让及相关服务的专业化电子平台，下列选项不符合其定位的是（　）。

A. 定位于私募市场　　B. 定位于机构间市场

C. 定位于互联互通市场　　D. 定位于大众市场

答案：D

考点：报价系统是经中国证监会批准设立的为机构投资者提供私募产品报价、发行、转让及相关服务的专业化电子平台，本题考查报价系统的四大定位：定位于私募市场；定位于机构间市场；定位于互联互通市场；定位于互联网市场。

18. 根据交易合约的签订与实际交割之间的关系，可以将市场交易的组织形态分为（　）。

①现货交易　　②远期交易

③期权交易　　④期货交易

A. ①②③　　B. ①③④

C. ①②④　　D. ①②③④

答案：C

考点：考查市场交易的组织形态。根据交易合约的签订与实际交割之间的关系，可以将市场交易的组织形态分为现货交易、远期交易及期货交易。

19. 多数情况下，（　）并不进行实物交收，而是在合约到期前进行反向交易平仓了结；而且，交易双方并不知道也不需要知道交易对手的情况。

A. 现货合约　　B. 远期合约

C. 金融远期合约　　D. 期货合约

答案：D

考点：考查期货交易与现货交易、远期交易的区别。

20. 根据基础资产划分，常见的金融远期合约包括（　）。

①股权类资产的远期合约　　②债权类资产的远期合约

③远期利率协议　　④远期汇率协议

A. ①②　　B. ②③④

C. ③④　　D. ①②③④

答案：D

考点：考查金融远期合约相关知识。

21. 债券远期交易数额最小为债券面额（　　）万元，交易单位为债券面额（　　）万元。

A. 10　1　　B. 10　2

C. 20　1　　D. 20　2

答案：A

考点：考查债券远期交易数额最小的债券面额。

22. 债券远期交易共有 8 个期限品种，期限最短为（　　）天，最长为（　　）天。

A. 1　365　　B. 1　180

C. 2　365　　D. 2　180

答案：C

考点：考查债券远期交易的期限。

23. 与金融现货交易相比，金融期货的特征具体表现在（　　）。

①交易对象不同　　②交易目的不同

③交易价格的含义不同　　④交易方式不同

A. ①②③④　　B. ②③④

C. ①②③　　D. ①③④

答案：A

考点：考查与金融现货交易相比，金融期货的特征，除上述几项外还包括结算方式不同。

24. 作为一种标准化的远期交易，金融期货交易与普通远期交易之间存在的区别包括（　　）。

①交易场所和交易组织形式不同

②交易的监管程度不同

③金融期货交易是标准化交易，远期交易的内容可协商确定

④保证金制度和每日结算制度导致违约风险不同

A. ①②④　　B. ①②③④

C. ①④　　D. ①③

答案：B

考点：考查金融期货交易与普通远期交易之间存在的区别。

25. 金融期货交易制度中的“逐日盯市制度”又被称为（　　）。

A. 每日价格波动限制及断路器规则

B. 保证金制度

C. 无负债的每日结算制度

D. 集中交易制度

答案：C

考点：考查金融期货的主要交易制度。结算所实行的无负债的每日结算制度，就是以每种期货合约在交易日收盘前规定时间内的平均成交价作为当日结算价，与每笔交易成交时的价格作对照，计算每个结算所会员账户的浮动盈亏，进行随市清算。

26.（　　）是指交易所将当日以涨跌停板价格申报的未成交平仓报单，以当日涨跌停板价格与该合约净持仓盈利客户按照持仓比例自动撮合成交。

A. 强行平仓制度　　B. 强制减仓制度

C. 限仓制度　　D. 集中交易制度

答案：B

考点：考查金融期货的主要交易制度。注意不同概念的区分。

27. 关于利率期货下列说法正确的有（　　）。

①利率期货主要是为了规避利率风险而产生的。固定利率有价证券的价格受到现行利率和预期利率的影响，价格变化与利率变化一般呈反向关系

②以国债期货为主的债券期货是各主要交易所最重要的利率期货品种

③在国债期货暂停交易 18 年之后，中国金融期货交易所于 2013 年 9 月 6 日首次上市交易了 5 年期国债期货合约

④常见的参考利率包括国债利率、伦敦银行间同业拆放利率、香港银行间同业拆放利率、联邦基金利率等

A. ①②③④　　B. ①②③

C. ①③④　　D. ②③④

答案：A

考点：按基础工具划分，金融期货主要有三种类型：外汇期货、利率期货、股权类期货。本题主要考查利率期货相关知识。

28. 关于股权类期货下列说法中正确的有（　　）。

①股票价格指数期货是以股票价格指数为基础变量的期货交易，是为适应人们控制股市风险，尤其是系统性风险的需要而产生的

②事实上，股票期货均实行现金交割，买卖双方只需要按规定的合约乘数乘以价差，盈亏以现金方式进行交割

③所有上市交易的股票均有期货交易

④股票组合的期货是金融期货中最新的一类，是以标准化的股票组合为基础

资产的金融期货

A. ①②③④　　B. ①②④

C. ①③④　　D. ②③④

答案：B

考点：考查股权类期货相关知识。为防止操纵市场行为，并不是所有上市交易的股票均有期货交易，交易所通常会选取流通盘较大、交易比较活跃的股票退出相应的期货合约，并且对投资者的持仓数量进行限制。

29. 中国金融期货交易所首个股票指数期货合约为（　　）。

A. 沪深 300 股指期货合约　　B. 中证 500 股指期货合约

C. 上证 50 股指期货合约　　D. 10 年期国债期货合约

答案：A

考点：查中国金融期货交易所的相关知识。

30. 按照《中国金融期货交易所交易规则》及相关细则，股指期货合约的每日最大波动限制为（　　）。

A. 上一交易日最高价的 ±10%　　B. 上一交易日结算价格的 ±10%

C. 上一交易日最高价的 ±2%　　D. 上一交易日结算价格的 ±2%

答案：B

考点：考查中国金融期货交易所交易规则相关知识。股指期货合约的每日最大波动限制为上一交易日结算价的 ±10%。5 年期国债期货合约的每日最大波动限制为上一交易日结算价的 ±1.2%。10 年期国债期货合约的每日最大波动限制为上一交易日结算价的 ±2%。

31. 按照《中国金融期货交易所交易规则》及相关细则，下列关于金融期货的主要交易规则的说法错误的是（　　）。

A. 保证金分为结算准备金和交易保证金。交易保证金是指未被合约占用的保证金；结算准备金是指已被合约占用的保证金

B. 股指期货竞价交易采用集合竞价交易和连续竞价交易两种方式

C. 结算价是指某一合约当日一定时间内成交价格按照成交量的加权平均价

D. 对于沪深 300 股指期货合约，进行投机交易的客户某一合约单边持仓限额为 5 000 手

答案：A

考点：考查中国金融期货交易所交易规则相关知识。保证金分为结算准备金和交易保证金。结算准备金是指未被合约占用的保证金；交易保证金是指已被合约占用的保证金。

32. 按照《中国金融期货交易所交易规则》及相关细则，对于沪深 300 股指期货合约，进行投机交易的客户某一合约单边持仓限额为（　　）手。

A. 600　　B. 1 200

C. 2 000　　D. 5 000

答案：D

考点：考查中国金融期货交易所交易规则相关知识。

33. 按照《中国金融期货交易所交易规则》及相关细则，对于中证 500、上证 50 股指期货合约，进行投机交易的客户某一合约单边持仓限额均为（　　）手。

A. 600　　B. 1 200

C. 2 000　　D. 5 000

答案：B

考点：考查中国金融期货交易所交易规则相关知识。

34. 按照《中国金融期货交易所交易规则》及相关细则，某一股指期货合约结算后单边总持仓量超过 10 万手的，结算会员下一交易日该合约单边持仓量不得超过该合约单边总持仓量的（　　）。

A. 20%　　B. 25%

C. 30%　　D. 50%

答案：B

考点：考查中国金融期货交易所交易规则相关知识。

35. 2020 年 6 月颁布的《创业板上市公司证券发行注册管理办法（试行）》规定了创业板上市公司发行可转债的条件，主要包括（　　）。

①具备健全且运行良好的组织机构

②最近三年平均可分配利润足以支付公司债券一年的利息

③具有合理的资产负债结构和正常的现金流量

④满足相应的发行股票的条件

A. ①②③　　B. ①③④

C. ①②④　　D. ①②③④

答案：D

考点：对发行可转债的条件相关知识的把握。

36. 按照《中国金融期货交易所交易规则》及相关细则，某一国债期货合约结算后单边总持仓量超过 60 万手的，结算会员下一交易日该合约单边持仓量不得超过该合约单边总持仓量的（　　）。

A. 20%　　B. 25%

C. 30%　　D. 50%

答案：B

考点：考查中国金融期货交易所交易规则相关知识。

37. 金融期货的基本功能包括（　　）。

①套期保值功能　　②价格发现功能

③投机功能　　④套利功能

A. ①②③④　　B. ②③④

C. ①②③　　D. ①②④

答案：A

考点：考查金融期货的基本功能。

38.（　　）是指企业为规避外汇风险、利率风险、商品价格风险、股票价格风险、信用风险等，指定一项或多项套期工具，使套期工具的公允价值或现金流量变动，预期抵消被套期项目全部或部分公允价值或现金流量变动。

A. 风险规避　　B. 套利

C. 套期保值　　D. 风险规划

答案：C

考点：考查套期保值概念。

39. 关于金融期货的套期保值功能，下列说法中错误的是（　　）。

A. 期货交易之所以能够套期保值，其基本原理在于某一特定商品或金融工具的期货价格和现货价格受相同经济因素的制约和影响，从而它们的变动趋势大致相同

B. 若同时在现货市场和期货市场建立数量相同、方向相反的头寸，则到期时不论现货价格上涨或是下跌，两种头寸盈亏恰好抵消，使套期保值者避免承担风险损失

C. 空头套期保值是指持有现货空头（如持有股票空头）的交易者担心将来现货价格上涨（如股市大盘上涨）而给自己造成经济损失，于是买入期货合约

D. 期货交易的对象是标准化产品

答案：C

考点：考查金融期货套期保值功能相关知识。多头套期保值是指持有现货空头（如持有股票空头）的交易者担心将来现货价格上涨（如股市大盘上涨）而给自己造成经济损失，于是买入期货合约（建立期货多头）。空头期货保值是指持有现货多头（如持有股票多头）的交易者担心未来现货价格下跌，在期货市

场卖出期货合约（建立期货空头）。

40. 与现货市场投机相比较，期货市场投机存在的主要区别有（ ）。

①目前我国股票市场实行 T+1 清算制度，而期货市场是 T+0，可以进行日内投机

②期货价格具有预期性、连续性和权威性的特点，能够比较准确地反映出未来商品价格的变动趋势

③期货交易的保证金制度导致期货投机具有较高的杠杆率，盈亏相应放大，具有更高的风险性

A. ①②　　B. ②③

C. ①③　　D. ①②③

答案：C

考点：考查金融期货投机功能相关知识。②金融期货为价格发现功能的原理之一。

41. 2018 年 4 月 17 日沪深 300 指数开盘报价为 3812.87 点，当年 9 月份到期的沪深 300 指数期货合约开盘价为 3718.8 点，若期货投机者预期当日期货报价下跌，开盘即空头开仓，并在当日最低价 3661.6 点进行空头平仓。若期货公司要求的初始保证金为 10%，则该投机者当日即实现盈利（ ）元，日收益率（ ）。

A. 28 221　10.25%　　B. 17 160　10.25%

C. 17 160　15.38%　　D. 28 221　15.38%

答案：C

考点：考查期货指数投机盈利的计算。隐含考点是沪深 300 股指期货合约乘数为每点 300 元。实现盈利为（3 718.8 − 3 661.6）×300 = 17 160（元），投入资金为 3 718.8 × 300 × 10% = 111 564（元），日收益率为 17 160 ÷ 111 564 × 100% ≈ 15.38%。

42.（ ）是指两个或两个以上的当事人按共同商定的条件，在约定的时间内定期交换现金流的金融交易。

A. 套期　　B. 掉期

C. 期权　　D. 互换

答案：D

考点：考查互换的定义。

43. 互换可以分为（ ）。

①货币互换　　②利率互换

③权益互换　　④信用互换

A. ①②③④　　B. ①②③

C. ①③④　　D. ②③④

答案：A

考点：考查互换的分类。

44. 关于金融互换交易下列说法正确的是（　　）。

①互换是指是指两个或两个以上的当事人按共同商定的条件，在约定的时间内定期交换现金流的金融交易

②目前，按名义金额计算的互换交易已经成为最大的衍生交易品种

③互换交易的主要用途是改变交易者资产或负债的风险结构，从而规避相应的风险

④我国已经启动了股票收益互换业务试点工作

A. ①②③④　　B. ①②③

C. ①③④　　D. ②③④

答案：A

考点：考查金融互换交易相关知识。

45. 信用违约互换（CDS）的危险来自（　　）。

①具有较高的杠杆性

②信用保护的买方并不需要真正持有作为参考的信用工具

③场外市场缺乏充分的信息披露和监管，交易者并不清楚自己的交易对手卷入了多少此类交易

④期货价格与未来的现货价格之间可能存在一定的偏离

A. ①②③④　　B. ①②③

C. ①③④　　D. ②③④

答案：B

考点：考查金融信用违约互换的相关知识。④为期货价格的特点。

46. 下列关于金融期权的定义说法正确的有（　　）。

①期权是指其持有者能在规定的期限内按交易双方商定的价格购买或出售一定数量的基础工具的权利

②金融期权是指以金融工具或金融变量为基础工具的期权交易形式

③期权的买方以支付一定数量的期权费为代价而拥有了这种权利，但不承担必须买进或卖出的义务

④期权的卖方则在收取了一定数量的期权费后，在一定期限内必须无条件服

从买方的选择并履行成交时的允诺

A. ①②③④　　B. ①②③

C. ①③④　　D. ②③④

答案：A

考点：考查金融期权的相关知识。

47. 下列关于金融期货与金融期权的区别说法正确的有（　　）。

①基础资产不同　　②履约保证不同

③现金流转不同　　④套期保值的作用与效果不同

A. ①②③④　　B. ①②③

C. ①③④　　D. ②③④

答案：A

考点：考查金融期货与金融期权的区别。除上述选项外，还包括交易者权利与义务的对称性不同、盈亏特点不同。

48. 关于金融期权下列说法中错误的是（　　）。

A. 金融期权交易双方的权利与义务对称，即对任何一方而言，都既有要求对方履约的权利，又有自己对对方履约的义务。

B. 在金融期权交易中，只有期权出售者，尤其是无担保期权出售者才需要开立保证金账户，并按规定交纳保证金，以保证其履约义务

C. 从理论上说，期权购买者在交易中的潜在亏损是有限的

D. 从理论上说，期权出售者在交易中可能遭受的损失是有限的

答案：D

考点：考查金融期权相关知识。从理论上说，期权出售者在交易中所取得的盈利是有限的，仅限于所收取的期权费，而可能遭受的损失却是无限的。

49. 按照选择权的性质划分，金融期权可以分为（　　）。

A. 认购期权和认沽期权

B. 欧式期权、美式期权和修正的美式期权

C. 股票类期权、利率期权、货币期权、金融期货合约期权、互换期权等

D. 单只股票期权、股票组合期权和股价指数期权

答案：A

考点：考查金融期权的分类。A 选项为金融期权按照选择权的性质划分。B 选项为按照合约所规定的履约时间的不同划分。C 选项为按照金融期权基础资产性质的不同划分。D 选项为金融期权中股权类期权之下的分类。

50. 按照合约所规定的履约时间的不同，金融期权可以分为（　　）。

A. 认购期权和认沽期权

B. 欧式期权、美式期权和修正的美式期权

C. 股票类期权、利率期权、货币期权、金融期货合约期权、互换期权等

D. 单只股票期权、股票组合期权和股价指数期权

答案：B

考点：考查金融期权的分类。A 选项为金融期权按照选择权的性质划分。B 选项为按照合约所规定的履约时间的不同划分。C 选项为按照金融期权基础资产性质的不同划分。D 选项为金融期权中股权类期权之下的分类。

51. 按照金融期权基础资产性质的不同，金融期权可以分为（　　）。

A. 认购期权和认沽期权

B. 欧式期权、美式期权和修正的美式期权。

C. 股票类期权、利率期权、货币期权、金融期货合约期权、互换期权等

D. 单只股票期权、股票组合期权和股价指数期权

答案：C

考点：考查金融期权的分类。A 选项为金融期权按照选择权的性质划分。B 选项为按照合约所规定的履约时间的不同划分。C 选项为按照金融期权基础资产性质的不同划分。D 选项为金融期权中股权类期权之下的分类。

52. （　　）也被称为“看涨期权”。

A. 欧式期权　　B. 美式期权

C. 认购期权　　D. 认沽期权

答案：C

考点：考查金融期权相关知识。认购期权也被称为“看涨期权”。认沽期权也被称为“看跌期权”。

53. （　　）也被称为“看跌期权”。

A. 欧式期权　　B. 美式期权

C. 认购期权　　D. 认沽期权

答案：D

考点：考查金融期权相关知识。认购期权也被称为“看涨期权”。认沽期权也被称为“看跌期权”。

54. 交易者之所以买入（　　），是因为他预期基础金融工具的价格在合约期限内将会上涨。

A. 欧式期权　　B. 美式期权

C. 认购期权　　D. 认沽期权

答案：C

考点：考查金融期权相关知识。认购期权也被称为“看涨期权”。

55. 交易者买入（　　），是因为他预期进出金融工具的价格在近期内将会下跌。

A. 欧式期权　　B. 美式期权

C. 认购期权　　D. 认沽期权

答案：D

考点：考查金融期权相关知识。认沽期权也被称为“看跌期权”。

56. 只能在期权到期日执行的期权是（　　）。

A. 欧式期权　　B. 美式期权

C. 修正的美式期权　　D. 认沽期权

答案：A

考点：考查金融期权相关知识。欧式期权只能在期权到期日执行；美式期权则可在期权到期日或到期日之前的任何一个营业日执行；修正的美式期权也被称为“百慕大期权”或“大西洋期权”，可以在期权到期日之前的一系列规定日期执行。

57. 可在期权到期日或到期日之前的任何一个营业日执行的期权是（　　）。

A. 欧式期权　　B. 美式期权

C. 修正的美式期权　　D. 认沽期权

答案：B

考点：考查金融期权相关知识。欧式期权只能在期权到期日执行；美式期权则可在期权到期日或到期日之前的任何一个营业日执行；修正的美式期权也被称为“百慕大期权”或“大西洋期权”，可以在期权到期日之前的一系列规定日期执行。

58. 可以在期权到期日之前的一系列规定日期执行的期权是（　　）。

A. 欧式期权　　B. 美式期权

C. 修正的美式期权　　D. 认沽期权

答案：C

考点：考查金融期权相关知识。欧式期权只能在期权到期日执行；美式期权则可在期权到期日或到期日之前的任何一个营业日执行；修正的美式期权也被称为“百慕大期权”或“大西洋期权”，可以在期权到期日之前的一系列规定日期执行。

59.（　　）也被称为“百慕大期权”或“大西洋期权”。

A. 欧式期权　　B. 美式期权

C. 修正的美式期权　　D. 认沽期权

答案：C

考点：考查金融期权相关知识。修正的美式期权也被称为“百慕大期权”或“大西洋期权”，可以在期权到期日之前的一系列规定日期执行。

60. 以下（　　）利率工具可作为利率期权的基础资产。

①政府短期债券　　②政府长期债券

③欧洲美元债券　　④大面额可转让存单

A. ①②③　　B. ①②

C. ③④　　D. ①②③④

答案．D

考点：考查了利率期权相关内容。利率期权合约通常以政府短期、中期、长期债券，欧洲美元债券，大面额可转让存单等利率工具为基础资产。

61. （　　）是指买方在支付了期权费后，即取得在合约有效期内或到期时以约定的汇率购买或出售一定数额某种外汇资产的权利。

A. 利率期权　　B. 货币期权

C. 金融期货合约期权　　D. 互换期权

答案：B

考点：考查货币期权的概念。

62. 下列选项中属于金融期权基本功能的有（　　）。

①套期保值功能　　②价格发现功能

③投机功能　　④套利功能

A. ①②③　　B. ①②③④

C. ②③④　　D. ①③④

答案：A

考点：考查金融期权的基本功能。一般认为，金融期权具有以下四个基本功能：套期保值功能、价格发现功能、投机功能以及盈利功能。

63. 表示期权标的证券价格变化对期权价格影响程度的金融期权的风险指标是（　　）。

A. Delta 值　　B. Gamma 值

C. Rho 值　　D. Theta 值

答案：A

考点：考查金融期权的主要风险指标。Delta 值指期权标的证券价格变化对期权价格影响程度。Gamma 值指期权标的证券价格变化对 Delta 值的影响程度。Rho 值指无风险利率变化对期权价格的影响程度。Theta 值指到期时间变化对期权价值的影响程度。

64. 表示期权标的证券价格变化对 Delta 值的影响程度的金融期权的风险指标是（　）。

A. Vega 值　　　　B. Gamma 值

C. Rho 值　　　　D. Theta 值

答案：B

考点：考查金融期权的主要风险指标。Vega 值指合约标的证券价格波动率变化对期权价值的影响程度。Gamma 值指期权标的证券价格变化对 Delta 值的影响程度。Rho 值指无风险利率变化对期权价格的影响程度。Theta 值指到期时间变化对期权价值的影响程度。

65. 表示无风险利率变化对期权价格的影响程度的金融期权的风险指标是（　）。

A. Delta 值　　　　B. Gamma 值

C. Rho 值　　　　D. Theta 值

答案：C

考点：考查金融期权的主要风险指标。Delta 值指期权标的证券价格变化对期权价格影响程度。Gamma 值指期权标的证券价格变化对 Delta 值的影响程度。Rho 值指无风险利率变化对期权价格的影响程度。Theta 值指到期时间变化对期权价值的影响程度。

66. 表示到期时间变化对期权价值的影响程度的金融期权的风险指标是（　）。

A. Delta 值　　　　B. Gamma 值

C. Rho 值　　　　D. Theta 值

答案：D

考点：考查金融期权的主要风险指标。Delta 值指期权标的证券价格变化对期权价格影响程度。Gamma 值指期权标的证券价格变化对 Delta 值的影响程度。Rho 值指无风险利率变化对期权价格的影响程度。Theta 值指到期时间变化对期权价值的影响程度。

67. 表示合约标的证券价格波动率变化对期权价值的影响程度的金融期权的风险指标是（　）。

A. Vega 值　　　　B. Gamma 值

C. Rho 值　　　　　　　　　　　　D. Theta 值

答案：A

考点：考查金融期权的主要风险指标。Vega 值指合约标的证券价格波动率变化对期权价值的影响程度。Gamma 值指期权标的证券价格变化对 Delta 值的影响程度。Rho 值指无风险利率变化对期权价格的影响程度。Theta 值指到期时间变化对期权价值的影响程度。

68. 我国境内将推出（　　），即在我国境内发行的代表境外或者我国香港特别行政区证券市场上某种股票的权益类证券。

A. GDR　　　　　　　　　　　　B. IDR

C. TDR　　　　　　　　　　　　D. CDR

答案：D

考点：考查对 CDR 相关知识的理解。GDR 为全球存托凭证，IDR 为国际存托凭证，TDR 为我国台湾地区推出的凭证。我国境内将推出 CDR，即在我国境内发行的代表境外或者我国香港特别行政区证券市场上某种股票的权益类证券。

69. 2018 年 3 月 30 日，国务院批准了中国证监会《关于开展创新企业境内发行股票或存托凭证试点的若干意见》，对支持创新企业在境内发行上市作了系统制度安排，主要内容包括（　　）。

①明确境外注册的红筹企业可以在境内发行股票

②推出存托凭证这一新的证券品种，并对发行存托凭证的基础制度作出安排

③进一步优化证券发行条件，解决部分创新企业具有持续盈利能力但可能存在尚未盈利或者未弥补亏损的情形

④充分考虑部分创新企业存在的 VIE 架构、投票权差异等特殊的公司治理问题，作出有针对性的安排

A. ①②③　　　　　　　　　　　B. ①③④

C. ①②④　　　　　　　　　　　D. ①②③④

答案：D

考点：考查对支持创新企业的相关政策内容的理解。

70. 2020 年 6 月 12 日，科创板"首单 CDR"九号机器人有限公司的上市申请获上交所通过，目前项目进度为（　　）状态。如果九号机器人顺利上市，将作为科创板第一家申请公开发行 CDR 存托凭证的上市公司。

A. 上市委会议审议　　　　　　　B. 上市委会议讨论

C. 上市委会议通过　　　　　　　D. 上市委会议批准

答案：C

考点：考查科创板“首单 CDR”九号机器人的相关知识。

71.（　　）= 期权价值变化/到期时间变化。

A. Delta 值　　B. Gamma 值

C. Rho 值　　D. Theta 值

答案：D

考点：考查金融期权的主要风险指标。Theta 值指到期时间变化对期权价值的影响程度。Theta = 期权价值变化/到期时间变化。

72.（　　）= 期权价值变化/波动率的变化。

A. Vega 值　　B. Gamma 值

C. Rho 值　　D. Theta 值

答案：A

考点：考查金融期权的主要风险指标。Vega 值指合约标的证券价格波动率变化对期权价值的影响程度。Vega = 期权价值变化/波动率的变化。

73. 金融期权的主要风险指标 Theta =（　　）。

A. 期权价值变化/到期时间变化　B. 到期时间变化/期权价值变化

C. 期权价值变化/波动率的变化　D. 波动率的变化/期权价值变化

答案：A

考点：考查金融期权的主要风险指标。Theta 值指到期时间变化对期权价值的影响程度。Theta = 期权价值变化/到期时间变化。

74. 金融期权的主要风险指标 Vega =（　　）。

A. 期权价值变化/到期时间变化　B. 到期时间变化/期权价值变化

C. 期权价值变化/波动率的变化　D. 波动率的变化/期权价值变化

答案：C

考点：考查金融期权的主要风险指标。Vega 值指合约标的证券价格波动率变化对期权价值的影响程度。Vega = 期权价值变化/波动率的变化。

75. 下列关于金融期权的说法中错误的是（　　）。

A. 波动率与认购、认沽期权价值均为正相关关系

B. 到期期限与认购、认沽期权价值均为正相关关系

C. 标的证券价格与认购期权价值为正相关关系，与认沽期权价值为负相关关系

D. 市场无风险利率与认沽期权为正相关关系，与认购期权为负相关关系

答案：D

考点：考查金融期权的主要风险指标。市场无风险利率与认购期权为正相关

关系，与认沽期权为负相关关系。

76. 下列个人投资者符合参与上交所期权交易条件的有（　　）。

①甲在申请开户前20个交易日日均托管在其委托的期权经营机构的证券市值与资金账户可用余额（不含通过融资融券交易融入的证券和资金），合计为人民币50万元；已在期货公司开户10个月并具有金融期货交易经历

②乙在申请开户前20个交易日日均托管在其委托的期权经营机构的证券市值与资金账户可用余额（不含通过融资融券交易融入的证券和资金），合计为人民币50万元；指定交易在证券公司9个月，并具备融资融券业务参与资格，但未在期货公司开户

③丙在申请开户前20个交易日日均托管在其委托的期权经营机构的证券市值与资金账户可用余额（不含通过融资融券交易融入的证券和资金），合计为人民币100万元；指定交易在证券公司3个月，并具备融资融券业务参与资格

④丁在申请开户前20个交易日日均托管在其委托的期权经营机构的证券市值与资金账户可用余额（不含通过融资融券交易融入的证券和资金），合计为人民币100万元；指定交易在证券公司8个月，并具备金融期货交易经历，但未在期货公司开户

A. ①②④　　　　B. ①②③

C. ②③④　　　　D. ①②③④

答案：A

考点：考查个人投资者参与上交所期权交易条件。申请开户前20个交易日日均托管在其委托的期权经营机构的证券市值与资金账户可用余额（不含通过融资融券交易融入的证券和资金），合计不低于人民币50万元；指定交易在证券公司6个月以上并具备融资融券业务参与资格或者金融期货交易经历；或者在期货公司开户6个月以上并具有金融期货交易经历等。

77. 下列普通机构投资者符合参与期权交易条件的有（　　）。

①甲机构在申请开户前20个交易日日均托管在其委托的期权经营机构的证券市值与资金账户可用余额（不含通过融资融券交易融入的证券和资金），合计为人民币50万；净资产为人民币100万元

②乙机构在申请开户前20个交易日日均托管在其委托的期权经营机构的证券市值与资金账户可用余额（不含通过融资融券交易融入的证券和资金），合计为人民币50万元；净资产为人民币50万元

③丙机构在申请开户前20个交易日日均托管在其委托的期权经营机构的证券市值与资金账户可用余额（不含通过融资融券交易融入的证券和资金），合计

为人民币 100 万元；净资产为人民币 100 万元

④丁在申请开户前 20 个交易日日均托管在其委托的期权经营机构的证券市值与资金账户可用余额（不含通过融资融券交易融入的证券和资金），合计为人民币 100 万元；净资产为人民币 200 万元

A. ①③④　　B. ④

C. ③④　　D. ①②③④

答案：C

考点：考查普通机构投资者参与期权交易条件。在申请开户前 20 个交易日日均托管在其委托的期权经营机构的证券市值与资金账户可用余额（不含通过融资融券交易融入的证券和资金），合计不低于人民币 100 万元；净资产不低于人民币 100 万元。

78. 为提高期权交易的流动性，上交所引入了做市商制度。一般做市商提供的服务包括（　　）。

①向投资者提供双边持续报价

②对投资者询价提供双边回应报价

③交易所规定或者做市协议约定的其他业务

A. ①③　　B. ①②

C. ②③　　D. ①②③

答案：C

考点：考查期权交易相关知识。主做市商提供的服务包括①②③项。一般做市商提供②③项规定的做市服务。

79. 证券公司（　　）业务是指证券公司在机构间市场或在柜台，根据与交易对手达成的协议，与交易对手直接开展的期权交易。

A. 场外期权　　B. 50ETF 期权

C. 认购期权　　D. 股票期权

答案：A

考点：考查我国目前的期权品种之一，在证券公司机构间与证券公司柜台市场交易的场外期权的定义。

80.（　　）是基础证券发行人或其以外的第三人（简称发行人）发行的，约定持有人在规定期间或特定到期日，有权按约定价格向发行人购买或出售标的证券，或以现金结算方式收取结算价差的有价证券。

A. 期货　　B. 债券

C. 互换　　D. 权证

答案：D

考点：考查权证的定义。

81. 按照权证行权的基础资产或标的资产，可将权证分为（　　）。

A. 股权类权证、债权类权证以及其他权证

B. 认股权证和备兑权证

C. 认购权证和认沽权证

D. 平价权证、价内权证和价外权证

答案：A

考点：考查权证的分类。按照权证行权的基础资产或标的资产，可将权证分为股权类权证、债权类权证以及其他权证。按照权证行权所买卖的标的股票来源不同，可分为认股权证和备兑权证。按照持有人权利的性质不同，权证分为认购权证和认股权证。按照权证的内在价值，可分为平价权证、价内权证和价外权证。按照权证持有人行权的时间不同，可以将权证分为美式权证、欧式权证、百慕大式权证等。

82. 按照权证行权所买卖的标的股票来源不同，可将权证分为（　　）。

A. 股权类权证、债权类权证以及其他权证

B. 认股权证和备兑权证

C. 认购权证和认沽权证

D. 平价权证、价内权证和价外权证

答案：B

考点：考查权证的分类。按照权证行权的基础资产或标的资产，可将权证分为股权类权证、债权类权证以及其他权证。按照权证行权所买卖的标的股票来源不同，可分为认股权证和备兑权证。按照持有人权利的性质不同，权证分为认购权证和认股权证。按照权证的内在价值，可分为平价权证、价内权证和价外权证。按照权证持有人行权的时间不同，可以将权证分为美式权证、欧式权证、百慕大式权证等。

83. 按照持有人权利的性质不同，可将权证分为（　　）。

A. 股权类权证、债权类权证以及其他权证

B. 认股权证和备兑权证

C. 认购权证和认沽权证

D. 平价权证、价内权证和价外权证

答案：C

考点：考查权证的分类。按照权证行权的基础资产或标的资产，可将权证分

为股权类权证、债权类权证以及其他权证。按照权证行权所买卖的标的股票来源不同，可分为认股权证和备兑权证。按照持有人权利的性质不同，权证分为认购权证和认股权证。按照权证的内在价值，可分为平价权证、价内权证和价外权证。按照权证持有人行权的时间不同，可以将权证分为美式权证、欧式权证、百慕大式权证等。

84. 按照权证的内在价值不同，可将权证分为（　　）。

A. 股权类权证、债权类权证以及其他权证

B. 认股权证和备兑权证

C. 认购权证和认沽权证

D. 平价权证、价内权证和价外权证

答案：D

考点：考查权证的分类。按照权证行权的基础资产或标的资产，可将权证分为股权类权证、债权类权证以及其他权证。按照权证行权所买卖的标的股票来源不同，可分为认股权证和备兑权证。按照持有人权利的性质不同，权证分为认购权证和认股权证。按照权证的内在价值，可分为平价权证、价内权证和价外权证。按照权证持有人行权的时间不同，可以将权证分为美式权证、欧式权证、百慕大式权证等。

85. 按照权证持有人行权的时间不同，可以将权证分为（　　）。

A. 美式权证、欧式权证、百慕大式权证等。

B. 股权类权证、债权类权证以及其他权证

C. 认购权证和认沽权证

D. 平价权证、价内权证和价外权证

答案：A

考点：考查权证的分类。按照权证行权的基础资产或标的资产，可将权证分为股权类权证、债权类权证以及其他权证。按照权证行权所买卖的标的股票来源不同，可分为认股权证和备兑权证。按照持有人权利的性质不同，权证分为认购权证和认股权证。按照权证的内在价值，可分为平价权证、价内权证和价外权证。按照权证持有人行权的时间不同，可以将权证分为美式权证、欧式权证、百慕大式权证等。

86.（　　）也被称为股本权证，一般由基础证券的发行人发行，行权时上市公司增发新股售予该权证的持有人。

A. 认股权证　　B. 备兑权证

C. 认购权证　　D. 认沽权证

答案：A

考点：考查认股权证概念。

87.（　　）通常由投资银行发行，该权证所认兑的股票不是新发行的股票，而是已在市场上流通的股票，不会增加股份公司的股本。

A. 认股权证　　B. 备兑权证

C. 认购权证　　D. 认沽权证

答案：B

考点：考查备兑权证概念。

88. 下列关于可转换债券的表述正确的是（　　）。

①可转换债券是一种附有转股权的特殊债券

②可转换债券具有双重选择权

③可转换债券具有优先赎回权

④可转换债券是指其持有者可以在一定时期内按一定比例或价格将之转换成一定数量的另一种证券的证券

A. ①②　　B. ①②③

C. ③④　　D. ①②④

答案：D

考点：考查可转换债券的定义和特征。可转换债券是指其持有者可以在一定时期内按一定比例或价格将之转换成一定数量的另一种证券的证券，具有转股权和有双重选择权。

89. 可转换债券的发行条件包括（　　）。

①最近 3 个会计年度加权平均净资产收益率平均不低于 6%。扣除非经常性损益后的净利润与扣除前的净利润相比，以低者作为加权平均净资产收益率的计算依据

②本次发行后累计公司债券余额不超过最近一期末净资产额的 40%

③最近 3 个会计年度实现的年均可分配利润不少于公司债券 1 年的利息

④组织机构健全、运行良好、盈利能力具有可持续性、上市公司的财务状况良好

A. ①③④　　B. ①②③

C. ②③④　　D. ①②③④

答案：B

考点：考查可转换债券的发行条件。

90. 关于可转换债券的要素，下列说法中正确的有（　　）。

①有限期限是指可转换债券转换为普通股票的起始日至结束日的期间

②转换期限是指债券从发行之日起至偿清本息之日的存续时间

③转换比例是指一定面额可转换债券可转换成普通股的股数

④转换价格是指可转换债券转换为每股普通股份所支付的价格

A. ③④　　B. ①②

C. ②③④　　D. ①②③④

答案：A

考点：考查可转换债券要素相关概念。转换期限是指可转换债券转换为普通股票的起始日至结束日的期间。有限期限是指债券从发行之日起至偿清本息之日的存续时间。

91. 下列不属于分离交易的可转换公司债券与一般的可转换债券之间的区别的是（　　）。

A. 权利载体不同　　B. 行权方式不同

C. 赎回条件不同　　D. 权利内容不同

答案：C

考点：考查分离交易的可转换公司债券与一般的可转换债券之间存在的区别。

92.（　　）指上市公司的股东依法发行、在一定期限内依据约定的条件可以交换成该股东持有的上市公司股份的公司债券。

A. 可交易债券　　B. 可分离债券

C. 可转换债券　　D. 可交换债券

答案：D

考点：考查可交换债券概念。

93. 按照中国证监会发布的《上市公司股东发行可交换公司债券试行规定》，可交换债券的期限最短为（　　），最长为（　　）。

A. 6个月　1年　　B. 6个月　6年

C. 1年　6年　　D. 1年　10年

答案：C

考点：考查可交换债券相关知识。

94. 申请发行可交换债券，公司最近一期末的净资产额不少于人民币（　　）。

A. 100万元　　B. 3 000万元

C. 1亿元　　D. 3亿元

答案：D

考点：考查可交换债券发行条件。

95. 申请发行可交换债券，本次发行债券金额不超过预备用于交换的股票按募集说明书公告日前20个交易日均价计算的市值的（　　），且应当将预备用于交换的股票设定为本次发行的公司债券的担保物。

A. 30%　　B. 50%

C. 70%　　D. 90%

答案：C

考点：考查可交换债券发行条件。

96. 申请发行可交换债券，本次发行后累计公司债券余额不超过最近一期末净资产额的（　　）。

A. 30%　　B. 40%

C. 50%　　D. 60%

答案：B

考点：考查可转换债券发行条件。

97. 下列不属于可交换债券与可转换债券区别的是（　　）。

A. 发行主体不同　　B. 权利载体不同

C. 用于转股的股份来源不同　　D. 转股对公司股本的影响不同

答案：B

考点：考查可交换债券与可转换债券区别。

98.（　　）是指在一国证券市场流通的代表外国公司有价证券的可转让凭证。

A. 证券凭证　　B. 国外凭证

C. 存托凭证　　D. 流通凭证

答案：C

考点：考查存托凭证定义。

99. GDR是（　　）的简称。

A. 全球存托凭证　　B. 国际存托凭证

C. 美国存托凭证　　D. 中国存托凭证

答案：A

考点：考查存托凭证相关知识。

100. ADR是（　　）的简称。

A. 全球存托凭证　　B. 国际存托凭证

C. 美国存托凭证　　　　D. 中国存托凭证

答案：C

考点：考查存托凭证相关知识。

101. CDR 是（　　）的简称。

A 全球存托凭证　　　　B. 国际存托凭证

C. 美国存托凭证　　　　D. 中国存托凭证

答案：D

考点：考查存托凭证相关知识。

102. IDR 是（　　）的简称。

A. 国际存托凭证　　　　B. 中国存托凭证

C. 美国存托凭证　　　　D. 全球存托凭证

答案：A

考点：考查存托凭证相关知识。

103. 下列不属于存托凭证对发行人优点的是（　　）。

A. 市场容量大，筹资能力强

B. 避开直接发行股票与债券的法律要求，上市手续简单，发行成本低

C. 以美元交易，且通过投资者熟悉的美国清算公司进行清算

D. 吸引投资者关注，增强上市公司曝光率，扩大股东基础，增加股票流动性

答案：C

考点：考查存托凭证的优点。C 选项为存托凭证对投资者的优点。

104. 下列属于存托凭证对投资者的优点的有（　　）。

①以美元交易，且通过投资者熟悉的美国清算公司进行结算

②上市交易的 ADR 须经 SEC 注册，有助于保障投资者权益

③上市公司发放股利时，ADR 投资者能及时获得，而且是以美元支付

④某些机构投资者受投资政策限制，不能投资非美国上市证券，ADR 可以规避这些限制

A. ③④　　　　B. ①②③

C. ②③④　　　　D. ①②③④

答案：D

考点：考查存托凭证的优点。

105. 参与美国存托凭证发行与交易的中介机构包括（　　）。

①美国证券交易委员会　　　　②存券银行

③托管银行 ④中央存托公司

A. ①③④ B. ①②③

C. ②③④ D. ①②③④

答案：C

考点：考查美国存托凭证的有关业务机构。

106. 托管银行的主要职责包括（　　）。

①保管 ADR 所代表的基础证券

②向 ADR 持有者提供基础证券发行人及 ADR 的市场信息，解答投资者的询问

③根据存券银行的指令领取红利或利息

④向存券银行提供当地市场信息

A. ①②③ B. ①③④

C. ②③④ D. ①②④

答案：B

考点：考查参与美国存托凭证发行与交易的中介机构之一，托管银行的有关职责。托管银行主要负责保管 ADR 所代表的基础证券；根据存券银行的指令领取红利或利息，用于再投资或汇回发行国；向存券银行提供当地市场信息等。而选项③，向 ADR 持有者提供基础证券发行人及 ADR 的市场信息，解答投资者的询问，是存券银行的职责。

107. （　　）是指美国的证券中央保管和清算机构，负责 ADR 的保管和清算。

A. 存券银行 B. 托管银行

C. 中央存托公司 D. 中央银行

答案：C

考点：考查中央存托公司的概念。

108. 2018 年 3 月 30 日，国务院批准了中国证监会《关于开展创新企业境内发行股票或存托凭证试点的若干意见》。根据《若干意见》，我国将开展创新企业境内发行存托凭证试点工作。试点企业在境内发行的存托凭证均应在境内证券交易所上市交易，并在（　　）集中登记存管、结算。

A. 中国人民银行清算中心

B. 中国证监会

C. 中国证券登记结算有限责任公司

D. 证券交易所

答案：C

考点：考查中国存托凭证相关知识。

109. 关于中国存托凭证，下列说法正确的有（　　）。

①中国存托凭证是由存托人签发、以境外证券为基础在中国境内发行、代表境外基础证券权益的证券

②其参与主体中包括发行人、存托人和持有人。

③发行人持有基础证券，在境内签发相应的存托凭证

④存托人办理存托凭证分红、派息等业务

A. ①②③　　　　B. ①②④

C. ①③④　　　　D. ②③④

答案：B

考点：考查了中国存托凭证的相关知识。其中发行人在境外发行基础证券；存托人持有基础证券，在境内签发相应的存托凭证。

110. 结构化金融衍生产品是（　　）。

①运用金融工程结构化方法，将若干种基础金融商品和金融衍生产品相结合设计出的新型金融产品

②它们通常与某种金融价格相联系

③其投资收益随该价格的变化而变化

④目前，我国内地尚无交易所交易的结构化产品。

A. ①②③　　　　B. ①②③④

C. ②③④　　　　D. ①③④

答案：B

考点：考查结构化金融衍生产品的定义。

111. 按联结的基础产品分类，可将结构化金融衍生产品分为（　　）。

A. 股权联结型产品、利率联结型产品、汇率联结型产品、商品联结型产品等

B. 收益保证型和非收益保证型产品

C. 公开募集的结构化产品和私募结构化产品

D. 基于互换的结构化产品、基于期权的结构化产品等。

答案：A

考点：考查结构化金融衍生产品的类别。按联结的基础产品分类，可将结构化金融衍生产品分为股权联结型产品、利率联结型产品、汇率联结型产品、商品联结型产品等。按收益保障性分类，可分为收益保证型和非收益保证型产品。按发行方式分类，可分为公开募集的结构化产品和私募结构化产品。按嵌入式衍生产品的属性不同，可分为基于互换的结构化产品、基于期权的结构化产品等。

第八章　金融风险管理

1. 体现风险的本质和内在特性的概念有（　　）。

①不确定性　　②损失

③波动性　　④危险

A. ①②③　　B. ②③④

C. ①③④　　D. ①②③④

答案：D

考点：考查风险的本质和内在特性。

2. 关于风险与损失，下列说法中错误的是（　　）。

A. 风险只是损失的可能性，并不能等于损失

B. 损失的偏事后的概念，而风险是明确的事前概念

C. 损失实际产生后，风险仍然存在

D. 损失和风险是事物发展的两种状态

答案：C

考点：考查风险与损失的联系与本质区别。

3. 关于风险管理，人们在生活与工作中呈现出两种具有明显差异、甚至对立的语言体系，以下不属于风险专业语言的是（　　）。

A. 风险积累　　B. 对冲风险

C. 风险转移　　D. 风险资本

答案：A

考点：考查通俗风险语言和专业风险语言之间的区别。

4. 在风险管理中，下列关于通俗语言和专业语言的说法错误的是（　　）。

A. 通俗语言下的风险与专业语言下的风险均是真正意义上的风险

B. 通俗风险语言尽管表达形式很丰富，但语言的具体内涵并不清晰

C. 通俗语言缺乏相应的体系化理论支持和具体的实施工具方法

D. 专业的风险语言体系下，每一个概念和提法内涵清晰，有科学系统的理论支持

答案：A

考点：考查通俗风险语言和专业风险语言之间的区别。

5. 下列关于风险与波动性的说法中正确的是（　　）。

A. 在现代金融风险分析中，通常仅仅关注损失的可能性，是单向测度

B. 在波动性定义下，风险既是损失的可能，也是盈利的可能

C. 传统风险观认为，风险既是损失的来源，也是盈利的来源

D. 基于不确定性定义下风险的双向测度是现代风险管理发展的重要基础

答案：B

考点：考查风险与波动性的概念。

6. 基于（　　）定义下风险的双向测度是现代风险管理发展的重要基础。

A. 不确定性　　B. 危险性

C. 损失性　　D. 波动性

答案：D

考点：考查波动性的概念。

7. 下列关于风险与危险的说法中错误的是（　　）。

A. 风险是指结果的不确定性或损失发生的可能性

B. 危险是指使得损失事件更易于发生，或者一旦发生后果会更加严重的因素和环境

C. 危险是影响风险的环境性因素，但不是导致风险增加的原因

D. 风险是危险的结果，要管理好风险需要降低和消除危险

答案：C

考点：考查风险与危险的概念与联系。

8. 下列选项不属于金融风险的是（　　）。

A. 信用风险　　B. 违约风险

C. 操作风险　　D. 声誉风险

答案：B

考点：考查金融风险分类。

9.（　　）通常被定义为"公司融资类客户、交易对手或公司持有证券的发行人在无法履行合同义务的情况下，给公司造成损失的可能性，或者相关信用质量发生恶化情况下，给公司造成损失的可能性。"

A. 信用风险　　B. 违约风险

C. 市场风险　　D. 操作风险

答案：A

考点：考查信用风险的概念。

10.（　　）是因市场价格变量波动而给经济主体带来损益的风险。

A. 信用风险　　B. 流动性风险

C. 市场风险　　D. 操作风险

答案：C

考点：考查市场风险的概念。

11.（　　）通常来源于整个经济体系，而不是交易对手或金融机构内部。

A. 信用风险　　B. 流动性风险

C. 市场风险　　D. 操作风险

答案：C

考点：考查市场风险的特点。

12. 下列关于市场风险的说法中错误的是（　　）。

A. 广义的市场风险涵盖了四大风险因子，包括股票价格、利率、商品价格、汇率

B. 市场风险具有明显的系统性风险特征，但是能够通过分散化投资完全消除

C. 套期保值和定价补偿是管理市场风险的最主要的方法

D. 金融衍生产品和金融工程是管理市场风险的主要工具和技术

答案：B

考点：考查市场风险的特征。

13. 操作风险分为（　　）所引发的四类风险。

①人员　　②系统

③流程　　④外部事件

A. ①②③　　B. ②③④

C. ①③④　　D. ①②③④

答案：D

考点：考查操作风险的分类。

14. 下列属于巴塞尔银行监管委员会进一步明确的操作风险的类型的是（　　）。

①雇员活动和工作场所安全性风险

②客户、产品及业务活动中的操作性风险

③实物资产损坏

④营业中断或信息技术系统瘫痪

A. ①②③　　B. ②③④

C. ①③④　　D. ①②③④

答案：D

考点：考查巴塞尔银行监管委员会明确的操作风险的七种类型。

15. （　　）是指金融市场参与者无法以合理成本及时获得充足资金，以偿付到期债务、履行其他支付义务和满足正常业务开展的资金需求的风险。

A. 信用风险　　B. 流动性风险

C. 市场风险　　D. 操作风险

答案：B

考点：考查流动性风险的概念。

16. 下列不属于流动性风险的是（　　）。

A. 融资流动性风险　　B. 市场流动性风险

C. 资产流动性风险　　D. 市场风险

答案：D

考点：考查流动性风险的分类。

17. 市场的流动性是由（　　）维度因素决定的。

①深度　　②密度

③即时性　　④弹性

A. ①②③　　B. ①②③④

C. ②③④　　D. ①③④

答案：B

考点：考查市场的流动性的决定因素。

18. （　　）是指由经营、管理以及其他行为或外部事件导致利益相关方对金融机构产生负面评价的风险。

A. 信用风险　　B. 流动性风险

C. 操作风险　　D. 声誉风险

答案：D

考点：考查声誉风险的概念。

19. 下面关于风险的相关描述，说法正确的是（　　）。

①操作风险只可能带来损失，不能够带来收益

②对操作的风险的管理策略是在合理的成本范围内，尽可能减少操作风险

③声誉风险一般是受其他风险影响而产生的次生风险，很难确认和计量

④市场风险包括股票价格风险、债券价格风险、商品价格风险、金融衍生品价格风险等

A. ③④　　B. ①③④

C. ①②③　　D. ①②③④

答案：D

考点：考查风险的相关描述。与信用风险、市场风险不同，操作风险一般为下侧风险，只可能带来损失，不能够带来收益，因此，对操作风险的管理策略是在合理的成本范围内，尽可能减少操作风险。

20. 金融风险的（　　）是指在风险事件未发生之前通过运用一定的防范性措施，以防止损失的实际发生或将损失控制在一定的可承受范围之内。

A. 预防　　B. 规避

C. 补偿　　D. 管理

答案：A

考点：考查风险预防的定义相关的内容。风险防范是风险管理的主要方法之一。

21. 下面属于风险管理的方法是（　　）。

①风险预防　　②风险规避

③风险分散　　④风险补偿

A. ③④　　B. ①③④

C. ①②③　　D. ①②③④

答案：D

考点：考查风险管理的方法。风险管理的主要方法包括：风险预防、风险规避、风险分散、风险对冲、风险转移和风险补偿。

22. 下面关于风险对冲，说法正确的是（　　）。

①套期保值是常见的风险对冲工具

②风险对冲对管理系统性风险和非系统性风险都有效

③为了防范和化解非系统性风险，人们需要借助于金融衍生工具进行风险对冲

④风险对冲是指投资者通过购买某种金融产品或采取某些合法的手段将风险转嫁给愿意和有能力承接的主体

A. ③④　　B. ①

C. ①②　　D. ①②③④

答案：C

考点：考查风险对冲的相关内容。为了防范和化解系统性风险，人们需要借助于金融衍生工具进行风险对冲。风险转移是指投资者通过购买某种金融产品或采取某些合法的手段将风险转嫁给愿意和有能力承接的主体。

23. 下列关于风险与金融产品和投资的说法错误的是（　　）。

A. 任何金融产品都是风险和收益的组合

B. 风险是与收益相匹配的

C. 投资是以风险换收益

D. 以风险换收益也应无限制地承担风险

答案：D

考点：考查风险与金融产品和投资的关系。

24. （　　）是金融交易和风险管理行为的基本特征。

A. 以风险换收益　　B. 风险收益平衡选择

C. 风险和收益的二元结构　　D. 风险与收益组合

答案：B

考点：考查风险收益相匹配。

25. 金融机构对风险的承担受限制于（　　）。

①金融机构本身的管理专长　　②金融机构承担风险的能力

③风险与收益的匹配状况　　④金融市场的系统性风险

A. ①②③　　D. ①②④

C. ②③④　　D. ①③④

答案：A

考点：考查以风险换收益不意味着无限制的承担风险。

26. （　　）是金融机构的核心竞争力。

A. 风险控制　　B. 风险分散

C. 风险管理　　D. 风险规避

答案：C

考点：考查风险与金融机构的关系。

27. 风险管理的本质特征是（　　）。

A. 损失管理　　B. 收益管理

C. 事前管理　　D. 事中管理

答案：C

考点：考查风险管理的本质特征。

28. 风险管理具体表现为（　　）。

①金融机构要认真分析和衡量风险

②金融机构要主动有意识地承担风险

③金融机构要被动无意识地承担风险

④金融机构要对风险采取系统和科学的管理措施

A. ①②③　　B. ①②④

C. ②③④　　D. ①③④

答案：B

考点：考查积极主动的风险管理的具体表现。

29. 下列关于风险管理的说法中正确的是（　　）。

①事前管理决定了风险管理是一种积极管理

②现代风险管理是一种全面的风险管理，以企业的股东价值和社会价值增长为总体目标

③风险管理的目标是创造价值

④风险管理在于减少损失降低风险

A. ①②③　　B. ①②④

C. ②③④　　D. ①③④

答案：A

考点：考查金融风险管理的内涵与目标。

30. 根据金融学对企业价值的定义，作为未来现金流贴现值之和的价值受（　　）因素影响。

①每期的现金流　　②贴现率

③收益率　　④期限

A. ①②③　　B. ①②④

C. ②③④　　D. ①③④

答案：B

考点：考查金融学对企业价值的定义。

31. 以下属于风险管理策略的是（　　）。

①风险规避　　②风险分散

③风险对冲　　④风险补偿与准备金

A. ①②③　　B. ①②④

C. ②③④　　D. ①②③④

答案：D

考点：考查风险管理策略。

32. 风险规避主要是通过（　　）来实现。

A. 风险与收益相匹配

B. 设立有限的风险忍耐度

C. 降低风险暴露，甚至完全退出该业务领域

D. 经济资本配置

答案：D

考点：考查风险规避的实现方式。

33. 与其他风险策略相比，风险控制策略最突出的特征是（　　）。

A. 通过将风险转嫁给外部来降低风险

B. 从外部获得补偿来降低风险

C. 控制措施的目的是降低风险本身

D. 设立非常有限的风险忍耐度

答案：C

考点：考查风险控制的最突出特征。

34. 实施风险控制策略的成本主要在于（　　）的支出。

A. 风险分析　　B. 经济资本配置

C. 控制费用　　D. 风险回报

答案：C

考点：考查实施风险策略的成本。

35. 在证券投资中，多样化投资的（　　）策略成为投资者（尤其是机构投资者）消除非系统性风险的基本策略。

A. 风险规避　　B. 风险分散

C. 风险控制　　D. 风险转移

答案：B

考点：考查风险分散的意义。

36. （　　）是指通过投资或购买与标的资产收益波动负相关的某种资产或衍生产品，来冲销标的资产潜在损失的一种策略性选择。

A. 风险对冲　　B. 风险分散

C. 风险控制　　D. 风险转移

答案：A

考点：考查风险对冲的概念。

37. （　　）可以管理系统性风险和非系统性风险。

A. 风险转业　　B. 风险分散

C. 风险控制　　D. 风险对冲

答案：D

考点：考查风险对冲的特征。

38. 下面关于风险，说法正确的是（　　）。

①风险识别是进行风险管理的基础工作和前提条件

②市场风险包括股票价格风险、债券价格风险、商品价格风险、金融衍生品价格风险等

③某债券发行人不能如期还本付息、债券发行人破产倒闭，这对债券持有人

而言，就发生了风险事件

④风险转移是指投资者通过购买某种金融产品或采取某些合法的手段将风险转嫁给愿意和有能力承接的主体

A. ③④　　B. ①②③

C. ①②④　　D. ①②③④

答案：D

考点：考查风险的相关综合性内容。

39. 风险转移可分为（　　）。

①合同转移　　②非保险转移

③计划转移　　④保险转移

A. ①④　　B. ①③

C. ②④　　D. ③④

答案：C

考点：考查风险转移的分类。

40. （　　）策略是指金融机构针对风险事件发生的可能性提取足够的准备性资金，以保证损失发生之后能够很快被吸收，从而保障金融机构仍然能够正常运行。

A. 风险准备金　　B. 风险分散

C. 风险控制　　D. 风险对冲

答案：A

考点：考查风险准备金的概念。

41. 风险管理的流程主要包括（　　）。

①风险的识别　　②风险的衡量

③风险的应对　　④风险的监测、预警与报告

A. ①②④　　B. ①③④

C. ②③④　　D. ①②③④

答案：D

考点：考查风险管理流程。

42. 在风险管理中，风险识别的主要内容包括（　　）。

A. 感知风险和分析风险　　B. 预测风险和消除风险

C. 感知风险和消除风险　　D. 预测风险和分析风险

答案：A

考点：考查风险识别的分类。

43. 风险衡量的方法有（　　）。

①敏感性分析法　　②波动率和方差

③VaR 法　　④期望损失

A. ①②④　　B. ①③④

C. ②③④　　D. ①②③④

答案：D

考点：考查风险衡量方法。

44. 现代风险管理是一种全面的风险管理，以企业的股东价值和社会价值增长为总体目标，从（　　）等多个层面，对金融机构所有的风险因子、所有的业务线路和产品、所有的分支机构和所有的人员和完整的经营过程进行的管理过程。

①管理环境　　②管理技术

③管理方法　　④管理运行

A. ①②③　　B. ①③④

C. ①②④　　D. ①②③④

答案：C

考点：对现代风险管理的概念理解。

45. 以下属于风险应对的是（　　）。

①风险偏好管理　　②风险定价与拨备

③风险限额　　④风险缓释

A. ①②③④　　B. ①③④

C. ②③④　　D. ①②③

答案：A

考点：考查风险应对的措施。

46. （　　）是金融机构开展风险管理的基础前提。

A. 风险偏好　　B. 风险限额

C. 风险缓释　　D. 风险应对

答案：A

考点：考查风险偏好的意义。

47. （　　）依据 RAROC 最大化原则，将风险指标分解至公司的不同层面、不同业务线乃至具体组合与策略，将风险控制在可以承受的合理范围之内，使风险大小与风险管理能力和资本实力相匹配。

A. 风险偏好　　B. 风险限额

C. 风险缓释　　D. 风险拨备

答案：B

考点：考查风险限额的概念。

48. 风险限额管理过程主要包括（　　）。

①风险限额的设定　　②风险限额的监测

③风险限额的调整　　④风险限额的控制

A. ①②③④　　B. ①③④

C. ②③④　　D. ①②④

答案：D

考点：考查风险限额管理过程。

49. （　　）是指采用相关措施来降低风险的损失频率或影响程度。

A. 风险偏好　　B. 风险限额

C. 风险缓释　　D. 风险拨备

答案：C

考点：考查风险缓释的概念。

50. 证券公司应根据公司业务规模、性质、复杂程度、风险水平及组织结构，充分考虑压力测试结果，制定有效的（　　），确保公司可以应对紧急情况下的流动性需求。

A. 风险偏好　　B. 风险限额

C. 风险缓释　　D. 风险应急计划

答案：D

考点：考查风险应急计划的概念。

51. （　　）是风险偏好、风险限额以及日常风险管理得以有效实施的重要保障。

A. 风险预警　　B. 风险监测

C. 风险报告　　D. 风险控制

答案：B

考点：考查风险监测的特点。

52. 证券机构应该建立健全的（　　）体系，定期对公司所面临的风险状况进行检测，编制风险报告，确保各类风险信息顺畅和及时地在公司内部传递。

A. 风险预警　　B. 风险监测

C. 风险报告　　D. 风险控制

答案：C

考点：考查风险报告体系重要性。

53.（　　）是指将整个金融机构或资产组合置于某一特定压力情景之下，然后测试该金融机构或资产组合在这些关键市场变量突变的压力下的表现状况。

A. 波动性分析法　　B. 敏感性分析法

C. VaR 法　　D. 压力测试

答案：D

考点：考查压力测试的概念。

54. 下列属于压力测试原则的是（　　）。

①全面性原则　　②实践性原则

③审慎性原则　　④前瞻性原则

A. ①②③④　　B. ①③④

C. ②③④　　D. ①②④

答案：A

考点：考查压力测试的原则。

55. 根据《证券公司压力测试指引》，证券公司开展压力测试主要包括以下（　　）步骤。

①选择测试对象，制订测试方案

②确定压力测试方法，并设置测试情景

③确定风险因子，收集测试数据

④实施压力测试，分析报告测试结果并且制定和执行应对措施

A. ①②④　　B. ①③④

C. ②③④　　D. ①②③④

答案：D

考点：考查压力测试的步骤。

56. 根据不同的压力情景，证券公司压力测试可采用（　　）。

A. 敏感性分析和情景分析　　B. 敏感性分析和历史情景分析

C. 感知分析和敏感性分析　　D. 情景分析和感知分析

答案：A

考点：考查压力测试采用的方法。

57. 市场风险衡量方法有（　　）。

A. 敏感性分析和波动性分析　　B. 敏感性分析和情景分析

C. 感知分析和敏感性分析　　D. 情景分析和波动性分析

答案：A

考点：考查市场风险衡量方法。

58. 波动性分析的主要方法有（　　）。

①波动率和标准差　　②波动率和方差

③VaR　　④敏感性分析

A. ①②　　B. ①④

C. ②③　　D. ②④

答案：C

考点：考查波动性分析的主要方法。

59.（　　）描述市场在正常情况下可能出现的最大损失。

A. 名义值法　　B. 敏感性分析方法

C. 波动性测量　　D. VaR 方法

答案：D

考点：考查风险管理方法。

60.（　　）可以度量不同市场中的总风险。

A. 名义值法　　B. 敏感性分析方法

C. 波动性测量　　D. VaR 方法

答案：D

考点：考查风险管理方法。其他三个选项无法加总不同市场的总风险。

61. 任何金融工具都可能出现因指数价格的不利变动而带来资产损失的可能性，这是（　　）。

A. 信用风险　　B. 市场风险

C. 法律风险　　D. 结算风险

答案：B

考点：考查风险的类别。

62. 按照风险因素划分，金融风险不包括（　　）。

A. 经济风险　　B. 市场风险

C. 信用风险　　D. 流动性风险

答案：A

考点：考查风险的分类。按照风险因素，可将金融风险分为市场风险、信用风险、操作风险、流动性风险等类型。

63. 要确定一个金融机构或资产组合的 VaR 值或建立 VaR 的模型，必须确定的基本要素有（　　）。

①确定持有期限　　②确定波动率

③置信水平的选择 ④调整的频率

A. ①② B. ①③

C. ②③ D. ②④

答案：B

考点：考查 VaR 值或建立 VaR 的模型的基本要素。

64. （　　）作为一种金融风险度量工具，可以给风险管理者提供频率分布中最坏区域平均损失大小的准确信息。

A. 期望损失模型 B. VaR 模型

C. 波动性分析 D. 置信水平

答案：A

考点：考查期望损失模型。

65. 信用风险的构成要素分析以（　　）为中心。

A. 预期损失 B. 非预期损失

C. 违约 D. 损失

答案：C

考点：考查信用风险。

66. 下列属于信用风险构成要素的是（　　）。

①违约概率 ②违约损失率

③违约风险暴露 ④预期损失和非预期损失

A. ①②③ B. ①③④

C. ②③④ D. ①②③④

答案：D

考点：考查信用风险构成要素。

67. 下列属于传统信用风险评估方法的是（　　）。

①专家系统 ②5Cs

③信用打分模型 ④信用评级

A. ①②③ B. ①③④

C. ②③④ D. ①②③④

答案：A

考点：考查信用风险评估方法。

68. 5Cs 系统是指（　　）。

①品德和资本 ②还款能力

③抵押 ④经营环境

A. ①②③　　　　B. ①③④

C. ②③④　　　　D. ①②③④

答案：D

考点：考查 5Cs 概念。

69. 外部评级的特点与优势主要在于（　　）。

①评级机构独立性和客观性强

②外部评级结果的社会透明度高

③在企业国际化背景下，大型评级公司能够取得广泛的信用信息，使评级更加全面

④外部评级机构大多数采用国际上比较先进的评级技术和方法，能够给出相对准确的评级结果

A. ①②③　　　　B. ①③④

C. ②③④　　　　D. ①②③④

答案：D

考点：考查外部评级的特点和优势。

70. 以下属于流动性风险衡量的是（　　）。

①融资流动性风险　　　　②资产流动性风险

③敏感性分析　　　　④波动性分析

A. ①②　　　　B. ①③

C. ②③　　　　D. ③④

答案：A

考点：考查流动性风险衡量。

71. 流动性覆盖率的计算公式为（　　）。

A. 贷款余额/存款余额 ×100%

B. 流动性资产余额/流动性负债余额 ×100%

C. 优质流动性资产/未来 30 天现金净流出量 ×100%

D. 优质流动性资产/未来 90 天现金净流出量 ×100%

答案：C

考点：考查流动性覆盖率的计算。

72. 下列关于净稳定资金率计算方法正确的是（　　）。

A. 净稳定资金率 = 可用资金/所需的稳定资金 ×100%

B. 净稳定资金率 = 可用稳定资金/所需的资金 ×100%

C. 净稳定资金率 = 总体稳定资金/所需的稳定资金 ×100%

D. 净稳定资金率 = 可用稳定资金/所需的稳定资金 ×100%

答案：D

考点：考查净稳定资金率计算。

73. 买卖价差法常用的价差指标包括（　　）。

①买卖价差　　②有效价差

③实现的价差　　④合理价差

A. ①②③　　B. ①③④

C. ②③④　　D. ①②③④

答案：A

考点：考查买卖价差法。

74（　　）是指在交易中需要迅速而且大规模地买进或者卖出证券，不能按照预定价位成交而多支付的成本。

A. 买卖价差法　　B. 有效价差

C. 冲击成本　　D. 资产流动性风险

答案：C

考点：考查冲击成本的定义。

75. 市场流动性（　　），冲击成本（　　）。

A. 越高　越高　　B. 越高　越低

C. 越低　越低　　D. 变高　不变

答案：B

76. 根据金融学对企业价值的定义，作为未来现金流贴现值之和的价值受三个因素影响，分别是（　　）。风险管理对这三个因素的价值创造都有着积极的作用。

①每期的现金流　　②贴现率

③市场风险　　④期限

A. ①②③　　B. ①③④

C. ①②④　　D. ①②③④

答案：C

考点：根据金融学对企业价值的定义，作为未来现金流贴现值之和的价值受三个因素影响，分别是每期的现金流、贴现率与期限。

77. 与其他风险管理策略相比，风险控制策略最突出的特征是（　　）。

A. 降低风险本身，降低损失发生的可能性或者严重程度

B. 将风险转嫁给外部

C. 从外部获得补偿

D. 分散风险，消除非系统性风险，获取规模效应

答案：A

考点：考查对风险控制的理解。与其他风险管理策略相比，风险控制策略最突出的特征是降低风险本身，降低损失发生的可能性或者严重程度。

78. 根据马科维茨组合投资理论，投资组合的多样化可以分散非系统性风险，当投资组合中的资产种类数目趋近于无穷大，组合的非系统性风险将趋于零。因此，有效的投资组合就是选择彼此之间相关系数（　　）的资产组合，在不影响收益率的情况下尽可能地降低风险。

A. 大于1　　B. 小于1

C. 等于1　　D. 等于0

答案：B

考点：考查对投资组合的理解。有效的投资组合就是选择彼此之间相关系数小于1的资产组合，在不影响收益率的情况下尽可能地降低风险。

79. 以下（　　）属于风险管理策略。

A. 风险规避　　B. 风险对冲

C. 风险转移　　D. A、B、C都是

答案：D

考点：考查对风险管理策略的理解。风险规避、风险对冲与风险转移均属于风险管理策略。

80. 以下关于现代风险管理基本理念的说法中，（　　）是错误的。

A. 任何金融产品都是风险与收益的组合

B. 任何金融产品服从风险与收益的二元结构，这是金融产品的重要特征之一

C. 投资是“以收益换风险”

D. 坚持投资和风险承担原则的金融机构在长期的投资活动中最终会实现盈利

答案：C

考点：考查对现代风险管理基本理念的理解。投资是“以风险换收益”。

81. 风险识别是指（　　）的过程。

①对影响各类目标实现的潜在事项或因素予以全面识别

②依据风险定义进行系统分类

③鉴定风险性质

④找出风险原因

A. ①②③　　B. ①③④

C. ①②④　　D. ①②③④

答案：D

考点：考查风险识别的概念。风险识别是指对影响各类目标实现的潜在事项或因素予以全面识别、依据风险定义进行系统分类、鉴定风险性质并找出风险原因的过程。

82. （　　）是金融机构开展风险管理的基础前提。

A. 风险偏好　　B. 风险限额

C. 风险缓释　　D. 风险应对

答案：A

考点：考查风险偏好的意义。风险偏好是金融机构开展风险管理的基础前提。

83. 凡在限额以内发生的损失，都可以通过（　　）来抵御。

A. 自有资金　　B. 内部资金

C. 外部资金　　D. 内部资金或者外部资金

答案：A

考点：考查风险应对的概念。凡在限额以内发生的损失，都可以通过自有资金来抵御。

84. 证券公司董事会承担全面风险管理的最终责任，履行的职责包括（　　）。

①推进风险文化建设

②审议批准公司全面风险管理的基本制度

③审议批准公司的风险偏好

④风险容忍度以及重大风险限额

A. ①②③　　B. ①③④

C. ①②④　　D. ①②③④

答案：D

考点：考查对风险管理组织架构的理解。

85. 风险管理的“三道防线”指的是在金融机构内部构造出三支对风险管理承担不同职责的团队和管理部门，相互之间协调配合，分工协作，并通过独立、有效的监控，提高主体的风险管理有效性。这三道防线是指（　　）。

①业务条线部门　　②风险管理部门和合规部门

③外部审计　　④内部审计

A. ①②③　　　　B. ①③④

C. ①②④　　　　D. ①②③④

答案：C

考点：考查对风险管理“三道防线”的理解。

86. 下列对于风险限额的相关概念，说法正确的是（　　）。

①限额管理体现了风险管理是一种积极的事前管理

②限额管理是一种对风险的实时动态管理

③限额管理体现了任何金融产品是风险与收益的组合，投资是以风险换收益

④限额管理体现了现代风险管理是一种全面的风险管理

A. ①②③　　　　B. ①③④

C. ①②④　　　　D. ①②③④

答案：D

考点：考查对风险限额的理解。

87. 风险限额管理有（　　）等环节。

①风险限额设定　　　　②风险限额设定监测

③超限额处理　　　　④全面风险计量

A. ①②③　　　　B. ①③④

C. ①②④　　　　D. ①②③④

答案：A

考点：考查对风险限额环节的掌握。风险限额管理有风险限额设定、风险限额设定监测与超限额处理等，全面风险计量属于风险限额设定的第一阶段。

88. 资本的功能主要体现在（　　）方面。

①为金融机构提供融资

②可以抵御风险损失，保证公司正常运营，为避免破产提供缓冲余地

③资本显示金融机构的实力和荣誉，向债权人和投资者树立信心

④限制业务过度扩张和承担风险，资本是与风险相联系的资产，是金融机构承担风险的底线和边界

A. ①②③　　　　B. ①③④

C. ①②④　　　　D. ①②③④

答案：D

考点：考查对资本功能的掌握。

89. 在资本充足方面，常用的风险控制指标包括（　　）。

①风险覆盖率　　　　②资本杠杆率

③压力测试　　④资本充足率

A. ①③　　B. ①④

C. ①②　　D. ②③

答案：C

考点：考查对风险控制指标的掌握。在资本充足方面，常用的风险控制指标包括风险覆盖率与资本杠杆率。

90. 中国证券业协会 2016 年颁布的《证券公司压力测试指引》指出，证券公司在遇到（　　）情形时，应当开展专项或综合压力测试。

①重大对外投资或收购　　②重大对外担保

③重大固定资产投资　　④利润分配或其他资本性支出

A. ①②③　　B. ①③④

C. ①②④　　D. ①②③④

答案：D

考点：考查对压力测试标准的理解。

91. 证券公司在进行压力测试时，应当遵循以下（　　）原则。

①全面性原则　　②实践性原则

③审慎性原则　　④前瞻性原则

A. ①②③　　B. ①③④

C. ①②④　　D. ①②③④

答案：D

考点：考查对压力测试原则的理解。证券公司在进行压力测试时，应当遵循以下原则：全面性原则、实践性原则、审慎性原则与前瞻性原则。

92.（　　）是指在模拟历史上重大风险事件或重大压力情景，（　　）是指基于经验判断或数量模型模拟未来可预见的极端不利情况。

A. 敏感性分析　历史情景法　　B. 历史情景法　假设情景法

C. 敏感性分析　假设情景法　　D. 假设情景法　历史情景法

答案：B

考点：考查对压力测试方法的理解。历史情景法是指在模拟历史上重大风险事件或重大压力情景，假设情景法是指基于经验判断或数量模型模拟未来可预见的极端不利情况。

93. 根据导致市场风险因素的不同，市场风险一般划分为（　　）。

①利率风险　　②外汇风险

③股票价格风险　　④商品风险

A. ①②③　　B. ①③④

C. ①②④　　D. ①②③④

答案：D

考点：考查对市场风险分类的理解。根据导致市场风险因素的不同，市场风险一般划分为利率风险、外汇风险、股票价格风险与商品风险。

94. 期权风险取决于（　　）等因素。

①基础资产的价格　　②离期权到期日的时间

③基础资产价格波动性　　④无风险利率

A. ①②③　　B. ①③④

C. ①②④　　D. ①②③④

答案：D

考点：考查对期权风险以及市场风险的理解。期权风险取决于基础资产的价格、离期权到期日的时间、基础资产价格波动性与无风险利率等因素。

95. 如果期望尾损失与 VaR 值的差越大，说明该组合（或证券）损益分布的肥尾性越（　　），风险在相同的 VaR 水平上更（　　）。

A. 弱　高　　B. 弱　低

C. 强　高　　D. 强　低

答案：C

考点：考查对期望尾损失的理解。如果期望尾损失与 VaR 值的差越大，说明该组合（或证券）损益分布的肥尾性越强，风险在相同的 VaR 水平上更高。

96. 常用的市场风险限额包括（　　）。

①交易限额　　②风险限额

③止损限额　　④敏感度限额

A. ①②③　　B. ①③④

C. ①②④　　D. ①②③④

答案：D

考点：考查对市场风险限额的理解。常用的市场风险限额包括交易限额、风险限额、止损限额与敏感度限额。

97. 声誉风险管理的方法包括（　　）。

①事前识别与评估　　②应急机制

③媒体沟通和信息披露　　④舆情监测分析

A. ①②③　　B. ①③④

C. ①②④　　D. ①②③④

答案：D

考点：考查对声誉风险管理方法的理解。声誉风险管理的方法包括事前识别与评估、应急机制、媒体沟通和信息披露与舆情监测分析。

98. 国别风险管理体系包括（　　）等基本要素。

①董事会和高级管理层的有效监控

②完善的国别风险管理政策和程序

③完善的国别风险识别、计量、监测和控制过程

④完善的内部控制和审计

A. ①②③　　B. ①③④

C. ①②④　　D. ①②③④

答案：D

考点：考查对国别风险管理体系的理解。国别风险管理体系包括四个基本要素：董事会和高级管理层的有效监控；完善的国别风险管理政策和程序；完善的国别风险识别、计量、监测和控制过程；完善的内部控制和审计。

99. 系统性风险是与单体金融机构风险相对应的，通常具有（　　）等特征。

①内生性　　②关联性

③复杂性　　④突发性

A. ①②③　　B. ①③④

C. ①②④　　D. ①②③④

答案：D

考点：考查对系统性风险的认识。系统性分析具有内生性、关联性、复杂性与突发性等特点。

100. 按照证券类机构业务类型分类，信用风险主要来自但不限于以下（　　）业务。

①股票质押式回购交易、约定回购式证券交易、融资融券等融资类业务

②互换、场外期权、远期、信用衍生品等场外衍生品业务

③债券投资交易

④非标准化债权资产投资

⑤其他涉及信用风险的自有资金出资业务

A. ①②③　　B. ①②③④

C. ①②③④⑤　　D. ①③④⑤

答案：C

考点：按照证券类机构业务类型分类，信用风险主要来自但不限于以下几类

业务：①股票质押式回购交易、约定回购式证券交易、融资融券等融资类业务；②互换、场外期权、远期、信用衍生品等场外衍生品业务；③债券投资交易；④非标准化债权资产投资；⑤其他涉及信用风险的自有资金出资业务。

101. 证券公司内部评级管理的基本要求有（ ）。

①证券公司应建立内部评级体系，内部评级体系应能够有效识别信用风险，具备风险区分能力

②证券公司应制定内部评级管理制度，明确内部评级操作流程，确保内部评级体系持续有效运作

③证券公司应当建立与自身业务复杂程度和风险指标体系相适应的内部评级管理工具、方法和标准

④证券公司应当正确收集和使用评级信息，对收集的资料信息进行评估和归档，以保证其及时性、准确性、完整性

⑤业务存续期内，证券公司应根据风险状况的变化情况，定期或者不定期进行内部评级更新，持续关注相关主题信用变化

A. ①②③④ B. ②③④⑤

C. ①②④⑤ D. ①②③④⑤

答案：D

考点：证券公司内部评级管理的基本要求。

102.（ ），是指向客户出借资金供其买入证券或者出借证券供其卖出，并收取担保物的经营活动。

A. 融资融券业务 B. 股票质押业务

C. 债券业务 D. 非标准化债权投资业务

答案：A

考点：融资融券业务是指向客户出借资金供其买入证券或者出借证券供其卖出，并收取担保物的经营活动。

103. 2009 年，巴塞尔委员会总结了引入中央交易对手的优点（ ）。

①减少了交易对手暴露和操作风险

②提高了交易对手信用风险管理水平和担保品管理的有效性

③提高了衍生品市场的透明度

④一定能阻止发生金融危机

A. ①②③ B. ②③④

C. ①②④ D. ①③④

答案：A

考点：2009 年，巴塞尔委员会总结了引入中央交易对手的优点：①减少了交易对手暴露和操作风险；②提高了交易对手信用风险管理水平和担保品管理的有效性；③提高了衍生品市场的透明度。

104. 传统信用风险转移的方法主要有（　　）。

①信用保险　　②辛迪加贷款

③贷款出售　　④资产互换

A. ①②③　　B. ②③④

C. ①②④　　D. ①②③④

答案：D

考点：传统信用风险转移的方法主要有信用保险、辛迪加贷款、贷款出售和资产互换等形式。

105. 现代信用风险转移方法不包括（　　）。

A. TRP　　B. 辛迪加贷款

C. 信用关联票据　　D. 信用远期协议

答案：B

考点：现代信用风险转移方法包括 TRP 、信用关联票据和信用远期协议。

106. 市场的流动性是由（　　）维度因素决定的。

①深度，即执行大规模交易而不对价格产生过度影响的能力

②密度，即买卖价格的缺口，资产的买卖价差越小，流动性越好

③即时性，即交易执行的速度

④弹性，即基础价格在受到影响后重新恢复的速度

A. ①②③　　B. ②③④

C. ①②④　　D. ①②③④

答案：D

考点：决定市场的流动性的四个维度因素。

107. 从机构层面衡量流动性风险的资产负债结构指标不包括（　　）。

A. 流动比率　　B. 现金流向比率

C. 速动比率　　D. 净稳定资金率

答案：B

考点：从机构层面衡量流动性风险的资产负债结构指标包括流动比率、速动比率和净稳定资金率。

108. 从市场层面衡量流动性风险的指标不包括（　　）。

A. 买卖价差法　　B. 换手率

C. 冲击成本　　D. 流动性覆盖率

答案：D

考点：从市场层面衡量流动性风险的指标包括买卖价差法、换手率、冲击成本。

109. 证券公司的融资管理应符合以下要求（　　）。

①分析正常和压力情境下未来不同时间段的融资需求和来源

②加强负债品种、期限、交易对手、融资抵（质）押品和融资市场等的集中管理，适当设置集中度限额

③加强融资渠道管理，积极维护与主要融资交易对手的关系，保持在市场上适当活跃程度，并定期评估市场融资和资产变现能力

④密切监测主要金融市场的交易量和价格等变动情况，评估市场流动性对公司融资能力的影响

A. ①②③　　B. ②③④

C. ①③④　　D. ①②③④

答案：D

考点：证券公司的融资管理要求。

110. 关键风险指标一般包括（　　）。

①资产损失率　　②案件发生率

③失败交易数量　　④员工流动率

⑤客户投诉次数　　⑥错误和遗漏的频率及严重程度

A. ①②③④⑤　　B. ②③④⑤⑥

C. ①③④⑤⑥　　D. ①②③④⑤⑥

答案：D

考点：考查关键风险指标。

111. 操作风险管理的方法有（　　）。

①内部控制　　②保险

③业务外包　　④IT 技术应用

⑤数据治理和管理　　⑥业务持续计划

A. ①②③④⑤　　B. ②③④⑤⑥

C. ①③④⑤⑥　　D. ①②③④⑤⑥

答案：D

考点：操作风险管理方法有内部控制、保险、业务外包、IT 技术应用、数据治理和管理、业务持续计划。

112. 下列对于风险规避的说法中，正确的是（　　）。

①风险规避策略，是指金融机构通过拒绝或退出某一业务或市场来消除本机构对该业务或市场的风险暴露

②风险规避策略的应用对象往往是金融机构不擅长承担和管理的非目标风险、超过金融机构资本金承受范围的过度风险和不具有适当风险溢价的不当风险

③在现代金融机构风险管理实践中，风险规避主要通过经济资本配置来实现

④对于不擅长因而不愿意承担的风险，金融机构设立非常有限的风险忍耐度，从而决定了对该类风险非常有限的经济资本配置，迫使业务部门降低对该业务的风险暴露，甚至完全退出该业务领域

A. ①②③　　　　B. ①②④

C. ②③④　　　　D. ①②③④

答案：D

考点：考查对风险规避的认识。

113. 下列对于风险对冲的说法中，正确的是（　　）。

①风险对冲，是指通过投资或购买与标的资产收益波动负相关的某种资产或衍生产品，来冲销标的资产潜在损失的一种策略性选择

②风险对冲对管理市场风险非常有效，与风险分散策略不同，风险对冲可以管理系统性风险和非系统性风险，还可以根据投资者的风险承受能力和偏好，通过对冲比率的调节，将风险降低到预期水平

③为了防范和化解系统性风险，人们需要借助于金融衍生工具进行风险对冲

④常见的风险对冲手段是套期保值，是以规避现货风险为目的的期货交易行为

A. ①②③　　　　B. ①②④

C. ②③④　　　　D. ①②③④

答案：D

考点：考查对风险对冲的认识。

114. 下列对于风险转移的说法中，正确的是（　　）。

①风险转移可分为保险转移和非保险转移

②保险转移是通过向保险公司支付保费的方式，将风险转移给保险公司

③非保险转移通常采用担保和备用信用证等方式将风险转移给第三方

④金融机构会借助衍生产品（如期权合约等）作为特殊保单转移利率、汇率、股票和商品价格风险

A. ①②③　　　　B. ①②④

C. ②③④　　　　D. ①②③④

答案：D

考点：考查对风险转移的认识。

115. 下列对于风险准备金策略的说法中，正确的是（　　）。

①风险准备金策略，是指金融机构针对风险事件发生的可能性提取足够的准备性资金，以保证损失发生之后能够很快被吸收，从而保障金融机构仍然能够正常运行

②风险准备金策略与风险补偿策略密切联系，因为持有风险准备金的成本是通过风险定价机制来获得合理补偿的

③风险补偿的内容中既要包括预期损失，也要包括资本成本

④风险存在价值，但承担风险并非一定要求获得风险回报

A. ①②③　　　　B. ①②④

C. ②③④　　　　D. ①②③④

答案：A

考点：考查对风险准备金策略的认识。④说法错误，风险是有价值的，承担风险就要获得风险回报。

116. 风险的应对主要是证券公司根据风险识别、计量、监控及预警等情况，针对不同类别、不同发生概率及不同损失程度的风险所采取的应对措施，主要包括（　　）等。

①风险偏好管理　　　　②风险限额

③感知风险　　　　④风险定价与拨备

A. ①②③　　　　B. ①②④

C. ②③④　　　　D. ①②③④

答案：B

考点：考查对风险应对的认识。风险的应对主要是证券公司根据风险识别、计量、监控及预警等情况，针对不同类别、不同发生概率及不同损失程度的风险所采取的应对措施，主要包括风险偏好管理、风险限额、风险定价与拨备、风险缓释，以及应急计划等。

117. 证券公司应当明确董事会、监事会、经理层、各部门、分支机构及子公司履行全面风险管理的职责分工，建立多层次、相互衔接、有效制衡的运行机制。下列（　　）属于证券公司董事会承担的责任。

①建立完备的信息技术系统和数据质量控制机制

②审议批准公司全面风险管理的基本制度

③审议批准公司的风险偏好

④审议公司定期风险评估报告

A. ①②③　　B. ①②④

C. ②③④　　D. ①②③④

答案：C

考点：考查对风险管理的组织架构的认识。

118. 下列关于风险偏好和风险容忍度的认识，正确的是（　　）。

①风险偏好是战略性的，通常以定性描述为主。风险容忍度是风险偏好的具体体现，是对风险偏好的进一步量化和细化

②风险偏好是公司战略目标的一个重要决定因素，在风险管理体系中居于宏观的主导地位。风险容忍度表现为公司在不同业务板块和不同控制维度上的总体边界

③风险偏好的设定通常从战略角度出发，采取“自上而下”的设定方法

④风险容忍度更接近于业务单元，通常采用“自下而上”的设定方法

A. ①②③　　B. ①②④

C. ②③④　　D. ①②③④

答案：A

考点：考查对风险偏好和风险容忍度的认识。④的说法错误，风险容忍度更接近于业务单元，与实际风险特征联系紧密，通常采用“自下而上”和“自上而下”相结合的方式设定。

119. 下列关于风险限额的认识，正确的是（　　）。

①限额管理体现了风险管理是一种积极的事前管理

②限额管理是一种对风险的实时动态管理

③限额管理体现了任何金融产品是风险和收益的组合，投资是以风险换收益

④限额管理体现了现代风险管理是一种全面的风险管理

A. ①②③　　B. ①②④

C. ②③④　　D. ①②③④

答案：D

考点：考查对风险限额的认识。

120. 常用的信用风险限额指标包括（　　）。

①单一客户贷款集中度限额　　②单一集团客户授信集中度限额

③VaR 限额　　④行业限额

A. ①②③　　B. ①②④

C. ②③④　　D. ①②③④

答案：B

考点：考查对信用风险限额指标的理解。

121. 风险限额管理包括（　　）等环节。

①使用会计信息系统　　②风险限额设定

③风险限额监测　　④超限额处理

A. ①②③　　B. ①②④

C. ②③④　　D. ①②③④

答案：C

考点：考查对信用风险限额指标的理解。

122. 根据《证券公司压力测试指引》，证券公司开展压力测试主要包括以下（　　）步骤。

①选择测试对象，制订测试方案　②确定压力测试方法，并设置测试情景

③确定风险因子，收集测试数据　④实施压力测试，分析报告测试结果

⑤制定和执行应对措施

A. ①②③④　　B. ①②④⑤

C. ②③④⑤　　D. ①②③④⑤

答案：D

考点：考查对压力测试流程的理解。

123. 内部评级所反映的被评级对象的风险特征主要是（　　）。

①借款者的违约概率　　②交易工具的违约损失率

③违约风险暴露　　④预期损失和非预期损失

A. ①②　　B. ①④

C. ②③　　D. ②④

答案：A

考点：考查对内部评级的理解。内部评级所反映的被评级对象的风险特征主要是借款者的违约概率和交易工具的违约损失率。

124. 信用衍生产品交易具有以下（　　）特征。

①融资的提供和风险的承担被分离，即保护提供方提供融资，但不承担信用风险，而保护购买者承担信用风险，却不提供融资

②信用风险可以在业务中从其他风险（如利率风险和汇率风险等）中分离出来被单独交易和转让

③信用保护的出售方在承担信用风险时并不要求资金投入，除非合同中指定

的信用事件发生

④基础信用交易仍然保留在金融机构的银行业务账户上，而且继续由作为放款银行的信用购买方来管理

A. ①②③　　B. ①②④

C. ②③④　　D. ①②③④

答案：C

考点：考查对信用衍生产品交易的认识。

125. 市场的流动性是由（　　）因素决定的。

①深度　　②密度

③即时性　　④弹性

A. ①②③　　B. ①②④

C. ②③④　　D. ①②③④

答案：D

考点：考查对流动性风险的认识。

126. 下列关于买卖价差法的说法中，正确的是（　　）。

①常用的价差指标包括买卖价差、有效价差与实现的价差等

②买卖价差是指做市商愿意买入和卖出一项金融工具的价格之差

③证券买卖价差是投资收益的重要组成部分，主要包括股票买卖价差和债券买卖价差

④买卖价差越大，代表该资产流动性越好，所面临的流动性风险越小

A. ①②③　　B. ①②④

C. ②③④　　D. ①②③④

答案：D

考点：考查对买卖价差法的认识。

127. 流动性风险应急计划应符合以下（　　）要求。

①合理设定应急计划触发条件

②规定应急程序和措施，明确各参与人的权限、职责及报告路径

③列明应急资金来源，合理估计可能的筹资规模和所需时间

④充分考虑流动性转移限制，确保应急资金来源的可靠性和充分性

A. ①②③　　B. ①②④

C. ②③④　　D. ①②③④

答案：D

考点：考查对流动性风险应急计划的认识。

128. 操作风险的一种分类方法是根据定义将其划分为由（　　）所引发的风险。

①人员　　②系统。

③流程　　④内部事件

⑤外部事件

A. ①②③⑤　　B. ①②④⑤

C. ②③④⑤　　D. ①②③④⑤

答案：A

考点：考查对操作风险的理解。

129. 操作风险损失数据收集主要基于（　　）等几个方面。

①内部损失数据　　②外部损失数据。

③情景分析　　④业务环境和内部控制因素

A. ①②③　　B. ①②④

C. ②③④　　D. ①②③④

答案：D

考点：考查对操作风险损失数据收集的认识。操作风险损失数据收集主要基于以下四个方面：（1）内部损失数据；（2）外部损失数据；（3）情景分析；（4）业务环境和内部控制因素。

130. 声誉风险的来源主要有（　　）。

①战略规划、公司治理、资产负债管理等管理活动

②产品或服务的设计、提供或推介等业务开展或投资活动

③内部控制设计、执行以及系统控制的重大缺陷

④股东、关联方或其他利益相关方发生声誉事件传导至证券公司

⑤第三方合作，如第三方合作机构自身的违法违规行为或服务质量问题

A. ①②③⑤　　B. ①②④⑤

C. ②③④⑤　　D. ①②③④⑤

答案：D

考点：考查对声誉风险的理解。

131. 证券公司声誉风险管理应遵循以下（　　）原则。

①全程全员原则　　②预防第一原则

③审慎管理原则　　④快速响应原则

A. ①②③　　B. ①②④

C. ②③④　　D. ①②③④

答案：D

考点：考查对证券公司声誉风险管理原则的理解。

132. 战略风险是指证券公司在追求短期商业目的和长期发展目标的过程中，因不适当的发展规划和战略决策给证券公司造成损失或不利影响的风险。战略风险取决于以下（　　）方面。

①战略目标的兼容性　　②为实现这些目标而制定的经营战略

③为实现目标所部署的资源　　④整个战略实施过程的质量

A. ①②③　　B. ①②④

C. ②③④　　D. ①②③④

答案：D

考点：考查对战略风险的理解。

133. 证券公司战略风险管理的基本做法包括（　　）。

①明确董事会和高级管理层的战略风险管理职责

②建立清晰的战略风险管理流程，包括战略风险的识别、评估、监控和报告等

③采取恰当的战略风险管理方法

④聘请专家对战略风险进行评估

A. ①②③　　B. ①②④

C. ②③④　　D. ①②③④

答案：A

考点：考查对证券公司战略风险管理的理解。证券公司战略风险管理的基本做法不包括④。

134. 金融机构应当制订应急计划，确保能够及时应对和处理紧急或危机情况。应急计划的目标是（　　）。

A. 帮助公司应对极端的风险事件　B. 降低风险的损失频率或影响程度

C. 深入理解各种风险的成因　　D. 储备自有资本金来抵御未知风险

答案：A

考点：考查对应急计划的理解。

135. 证券公司经理层对全面风险管理承担主要责任，应当履行的职责包括（　　）。

①制定风险管理制度，并适时调整

②建立健全公司全面风险管理的经营管理架构

③建立涵盖风险管理有效性的全员绩效考核体系

④建立完备的信息技术系统和数据质量控制机制

A. ①②③　　B. ①②④

C. ②③④　　D. ①②③④

答案：A

考点：考查对证券公司经理层职责的理解。

136. 运用信用打分模型进行信用风险分析的过程是（　　）。

①根据经验或相关性分析确定特定债务人或头寸暴露的违约风险主要与哪些经济或财务因素有关，模拟出特定形式的函数关系式

②根据历史数据进行回归分析，得出各相关因素的权重以体现其对于借款人违约作用的大小

③将潜在借款人相关因素的数值代入函数关系式计算出一个数值

④根据所得数值的大小衡量潜在借款人的信用风险水平，从而决定贷款与否

A. ①②③　　B. ①②④

C. ②③④　　D. ①②③④

答案：D

考点：考查对信用打分模型的理解。

137. 下列关于风险偏好和风险容忍度的认识，正确的是（　　）。

①风险偏好是战略性的，通常以定性描述为主。风险容忍度是风险偏好的具体体现，是对风险偏好的进一步量化和细化

②风险偏好是公司战略目标的一个重要决定因素，在风险管理体系中居于宏观的主导地位。风险容忍度表现为公司在不同业务板块和不同控制维度上的总体边界

③风险偏好的设定通常从战略角度出发，采取“自上而下”的设定方法

④风险容忍度更接近于业务单元，通常采用“自下而上”的设定方法

A. ①②③　　B. ①②④

C. ②③④　　D. ①②③④

答案：A

考点：考查对风险偏好和风险容忍度的认识。④的说法错误，风险容忍度更接近于业务单元，与实际风险特征联系紧密，通常采用“自下而上”和“自上而下”相结合的方式设定。

138. 下列关于买卖价差法的说法中，正确的是（　　）。

①常用的价差指标包括买卖价差、有效价差与实现的价差等

②买卖价差是指做市商愿意买入和卖出一项金融工具的价格之差

③证券买卖价差是投资收益的重要组成部分，主要包括股票买卖价差和债券买卖价差

④买卖价差越大，代表该资产流动性越好，所面临的流动性风险越小

A. ①②③　　B. ①②④

C. ②③④　　D. ①②③④

答案：D

考点：考查对买卖价差法的认识。

139. 声誉风险的来源主要有（　　）。

①战略规划、公司治理、资产负债管理等管理活动

②产品或服务的设计、提供或推介等业务开展或投资活动

③内部控制设计、执行以及系统控制的重大缺陷

④股东、关联方或其他利益相关方发生声誉事件传导至证券公司

⑤第三方合作，如第三方合作机构自身的违法违规行为或服务质量问题

A. ①②③⑤　　B. ①②④⑤

C. ②③④⑤　　D. ①②③④⑤

答案：D

考点：考查对声誉风险的理解。